Markus Ottersbach · Thomas Zitzmann (Hrsg.)

Jugendliche im Abseits

Markus Ottersbach
Thomas Zitzmann (Hrsg.)

Jugendliche im Abseits

Zur Situation in französischen und deutschen marginalisierten Stadtquartieren

VS VERLAG FÜR SOZIALWISSENSCHAFTEN

Bibliografische Information der Deutschen Nationalbibliothek
Die Deutsche Nationalbibliothek verzeichnet diese Publikation in der Deutschen Nationalbibliografie; detaillierte bibliografische Daten sind im Internet über <http://dnb.d-nb.de> abrufbar.

1. Auflage 2009

Lektorat: Monika Mülhausen

VS Verlag für Sozialwissenschaften ist Teil der Fachverlagsgruppe
Springer Science+Business Media.
www.vs-verlag.de

Umschlaggestaltung: KünkelLopka Medienentwicklung, Heidelberg
Titelbild: Fotomontage Ulrike Bach
Druck und buchbinderische Verarbeitung: Krips b.v., Meppel
Gedruckt auf säurefreiem und chlorfrei gebleichtem Papier
Printed in the Netherlands

ISBN 978-3-531-15619-4

Inhaltsverzeichnis

Jugendliche im Abseits?

Markus Ottersbach/Thomas Zitzmann

In Frankreich dauert die öffentliche Auseinandersetzung mit den Jugendunruhen in den Vorstädten jetzt schon seit über 25 Jahren an. Die Ausschreitungen sind jenseits des Rheins zu einer zentralen Herausforderung für die staatlichen Institutionen geworden. Im Herbst 2005 wurde anlässlich einer erneuten Zuspitzung der Ereignisse für einige Wochen sogar der Ausnahmezustand verhängt. Dort sind es vor allem Jugendliche, die ökonomisch, sozial und kulturell von Exklusions- oder Ausgrenzungsprozessen betroffen sind und ihre Aggressionen sowohl gegen Sachen als auch gegen Repräsentant(inn)en staatlicher Institutionen lenken. Hingegen spielte in Deutschland lange Zeit weder die Situation Jugendlicher in marginalisierten Quartieren noch die Thematik gewaltbereiter bzw. gewalttätiger Jugendlicher eine Rolle. Zwar gab es im Laufe der 50er Jahre die Diskussion um die Bewegung der so genannten Halbstarken und in den späten 60er und den frühen 70er Jahren die Student(inn)enrevolte, an der sich auch Jugendliche beteiligten. Auch zwischenzeitlich schimmerte das Thema gelegentlich in den Medien auf. Systematischer wurde das Thema Jugendgewalt in Deutschland erst in den 80er Jahren vor dem Hintergrund der Zunahme rechtsradikaler Ausschreitungen diskutiert. Hier waren und sind es vor allem Jugendliche, deren Gewalt sich gegen Personen richtet, die selbst von Marginalisierungsprozessen betroffen sind. Seitdem gibt es zahlreiche wissenschaftliche Studien zum Rechtsextremismus, zur Jugendgewalt und zum politischen und sozialpädagogischen Umgang damit. Seit kurzer Zeit gibt es jedoch auch eine mit der in Frankreich anzutreffenden und vergleichbaren Form von Jugendgewalt, die sich vor allem als Konflikte an Schulen offenbart.

Insofern sind im Gegensatz zu Frankreich sowohl die Gewaltaktionen Jugendlicher als auch die Debatte darüber diesseits des Rheins inzwischen ambivalenter. Dies zeigt sich vor allem darin, dass in Deutschland Jugendgewalt lange Zeit vor dem Hintergrund des anhaltenden Rechtsextremismus thematisiert wurde (und wird) und erst seit der Zunahme von Jugendgewalt an Schulen[1] verstärkt vor dem Hintergrund ökonomischer, sozialer, kultureller und politischer Aus-

---

1 Betroffen sind – anders als dies zeitweise öffentlich diskutiert wurde –, nicht nur Haupt- und Realschulen. So fand der Amoklauf von Erfurt, bei dem im Jahre 2002 ein Schüler mehrere Lehrer/innen, Schüler, einen Polizisten und sich selbst tötete, am Gutenberg-Gymnasium statt.

grenzungsprozesse diskutiert wird. Vergleichbar mit der wissenschaftlichen Reflexion der Situation Jugendlicher in den französischen *Banlieues* gelangen somit verstärkt die Situation Jugendlicher in marginalisierten Quartieren und die Exklusionsprozesse als Hauptgrund der Entstehung der Jugendgewalt ins Visier.

Betrachtet man die Bilder, die in der Öffentlichkeit mit den beiden Aspekten „Jugend“ und „Stadt“ verbunden werden, so erkennt man jedoch zunächst eher positive Assoziationen. Mit „Jugend“ werden in der Regel Attribute wie Dynamik, Flexibilität und Mobilität assoziiert. Veränderung, Pluralität und die Vielfalt der Lebensstile sind typische Kennzeichen der Jugend. Auch die „Stadt“ wird mit diesen Kriterien verbunden. Städte lassen sich ebenso durch Vielfalt, Mobilität, Geschwindigkeit, Dynamik, vielfältige Lebensstile und eine hohe Veränderungsbereitschaft beschreiben. Der Lebensraum Stadt scheint für Jugendliche insofern besonders geeignet, ja vielleicht sogar prädestiniert zu sein. Dort können Jugendliche ihren Interessen und Bedürfnissen auf optimale Weise nachkommen. Aus demographischen, ökonomischen, sozialen und kulturellen Gründen scheinen auch die Städte ein großes Interesse an Jugendlichen zu haben.

An beiden Phänomenen lässt sich zudem der Soziale Wandel konkretisieren. Schon lange hat die Jugend die Funktion der Herausforderung etablierter gesellschaftlichen Strukturen inne. Dabei denke man nur an die Student(inn)enbewegung. Für neuartige gesellschaftliche Phänomene, insbesondere im technischen Bereich, sind in der Regel am ehesten Jugendliche zu begeistern. Und auch die Städte gelten gemeinhin als Orte, an denen der Soziale Wandel am ehesten sichtbar wird.

Vergleichbar mit den Aspekten „Jugend“ und „Stadt“ ist die Konnotierung des Aspekts der „Migration“. Auch „Migration“ steht – nüchtern betrachtet – für Dynamik, Flexibilität und Mobilität. Sie gilt als Signum für Veränderung, Pluralität und Vielfalt, Attribute, die auch mit „Jugend“ und „Stadt“ in Verbindung gebracht werden. Und auch Migration trägt erheblich zum Sozialen Wandel bei. Innovationen gehen häufig von Migrant(inn)en aus, man denke nur an die gezielte Anwerbung ausländischer Fachkräfte, die der heimischen Wirtschaft das Wachstum, die Innovationskraft und die Wettbewerbsfähigkeit gesichert haben.

Zu fragen ist deshalb, warum die positiven Attribute jedes einzelnen oder isoliert betrachteten Aspekts bei der Kombination aller drei Aspekte plötzlich ins Gegenteil driften. „Jugendliche mit Migrationshintergrund in städtischen Lebensräumen“ werden medial meist skeptisch, wenn nicht sogar ablehnend betrachtet. Bei der Verbindung aller Aspekte werden in der Regel die Schattenseiten städtischer Entwicklungen, die Probleme der Migration und auch die negativen Seiten der Jugend hervorgehoben. Hohe Verkehrsbelastung, Umweltverschmutzung, Lärm, Gestank sind ebenfalls Attribute, die man dann schnell mit städtischem Leben in Verbindung bringt. Drogen, Kriminalität und Bandentum sind Attribute, die häufig mit dem Phänomen der „Jugend“ assoziiert werden und mit vergleichbaren Phänomenen werden auch Migrant(inn)en häufig in Kontakt gebracht. Näher betrachtet, gilt dies allerdings nur für bestimmte Jugendliche, nur für bestimmte Migrant(inn)en und auch nur für bestimmte städtische Quartiere. Auch wenn viele Jugendliche und Migrant(inn)en von Arbeitslosigkeit, Armut und Ausgrenzung betroffen sind, handelt es sich im Grunde nicht um ein Jugend- oder Migrationsproblem oder um ein Problem, das alle Jugendliche und alle Migrant(inn)en betrifft. Jugendliche bzw. Migrant(inn)en sind – in der Regel – erst dann von o.g. Exklusionsprozessen betroffen, wenn sie in einem bestimmten Milieu, einem bestimmten Umfeld oder – wie man heute in der Soziologie oder der Pädagogik sagt – in einem bestimmten Sozialraum aufwachsen.

Sozialräume bzw. Quartiere dieser Art finden sich meist in Randbezirken großer Städte, sie sind ökonomisch, sozial und kulturell von der übrigen Stadt „abgekoppelt“ und haben ein schlechtes Image, d.h. sie sind marginalisiert. In Frankreich spricht man diesbezüglich von „Banlieues“, in den USA von „Ethnic gettos“ und in Deutschland von „Sozialen Brennpunkten“ oder neuerdings von „marginalisierten Quartieren“. Und auch hier scheint sich ein harmonisches Verhältnis zwischen „Jugend“, „Migration“ und „Stadt“ abzuzeichnen, allerdings eines unter negativen Vorzeichen.

Vor dem Hintergrund dieser Überlegungen könnte man die Meinung vertreten, dass „Jugend“, „Stadt“ und „Migration“ im Sinne von Mobilität gemeinhin ein *positives* harmonisches Verhältnis zugeschrieben wird, während jugendlichen Migrant(inn)en in so genannten marginalisierten Quartieren eher eine negative Rolle attestiert wird.

Bedenken muss man jedoch, dass es sich in beiden Fällen um gesellschaftliche Konstruktionen handelt, um Bilder oder Images, die immer wieder neu in die Öffentlichkeit transportiert werden. Offensichtlich hat die sozialwissenschaftliche Forschung nicht selten dazu beigetragen, dass die Verbindung von Jugend, Migration und Stadt – sozusagen in konjunkturellen Zyklen – immer wieder in ein Licht der Problematisierung und einer starken Orientierung an Defiziten geraten ist.[2] Aus einer kritischen wissenschaftlichen Perspektive heraus ist es deshalb wichtig, diesem konstruierten Bild der mit Drogen, Kriminalität, Lärm und Bandentum in Verbindung gebrachten Jugendlichen und insbesondere jugendlichen Migrant(inn)en einerseits und dem stigmatisierten Image marginalisierter Quartiere andererseits eine differenziertere Perspektive entgegen zu setzen. Sowohl die marginalisierten Quartiere als auch die Lebenslagen und -welten

2 Vgl. kritisch dazu für die Jugendforschung z.B. Griese/Mansel 2003, S. 11ff.; für die Migrationsforschung z.B. Bukow/Ottersbach 1999, S. 11ff. und für die Stadtforschung z.B. Krämer-Badoni 2002, S. 47ff.

der jugendlichen Migrant(inn)en werden bisher jeweils auf deren Schwächen reduziert, d.h. deren Stärken werden nach wie vor vernachlässigt.

Es ist aber nicht nur ein wissenschaftliches, sondern auch ein politisches Anliegen, dieses Manko zu beseitigen. Die Stigmatisierung hat zunächst erheblich negative Folgen für die Jugendlichen bzw. für die Migrant(inn)en. Und schließlich wird durch diese Inszenierungen auch das friedliche Zusammenleben in der Gesellschaft bedroht.

Vorab ist es uns wichtig darauf hinzuweisen, dass die Situation der Jugendlichen in Frankreich sich von derjenigen in Deutschland weiterhin erheblich unterscheidet. Die Bilder aus Frankreich von Straßenschlachten, Verfolgungsjagden und brennenden Autos haben bisher nach wie vor für Deutsche eher einen exotischen Charakter. Sie erinnern höchstens an die jährlich meist nur in Berlin stattfindenden und stark ritualisierten Auseinandersetzungen zwischen Jugendlichen und der Polizei in der Nacht zum 1. Mai; ansonsten haben die Ausschreitungen in den französischen *Banlieues* in Bezug auf das *Ausmaß* der Probleme wenig mit der Situation hierzulande zu tun. Da sich jedoch sowohl die *Art* als auch die *Gründe* der Probleme ähneln, lohnt es sich, einen deutsch-französischen Vergleich durchzuführen. Insbesondere ein deutsch-französischer Vergleich *der Situation Jugendlicher in marginalisierten Quartieren* scheint vor dem Hintergrund der teils verschiedenen, teils ähnlichen Entwicklungen und Ausprägungen der Exklusionsprozesse in beiden Ländern sehr spannend und ertragreich zu sein. Sowohl für die Politik als auch für die Soziale Arbeit ist er besonders interessant, weil es in Anbetracht der Europäisierung und der Globalisierung immer wichtiger wird, gesellschaftlich bedingte Probleme im Kontext internationaler Analysen und präventiver Handlungskonzepte zu diskutieren. Zudem ist im Rahmen der Internationalisierung der Studiengänge die länderübergreifende Kooperation der Wissenschaften und der internationale Austausch der Praktiken geboten. Die Tagung, die im Juni 2007 an der Fachhochschule Köln zu diesem Thema durchgeführt wurde[3], und die darauf aufbauende und hier vorliegende Publikation sollen diese Prozesse unterstützen.

Zum Verständnis der Entwicklungen und Ausprägungen der Exklusionsprozesse in Frankreich und Deutschland ist eine detaillierte Analyse der unterschiedlichen Rahmenbedingungen der beiden Länder erforderlich. Der Vergleich der Situation Jugendlicher in französischen und deutschen marginalisierten Stadtquartieren

3 Vgl. hierzu die Tagung an der Fachhochschule Köln vom 14.-15. Juni 2007 mit dem Titel „Jugendliche im Abseits? Ist die Situation in französischen und deutschen marginalisierten Stadtquartieren vergleichbar? Wie reagieren Politik und Soziale Arbeit? *Ein deutsch-französisches Symposium*".

impliziert nicht nur eine internationale, sondern auch eine interdisziplinäre Sichtweise der Sozialen Arbeit: Nicht nur die Jugendthematik, sondern auch Gender, Migration, Sozialraumorientierung und die Rolle der Medien sind unmittelbar eingebunden. Nur vor diesem Hintergrund können die jeweiligen politischen Programme und die verschiedenen Konzepte Sozialer Arbeit in beiden Ländern angemessen eingeordnet und verglichen werden.

Als Einstieg in die Thematik geben Didier Lapeyronnie für die französische Seite und Markus Ottersbach für die deutsche Seite zunächst einen allgemeinen *Überblick* über die Situation Jugendlicher in marginalisierten Quartieren. Im Anschluss an diese einleitenden Präsentationen wird die Lage jeweils aus französischer und aus deutscher Sicht im Detail beleuchtet.

Zunächst geht es um *geschlechtsspezifische* Aspekte der Situation der Jugendlichen. Der Artikel von Sarah Mazouz „Rollenteilung und Ausschreitungen in den *Banlieues*" basiert auf einer ethnographischen Studie zu den Unruhen im Herbst 2005. Rückblickende Beschreibungen und Stellungnahmen von Jugendlichen aus Pariser *Banlieues*, die teils Teilnehmer des Aufruhrs, teils Zuschauer/innen waren, werden auf die Interaktion der Beziehungen von Schicht, Ethnie und Geschlecht untersucht. Die Straßenkämpfe haben demnach eine bestimmte Bedeutung im Prozess der Vermännlichung junger Männer aus den *Banlieues*, ebenso wie die Nichtbeteiligung junger Frauen im Zusammenhang der Gender-Rollen zu rekonstruieren ist. In der indirekten Unterstützung der Ausschreitungen durch junge Frauen sieht Mazouz zugleich eine Ablehnung eines ethnisierten feministischen Diskurses. In der Analyse ungleichheitsgenerierender Faktoren folgt der Beitrag einem intersektionalen Ansatz.

Heide Funk thematisiert in ihrem Beitrag „Jungen und Mädchen in marginalisierten Stadträumen Deutschlands" in sozialräumlicher Perspektive die Sozialisationsbedingungen von Jungen und Mädchen und insbesondere die Wechselwirkung zwischen räumlichen Ausgrenzungsprozessen und jugendlichen Bewältigungsmustern. Der Beitrag fasst Ergebnisse einschlägiger Untersuchungen aus dem deutschsprachigen Raum zusammen, um allgemeine geschlechtstypische und geschlechtstypisch zugeschriebene Bewältigungsmuster zu rekonstruieren. Thematisiert werden insbesondere Jungen und Mädchen in öffentlichen Räumen und in Cliquen, Gewalt – teils im Blick auf rechtsextremistische Orientierungen –, Jungen und Mädchen aus Migrant(inn)enfamilien, weibliche und männliche Jugendliche in der Institution Schule sowie die Grenzen geschlechtsspezifischer Bewältigungsmuster.

Die Genderperspektive wird durch Betrachtungen zu *migrationsspezifischen* Aspekten ergänzt. Claire Schiff und Maïtena Armagnague beleuchten paradoxe Ausgrenzungen von Jugendlichen mit Migrationshintergrund in Frankreich und vergleichen Einwanderergruppen aus Algerien, Portugal und der Türkei. Paradoxerweise, so Schiff und Armagnague, werden die Bevölkerungsgruppen mit Migrationshintergrund, die eine schnelle Akkulturation durchlebt haben, heute öfter wirtschaftlich ausgegrenzt als jene, die sich weniger am individualistischen, französisch-republikanischen Integrationsmodell orientiert haben. Diskutiert werden Unterschiede hinsichtlich der Rahmenbedingungen der Einwanderung, der Strategien während der Krise der Arbeitsgesellschaft und der Integrationsmodalitäten für kommende Generationen. Schiff und Armagnague betonen die Dynamik dieser Prozesse und relativieren darüber die Argumentation mit nationalen Beispielen sowie die Vorrangigkeit des Gesichtspunkts der Marginalisierung.

Die Situation von Jugendlichen mit Migrationshintergrund in Deutschland greift der Beitrag von Andreas Deimann auf. Anhand aktueller Forschungsergebnisse und ausgewählter Statistikdaten wird die Bildungs- und Ausbildungssituation von Kindern und Jugendlichen mit Migrationshintergrund analysiert, insbesondere hinsichtlich der im Vergleich zu den Jugendlichen ohne Migrationshintergrund geringeren Erfolgschancen. Deimann spricht vom Bildungswesen als einer „Abseitsfalle“ für die Hälfte der betroffenen Kinder und Jugendlichen. Bisher ergriffene Maßnahmen der Schulreform beurteilt der Beitrag skeptisch im Hinblick auf die Qualität des Unterrichts und die Durchlässigkeit der verschiedenen Schulformen. Grundsätzlich positiv bewertet wird hingegen der Wandel zu einer Integrationspolitik, die sich mit dem im Jahre 2000 in Kraft getretenen neuen Staatsangehörigkeitsrechts manifestiert. Hoffnungen setzt Deimann in jene Jugendlichen, die sich selbstbewusst als Einwanderer in Deutschland definieren.

Sozialräumliche Aspekte werden zunächst von Sonja Preissing und später von Rolf Blandow und Thomas Bischofs eingebracht. Der Beitrag „Jugendliche in einer Pariser *Banlieue*: Am Rand der Städte oder Teil der Stadtgesellschaft?“ basiert auf einer 2006 durchgeführten Feldstudie in der *Cité 4000*, einem Quartier der Stadt *La Courneuve*. Die Autorin Sonja Preissing befasst sich vor allem mit dem gesellschaftlichen Bezugshorizont der Jugendlichen, mit ihren Teilhabemöglichkeiten an der Stadtgesellschaft und mit Konzepten der Stadtpolitik. Ausgehend von einem kritischen Sozialraumbegriff (s.a. den Beitrag von Susanne Lang in diesem Band) zeichnet Preissing die Entwicklung der *Cité 4000* als Modellfall der französischen Stadtpolitik nach, die der aktiven Mitgestaltung und Mitbestimmung der Bewohner/innen wenig Bedeutung zumisst. Dem werden subjektive Sichtweisen jugendlicher Bewohner/innen auf den städtebaulichen Wandel des Quartiers, den Umgang mit Heterogenität und die Marginalisierung gegenüber gestellt. Deutlich wird die besondere Bedeutung, die viele Jugendliche Bildungsabschlüssen, Mobilität und sozialen Netzwerken außerhalb der *Cité* beimessen, aber auch die Diskrepanz zwischen der Aufstiegsorientierung und dem eingeschränkten Anschluss an formale gesellschaftliche Systeme. Preissing plädiert für einen an den Ressourcen der Jugendlichen orientierten Ansatz sozialer Stadtpolitik.

Der Beitrag von Blandow und Bischofs gibt die Perspektive von Praktikern der Gemeinwesenarbeit in einem marginalisierten Quartier im Kölner Stadtteil Ostheim wieder, über das in lokalen Medien teils in skandalisierender Form berichtet wird. Blandow und Bischofs argumentieren dagegen detailliert und kenntnisreich aufgrund ihrer Felderfahrungen, präsentieren Sozialraumdaten des Stadtteils und des Quartiers sowie qualitative Aspekte in Bezug auf die konkreten Orte sowie die Handlungsformen von Jugendlichen und Familien. Dabei betonen sie Ressourcen der Bewohner/innen, die in diversen Projekten zur Geltung gekommen sind. Allerdings rechnen die Praktiker mit einem sozialen Wandel des Wohngebietes, der bei ungünstigen Bedingungen auf dem Wohnungsmarkt zu einer weiteren Entmischung der Wohnbevölkerung und einer Verfestigung von „Ghettostrukturen" führen könne. Unter Bezug auf das Aneignungskonzept schildert der Beitrag, wie der Trägerverein Veedel e.V. und weitere Akteure im Quartier versuchen, mit sozialraumorientierter Arbeit gegenzusteuern, und entwickelt Forderungen zur besseren Ausstattung der Gemeinwesenarbeit.

Auch die *Medien* sind ein wichtiger Bereich, wenn man die Situation der Jugendlichen in marginalisierten Quartieren analysieren will. Segregation als Medienthema behandeln Eric Marlière sowie Rainer Leenen und Harald Grosch. Marlière thematisiert aus soziologischer Sicht den Umgang der französischsprachigen Medien mit Segregation und fragt nach der Art und Weise, in der insbesondere das Fernsehen sich für die Anliegen der Bewohner/innen der *Quartiers sensibles* interessiert. Ausgewertet werden zunächst soziologische Untersuchungen zum medialen Umgang mit den *Banlieues*, die eine sensationsorientierte, auf Übertreibung und Dramatisierung gerichtete Darstellungsweise sozialer Konflikte hervorheben. Analysen verschiedener soziologischer Autor(inn)en stellt Marlière eine „Annäherung an eine Soziologie der Medienrezeption" zur Seite, die auf Interviews mit Vorstadtjugendlichen basiert. Hervorgehoben wird die allgemeine Empfindung einer Stigmatisierung des Alltags durch die mediale Darstellung. Hinsichtlich der Ausschreitungen sieht Marlière eine gegenseitige Instrumentalisierung der Medien und eines Teiles der Jugendlichen und fordert verantwortliches politisches Handeln ein.

Der Beitrag zu „Migrantenjugendlichen in deutschsprachigen Medien" von Rainer Leenen und Harald Grosch stellt Hypothesen zur medialen Thematisierung von Migrantenjugendlichen zur Debatte. Vor dem Hintergrund einer doppelten Funktionslogik aus ökonomischem Eigeninteresse der Medien und ihrer Rolle im System politischer Öffentlichkeit einerseits sowie der fehlenden politischen Sprecher(innen)rolle von Migrant(inn)en in Deutschland andererseits ergeben sich demnach bestimmte Thematisierungsformen. Für die Thematisierungslinie „Migrant(inn)en aus gesamtgesellschaftlicher Gewinn- und Verlustperspektive" skizzieren die Autoren ausgewählte Filmbeispiele, um anschließend eine Übersicht zu den wichtigsten sozialwissenschaftlichen Untersuchungen zum Thema zu präsentieren. Ähnlich wie für Frankreich, lassen sich für Deutschland bestimmte Formen der Negativberichterstattung über Migrant(inn)en herausarbeiten – mit einer Verschiebung zum Thema Terrorismus nach dem 11. September 2001 – sowie eine überwiegend negative Beurteilung der Medien durch Migrant(inn)en.

Die *Stadtpolitik* ist in Deutschland wie in Frankreich ein wichtiges Politikfeld. Ihre Wirksamkeit ist allerdings dies- wie jenseits des Rheins nicht unumstritten, wie in den Beiträgen von Dietmar Loch (Frankreich) und Susanne Lang (Deutschland) deutlich wird. Loch geht in seinem Beitrag detailliert auf die Entwicklung der *Politique de la Ville* ein und stellt die Frage nach ihren Erfolgsaussichten. Er interessiert sich einerseits für die Regulierung sozialer Probleme durch öffentliche Politik und betont andererseits Eigeninitiativen der Jugendlichen, Formen der Selbstorganisation und das in ihnen liegende Potential für eine Verbesserung der Stadtpolitik. Der Beitrag folgt einem Policy-Forschungsansatz, dem zufolge gewalttätige Jugendproteste in den *Banlieues* den dringenden Handlungsbedarf im Bereich sozialer Probleme sowie das Fehlen von Repräsentation und Auseinandersetzung mit Konflikten verdeutlichen. Skizziert werden sechs Zyklen der *Politique de la Ville*, deren Effektivität jedoch insgesamt als gering bewertet wird aufgrund mangelnder Stringenz und ungelöster Grundprobleme der Wohnungs-, Bildungs-, Arbeitsmarkt-, Sicherheits- und Antidiskriminierungspolitik sowie der politischen Integration. Der Beitrag befürwortet eine Neuorientierung der Stadtpolitik „vom Territorium zum Individuum" und im Bereich der politischen Integration die Anerkennung multiethnischer *Associations* aus den *Banlieues* als Akteure und Mittler in Anerkennungskonflikten.

Unter dem Titel „Politische Programmen gegen soziale Ausgrenzung Jugendlicher in Deutschland" behandelt *Susanne Lang* die soziale Stadtpolitik diesseits des Rheins. Mit dem Städtebauförderungsprogramm „Die Soziale Stadt" und der Programmplattform „Entwicklung und Chancen junger Menschen in sozialen Brennpunkten" hat sich ihr zufolge ein Begriff der Sozialraumorientierung durchgesetzt hat, der einerseits materielle und soziale Bedingungen eines Stadtteils zugrunde legt und andererseits helfen soll, soziokulturelle Praxen von Kindern und Jugendlichen zu beschreiben. Konträre Interpretationen des Begriffs und Warnungen vor sozialtechnologischen Verkürzungen nimmt Lang zum Anlass, einen genaueren Blick auf die Geschichte der Sozialraumorientierung und aktuelle Herausforderungen zu werfen, um von dort aus die genannten jugendhilfepolitischen Programme sozialer Stadtentwicklung kritisch zu bewerten. Schließlich verdeutlicht der Beitrag durch ein Berliner Praxisbeispiel, wie Vernetzung und Partizipation in einem Stadtteil gelingen können.

Einen Ausblick bietet Christian Reutlingers Beitrag „Jugendprotest im Spiegel von Sichtbarkeit und Unsichtbarkeit – Herausforderungen für die Jugendarbeit". Seine grundlegende These ist, dass der Strukturwandel der kapitalistischen Arbeitsgesellschaft und die damit zusammenhängende radikale Veränderung der Erwerbsarbeit zu einer Grenzverschiebung zwischen Sichtbarkeit und Unsichtbarkeit im Jugendalter führt. Die mediale Sichtbarmachung selektiver Jugendthemen entspricht demnach in der Regel nicht dem jugendlichen Bedürfnis der Suche nach etwas Eigenständigem, sondern dient oft der Skandalisierung. Reutlinger beschreibt verschiedene Tendenzen des Feldes: eine Tendenz zur Radikalisierung des „Sich-Sichtbar-Machens" bei nicht repräsentativen Gruppen, eine Tendenz zur medial immer transparenter werdenden Jugend und schließlich eine Tendenz zur Unsichtbarkeit in abgehängten Rückzugs- und Bewältigungswelten. Vor diesem Hintergrund wird dafür plädiert, unsichtbare Bewältigungsformen der Jugendlichen als Leistung anzuerkennen. Abschließend formuliert der Beitrag Thesen für die Jugendarbeit, die zum einen von einem Recht der Jugendlichen ausgehen, über Sichtbarkeit und Unsichtbarkeit ihrer Bewältigungsformen zu entscheiden und entsprechende Grenzen auszutesten, und zum anderen die Sicherung einer nötigen Infrastruktur und das Eintreten für Partizipationsmöglichkeiten als Aufgaben hervorheben.

Die Gesamtschau auf die vorliegenden Beiträge verdeutlicht sowohl Parallelen und Differenzen der deutsch- und der französischsprachigen Diskussion über Jugendliche in marginalisierten Quartieren als auch strittige Debatten.

Besonders interessant erscheinen uns dabei folgende Aspekte: Die *Genderthematik* wird häufig durch andere Konflikte überlagert, wie die Beiträge der französischen und der deutschen Kollegin verdeutlichen. Es bedarf schon genauer Beobachtung, um die Bedeutung der Erfahrungen und Handlungsweisen von Jungen und Mädchen in ihren widersprüchlichen Kontexten der Lebensbewältigung nachzuvollziehen. Das französische Beispiel verdeutlicht, dass die von außen herangetragene Ethnisierung kritische junge Frauen in den *Banlieues* ggf. eher zur Solidarisierung, denn zur (öffentlichen) Kritik an ihren männlichen Altersgenossen bringt.

Hinsichtlich der *migrationsspezifischen* Dimension bestehen in Frankreich und Deutschland unterschiedliche Ausgangsbedingungen etwa hinsichtlich der rechtlichen Inklusion und des Schul- und Ausbildungssystems. Das von Schiff und Armagnague eingebrachte, nationalitätenspezifische Beobachtungsraster für Inklusionserfolge erscheint aufschlussreich, insofern es verdeutlicht, dass die formale rechtliche Gleichstellung noch keine gleichberechtigte Teilhabe an der Stadtgesellschaft garantiert und dass – aus Sicht des französisch-republikanischen, individualistischen Integrationsmodells paradoxerweise – die Ressourcen etwa der Einwanderer-Community besondere Bedeutung erhalten. Letzteres trifft sich allerdings wieder mit Beobachtungen aus Deutschland. Um einer Kulturalisierung von Problemlagen nicht Vorschub zu leisten, möchten wir die nationalitätenspezifische Beobachtungsweise nicht verallgemeinern; jedoch halten wir eine Vertiefung des deutsch-französischen Vergleichs im Bereich migrationsspezifischer Aspekte für hilfreich.

Die Beiträge zum Umgang der *Medien* mit Segregation hinterlassen bei uns den Wunsch nach weiteren Diskussionen: Welche Aussichten bestehen, marginalisierte Jugendliche künftig in den Medien zu Wort kommen zu lassen? Bewusst ist uns, dass der Bezug auf die Thematisierung von Gruppenvergewaltigungen im Beitrag von Éric Marlière bei manchen Leser(inne)n Fragen aufwerfen kann. Für eine detaillierte Auseinandersetzung sei auf den dort zitierten, leider nur auf Französisch publizierten Artikel von Laurent Mucchielli verwiesen.

Viele, vor allem deutschsprachige Autor(inn)en plädieren dafür, die Ressourcen der jugendlichen Bewohner/innen marginalisierter Quartiere stärker in die Stadtpolitik einzubeziehen. Explizit spricht sich Preissing vor dem Hintergrund ihrer Studie zur *Cité 4000* dafür aus, und auch Loch sowie Lang argumentieren in diese Richtung. Hintergrund ist jeweils die Kritik an administrativ-technologischen Eingrenzungen des *Sozialraumbegriffs* bzw. einem zuerst territorial orientierten Zugang der *Stadtpolitik*. Auch die Beiträge von Blandow und Bischofs sowie Funk können in dieser Argumentationslinie gesehen werden ebenso wie die Analyse der Ressourcen der Migrantengruppen in der Krise der Arbeitsgesellschaft, die Schiff und Armagnague vorlegen.

Demgegenüber konzentrieren sich die Beiträge der französischen Soziolog(inn)en Lapeyronnie, Mazouz und Marlière auf Beschreibung der Phänomene und ihre Analyse. Explizite Verbesserungsvorschläge für die *Politique de la Ville* oder die Soziale Arbeit werden nicht gemacht. Die Skepsis über die Wirksamkeit entsprechender Appelle – vielleicht auch überhaupt über die Wirksamkeit der *Politique de la Ville* – scheint zu groß.

Der Denkanstoß, der von Reutlinger kommt, bedeutet demgegenüber, in Frage zu stellen, welche Bewältigungsleistungen von Kindern und Jugendlichen durch die Jugendarbeit öffentlich sichtbar gemacht werden und welche unsichtbar bleiben sollten. Vielleicht liegt hier, in dieser Bekräftigung eigenständiger Entwicklungspfade der Jugend, auch eine Vermittlung zwischen Reformorientierung und Systemkritik vor.

Zum Schluss möchten wir es nicht versäumen, Betty Psarrakis für die Übersetzung der französischsprachigen Texte und dem Ministerium für Generationen, Familie, Frauen und Integration des Landes Nordrhein-Westfalen, dem Institut Français Köln und der Fachhochschule Köln für die finanzielle Unterstützung der Tagung und der Publikation des vorliegenden Bandes zu danken.

Literatur

Bukow, Wolf-D./Ottersbach, Markus (Hg.) (1999): Der Fundamentalismusverdacht. Plädoyer für eine Neuorientierung der Forschung im Umgang mit allochthonen Jugendlichen. Opladen.

Griese, Hartmut M./Mansel, Jürgen (2003): Jugendtheoretische Diskurse. In: Mansel, Jürgen/Griese, Hartmut M./Scherr, Albert (Hg.): Theoriedefizite der Jugendforschung. Standortbestimmung und Perspektiven. Weinheim und München, S. 11-30.

Joly, Danièle (2007): L'émeute. Ce que la France peut apprendre du Royaume-Uni. Paris.

Krämer-Badoni, Thomas (2002): Urbanität und gesellschaftliche Integration. In: Bukow, Wolf-D./Yildiz Erol (Hg): Der Umgang mit der Stadtgesellschaft. Ist die multikulturelle Stadt gescheitert oder wird sie zu einem Erfolgsmodell? Opladen, S. 47-61.

Ottersbach, Markus (2004): Jugendliche in marginalisierten Quartieren. Ein deutsch-französischer Vergleich. Wiesbaden.

Wacquant, Loïc (2006): Das Janusgesicht des Gettos und andere Essays. Basel – Boston – Berlin.

Die allgemeine Situation

Rassismus, städtische Räume und der Begriff des „Ghettos“ in Frankreich

Didier Lapeyronnie

Für lange Zeit erschien das „Ghetto“ der französischen Gesellschaft als eine fremde Realität. Trotz des mehr oder weniger häufigen Gebrauchs des Ausdrucks haben die durch die öffentliche Politik geförderte, gemischte Bevölkerungsstruktur und das Prinzip der republikanischen Gleichheit diese Gesellschaft vor diesem Phänomen geschützt. Zahlreiche Studien haben den Unterschied zur amerikanischen Welt gezeigt, der nicht nur auf das Ausmaß der Zonen ethnischer Homogenität zurückzuführen ist, das sich durch einen institutionellen Rassismus und eine starke Segregation erklärt, sondern auch auf die starke Präsenz der Institutionen und der Sozialpolitik in den französischen *Quartiers populaires*. Der Ausdruck „Ghetto“ erschien so einer „amerikanischen“ Realität vorbehalten zu sein und jeglicher Vergleich erschien illegitim (vgl. Wacquant). Zwar ist nicht zu bestreiten, dass Frankreich nicht Amerika ist und dass jeder missbräuchliche Vergleich gemieden werden muss, aber dennoch: Seit etwa zehn Jahren haben sich in den französischen *Quartiers populaires* soziale Formen entwickelt, die sich dem „Ghetto“ annähern. Über die Verarmung und die Konzentrierung der „Sozialfälle“ hinaus spielen die Segregation, die Diskriminierung und der Rassismus eine immer wichtigere Rolle in der Bildung von in sich „geschlossenen“ Stadtteilen, die weitgehend fremd sind für die Stadt, in die sie implantiert sind, und in denen sich eine Form spezifischer sozialer Organisation mit zunehmender Kraft durchsetzt, trotz einer nicht zu unterschätzenden institutionellen Präsenz. Zusätzlich scheinen die sozialen Verhaltensweisen der Eigenlogik des „Ghettos“ zu folgen, indem sie die Bildung einer „Gegenwelt“ anstreben, die eine Antwort auf die soziale Ausgrenzung, die Segregation und die rassistische Diskriminierung ist.

Folgt man der „funktionellen“ Definition von Loïc Wacquant, ist das „Ghetto“ nicht eine ethnische Enklave oder ein natürlicher Platz im Sinne der Chicagoer Schule. Es ist eine politische Konstruktion. Es muss verstanden werden als eine spezifische Form „kollektiver Gewalt, die im Stadtgebiet konkretisiert ist“, und auf vier Elementen beruht: der Stigmatisierung, dem Zwang, der räumlichen Abgeschlossenheit und dem institutionellen Ausschluss. Das „Ghetto“ ermöglicht so, soziale Ächtung und wirtschaftliche Ausbeutung zu vereinbaren. Aus dieser Sicht wird das „Ghetto“ nicht durch die Armut definiert, es sei denn, es wird mit vielen städtischen Zonen verwechselt, in denen sich die am stärksten benachteiligte Bevölkerung konzentriert. Gleichzeitig kann es nicht nur durch die Segregation definiert werden, es sei denn, man wollte die Enklaven der Reichen auch als „Ghettos" ansehen. Das „Ghetto" setzt eine erzwungene, nicht gewählte, eine vorgeschriebene, nicht fakultative Segregation voraus. Die französischen Vorstädte konnten in den achtziger Jahren schon wegen ihrer gemischten Bevölkerungsstruktur nicht als „Ghettos" bezeichnet werden, d.h. wegen der Mischung der „weißen" und der Bevölkerung mit Migrationshintergrund auf demselben Gebiet, aber auch, weil eine eigene Organisation fehlte. Die *Galère* (ätzende Situation) war keine Subkultur und unterschied sich deutlich von einer Welt, die nach eigenen Regeln um spezifische Werte organisiert war (Dubet 1987). Vielen Soziologen erschien es gerechter, von „Anti-Ghettos" zu sprechen. Aber heute hat sich die Situation stark verändert: Die Stärkung der städtischen Segregation und der rassistischen Diskriminierung, der starke Anstieg der Arbeitslosigkeit und die Herausbildung einer sozialen Organisation, die spezifisch für die segregierten Viertel ist, erlauben es, die Hypothese einer Herausbildung von „Ghettos" zu formulieren, vor allem insoweit der Rassismus eine wichtige Rolle in dieser Logik spielt. Ausgehend von einer Studie, die in den Sozialsiedlungen der *Quartiers populaires* im Osten und Norden von Paris durchgeführt wurde,[1] sollen hier einige Elemente der Logik dieser Konstruktion analysiert werden.

1 Städtische Segregation und institutioneller Ausschluss

Im letzten Jahrzehnt hat die allgemeine Tendenz der sozialen Schichten, vor allem der Oberschicht, darin bestanden, sich abzukapseln. Zwischen den sozialen Gruppen besteht die Logik der Meidung, was sich durch eine starke Tendenz zur Homogenisierung und Hierarchisierung des Stadtgebietes ausdrückt.

> „Die Suche nach dem Unter-sich-Sein ist, zumindest für die Gruppen mit den entsprechenden finanziellen Mitteln, ein entscheidender Parameter für ihre örtliche Wohnortwahl. Demnach sind die Phänomene der Segregation auch Phänomene der Anhäufung" (Richard 2003).

Die Politik sowie die Diskurse über Unsicherheit und die Ablehnung der Konflikte haben zu einer verstärkten sozialen Segregation geführt. Jede Gruppe versucht, sich abzuheben und nach unten abzugrenzen. In dieser Logik der Distan-

1 Die Studie wurde im Jahr 2003 durchgeführt und basiert auf Interviews mit 40 jungen Pariser(inne)n mit Migrationshintergrund und ihren Familien sowie mit etwa zwanzig Sozialarbeiter(inne)n. Die Untersuchung wurde von der Stadtgemeinde Paris finanziert.

zierung finden sich die am stärksten benachteiligten sozialen Gruppen und Individuen zunehmend isoliert in spezifischen urbanen Zonen (Maurin 2004).

In vielen Städten drückt sich die Teilung der Stadt durch einen echten Riss zwischen den sozialen Gruppen aus. In Paris weiß der Bewohner des 16. Arrondissements meistens nicht, was im 20. Arrondissement geschieht. Es ist sogar sehr selten, dass er sich an Orte begibt, die nicht zu seinem urbanen Raum, nicht zu „seiner Stadt" gehören. Genauso weiß der Arbeiter oder der Angestellte, der im 19. Arrondissement wohnt, fast nichts über den Westen von Paris und der Region *Hauts de Seine*, es sei denn, er arbeitet dort. Mehr noch, in vielen Vierteln überlappen sich die urbanen Lebensstile; jede Gruppe führt ihr eigenes Leben, mit so wenig Interaktionen mit den anderen sozialen Gruppen wie möglich. Es gibt keine wirtschaftlichen, kulturellen oder persönlichen Beziehungen zwischen den verschiedenen sozialen Gruppen, außer in sehr seltenen Ausnahmen. Die Mittelschicht kennt die Unterschicht und die Bevölkerung mit Migrationshintergrund nur durch die Reinigungskraft, die Obdachlosen und die Jugendlichen, die den öffentlichen Raum besetzen. Umgekehrt haben die Angehörigen der Unterschicht und die Bevölkerung mit Migrationshintergrund keine Beziehungen zu der mittleren Schicht, außer in ihren Kontakten zu den Institutionen wie Polizei, Justiz, Schule, Sozialdienste. In gewisser Weise überlagert sich die Stadt der Einen mit der Stadt der Anderen. Überhaupt von einer urbanen Gesellschaft, von einer Stadt zu sprechen, ist ein falscher Sprachgebrauch, so schwach ist die Integration (vgl. hierzu auch Donzelot 2004).

Ungleichheiten und Segregationen werden durch die starken Spannungen in Bezug auf Schule und Kinder verstärkt. Diese sind – zusammen mit der Raumaufteilung – die einzigen Themen, denen die unterschiedlichen Schichten und ethnischen Gruppen gemeinsam gegenübertreten müssen. Trotz der Schulbezirke werden die Einkommensunterschiede und die rassistische Diskriminierung durch die Funktionsweise der Schule, die Meidungslogiken der Familien und der Lehrenden zu Aspekten der Teilung des Raumes. Die Studie des *Centre de Recherche pour l'Etude et l'Observation des Conditions de Vie/CREDOC* (Forschungszentrum für Studien und Beobachtungen der Lebensbedingungen) im Departement *Ile de France* verdeutlicht in Bezug auf diese Frage den Zusammenhang zwischen Bevölkerungsdichte, sozialer Differenzierung und schulischer Segregation. Innerhalb der Kommunen verstärkt die Bevölkerungsdichte die Ungleichheiten, indem sie zur Konkurrenz der nahegelegenen Schulen beiträgt. In der Studie wird übrigens festgestellt, dass

> „die Segregation in den Arrondissements von Paris am stärksten ist aufgrund der sozialen Kontraste zwischen den Quartieren und der Strategien zur Umgehung der Schulbezirke" (Maresca/Pouquet 2003).

Tatsächlich verstärkt die Schule die soziale Spaltung und die Meidungsstrategien sozialer Gruppen. Zu dieser rein sozialen Dimension der Funktionsweise der Schule muss noch das ethnische Funktionieren hinzugefügt werden. Die soziale Segregation ist nicht von der „rassistischen" oder „ethnischen" Segregation zu trennen. Der Ruf der Schulen bildet sich auch je nach „ethnischer" Zusammensetzung, vielleicht sogar noch mehr als in Bezug auf die soziale. In den Diskussionen bestätigen die Eltern kurz und bündig: Diese oder jene Schule ist zu meiden, weil es dort zu viel „Abschaum" oder „zu viele Araber/innen" gibt. Die Wahrnehmung der Schulen und ihrer „Leistungen" ist mit der Logik des Unter-sich-Seins verbunden: Die Migrant(inn)en und der „Abschaum" sind eine Bedrohung, insoweit sie das Niveau nach unten ziehen. Sie sind es auch, „weil sie das Leben unmöglich machen" und die Ruhe stören.

Die Schule verstärkt auch die rassistische Segregation, indem sie die Bevölkerung mit Migrationshintergrund konzentriert (Felouzis 2003). Zudem findet nicht nur eine ungleichmäßige Verteilung im Verhältnis zwischen den Schulen statt, sondern auch innerhalb der Schulen. Eine Logik der „besonderen" Klassen hat sich etabliert, die es ermöglicht, innerhalb einer Schule die „guten Schüler/innen" zu sondieren. Ganz gleich, was die Bedeutung dieses Mechanismus ist, die Aussagen der Schüler/innen mit Migrationshintergrund gehen in die Richtung einer Abschiebung selbst innerhalb der Schulen:

> „Von Anfang an sind wir schlecht beraten worden. Man hat uns nicht gesagt, was gemacht werden muss. Bist du Araber? Gehe direkt zu den Schwachsinnigen! Das nationale Bildungswesen hat es uns gegeben! Ich sage dir, sie gehen dir auf den Geist bis du 16 bist, und danach lohnt es sich nicht mehr" (Slimane, arbeitslos, 20 J.).

In diesem Prozess spielen die Elternvereine (an den Schulen) eine wichtige Rolle, indem sie Druck ausüben und überwachen. Schließlich tragen auch die Lehrer/innen zur Stärkung dieses Phänomens bei: Es existiert eine Hierarchie der Stellen, welche die Mobilität der Lehrer/innen steuert und die dadurch bestimmt ist, welcher sozialen Herkunft die Schüler/innen sind, die die Einrichtungen anziehen. Die erfahrensten Lehrer/innen finden sich meistens in den Schulen mit dem besten Ruf. Umgekehrt werden die Schulen mit schlechtem Ruf als „Strafe" gesehen, der man so schnell wie möglich entkommen sollte, was nicht im mindesten die Investition in ein pädagogisches Team und die Weiterführung eines Projektes unterstützt.

Die soziale und „rassische" Spannung in Bezug auf schulische Fragen ist überall wahrnehmbar in den Aussagen der Eltern oder der Heranwachsenden. Sie misst sich auch an der Wichtigkeit und dem nie dementierten Erfolg der schulischen Unterstützung in den *Quartiers populaires*. Diese Spannung manifestiert sich bei der Unterschicht und den Einwanderern auf der Gefühlsebene vor allem als Befremdung, manchmal als Ressentiment, gegenüber der Schule. Die Schule ist die Welt der Mittelschicht und der Weißen; sie schließt aus und erniedrigt. Ihre Sprache, ihre Funktionsregeln, die Normen, die sie auferlegt, erscheinen den Schüler(inne)n und ihren Eltern als relevant für eine Welt, die nicht ihre ist. Wenn sie schulischen Misserfolg haben, machen viele Schüler/innen über ihre persönlichen „Defizite“ hinaus die Tatsache geltend, dass sie die Codes nicht beherrschen und dass ihre Eltern nichts tun können, um ihnen zu helfen, vor allem, wenn sie einen Migrationshintergrund haben. In vielen der Aussagen drücken die Jugendlichen ihr Unverständnis über die Logik der Orientierung und des schulischen Wettbewerbs aus. Wenn sie es verstehen, ist es zu spät. Das ist meistens lange Zeit später. Sie entwickeln dann ein Gefühl der Reue („Wenn ich es gewusst hätte, hätte ich keinen ‚Blödsinn‘ gemacht.“), oft von Bitterkeit getränkt („Wenn du schwarz bist, gibt man dir (schulisch) keine Chance. Es ist direkt das Berufsleben.“) und manchmal entsteht die Revolte. Die Schule sieht sich mit der Anklage des Rassismus konfrontiert. Das ist das, was Issa, 25 Jahre, malischer Herkunft, aus dem 11. Arrondissement berichtet:

> „Bis zur 10. Klasse war ich in der schlimmsten Schule Frankreichs. Danach wollte ich ein Berufsbildungszeugnis machen. Dort habe ich Leute kennengelernt, die älter waren als ich. Da habe ich nur Unsinn gemacht und habe mein Berufsbildungszeugnis nicht geschafft. Am Tag der Prüfung bin ich nicht aufgestanden. Ich habe einige Zeit mit dem Nichtstun verbracht. Danach bin ich mit Hilfe der Pädagogen in ein duales Ausbildungsmodul rein gekommen. Ich habe festgestellt, dass es eine große Dummheit war, im Berufsbildungszeugnis-Programm gewesen zu sein. Aber ich hatte es nicht verstanden. Man schickt dich dorthin, um dich loszuwerden. Du bist eingewandert, also gehe direkt ins Berufsbildungszeugnis-Programm. Sie stellen sich keine Fragen. Ich habe trotzdem Abitur gemacht. Ich wollte ein BTS (Vordiplom) machen, aber da habe ich wirklich Diskriminierung erlitten. Ich habe mich überall in Frankreich beworben und habe keine Antwort bekommen. Letztendlich habe ich ein Englischstudium angefangen, ich wusste nicht, was ich machen sollte. Danach habe ich im dualen System eine Ausbildung zum Mediengestalter ‚Bild und Ton‘ angefangen. Acht Monate lang habe ich das gemacht, aber ich habe keine Arbeit gefunden. Ich habe kleine dumme Jobs gemacht. Ich träume nicht. Ich werde immer nur unregelmäßig arbeiten. Es stimmt, ich habe Blödsinn gemacht, aber Blödsinn mit Grenzen! Man hat mir nicht wirklich meine Chance gegeben.“

Die Schule wird als fremde Welt erlebt, so dass man sie nicht versteht, und zugleich als echtes Hindernis, das man erfolgreich überwinden muss und das insbesondere feindlich ist, weil man einen Migrationshintergrund hat oder einer ethnischen Minderheit angehört. Die Sozialarbeiter/innen bestätigen weitgehend diese Beobachtung.

> „Einige Jugendliche haben während der Prüfungen mehr Angst als nötig. Sie brechen manchmal lieber die Schule kurz vor den Prüfungen ab, anstatt sich der Realität zu stellen. Es ist schwierig zu erfahren, wovor sie am meisten Angst haben: vor der Niederlage oder dem Erfolg?"

Sie unterstreichen auch die Schwierigkeiten der Eltern aus den *Quartiers populaires* gegenüber der Schule:

> „Die Eltern kommunizieren wenig oder schlecht mit der Schule (...), wenig über die Spielregeln der Schule. Manchmal nehmen die Eltern Haltungen ein, die von wohlwollender Nachsicht bis hin zur ständigen Gewalt variieren. Das zeigt, wie wenig Glauben sie selber in diese Institution haben."

Die Schule als Institution ist in die Mechanismen integriert, die die Ungleichheit und den Ausschluss produzieren. In der Unterschicht und spezifischer noch bei der Bevölkerung mit Migrationshintergrund wird sie nicht mehr so wahrgenommen wie früher, als sie lange Zeit als Institution galt, die existierende Ungleichheiten korrigiert. Sie konnte damals über eine große Legitimität verfügen, auch wenn sie bereits weitgehend die Domäne der Mittelschicht war. Davon ist heute nichts mehr übrig. Für die meisten Unterschichtangehörigen mit Migrationshintergrund bestätigt sie nicht nur die bereits existierenden Ungleichheiten oder verschärft sie, sondern sie stellt ein wahres Hindernis dar, mit der man oft die Erfahrung der Verachtung und der Zurückweisung macht.

Für die Jugendlichen mit Migrationshintergrund und ihre Familien ist diese Erfahrung grundlegend. Sie untergräbt ihr Vertrauen in die Institutionen und allgemein in die Republik. Daraus ergibt sich eine direkt wahrnehmbare Spannung: Sie sind sehr von der Schule abhängig und allgemeiner von den Institutionen und zugleich geben ihnen diese Institutionen das Gefühl, dass sie unerwünscht sind. Hier handelt es sich nicht einfach um die Frage schulischen Scheiterns. Hinter den Haltungen der Jugendlichen zeichnet sich das Bewusstsein über ihr „soziales Schicksal" ab. Ein Bewusstsein, das in den Äußerungen, manchmal im Humor, von 14- oder 15-Jährigen präsent ist. Sehr oft erscheint im Gespräch das Gefühl, unzureichend und besiegt zu sein, das ein Verschließen und einen Rückzug auf sich selbst hervorruft. Die Jugendlichen bezeugen eine Art „Verletzung". Sie tragen die Last ihrer Schichtzugehörigkeit und ihrer physischen Erscheinung und sind davon überzeugt, nichts erreichen zu können, trotz ihrer Anstrengungen. Sie sind erfüllt vom ständigen Eindruck der sozialen Verletzbarkeit und des Unzureichend-Seins, ein Gefühl, das noch bestärkt wird durch die sozialen und individuellen Kontraste, die ihnen die Stadt zur Schau stellt. Für die Jugendlichen mit Migrationshintergrund verstärkt die Schule den Zustand einer Gesellschaft und einer Stadt, die nichts von ihnen wollen und die versuchen, sie auszuschließen.

> „Die Franzosen, die lassen nicht los. Es stimmt, sie klammern sich fest. Sie sind kolonialistisch. Sie haben sich von diesem Gedanken nicht losgelöst. Sie wollen uns nicht. Das ist klar" (Moussa, Lycée-Schüler, 18 Jahre).

Mit diesem Standpunkt zeigen sie einen gewissen sozialen Realismus: die soziale Mobilität in Frankreich ist in den letzten 20 Jahren stark zurückgegangen. Die Wahrscheinlichkeit, dass ein Arbeitersohn nicht Arbeiter wird, ist heute geringer als 1980 (Maurin 2002). Wenn man dieser Realität die Brutalität der Arbeitslosigkeit, die vor allem die Jugendlichen aus der Unterschicht trifft, hinzufügt, sind schlecht bezahlte und dem Ansehen wenig förderliche Gelegenheitsjobs oft die einzige Perspektive. „Was kann ich mir erhoffen? Ich werde Putzfrau sein! Und das auch nur, wenn ich etwas finde", sagt ein junges Mädchen aus Mali aus dem 19. Arrondissement und erklärt damit, wie schwierig es ist, seine „Familie zu verlassen". Wie kann man der Welt trotzen und sein Leben leben ohne die nötigen Ressourcen? Ganz offensichtlich geben die Institutionen vielen Jugendlichen nicht die Möglichkeit, „ihr Leben richtig anzufangen". Ganz im Gegenteil bilden sie eine Art Barriere und arbeiten daran, sie immer mehr daran zu hindern. In vielen Aussagen erscheinen jedoch „Ausnahmen": Sozialarbeiter/innen oder Lehrer/innen, immer persönlich identifiziert, die es verstehen, zu „helfen" und nicht auszugrenzen. Das Paradoxe ist, dass die Realität der Hilfe sich als eine Art Ausnahme darstellt, welche die Regel bestätigt. Die Hilfe, die man von einer Person bekommt, bestätigt die Vorstellung der Feindseligkeit und Verschlossenheit der Institutionen und verstärkt noch das Gefühl der Ohnmacht und persönlichen Demütigung:

> „Allein schon über Integration zu sprechen, heißt, dass wir anders sind als ihr. Die Person fühlt sich betrogen, während sie versucht zu beweisen, dass sie nicht so ist, wie man behauptet, nicht integriert" (Barded, Lagerist, 25 J.).

Das Bild der sozialen Welt und der Stadt, das hier ausgehend von diesen Aussagen erscheint, ist das einer stark gespaltenen Welt, die die sozialen und ethnischen Kategorien gegenüberstellt und die Funktion hat, entweder einige in spezifischen Quartieren auszuschließen oder aber sie ruhig zu stellen. Die polizeilichen Methoden verstärken diesen allgemeinen Eindruck. Vor allem die Jugendlichen, aber auch ihre Familien prangern bereitwillig die Vervielfältigung der Kontrollen an, denen sie unterzogen werden, sowie die Beschimpfungen und die Gewalt, die sie von Polizisten erleiden. Die Einsätze erscheinen ihnen willkürlich. Sehr oft erscheinen sie ihnen auch von einer Logik von „Schicht" und „Ethnie" bestimmt zu sein: Es handelt sich darum, den „Bürger(inne)n" und den „Omis" „einen Gefallen zu tun" und die „Weißen" zu schützen. Tatsächlich werden sie denunziert, eher auf eine bestimmte Lebensweise zu zielen als auf eine kriminelle Aktivität:

„Man hasst die Schirmmützen auf den Tod." Etwa in Belleville sind Aussagen in dieser Richtung zahlreich. Alle Welt scheint den Eindruck einer Polizeilogik zu teilen, die versucht, das Leben des Quartiers „kaputt zu machen", anstatt seine Bewohner/innen zu schützen. In *Goutte d'Or* rast während eines Gesprächs mit einem „Familienvater" ein Polizeiwagen vorbei, was dazu führt, dass unser Gesprächspartner fragt: „Gibt es noch andere Viertel, in denen die Polizei es sich erlaubt, so gegen die Fahrtrichtung einer Einbahnstraße zu fahren?" Die Gewalt und die Verachtung der Polizei führen nur dazu, eine allgemeine Wahrnehmung von Ausschluss und Segregation zu bestätigen, die alle Institutionen einschließt. Das kleinste Teilchen wird als „Zeichen" dieses Zustands gesehen. „Haben Sie gesehen, wie dreckig es hier ist?" fragt ein Bürger von Belleville. „Anderswo ist es nicht so. Wir sind ihnen egal, sie interessieren sich nicht für uns. Außerdem, gibt es nichts für uns in diesem Viertel." Jegliche institutionelle Intervention wird mit extremem Misstrauen wahrgenommen. Man unterstellt immer, dass sie schlechte und feindselige Intentionen versteckt.

Für Unterschichtangehörige mit Migrationshintergrund ist die soziale Welt verschlossen und die Institutionen sind sozusagen die „Grenzbeamten", die die Einreise filtern und die Mehrheit abweisen. „Die gute französische Gesellschaft, sie will uns nicht." Sogar die Sozialdienste werden oft so betrachtet, dass sie der Aufrechterhaltung eines demütigenden Status Quo und der Bestätigung der Schließung dienen. Die Stadt ist gekennzeichnet von der Segregation und der Gegenüberstellung der Ungleichheiten. Ihr Funktionieren, dies gilt vor allem für Paris, erscheint weitgehend befremdend und feindlich. Sie ist auf keinen Fall ein Ort der Ressourcen, auch nicht im Bereich der Arbeit, wo sie als ein Ort der Diskriminierung wahrgenommen wird:

> „Im Arbeitsamt hat man mir gesagt, dass ich zu GO Sport gehen soll. Aber wieso soll ich bei GO Sport arbeiten? Schon, wenn man dort hingeht, um etwas zu kaufen, sofort folgen sie Dir überall hin, als ob man kriminell wäre. Manchmal wollen sie, dass wir das Geschäft verlassen, wenn wir zu mehreren sind. Und uns dann einstellen? Da würde Panik ausbrechen. Das ist ernst gemeint. Ein Araber dort arbeiten?" (Mohamed, Arbeitsloser, 19 Jahre).

„Wenn man durch die Geschäfte geht, in den Verwaltungen, sehen Sie viele Araber, die dort arbeiten?" In einigen Außenbezirken der Hauptstadt „drehen sich die Bewohner in Richtung Vorstadt" und nicht nur aus finanzieller Sicht. Dort ist ihre Welt, die im Kontrast steht mit der Welt der Innenstadt und ihren Aktivitäten. Aus diesem Blickwinkel scheint die Stadt auch die sozialen und ethnischen Unterschiede zu betonen, nicht nur widerzuspiegeln, sondern einige Aspekte zu verstärken, vor allem hinsichtlich der Verteilung und Zuweisung des Raumes. Auch die Stadt erscheint für viele Unterschichtjugendliche eher als Hindernis denn als Chance.

2 Stadt, Familie und „Straßenkultur"

Diese Beziehung zur Stadt, zur sozialen Welt und zur institutionellen Schließung ist besonders schwierig zu ertragen für die jungen Kinder der Migrant(inn)en, die den sichtbarsten Teil der Jugendlichen in den *Quartiers populaires* ausmachen. Konfrontiert mit einer feindseligen und verschlossenen Gesellschaft sowie mit Diskriminierung und Segregation müssen sie zudem ein Migrationserbe tragen, das oft schwer ist. Ihr Gefühl ist, dass sich ihre Familie aufgeopfert hat. Für sie haben Vater und Mutter den Preis der Entwurzelung und des Exils auf sich genommen. Sie sind zudem mit Arbeit überhäuft worden, in der Hoffnung auf eine bessere Zukunft für ihre Kinder in dieser feindseligen und rassistischen Gesellschaft.

> „Meine Mutter stand früh auf, sie schlief nicht. Jahrelang habe ich gesehen, dass sie nur 2 Stunden schlief. Sie fing morgens um 6 Uhr an, sie kam abends um 7 Uhr. Wir waren zu siebt. Viele davon Kleinkinder. Ich bin ihr nicht böse, dass sie sich aufgeopfert hat, aber es ist eine schwere Last für mich. Ich sagte ihr: Mama, hör auf dich aufzuopfern",

erzählt ein junges Mädchen dessen Eltern algerische Einwanderer sind. Ein Junge sagt: „Es ist schwer zu sehen, dass sich die Eltern aufopfern, es ist schwer, danach eine gerechte Beziehung zu ihnen zu haben." Diese Familien- und die kollektive Geschichte gibt der Anwesenheit auf französischem Boden eine Legitimation und macht im Gegenzug den Rassismus und die Segregation umso inakzeptabler: In vielen Aussagen weisen die Jugendlichen sich durch den Beitrag ihrer Eltern für den „Aufbau dieses Landes" aus, einen Beitrag, für den sie nie wirklich Anerkennung bekommen haben. Aber umgekehrt resultiert aus den familiären und kollektiven Geschichten eine Art „affektive Überlastung" und Erfolgsdruck, welche die Verzweiflung der Jugendlichen hervorheben und indirekt eine noch heftigere Ablehnung der Schule und der Institutionen bewirken. Im Verhältnis zu ihren Familien und ihren Geschichten müssen sie das Migrationserbe bewältigen, indem sie „erfolgreich" sind und dabei eine starke kulturelle Kontinuität beibehalten.

Dieses Problem stößt weitgehend auf Unverständnis: Das Familienleben in vielen Familien mit Migrationshintergrund ist stark geprägt durch den Stellenwert der Mutter und die Autorität des Vaters. Aber, und das ist der Kern, das schwierige Leben des Vaters, das seine Autorität genau so wie die Tradition legitimiert, wird nicht als Vorbild gesehen: Es ist eine Warnung. Infolgedessen wird das Leben als eine Art Opfer betrachtet, das eine komplexe Gesamtheit gegenseitiger Verpflichtungen und Erwartungen schafft. Die Mutter, die das Familienleben unterstützt und die Erziehung in einem schwierigen Umfeld sicherstellen muss, negiert auch ihr eigenes Leben zugunsten des Wohls ihrer Kinder. Von außen gesehen kann diese Familienlogik den Eindruck einer „Abwesenheit“ der Väter und eine „starke“ Präsenz der Mutter vermitteln.

> „Die Mütter sind unsere Ansprechpartnerinnen (…). Die Väter sind stark abwesend von den Projekten der Kinder, was paradox erscheinen mag, wenn man bedenkt, wie wichtig ihr Status in ihrem Herkunftsland ist“,

bemerken die Erzieher/innen. Der „Vater“ wird oft durch sein Schweigen beschrieben: „Mein Vater spricht nicht. Er spricht überhaupt nicht viel“, sagt ein junger Mann marokkanischer Herkunft. Die Abwesenheit/Anwesenheit des Vaters erweist sich als schwer und direkt verbunden mit der Migrationsentscheidung, wie es dieses junge Mädchen erzählt:

> „Mein Vater ist immer sehr still gewesen. Ich weiß sehr wenig über meinen Vater. Mein Vater fängt jetzt erst an zu sprechen. Er sagt uns jetzt erst, dass wir uns nicht für sein Leben interessiert haben. Er sagt: Es sind die Kinder, die bei uns in Algerien die Fragen stellen, nicht die Eltern, die einfach Geschichten erzählen. Stellt mir Fragen, bevor ich sterbe, um zu erfahren, wer ich bin“ (Ibissa, Schülerin, 18 Jahre).

Soweit es den Vater angeht, muss das Opfer seinen Erfolg in der Zukunft finden. Soweit es die Mutter angeht, muss es seine Lösung in der Einschränkung der Freiheit finden. Bei den Kindern entsteht eine sehr starke Spannung gegenüber den Eltern, gar ein Widerspruch, zwischen dem Respekt ihnen gegenüber, der Selbstachtung und der (eigenen) Freiheit, aber auch zwischen Identifikationslogiken und Erfolgszwang. Diese Situation bewirkt, dass die Kinder sozusagen ihre Vergangenheit oder ihre Familie „verdienen“ müssen und dass im Falle eines Erfolges immer der Verdacht eines Verrates besteht. So fühlen sie sich oft wie eine „Last“ für die Familie. Umgekehrt ist, wenn das Opfer der Eltern nicht zum Erfolg führt, dies eine unerträgliche Last für viele Kinder und auch für die Eltern: Das Opfer hat nur Undank für die Eltern hervorgebracht und für die Kinder ein Gefühl, nicht wirklich geliebt zu werden. Die Sozialarbeiter/innen stellen fest, dass die Eltern angesichts der Schwierigkeiten, denen die Kinder begegnen, häufig die Tendenz haben, abwechselnd autoritär und „resignativ“ zu reagieren, und so das Dilemma der Kinder umso mehr verstärken.

> „Der Bezug der Eltern zum Erziehungsmodell des Herkunftslandes besteht in einer entweder lässigen oder rigiden Haltung, die jeweils nicht ohne Konsequenzen für das Verhalten der Kinder ist.“

Die Familie glaubt, so die Kinder vor der Außenwelt beschützen zu können, vor allem vor der Stadt oder dem Quartier und dessen „Einfluss“. Die Familien kämpfen gegen die Stadt, die sie für gefährlich halten, während sie versuchen, ihre emotionale Einheit zu wahren (Sennett 1970). Sie tendieren dazu, sich abzuschotten, die Öffnung zur Außenwelt zu vermeiden und vor allem eine sehr traditionelle Rollendefinition herauszukristallisieren. Oft entsteht daraus Gewalt in der Ehe und in der Familie, wie die Jugendlichen zugleich ausführlich und mit schmerzlicher Zurückhaltung berichten:

> „Ich habe verstanden, dass mein Vater die Fähigkeit hat, ganz einfach Ohrfeigen zu verteilen. Manchmal ohne Grund. Ohrfeigen an meine Mutter. Manchmal streiten sie sich. Der Ton steigt (…) dann zwangsläufig (…)“ (Ibissa, Schülerin, 18 Jahre).

> „Was meinen Sie, was das auslöst, wenn Sie sehen, wie jemand die ganze Zeit schlägt? Die Angst ist da. Aber gleichzeitig sage ich mir: Wenn ich eine abkriege, kriege ich eine ab. Ich werde zu mir kommen. Ich werde nicht sterben“ (Samir, Schüler, 17 Jahre).

> „Denn wenn Sie mit 10 Jahren Ihre Mutter blutüberströmt sehen, wenn Sie sehen, dass man die Tapete wechselt, weil sie voller Blut ist, wenn Sie das alles erleben (…). Mit 10 Jahren sprechen die Kleinen in der Schule vom Weihnachtsgeschenk. Sie sagen sich: ‚Verdammt, ich hoffe, dass mein Vater meine Mutter zu Weihnachten nicht zusammenschlagen wird‘ (…)“ (Ali, Student, 26 Jahre).

> „Meine Brüder kriegen eine Tracht Prügel. Ohne Umwege. Eine riesige Tracht Prügel, wenn sie abends spät nach Hause kommen (...). Es ist wirklich ziemlich brutal“ (Sabira, Schülerin, 17 Jahre).

> „Ich habe einen gewalttätigen Vater, ich habe große Angst vor meinen Vater“ (Iman, Schülerin, 19 Jahre).

„Die Gewalt ist da, in jedem Haushalt“, fasst eine junge Frau zusammen. Diese Gewalt unterhält auch einen klaren Schnitt im sozialen Universum dieser Bevölkerung zwischen der Welt der Familie und der urbanen und institutionellen Umgebung, die heraus gehalten wird. Die Konsequenz ist auf Seiten der Eltern, dass die Ignoranz dessen, was sich auf der Straße und im Quartier abspielt, immer größer wird. Umgekehrt konstruieren die Jugendlichen eine Welt der Straße und versuchen, sich vor der Kontrolle der Älteren abzuschirmen und sich dem Gewicht des familiären Drucks zu entziehen. Die Errichtung eines Freiraums setzt den Ausschluss der Familie voraus. Ein Ausschluss, der vereinfacht wird durch die kulturelle Distanz und die Schwierigkeiten der Familien, mit der Außenwelt zu Recht zu kommen. Durch einen widersprüchlichen Effekt gewinnt die Familie in den Augen der Kinder einen noch größeren emotionalen Stellenwert: Die Eltern erscheinen als ziemlich fragil gegenüber der Außenwelt und ihre Lebensart ist „beschämend". Letztendlich fällt dem Jugendlichen, und vor allem dem männlichen Jugendlichen, die Aufgabe zu, seine Familie und das was sie besitzt, d.h. ihren Ruf, ihren Namen und ihre Ehre zu „beschützen". Seine Verantwortung gegenüber seinen Eltern ist umso größer. In einem Interview gibt ein Jugendlicher malischer Herkunft eine Erklärung in Bezug auf die Unmöglichkeit, seinen Eltern zu begegnen, die diese Position gut illustriert:

> „Meine Eltern, sie haben eine religiöse Vision der Welt. Sie haben nichts zu sagen. Jedenfalls würden sie sich zu sehr schämen, etwas zu sagen. Nein (...), sie sind nur religiös."

Der Druck auf die Jugendlichen, auch wenn der Vater „zurückhaltend" und von dem Leben in Frankreich „überfordert ist", entspricht einer Art unmöglichen familiären Erbes, das durch die Konsequenzen der Kolonisation oft noch komplizierter ist. Ein junges Mädchen, maghrebinischer Herkunft, das die Schule erfolgreich abgeschlossen und eine feste Anstellung hat, erzählt:

> „Gegenüber meinen Eltern war es schwierig. Sie wollten nicht, dass wir ausgehen. Wir gingen morgens, vor der Schule, in die Koranschule. Sie waren sehr streng. Sie wollten, dass wir es in der Schule schaffen. Sie hatten die ganze Zeit Angst um uns. Heute sind meine Eltern sehr stolz. Mein Vater ist sehr stolz. Aber vor kurzem hat er mir gesagt: Zwischen dir und mir gibt es jetzt eine Million Tote."

Der Erfolgswunsch und die Aufrechterhaltung einer familiären Kontinuität geraten in Widerspruch und sorgen dafür, dass sogar der Erfolg der Kinder für sie und ihre Eltern aufgrund der Spannungen zwischen Selbstachtung und Freiheit bzw. zwischen Identifikation und Erfolg nur zu Lasten der Psyche geht. Zwischen der Verinnerlichung eines negativen sozialen Schicksals und der Erfahrung einer verschlossenen Gesellschaft und verschlossener Institutionen einerseits und einer paradoxen Verstärkung der familiären Verantwortung andererseits, fühlen sich viele männliche Jugendliche in ihrer eigenen Würde bedroht.

Die Schwierigkeiten, die den Jugendlichen begegnen, sind weniger von einer „Aufgabe" der Eltern oder einer familiären „Desorientierung" oder auch von einer doppelten Kultur abhängig als vielmehr vom Widerspruch, in dem sie sich befinden, zwischen ihrer Einschreibung in die komplexe und ambivalente Familienlaufbahn und der Blockade jeglicher Perspektive sozialer Mobilität. Eine Blockade, die sie sehr oft stark verinnerlicht haben und welche die urbane Funktionsweise und der institutionelle Rassismus ihnen wiederholt bedeuten. Auf ihre Art haben sie den sozialen und ethnischen Konflikt verinnerlicht und ihn in persönliche Spannungen umgewandelt. Ihre Erfahrung ist die einer starken Dissoziation zwischen den Individuen und ihrer Herkunfts- oder Zugehörigkeitsgruppe.

Einerseits gibt ihnen die Stadt die Möglichkeit, sich im Raum zu bewegen, und die Gesellschaft ermöglicht ihnen, ein individuelles Schicksal anzugehen. Aber sie müssen dafür einer sozialen und urbanen Welt trotzen, die ihnen feindselig ist und in der die Normen ihrer Zugehörigkeitsgruppe und ihrer Familien ihnen keine Hilfe sind. Indem sie sich von der Gruppe oder von der Familie lösen, sind sie besonders verletzlich. Andererseits erscheint ihnen die Stadt als gefährlicher Lebensraum. Manchmal mit echter Verachtung und Rassismus konfrontiert, stehen sie immer unter der Drohung des Misserfolgs. Zurückzukehren ist ihnen nicht weniger verboten: Sie haben sich schneller geändert als ihre Familie oder ihre Zugehörigkeitsgruppe, die sie oft nicht mehr anerkennt.

Ihre Antworten auf diese Situation und ihre Art, mit den Dilemmata des Erfolges und der Integration umzugehen, sind stark unterschiedlich, je nach „sozialem“ und „schulischem Kapital“. Zwei große Logiken können entwickelt werden (vgl. für alle folgenden Aspekte Guénif-Souilamas 2000). Die erste, oft von den Mädchen getragen, ist die des Erfolges. Ab einem bestimmten Niveau des schulischen Erfolgs wird der Horizont etwas klarer und eine bestimmte Anzahl von Projekten kann entwickelt werden. Gleichzeitig muss das Familienerbe geschützt werden. Sehr oft übernehmen die Jugendlichen in dieser Situation eine Haltung familiärer Über-Konformität. Sie unterstreichen, wie sehr sie selber arbeiten und die notwendigen Opfer für den Erfolg akzeptieren. So erzählt ein junges tunesisches Mädchen im ersten Studienjahr für Wirtschafts- und Sozialverwaltung aus dem 11. Arrondissement:

> „Meine Eltern brauchen mich nicht einzuschränken. Ich gehe sowieso nicht aus. Ich gehe zur Uni. Danach gehe ich nach Hause. Am Wochenende arbeite ich. Nie gehe ich aus. Meine Mutter hat volles Vertrauen in mich. Sie weiß, dass ich nichts machen würde. Sie braucht überhaupt nichts zu sagen.“

Die Einschreibung in die familiäre Kontinuität und die Logik der Aufopferung erlauben hier, eine bestimmte Einigkeit aufrechtzuerhalten und die Schwierigkeiten aufzuschieben, die aus dem Erfolg wachsen könnten. Bei einigen Mädchen ist dieses Verhalten mit einer gewissen Feindseligkeit verbunden gegenüber den Mädchen, „die französisiert sind, das sind Schlampen“, deren Lebensart als skandalös beurteilt wird. „Das sind Französinnen, was! Die sich etwas vormachen, Weiße. Die sind integriert!“ Meistens jedoch haben die Jugendlichen eine ambivalentere und komplexere Haltung. Sie oszillieren zwischen dem strikten Anhängen an Familienregeln und der Konstruktion einer eigenen Lebensart, die sie aber jeweils weit entfernt vom Einfluss des Viertels halten. Bei ihnen ist die Spaltung zwischen familiärem Raum, jugendlichem Leben und dem Quartier am größten. Durch die Ablehnung des Viertels, das schlechten Umgang bieten könnte, können sie so eine bestimmte Integration ihres Lebens aufrechterhalten. Sie nehmen an betreuten Aktivitäten teil und gehen in einem streng kontrollierten und markierten Rahmen aus. Die jungen Mädchen gehen „unter sich" aus, zu zweit oder zu dritt, gehen ins Kino und nutzen den urbanen Raum von Paris. Charakteristischerweise findet ihr Ausgehen, wenn möglich, außerhalb der *Quartiers populaires* statt. Es geht sogar darum, diese Viertel zu meiden. „Es gibt dort zu viele *Blédards* (abwertende Bezeichnung für nicht eingebürgerte Migranten aus dem Maghreb, wörtl.: Leute aus einem Kaff). Übrigens gibt es da nur *Blédards*", sagt ein junges Mädchen aus Belleville mit Verachtung, als sie von dem Quartier *Barbès* spricht. Ihre Freundin fügt hinzu: „Es ist wie hier, es gibt nichts. Ich wüsste nicht, was wir dort machen sollten." Die Viertel der *Blédards* zu meiden, ermöglicht es vor allem, dem familiären und sozialen Druck auszuweichen und sich einen Freiraum einzurichten. Seit einigen Jahren kann man sich über das „Internet" treffen: Junge Mädchen können dort Jungen kontaktieren, die aus anderen Vierteln oder anderen Städten kommen, und die sie diskret – bei sich oder bei ihnen – treffen können, manchmal für einen Abend, manchmal für eine längere Beziehung. Um fortzubestehen, muss diese Art von Beziehung völlig geheim bleiben, nicht nur der Familie gegenüber, sondern vielleicht noch mehr gegenüber dem Druck des Viertels und der „Straße". Zumeist darf sie die Familienbeziehung und den Ruf der Familie nicht in Frage stellen: die Jungfräulichkeit bleibt wesentlich und Sexualität, wenn sie praktiziert wird, darf der Jungfräulichkeit nicht schaden. Die Jungfräulichkeit zu verlieren, erscheint vielen als unvereinbarer Bruch mit der Familie und der Identität. Das ist es, was Ibissa, Schülerin, 18 Jahre und verliebt in einen „Franzosen", erklärt:

> „Er sieht gut aus, er hat Klasse, er ist klug, er wird 21. Im Moment passiert gar nichts. Es ist eine einfache Beziehung. Zurzeit denke ich nicht daran. Wenn es ein Junge ist, der mich liebt, wird er warten. Er wird warten, bis ich mich dafür entscheide. Es wird ein Problem mit meiner Familie sein, es wird ein Skandal sein, aber daran denke ich im Augenblick nicht. Ich denke an meinem Vater, wenn er mir sagt: ‚Ich vertraue dir'. So ist das (…), die Jungfräulichkeit, sie gehört mir. Aber es gibt auch die Familie. Das ist das, was bei uns Arabern zählt. Eine Jungfrau ist wie ein Diamant, sagt man. Ein Mädchen, das seine Jungfräulichkeit nicht hat, man kann sagen, sie ist ein Stück Dreck. Wenn ich meine Jungfräulichkeit verliere, würde ich mich wie ein Stück Dreck ansehen gegenüber meiner Familie, vor allem gegenüber meinen Eltern. Wenn sie mir sagen, dass ich aufpassen soll, ist es in Bezug auf meine Jungfräulichkeit."

Die zweite Logik, die meistens von den Jungen getragen wird, ist symmetrisch zur ersten. Sie besteht darin, die Bewegung im urbanen Raum zu reduzieren und die soziale Immobilität in eine städtische Immobilität umzuwandeln. Die Jugendlichen, die sich dieser Logik verschreiben, bevorzugen die Straße und ihr Viertel. Ihre Mobilität ist auf bestimmte Räume beschränkt, die sie zu kennen meinen und mit denen sie sich symbolisch identifizieren können. Während die zuvor zitierten jungen Mädchen mit Verachtung von den Migranten- und Unterschichtvierteln der Hauptstadt gesprochen haben und ihr Privatleben strikt außerhalb dieser Viertel organisieren, machen daraus andere, deren soziales und schulisches Kapital viel schwächer ist, im Gegenteil ihr privilegiertes und quasi exklusives Ziel. „Dort findet man sich wieder“, sagt eine von ihnen bezeichnenderweise. Die Schwierigkeit, der Außenwelt die Stirn zu bieten, wird oft von den Sozialarbeiter(inne)n festgestellt. Viele von ihnen bringen ihr Erstaunen zum Ausdruck über diesen oder jenen kleinen „Harten“ aus dem Viertel, der die größten Schwierigkeiten empfindet, sich vom Viertel zu entfernen, einfach nur aus Angst. Das Weggehen oder die Ferien sind die Augenblicke, in denen sich die Furcht vor der Außenwelt zeigt, was viele amüsierte Kommentare hervorruft. Diese Schwierigkeit, sich frei zu bewegen, übersetzt eine doppelte Bewegung des Schutzes, die es erlaubt, dem gefühlten Druck zu entgehen. Das Zurückziehen auf die Gruppe und das Quartier ermöglicht es, ein Milieu zu konstituieren, in dem der Druck einigermaßen sozialisiert oder kollektiviert wird. Die Gruppe der Peers und die Bildung eines Territoriums oder einer Kultur der Straße spielen so eine wichtige Rolle für den Schutz der persönlichen Würde. Diese Logik basiert auf einer aktiven „Neutralisierung“ der persönlichen Verantwortung. Die Gesellschaft wird umso heftiger abgelehnt, als dass sie als einziger Grund der erlebten Situation betrachtet wird. Die Jugendlichen sind Opfer, Opfer der Diskriminierung, der Bosheit, der Ungleichheiten, des „Systems“, das sie nicht will. Je weniger sie mit dieser Gesellschaft zu tun haben, desto mehr sind sie überzeugt von ihrer Abartigkeit und der Realität der Diskriminierung.

> „Sie präsentieren sich immer als Opfer eines Systems, das sie marginalisiert. Sie fliehen vor der Realität, sie können sich die Zukunft nicht vorstellen und beschuldigen die Gesellschaft für alles. Sie lehnen die Institutionen heftig ab, die Volksvertreter, die Polizei“,

berichten die Erzieher/innen.

Der „anti-weiße“ Rassismus, als eine Art des umgekehrten Rassismus, schweißt oft Menschen mit diesem Gefühl zusammen:

> „Überall dort, wo die Franzosen hingegangen sind, haben sie nur Scheiße gebaut. Sie sind nach Afrika gegangen, sie haben nur Chaos zwischen den Stämmen verursacht: In Ruanda, 1 Million Tote, mit Macheten umgebracht, wegen der Weißen. Die Indianer von Amerika, alle tot wegen der Weißen! Sie sind bei den Arabern reingegangen wegen des Rohöls. Sie haben Atombomben gebaut und später, als wir eine bauen wollten, sagen sie uns: ‚Nein, nein!‘. All das wegen dieser dreckigen Rasse, den Weißen (…)“,

erklärt ein junger Einwanderer aus dem 19. Arrondissement. „Wir, wir sind Araber. Das sollten wir nicht vergessen. Wir sind keine Weißen", sagt ein junges Mädchen.

Als Opfer eines allmächtigen Systems sind sie „keine Akteure ihrer Geschichte". Die Rhetorik des Opferseins und der Denunziation der rassistischen Gesellschaft und der Weißen dient dazu, die Gruppe emotional zusammenzuschweißen bzw. eine „soziale Bindung zu schaffen". Geeinigt und isoliert ist die Gruppe weit weniger aggressiv. Für die teilnehmenden Jugendlichen ist das Wesentliche ihre Funktion der intensiven Sozialisierung. Die Diskussionen in der Gruppe sind lang und freundlich. Das ist es, was ein Jugendlicher malischer Herkunft aus dem 11. Arrondissement erzählt.

> „Ich verbringe zwei oder drei Abende dort in der Woche. Das geht bis drei oder vier Uhr morgens (…). Man verabredet sich nicht, man trifft sich einfach. Der eine ruft an, der andere kommt zufällig vorbei (…), man trinkt, man raucht, man spricht über alles. Es ist oft philosophisch! Das Ziel des Lebens, die Politik (…). Es gibt vieles, was wir kritisieren. Aber nicht die Menschen aus dem Viertel. Die Menschen aus dem Viertel zu kritisieren, hieße, sich selbst zu kritisieren."

So wird das Treppenhaus ein Ort der Begegnung: es ist unmöglich, sich in einer Familienwohnung zu treffen. Diese Gruppen sind im wesentlichen männlich: „Wenn Mädchen hinzukommen, artet es aus. Die Unterhaltung wird in Richtung Sex gehen. Das wird vulgär." Die Mädchen ihrerseits errichten ihre eigenen Räume der Sozialisation.

Ablehnung der Außenwelt durch Viktimisierung und Sozialisation der erlebten Erfahrung in der Gruppe der Peers schreiben sich in der Stadt ein durch die Bildung von Räumen oder Territorien, die angeeignet, mehr oder weniger kontrolliert werden, und mit denen die Individuen sich schließlich emotional identifizieren.

> „Im Viertel sind wir zu Hause. Dort fühle ich mich wohl. Sobald ich raus gehe, fühle ich mich unsicher. Ich fühle mich nicht wohl. Ich fühle mich schlecht. Ich weiß nicht warum, ich werde angeguckt (…). In meinem Viertel kenne ich alle und alle kennen mich. Man respektiert mich, weil ich alle respektiere. Wenn ich raus gehe, habe ich Angst. Ich bin niemand mehr" (Ibissa, Schülerin, 18 Jahre).

> „Siehst du das Moped, das gerade vorbeifährt? Es ist ein gestohlenes Moped. Ich glaube, er wird jetzt über rot fahren. Ich kenne ihn. Siehst du, gestohlenes Moped: falsche Richtung, das ist es? Er, er ist ein richtiger Bursche aus dem Viertel. Nur, dass er umgezogen ist, dieser Mongo. Aber er kommt jeden Tag ins Viertel. Ja, es fehlt ihm, man kann das Viertel nicht verlassen. Ich lebe seit fünfzehn Jahren hier. Ich kann das Viertel nicht verlassen. Niemals, niemals. Für mich ist es mein Viertel.

Für uns ist es unsere Familie. Deswegen fragen wir jedes Mal, wenn wir jemanden aus dem Viertel treffen: Hallo, wie geht's? Alles okay mit der Familie?" (Habib, Lycée-Schüler, 16 J.).

Diese Logik trägt dazu bei, die soziale und „rassische" Segregation zu stärken und die Distanz zwischen den sozialen Gruppen zu vergrößern und vor allem eine wirkliche „Kultur der Straße" zu formieren, die viele Beobachter in den letzten Jahren bemerkt haben (z.B. Kokoreff 2003, Marlière 2005 und Coutant 2005). Die Kriminalität passt oft perfekt in diese Logik als eine „normale" Fortsetzung: die Nutzung von illegalen Mitteln ermöglicht es, die Spannung durch den Erwerb der notwendigen Ressourcen erfolgreich zu lösen und dabei die „kulturelle" Kontinuität beizubehalten. Die Jugendlichen, die delinquent werden, betreiben einen betonten Konsum, vor allem durch das Zurschaustellen der Marken, während sie einen sehr feindseligen Diskurs gegenüber der sie umgebenden Gesellschaft entwickeln, sogar manchmal Appelle an eine religiöse oder „rassische" Identität, die verachtet werden, richten. So halten sie ihre Familien von ihren Aktivitäten fern.

„Ich sage nichts darüber, was ich den Tag über mache. Letztens hat mich mein Vater mit einer Jacke gesehen. Er hat mich gefragt, wo ich sie her habe. Es ist eine Markenjacke, ich habe dafür 100 Euros bezahlt. Ich konnte meinem Vater nicht sagen, dass ich dafür 100 Euros ausgegeben hatte, wofür er hart schuftet, um die Miete zu zahlen. Dann habe ich ihm gesagt, dass ich dafür 100 Francs ausgegeben hatte. Meine Mutter hat den Stoff berührt und gesagt, das ist eine gute Qualität. Sie kannte die Marke nicht. Sie hat gar nicht darüber nachgedacht, dass man mit 100 Francs keine Jacke kaufen kann. Es ist offensichtlich, es gibt eine Unstimmigkeit in den Realitäten. Meinem Vater würde es nicht helfen, wenn ich ihm sage, eine solche Jacke kostet 100 Euros. Er lebt in seiner Welt. Er ist noch in Marokko" (Kamel, 18 J., Schüler).

Umgekehrt sprechen viele Jugendliche über die Schwierigkeit, berufliche und persönliche Projekte zu formulieren. In der *Galère* ist es schwer vorstellbar zu heiraten. Im Gegensatz dazu haben „die, die dealen, Projekte", erzählen sie. Die Eltern, die diesem widersprüchlichen Druck ausgesetzt sind, können „oft nur die Augen schließen" in Bezug auf die Art der Anschaffung der Sachen oder in Bezug auf den Lebensstil dieses oder jenen Kindes.

Das Risiko der Kriminalität ist sehr hoch. Auch wenn das soziale und schulische Kapital zu gering ist, besteht die Hauptlogik darin, die Spannung durch den Rückzug zu verringern. Manchmal hilft die Religion, öfter noch die Selbstbeschränkung, sich diesen Schwierigkeiten zu stellen. Solche Fälle stellt man oft bei Mädchen fest. Während eines Treffens in einer *Cité* des 19. Arrondissements mit jungen Mädchen malischer Herkunft entwickelte sich eine Debatte über die Frage der arrangierten Heirat. Von den zehn Mädchen, die dort waren, haben neun angegeben, bereits „versprochen zu sein“. Eine Einzige von ihnen hat sich vehement gewehrt gegen solch ein Schicksal. Die anderen haben mit großer Einmütigkeit arrangierte Hochzeiten verteidigt und fanden, dass man ihren Eltern nichts vorwerfen konnte. Diese Mädchen hatten kein besonders intensives religiöses Leben. Sie gingen aus und führten ein für Jugendliche normales Leben. Die Begründung, die sie dafür in der Gemeinschaft gaben, war eigentlich sozialer Natur:

> „Wissen Sie, was wir sein werden, was aus uns werden wird? Wir werden putzen gehen. Die Familie dann verlassen, um jemanden zu heiraten? Glaubst du, dass die Liebe ewig hält? Was wirst du machen, wenn du vierzig bist mit deinen Kindern und alleine da stehst?“

> „Wenn es in der Familie bleibt, muss sie dafür sorgen, dass es klappt. Wenn dein Vater ihn auserwählt hat und es schlecht ausgeht, dann muss er die Verantwortung übernehmen. Wir werden nochmals darüber sprechen, wenn du vierzig bist.“

Der „Rückzug“ hat weniger religiöse oder kulturelle Gründe, sondern erscheint vielmehr als zwangsläufige Wahl: als die einer Art Sozialversicherung. Das verfügbare Kapital und die institutionelle Unterstützung erscheinen als unzureichend, um seine Individualität und seine Freiheit in einer feindseligen Gesellschaft auf sich zu nehmen, vor allem, wenn der zu zahlende Preis der Bruch mit der Familie ist, der nicht nur affektiv ist, sondern auch erschwert wird durch das Migrationsprojekt. Deswegen stellen die Gruppe, die Familie und die „Gemeinschaft“ die beste Garantie für ein annehmbares Leben und die Erhaltung der Würde dar.

Das „Ghetto“ bildet sich durch die komplexe Beziehung zwischen Familie, Straße, Stadt und Außenwelt. Die Familie und die Straße stehen sicherlich in starkem Widerspruch, sind aber beide feindlich gegenüber der Außenwelt und versuchen eine strenge Kontrolle innerhalb der Welt auszuüben. Die Familie strebt danach, ihre emotionale Integrität durch die Kontrolle der Kinder zu wahren, vor allem, indem sie versucht, die Kinder vor der externen Verderbnis zu beschützen. Um diesem widersprüchlichen Druck des Erfolges und der Kontinuität zu entkommen, bilden die Jugendlichen eine eigene Welt, die Straße, die sie von dem Familienleben isolieren und sie mit eigenen Funktionsregeln ausstatten. Das ist ein Raum, der gleichzeitig die Fortsetzung der Familie ist (vor allem durch die Regeln, die den Mädchen auferlegt sind, und die Logiken der Ehre oder des Rufes) und auch in völligem Widerspruch zur Familie. All diese Logiken verstärken die sozialen Abstände und die Segregation. Die *Quartiers populaires* der Einwanderer haben die Tendenz, sich abzuschotten, genauso wie die Mittel- und Oberschichten danach streben, sich zu isolieren oder sogar manchmal „sich abzuspalten". Daraus ergeben sich Schwierigkeiten und soziale Spannungen, die einerseits aus der Frage der Teilung der urbanen Räume und andererseits aus der Funktionsweise des „Ghettos" selbst erwachsen.

3 Das Territorium und die Bekanntschaften

Die Funktionsweise der *Quartiers populaires* als „Ghetto" ist nicht überall in gleichem Maße herauskristallisiert und setzt sich folglich nicht mit gleicher Kraft durch. An einigen Orten sind übrigens ziemlich klare soziale Spannungen zu beobachten, zwischen der „Ghetto"-Logik der meist migrantischen Unterschichtjugendlichen, die danach streben, den Raum zu besetzen, und der „urbanen" Logik der Mittelschicht oder der Arbeiterklasse, die ihnen diesen Raum streitig machen. Das berichtet z.B. eine Vereinssprecherin aus dem 19. Arrondissement in Paris:

> „Wir haben das Gebiet besetzt. Sie waren in den Treppenhäusern und Eingangshallen. Dann sind wir auch dorthin gegangen. Wir wollten, dass die Gemeinschaft der Erwachsenen ihren Platz im Quartier wieder findet."

Offenbar bleibt diese Art von Konkurrenz nicht konfliktfrei, manchmal sogar nicht gewaltfrei:

> „Ich bin angegriffen worden. Man hat versucht, mich einzuschüchtern. Sie haben mir gesagt: Wir waren vor dir da und werden dich verjagen. Danach gab es Fahrzeugbrände auf den Parkplätzen."

So stehen sich junge Einwanderer der Unterschicht und die Erwachsenen der Mittelschicht direkt gegenüber, jeder Träger eines „Modells" des urbanen Lebens.

> „Die Leute haben Angst. Es gibt Leute, die hausen. Sie stecken die Mülleimer in Brand. Sie machen es, um das Gebiet zu besetzen. Sie besetzen auch die Keller. Letztes Jahr hatten sie junge Mädchen gefangen gehalten",

erzählt ein anderer Vereinssprecher, der auch seine eigenen Schwierigkeiten in dieser Auseinandersetzung anspricht:

> „Es ist ziemlich anstrengend und riskant. Die Menschen drücken sich, aus Angst vor Repressalien. Am Anfang bin ich angegriffen worden. Jetzt nicht mehr. Sie wissen, wer ich bin."

Faktisch, erklärt er weiter,

> „haben die Leute Angst um ihre Kinder. Sie haben Angst um sie, wenn sie ausgehen. Dann mobilisieren sie sich schließlich, um etwas zu unternehmen. Um das Gebiet zu besetzen."

Dieser Familienvater, Fabrikarbeiter, erklärt die Schwierigkeiten, die er erlebt hat, und die Gewalt, der er ausgesetzt war:

> „Sie sind Filzläuse/Lausebengel, die Spaß haben, irgendetwas irgendwie zu machen. Man kann ihnen nichts sagen. Sie sind bösartig. Wenn du ihnen etwas sagen willst, im ruhigen und netten Ton, beleidigen sie dich. Man tut dir irgendetwas an. Letztens war ich draußen, meinen Hund Gassi führen. Sie waren gerade dabei, Autos zu beschädigen! Sie stiegen mit beiden Füßen rauf, um die Motorhaube zu beschädigen (...). Als sie mich gesehen haben, sind sie gekommen, um mir aufs Maul zu schlagen. (Herr X hatte eine gebrochene Nase und musste operiert werden. Einer seiner Angreifer wurde zu drei Monaten Gefängnisstrafe verurteilt.) Vor allem hatte ich nichts gesagt. Ich ging einfach nur vorbei. Sie haben alle beleidigt. Sogar zerbrechliche Alte. Es ist verrückt, so etwas zu sehen."

Die Konflikte um den Raum und seine Nutzung nehmen offenbar nicht immer solch eine krasse Form an. Aber sie sind allgegenwärtig in den Aussagen der Bewohner/innen der *Quartiers populaires*. So beklagen sich etwa in einer *Cité* des 19. Arrondissement mehrere der 10 Gesprächspartner einer Anwohnergruppe über das laute Verhalten der Jugendlichen des Quartiers, über den mangelnden Respekt und die Beleidigungen, wenn „man etwas sagen möchte". In ihren Aussagen bezeichnet das „sie" fast immer die jungen maghrebinischem oder afrikanischem Einwanderer.

> „Sie sind jeden Abend da vor meinem Fenster. Sie diskutieren. Wenn es aber regnet oder es kalt ist, dann gehen sie in die Eingangshalle. Es ist nicht nur der Lärm. Sie rauchen auch noch. Ich weiß nicht, was sie rauchen, aber es kommt unter meiner Tür durch. Uns wird die Luft verpestet."

Ein anderer konstatiert ähnliche Unannehmlichkeiten:

> „Sie stehen jeden Abend vor meinem Fenster. Sie diskutieren. Sie spielen Ball. Vor allem werfen sie ihre Bierdosen. Es gibt Lärm die ganze Nacht. Außerdem kommen eine ganze Menge Leute. Ich weiß nicht, warum. Es geht mich auch nichts an (...). Aber es ist laut. Sie könnten doch woanders hingehen."

Aber vor allem liegt die größte Schwierigkeit darin, „etwas zu sagen":

> „Eines Abends wollte ich ihnen sagen, dass sie etwas weiter weg gehen sollen. Sie haben mich „alte Schachtel“ genannt und bedroht. Ich bin beleidigt worden. Sie haben sich nicht von der Stelle gerührt. Ich glaube sogar, dass es schlimmer wurde.“

> „Meine Frau ist beleidigt worden. Ich weiß nicht, was ihre Eltern machen. Aber meine Kinder sind um diese Uhrzeit zu Hause. All dieser Lärm die ganze Nacht, das ist unerträglich.“

> „Jetzt gerade machen sie Autorennen. Sie pflügen die Rasenflächen um mit den Autos! Das ist beschämend. Es ist ekelhaft. Man muss nur die Reifenspuren und die Bierdosen überall sehen. Ich habe etwas sagen wollen: Sie haben meine Wohnung mit Eiern beworfen! Sie haben mich mit dem Tode bedroht. Man muss aber die Autorennen stoppen. Es ist gefährlich, es sind doch überall Kinder.“

Die betroffenen Jugendlichen geben eine entsprechende Version der Vorfälle:

> „Hier gibt es nichts für uns, keinen Raum, nichts. Sie sind verrückt. Sie schmeißen Konfitürengläser auf uns. Ich schwöre, Konfitürengläser, um uns zu vertreiben. Aus der vierten Etage. Sie könnten jemanden umbringen.“

Das Gefühl der Ablehnung und des Rassismus ist oft stark und rechtfertigt eine gewisse Unaufrichtigkeit bzw. Bösartigkeit. Die Umweltbeeinträchtigungen sind real, aber sie werden ausschließlich durch den Raummangel erklärt, durch die Tatsache, dass „es nichts gibt“ für Jugendliche.

Dieser Gegensatz der Nutzungsmodi des urbanen Raumes und der sozialen Gruppen hängt ab von einer starken Spannung zwischen der Logik der *Interconnaissance* (gegenseitigen Bekanntschaft), die das „Ghetto“ strukturiert, und der Logik der urbanen Anonymität, welche die Lebensart und die Stadtkonzeption der Mittelschicht kennzeichnet. So hat in Folge des Mordes an einem jungen Mann das *Centre social* in *Belleville* im Juli 2003 eine Anwohnerversammlung organisiert, um zu versuchen, migrantische Jugendliche und Erwachsene zusammen zu bringen. Bei den Themen, die angesprochen wurden, haben die Erwachsenen schnell das Klima der Unsicherheit, das im Quartier herrscht, und die Schwierigkeit einzugreifen, herausgestellt. Einer von ihnen erzählte, wie er gewisse Jugendliche dabei beobachtete, wie sie Geld von asiatischen Frauen erpressten (alle als Opfer ausgewählt, weil sie illegal sind, erstatten sie keine Anzeige und haben oft Bargeld bei sich) und brachte seinen Ekel gegenüber solchen Verhaltensweisen zum Ausdruck. Die anwesenden Anwohner/innen unterstrichen die allgemeine Unsicherheit, wobei einige hofften, dieses Quartier schnell zu verlassen. Andere berichteten über ihre Ohnmacht und die Schwierigkeit, bei Schlägereien und Angriffen einzuschreiten. Demgegenüber weigerten sich die anwesenden jungen Erwachsenen, sich hinzusetzen und blieben nahe an der Tür.

Alle bekannten, dass sie an dem Viertel hängen, trotz der Schwierigkeit, dort zu leben. Alle bemängelten die Gewalt der Polizeieinsätze und den Druck auf das Viertel seitens der Ordnungskräfte. Auch wenn die Teilnehmer/innen des Treffens sich ohne weiteres einig waren, die Vernachlässigung und die Repression zu beklagen, die Einstellungen der einen unterschieden sich doch sehr von denen der anderen. Die Erwachsenen der Mittelschicht forderten das Recht auf einen ruhigen und geschützten öffentlichen Raum, der es erlaubt, anonym aus der Stadt Nutzen zu ziehen. Demgegenüber bekräftigten die Jugendlichen der Unterschicht, aber auch die Erwachsenen, den Wert der *Inter-connaissance*, einer Art urbanen Dorfes also, in dem sich alle kennen und das ein Hindernis für jegliches fremde Eindringen sein und ein eigenes Territorium festlegen könnte. Den Erwachsenen der Mittelschicht, die an unpersönlichen Regeln und an Höflichkeit appellierten, die von der Schwierigkeit berichteten, die Interaktionen im (öffentlichen) Raum zu regeln, wenn die Menschen keine gemeinsamen Regeln respektieren, antworteten die Jugendlichen mit Migrationshintergrund, dass sie ohne Furcht einschreiten könnten: „Aber Madame, sie riskieren nichts. Wir kennen sie doch." Oder: „Sie können uns sagen, was sie wollen, denn wir kennen sie ja. Wir wissen, wer sie sind. Und außerdem wissen sie, wer wir sind". Ausgehend von dieser Wahrnehmung wird das „Territorium" nicht mehr als rein öffentlicher Ort definiert. Es wird legitim, ihn wie ein eigenes – weder privates noch öffentliches – Gebiet zu nutzen, das vielmehr den „Anwohner(inne)n" gehört, der Gemeinschaft all der Menschen, „die sich kennen". In *Bas Belleville* erregt ein Problem rund um einen „Tennisplatz" dieselbe Art von Konflikten aufgrund des Raummangels: „Warum haben sie daraus einen Tennisplatz gemacht? Es sind nur zwei, die spielen, und wir sind dreißig und haben nichts", sagt ein Jugendlicher aus dem Quartier, der darin zugleich eine Ungerechtigkeit und eine Demütigung sieht. Er hat kein Recht auf diesen Raum und außerdem hat die Einrichtung des Tennisplatzes nur zum Ziel, ihn zu verjagen. Etwas weiter weg, um den *Square Gardette*, im 10. Arrondissement, beschreiben die befragten Jugendlichen Probleme gleicher Natur. Es ist unmöglich, auf dem *Square* zu spielen: „Alles ist angelegt. Überall gibt es Bänke und dann sind die Kleinen da. Wir können kein Ball spielen." Im Sommer mündet dieser Platzmangel für sie in tägliche Langeweile:

> „Es gibt nichts zu tun. Wir gehen spazieren. Wir gehen zum BHV Kaufhaus, wir schauen uns Platten an. Ich schaue mir diese Platte schon zum zwanzigsten Mal an, so wenig gibt es hier zu tun."

> „Wenn es regnet, schauen wir uns Videokassetten an. Wir leihen uns eine aus und schauen sie hier. Wir kennen sie auswendig. Wir leihen uns immer wieder die gleichen aus" (Omar, Schüler, 16 Jahre).

Die Arten des Verständnisses, der Anleitung der Jugendlichen sowie des Umgangs mit ihren Anliegen sind ziemlich unterschiedlich: Für die einen ist das Erlernen eines Höflichkeitskodices entscheidend, verknüpft mit der Idee, dass man „nicht auf den Straßen herumhängen soll“, für die anderen ist die Idee entscheidend, dass die *Inter-connaissance* eine Sicherheitsgarantie bietet, die eine kollektive Nutzung des gemeinsamen Raumes ermöglicht.

Die Mittelschichtkonzeption des urbanen Leben beruht auf der Anonymität und der Mobilität im urbanen Raum. Sie hat die Stärke der Offensichtlichkeit für sich und erscheint oft quasi natürlich. Wenn die Stadt eine Welt von Fremden ist, ist sie nur aushaltbar, wenn die Interaktionen stark kodifiziert sind. Es ist dann wichtig, in diesem Raum Regeln der Höflichkeit und Zivilität durchzusetzen, die es erlauben, Konflikte zu vermeiden und die Gesamtheit der Beziehungen und Begegnungen zu regeln. Ausgehend von dieser Wahrnehmung werden die Verhaltensweisen der Unterschichtjugendlichen als unhöflich und als von einer „schlechten Erziehung“ oder einem herkunftsbezogenen „Sozialisationsdefizit“ herrührend betrachtet. Die Konzeption der Unterschicht im „Ghetto“ besitzt auch ihre Logik und ihre eigenen Normen. Sie beruht auf der *Inter-connaissance* und dem Territorium. Die Stadt ist eine Welt von Fremden. Aber eine bestimmte Sicherheit kann erreicht werden durch das gegenseitige Kennen in einem bestimmten begrenzten Gebiet. So ist man misstrauisch gegenüber jedem Fremden, jedem potenziellen Eindringling. Die Regeln der Höflichkeit erscheinen nicht als Garantie, sondern eher als das Zeichen der Fremdheit auf dem Gebiet. Jedes Individuum, das dem Netz der *Inter-connaissance* des Viertels nicht angehört, könnte also angegriffen oder gejagt werden.

> „Vor einiger Zeit habe ich eine Freundin im Tour C besucht. Ich dachte, ich hätte ihr Auto davor auf dem Parkplatz gesehen. Ich habe angehalten und sie angesehen (...). Aber sie war es nicht. Ich bin dann weiter gegangen. Ich habe Rennen hinter mir gehört. Da waren Jugendliche in der Eingangshalle, die mich beobachtet haben. Ich wusste, dass sie da waren und mich beobachteten, aber es war nachts. Als sie auf meine Höhe gekommen sind, haben sie mich erkannt: ‚Verdammt, es ist Noir, der uns erwischt hat.‘ Sie haben gelacht und sind gegangen. Aber wenn ich jemand gewesen wäre, den sie nicht kannten, jemand, der nicht aus dem Viertel ist, ist es sicher, dass sie mir etwas weggenommen hätten, meinen Geldbeutel oder mein Handy, oder dass sie mich geschlagen hätten“ (Noir, Arbeiter, 40 Jahre).

Die Logik der *Inter-connaissance* setzt sich bei allen im „ghettoisierten“ Quartier durch. Sie bedeutet, dass jeder bekannt ist als eine bestimmte Person und durch seine Zugehörigkeit zu einer bestimmten Gruppe und nicht als Individuum, das mit einem bestimmten sozialen Status ausgestattet ist. „Im Quartier bin ich nicht Akira B. Ich bin Akira, die Tochter von Herrn und Frau B., die im Gebäude D wohnen.“ Alle Aussagen unterstreichen das Ausmaß der Netze der

Inter-connaissance, die nicht nur die Jungen betreffen, sondern auch die Familien. Die Geschichte eines jeden ist mehr oder weniger allen bekannt und jede Person wird auf ihren „Charakter“ zurückgeführt durch die permanente Logik des Klatsches oder besonders durch das Lachen und den Spott. Namentlich in den Jungengruppen wird jedes Individuum, das versucht, sich zu „ändern“, als Individuum gesehen, das nicht mehr das sein möchte, was es ist, und das dadurch seine Zugehörigkeit zur Gruppe und zum Quartier verrät oder zu verraten droht. „Die da, die gibt die ‚Französisierte‘. Sie hat vergessen, wer sie ist!“ Dieses Individuum wird dann zum Objekt ständigen Spotts, der dazu dient, es an seine persönliche Geschichte und seine ursprüngliche Identität zu erinnern. In der Moschee tauschen sich die „Väter“ aus und geben Informationen über Familien und Individuen weiter. So ist die Person kollektiv definiert und ihre Verhaltensweisen sind zuallererst sozialer Natur.

Die Logik der *Inter-connaissance* geht einher mit einer sozialen und moralischen Organisation, die man als segmentierte Ordnung qualifizieren kann. Nach Gerald Suttles (1968) ist eine segmentierte Sozialordnung eine Form territorialisierter „Moralordnung“, die auf der Teilung der sozialen, Geschlechter-, Alters- und ethnischen Gruppen beruht. In dieser Form der Sozialordnung sind die Beziehungen im wesentlichen interpersonell und beziehen sich auf das Innere des Territoriums. Solch eine soziale Ordnung ist „provinzialistisch“, in dem Sinne, dass sie von dem ständigen Bemühen gekennzeichnet ist, die Beziehungen mit dem Äußeren zu reduzieren, und von der moralischen Ablehnung dieses Äußeren als einer korrumpierten und gefährlichen Welt. So, erklärt Suttles, schaffen es die Bewohner/innen des „Ghettos“, eine geschützte moralische Welt zu erschaffen, die auf einem sowohl privaten als auch geteilten gegenseitigen Verstehen beruht, das sie den öffentlichen Regeln entgegenhalten. Die Bewohner/innen tendieren dazu, für sich und ihr Umfeld den Kontakt mit der Außenwelt zu vermeiden oder zumindest in einer durch ihre ethnische Zugehörigkeit definierten Welt zu bleiben. Die Kinder werden in dieser Richtung erzogen und vor den Gefahren der Außenwelt gewarnt. Die Bewohner/innen des „Ghettos“ werden mit bestimmten Stereotypen und einer starken Stigmatisierung belegt, die für einige auch eine wichtige Ressource in der Konstruktion der Ehre sind. Suttles unterstreicht, dass solch eine Ordnung einer Gefängnismoral ähnelt: In dem Maße, wie alle Bewohner/innen von der öffentlichen Definition der Anderen abhängen, ist das gegenseitige Vertrauen jenseits der rohen Gewalt und der wirtschaftlichen Sanktionen sehr gering. Gewalt und Geld sind Hauptregulatoren der interpersonellen Beziehungen innerhalb des „Ghettos“. Das erklärt Ali, 46 Jahre, so:

> „Ich war lange im Gefängnis. Im Gefängnis ist man gezwungen, mit den Leuten zusammenzuleben. Du kannst mit jemandem Freundschaft im Leben und im Tod schließen, deine Tage mit ihm verbringen, aber du kannst nicht darauf vertrauen. Du

> musst auf der Hut sein. Wenn du im Gefängnis bist, hörst du nichts mehr von deinem Freund. Er hat dich vergessen. Und im Gefängnis ist es das gleiche. Wenn er dir etwas wegnehmen kann, wird er es tun. Man darf nie die kleinste Schwäche zeigen. Und im Quartier ist es das gleiche. Du kannst keinem vertrauen. Vor allem nicht in Bezug aufs Geschäft. Deshalb wird der Handel immer mehr innerhalb der Familie organisiert. Mit deinem Bruder oder mit deinem Cousin ist es mindestens etwas sicherer. Es ist etwas, dass ich oft sage, im Quartier gibt es eine Gefängniskultur. Vor allem bei den Jugendlichen. Es ist wie im Gefängnis, es wird in Gruppen organisiert“ (Ali, 46 Jahre, ehemaliger Schieber).

Die Segmentierung setzt sich mit Kraft durch als die quasi „natürliche“ Ordnung des „Ghettos“. Die Diskriminierung hinsichtlich des Zugangs zu und Nutzung von sozialen Einrichtungen erklärt sich folglich weniger durch persönliche Merkmale („die Person ist mehr oder weniger in Schwierigkeiten“) als vielmehr durch soziale oder ökologische Merkmale: Die Person gehört dieser oder jener Gruppe an, sie wird definiert durch diese oder jene ethnische Identität in jenem Gebiet usw. Wenn eine ethnische Gruppe oder eine ethnisch dominierte Gruppe einen Teil des öffentlichen Raumes besetzt, kann folglich ihre schlichte Anwesenheit die Verdrängung einer anderen Gruppe zur Folge haben. Dies ist vor allem dann der Fall, wenn sich Gruppen aus zwei verschiedenen Quartieren gegeneinander abgrenzen.

> „Handel und Mauscheleien verursachen Streitereien, Raufereien zwischen Jugendgruppen, die zu oft mit Banden gleichgesetzt werden, obgleich festgestellt wird, dass jede Gruppe aus einer sehr genau bestimmten *Cité* kommt“,

schreiben Erzieher/innen in ihrem Tätigkeitsbericht.

Ein anderer Erzieher erzählt: „Die Jugendlichen von X sind an der *Rue Fécamp* ausgestiegen. Die Polizei ist eingeschritten. Sie haben Pump Guns sichergestellt“. Das ist auch oft der Fall innerhalb der *Cités* oder der Quartiere. Die Präsenz der „Araber/innen“ führt dazu, dass die „Weißen“ nicht kommen und umgekehrt. Z.B. erzählen Jugendliche malischer Herkunft aus einer *Cité* im Norden von Paris wie folgt von einem Stadtteilfest:

> „Es war kein Fest für uns. Es gab nur Musik für Alte. Und sogar weiße Musik. Wir sind nicht hingegangen. Es gab nichts bei diesem Fest. Nichts für uns. Übrigens sind nicht mal unsere Eltern runtergekommen.“

Häufig ist die Klientenstruktur der Sozialdienste durch diese Funktionsweise gesteuert, allen Bemühungen der Sozialarbeiter/innen zum Trotz. Man beobachtet die gleiche Logik in den Beziehungen zwischen den Generationen und vor allem zwischen den Geschlechtern. Die Präsenz von Jungen, oder von bestimmten Jungen, bringt die Mädchen dazu, sich fernzuhalten. Das Gegenteil ist auch wahr: Die Präsenz von Mädchen führt dazu, dass einige Jungen nicht erscheinen. Dieses Verhalten ist nicht nur ein direkter Ausdruck des Sexismus. Allgemeiner ist es abhängig von der Segmentierung der sozialen Ordnung, die das Quartier, ja die Welt der Unterschicht regiert: Jenseits einer starken Einheit, die das kollektive Leben durchsetzt, eines Gefühls der gemeinsamen Zugehörigkeit und des „Kodex der Straße", unterscheiden sich die Gruppen stark voneinander, beschränken ihre Interaktionen entlang der Spaltungslinien Ethnie, Geschlecht oder Alter und bilden Einheiten sozialer Beziehungen, die zuerst interpersonelle Beziehungen sind, die der anonymen Welt der Stadt entgegenstehen. In dieser Logik ist der Rassismus ein mächtiges Instrument der Differenzierung innerhalb des Quartiers selbst, aber auch gegenüber der umgebenden Gesellschaft. Es gibt also eine starke Kluft zwischen der individualisierten Wahrnehmung der verschiedenen Bevölkerungsgruppen und einer sozialen Realität, in der das Verhalten durch normative Mechanismen der *Cité* oder des Quartiers stark „geregelt" ist. Der Ausdruck „Jugendlicher in Schwierigkeiten" unterstellt eine zu enge Wahrnehmung der Individuen und der Realität. Diese sind nicht nur durch ihre „sozialen Defizite" definiert, die sie durch Ausdrücke des Rassismus oder Sexismus kompensieren würden, sie gehören auch einem sozialen Ganzen an, das manchmal sehr zwingend ist: Die segmentierte Sozialordnung toleriert nicht viel „Abweichung", die nicht – auf manchmal extrem gewalttätige Art – sanktioniert würde. Mit anderen Worten: Der Sexismus und der Rassismus, die im „Ghetto" allgegenwärtig sind, sind direkter Bestandteil der Funktionsweise und der Moral der Sozialordnung des „Ghettos". Sie sind weniger individuelle Eigenschaften als normative „Ressourcen", die genutzt werden, um soziale Bindung innerhalb des Viertels zu schaffen und seinen Unterschied mit der Außenwelt zu kennzeichnen. Sie variieren stark, je nach Interaktionen oder je nach Art der in den Interaktionen engagierten Protagonisten. Es ist also unpassend, in den *Quartiers populaires* nur eine Form des sozialen Chaos zu sehen und den Rassismus als Bestandteil durch die Entwicklung pädagogischer oder moralischer Maßnahmen behandeln zu wollen. Der Rassismus ist vielmehr Bestandteil der Segmentierung der sozialen und normativen Ordnung.

Im Quartier wird jedes Individuum zugleich persönlich, nach Zugehörigkeit zu einer „Gruppe" und nach Status in der Gruppe identifiziert. Die Jugendlichen sprechen ausführlich über diese Art von Ordnung, die sie auferlegt bekommen und zu deren Durchsetzung sie beitragen: „Es ist nicht, dass wir nicht mit den Jungs gehen wollen, aber wie sehen nicht, wozu. Wir möchten lieber unter uns bleiben. Mit ihnen gibt es nichts zu tun", erzählt ein junges Mädchen im 11. Arrondissement, dessen Aussagen von einem Jungen aufgegriffen werden: „Wir möchten unter uns sein. Die Mädchen haben ihr Ding. Wir haben unsere." Die

Sozialarbeiter/innen stellen diese Trennung und die ganze Problematik, ab der Pubertät noch gemeinsame Aktivitäten zu organisieren, ebenfalls fest:

> „Die Mädchen verstecken sich, um Sachen zu machen. Sie gehen eher mit Jungs aus anderen Vierteln aus. Das Gerede ist dann nicht so groß! Der Druck der großen Brüder ist vorhanden, der Druck ist da.“

Deswegen gibt es in den Quartieren keine Liebespaare. „Die Liebe wird wie eine Krankheit erlebt. Sie haben Angst davor.“ „Wir treffen uns woanders“, erklärt ein junges Mädchen. „Mit denen da, kann man nichts machen. Wir kennen sie zu gut.“ „Mädchen sind cleverer. Sie gehen weiter. Sie lassen nichts mit sich machen. Sie sind fähig, sich zu schlagen“, erklärt ein Erzieher. De facto wird diese Teilung oder dieser Bruch der Kommunikation zwischen den Geschlechtern, vor allem für die Jungen, von einem Einschluss auf einen limitierten Raum begleitet, den sie „kontrollieren“ und dem sie die Ordnung des Quartiers auferlegen können. Sie geben dabei ein schlechteres Bild ab, voller Aggressivität und Langeweile. „Außer ihrem Quartier kennen sie nichts Großartiges. Einige wissen nicht, dass die Seine durch Paris fließt (...)“, sagt ein Animateur. Ein anderer bestätigt: “Während ihrer (Ferien-) Aufenthalte gibt es einige, die entdecken, dass das Meer salzig ist.“ Diese Jungen „sind zu TV und amerikanischen Filmen verurteilt“. Im Grunde ist es für viele die Idee der Langeweile, die sich durchsetzt:

> „Den Jugendlichen ist langweilig. Sie können sich nicht beschäftigen. Sie sind in Treppenhäusern und rauchen Gras. Sie machen ein bisschen ‚Handel‘ (...). Vor allem ist ihnen langweilig (...)“,

berichtet eine Vereinssprecherin.

Zwei Aspekte sind genauer festzuhalten: die Schwierigkeit, sich fortzubewegen, und die Funktionsweise der Gruppen. Die Schwierigkeit, sich fortzubewegen, heißt nicht, dass die Jugendlichen und die Bewohner komplett in ihrem Quartier gefangen bleiben. Trotzdem muss man unterstreichen, dass in vielen Gesprächen die Bewohner/innen erklären, dass sie außerhalb des Quartiers keinen kennen. Die meisten der Jugendlichen bewegen sich in Gruppen. Es passiert oft, dass sie diesen oder jenen Ort wegen Konfrontationen meiden. Die Verantwortliche eines sozialen Zentrums erklärt es ähnlich:

> „Die Jugendlichen von hier überqueren nicht mal die Hauptstraße. Sie haben Angst, auf die gegenüber liegende Straßenseite zu gehen. Es gab da mal irgendetwas und seitdem kann man sie nicht dorthin bringen.“

Die Anwohner/innen eines Quartiers werden nicht oder nur in seltenen Ausnahmefällen die Infrastruktur eines anderen Quartiers nutzen. Umgekehrt meinen sie, dass es keinen Grund gibt, dass andere auf ihr Territorium kommen, geschweige denn, „ihre" Einrichtungen nutzen. So lehnen es die Bewohner/innen der *Cité de l'Ourcq* im 19. Arrondissement kategorisch ab, die *Cité Curial*, die sehr nah ist, zu besuchen, obwohl sie die dort Wohnenden als privilegiert ansehen: „Sie haben dort alles. Wir haben nichts. Sie, sie haben alles." Die Jugendlichen in *Belleville*, versammelt am Fuß eines Turmes an der *Rue Ramponneau*, zeichnen präzise die Grenzen ihres Quartiers: „Wir, wir gehen nicht zur *Rue Rebeval*, es ist nicht bei uns. Unser Viertel endet am *Boulevard* und an der *Rue Belleville*".

Die Funktionsweise der Gruppen zeigt auch eine besondere Charakteristik. Die Gruppe ist nicht kooperativ. Sie wird im Gegenteil als ein Ort der Bestätigung der Individualität gesehen und funktioniert folglich auf Basis eines sehr starken internen Wettbewerbs.

> „Manchmal begrenzt sich die Diskussion auf verletzende Witze, so breit sind sie vom starken Graskonsum. In anderen Momenten nimmt die Aggressivität überhand in Folge von Raufereien und/oder verbale Beleidigungen mit anderen Jugendlichen. Manchmal ist es reine Langeweile, die hervorkommt. Dass man in der Gruppe ist, scheint die einzige Art zu sein, etwas dagegen zu tun",

meint eine Sozialarbeiterin. In den Gruppen geraten die Jugendlichen oft aneinander, beschimpfen oder bedrohen sich sogar. Die Gruppe kristallisiert sich wirklich nur gegenüber der Außenwelt. Sie ist für sie keine Möglichkeit, etwas gemeinsam zu tun, und kein Träger kollektiven Handelns. Sie ist ein Ort, ein Raum des Schutzes und der Selbstbestätigung. Es entsteht daraus nur eine sehr schwache Solidarität – trotz der ziemlich starken Verbundenheit zur Gruppe und einer gewissen Identifikation mit dem Quartier. Ein Sozialarbeiter stellt fest: „Wenn die Solidarität im Alltag der Gruppe präsent ist, scheint sie im Falle einer Festnahme zu kippen. Man denkt an sich, bevor man an andere denkt." Faktisch kann die Gruppe nichts anderes, als Störfaktor ihrer Umgebung sein. Sie existiert nur in interner und externer Spannung und kann somit kein Stützpunkt für irgendeine Tat sein. Im Grunde lebt sie nur durch ihre *Embrouilles* (Verwicklungen) (Kokoreff 2003).

Der Rassismus stellt die Grundlage für die Bildung des „Ghettos" dar. Er begleitet eine urbane Segregation, die immer stärker markiert ist und dazu führt, dass die Bevölkerungsgruppen mit den größten Schwierigkeiten in spezifischen Quartieren konzentriert werden. Der Rassismus ist auch Grundlage für das Funktionieren der sozialen und moralischen Ordnung, die sich innerhalb dieser Quartiere eingerichtet hat und die es erlaubt, vom „Ghetto" zu sprechen. In diesem moralischen Universum ist der Rassismus stark mit dem Sexismus verbunden. Die Konstruktion der Schicht ist untrennbar mit der Konstruktion des Geschlechts verbunden. Anders gesagt, finden die männlichen Bewohner des „Ghettos“ als direkte Opfer des Rassismus die Wiederbestätigung ihrer Würde durch die enge Kontrolle, die sie den Frauen auferlegen, die in diesem stigmatisiertem Gebiet wohnen. Zu wissen, wem das Geschlecht der Frauen „zusteht“, ist im Zentrum der Funktionsweise des Quartiers nicht nur eine Machtfrage, sondern auch eine Frage der Moral und der Identität. Besonders die jungen Männer, die dominiert sind von der Beziehung zu den anderen und den Fragen der ethnischen Identität, tendieren dazu, die Frauen des eigenen Territoriums zu „desexualisieren“, ihnen eine Tugend aufzuzwingen, die für sie ein Zeichen der Stärke, eine Bekundung ihrer Solidarität und vor allem die Bestätigung eines Ehrenkodices bzw. ihres Stolzes darstellt.

> „Es ist den Anderen gegenüber. Wir möchten nicht, dass unsere Frauen als Schlampen gelten. In anderen Vierteln werden sie uns nicht mehr respektieren, wenn sie sich wie Schlampen benehmen. Deswegen haben sie nichts auf der Straße verloren. So ist das bei uns“ (Samir, Schüler, 17 Jahre).

Andererseits versuchen die Frauen, zentriert auf den Selbstbezug, meistens eine geschlechtliche Identität oder eine Weiblichkeit „wiederzuerlangen“, Zeichen einer Individualität, die das „Ghetto“ ihnen ständig vorenthält. Daraus entsteht ein deutlicher Bruch zwischen dem männlichen und dem weiblichem Universum, starke Logiken der Schließungen der Familien sowie die Entwicklung der Gewalt gegenüber Frauen und jungen Mädchen. Gegenüber dem erlittenen Rassismus und der urbanen Segregation formiert sich das „Ghetto“ um diese „rassischen“ und „sexuellen“ Herausforderungen. Das kulturelle und Migrationserbe bildet eine Quelle in der Arbeit der Schließung und Reduzierung der sozialen Teilnahme, die eine Voraussetzung für das Funktionieren des „Ghettos“ ist.

Literatur

Coutant, Isabelle (2005): Délit de jeunesse, la justice face aux quartiers. Paris.
Donzelot, Jacques (2004): La ville à trois vitesses. In: *Esprit*, Nr. 3-4, März-April.
Dubet, François (1987): La galère, jeunes en survie. Paris.
Felouzis, Georges (2003): La ségrégation ethnique au collège et ses conséquences. In: Revue Française de Sociologie, Heft 44-3.
Guénif-Souilamas, Nacira (2000): Des «Beurettes» aux descendantes d'immigrants nord-africains. Paris.
Kokoreff, Michel (2003): La force des quartiers, de la délinquance à l'engagement politique. Paris.
Maresca, Brunon/Poquet, Guy (2003): Les ségrégations sociales minent le collège unique. L'exemple de l'Ile-de-France. Paris.

Marlière, Eric (2005): Jeunes en cité, diversité des trajectoires ou destin commun? Paris.
Maurin, Eric (2002): L'égalité des possibles. La nouvelle société française. Paris.
Maurin, Eric (2004): Le ghetto français. Enquête sur le séparatisme social. Paris.
Richard, Guy (2003): La mixité sociale dans les grandes villes françaises. In: Pumain, Denise/Mattei, Marie-Flore: Données urbaines. Paris.
Sennett, Richard (1970): Families against the City, Middle Class Homes of Industrial Chicago, 1872-1890. Cambridge.
Suttles, Gerald D. (1968): The Social Order of the Slum. Ethnicity and Territory in the Inner City. Chicago.
Wacquant, Loïc (2004): What is a Ghetto? Constructing a Sociological Concept. In: Smelser, Neil J./Baltes, Paul B. (Hg.): International Encyclopedia of the Social and Behavioral Sciences. London.

Jugendliche in marginalisierten Quartieren Deutschlands

Markus Ottersbach

1 Einleitung

Während es in Frankreich vor allem Jugendliche sind, die ökonomisch, sozial und kulturell von Ausgrenzungsprozessen betroffen sind und ihre Aggressionen sowohl gegen Gegenstände wie Autos, öffentliche Einrichtungen als auch gegen Repräsentant(inn)en staatlicher Institutionen (Polizist(inn)en, Lehrer/innen, Sozialarbeiter/innen etc.) lenken, erscheinen die gewalttätigen Reaktionsformen Jugendlicher in Deutschland ambivalenter zu sein. Einerseits gibt es seit Beginn der 80er Jahre eine rechtsextrem orientierte Jugendgewalt in Deutschland, die seitdem ein Dauerproblem darstellt, auch wenn das Ausmaß der Gewalt mal ab- und dann wieder auch zunimmt. Hier sind es – wie bereits erwähnt – vor allem Jugendliche, deren Gewalt sich vor allem gegen Menschen richtet, die selbst von Marginalisierungsprozessen (Migrant(inn)en, Behinderte, Obdachlose etc.) betroffen sind. Andererseits gibt es seit ein paar Jahren verstärkt Konflikte in Haupt- und Realschulen, deren Gründe – vergleichbar mit der wissenschaftlichen Reflexion der Situation Jugendlicher in den französischen Banlieues – verstärkt vor dem Hintergrund ökonomischer, sozialer, kultureller und politischer Ausgrenzungsprozesse diskutiert werden. Damit gelangt dann auch der Sozialraum des marginalisierten Quartiers in den Blick.

Um die Situation Jugendlicher in marginalisierten Quartieren in Deutschland zu analysieren, sollten mindestens vier Aspekte eine Rolle spielen:

Zunächst geht es um die Bedingungen der Entstehung und Entwicklung marginalisierter Quartiere. Die aktuelle Situation ist eben nur vor dem Hintergrund bereits länger andauernder Abläufe zu verstehen. Hier sind insofern die historischen Rahmenbedingungen der räumlichen Segregation bzw. Polarisierung zu rekonstruieren.

Um das Verhalten bzw. das Handeln Jugendlicher in marginalisierten Quartieren zu verstehen, muss weiterhin gefragt werden, wie es Jugendlichen in marginalisierten Quartieren ergeht. Im Mittelpunkt müsste deshalb eine Analyse der aktuellen Situation der Jugendlichen in diesen Quartieren vor dem Hintergrund der Kennzeichen solcher Quartiere stehen. Da es sehr verschiedene marginalisierte Quartiere gibt, ist es zudem wichtig, sich die unterschiedlichen Typen genauer zu anzusehen[1]. Nur bei einer differenzierten und detaillierten Betrachtung der Situation in den Quartieren können auch angemessene politische und pädagogische Maßnahmen präsentiert werden.

Zudem ist der Umgang der Jugendlichen mit ihrer Situation von Belang. Um nicht einem naiven Reiz-Reaktionsmechanismus aufzusitzen, müssen die subjektiven Deutungsmuster und die individuellen Umgangsweisen der Jugendlichen erkundet werden.

Danach ist die Frage, wie die Wissenschaft mit der Thematik umgeht, von Interesse. Analysiert werden müsste der Beitrag der Wissenschaft zur Entstehung bzw. zur Entwicklung und zur Bearbeitung bzw. Lösung der Thematik.

Zum Schluss werde ich in einer Art Fazit die wesentlichen Ergebnisse zusammenfassen und Problemlösungsansätze andiskutieren.

2 Marginalisierte Quartiere: ihre Entstehung und Entwicklung

Eine besondere Rolle bei der Entstehung marginalisierter Quartiere spielt die Entwicklung der fordistischen zur postfordistischen Gesellschaft (vgl. Soja 1995, S. 148f.; Dangschat 1996, S. 36ff.; Anhorn 2005, S. 11ff.). Die mit dem Stichwort „Fordismus“ bezeichnete Ära der 50er bis 70er Jahre war gekennzeichnet durch die Dominanz des so genannten Normalarbeitsverhältnisses (unbefristet, Vollzeit, mit Aufstiegsmöglichkeiten), durch geringe Arbeitslosigkeit, steigende Löhne, eine hochgradig arbeitsteilig organisierte Massenproduktion, anhaltendes Wirtschaftswachstum, zunehmende Konsumbereitschaft und den Ausbau des Wohlfahrts- bzw. Sozialstaats[2]. Ein *expansives* Wirtschaften, d.h. eine ständige Produktivitätssteigerung, die durch Expansion der Produktion (Ausbau der Produktionsstätten, Vollbeschäftigung und Steigerung des Konsums) erzielt wurde, war kennzeichnend für diese Zeit.

Spätestens mit Beginn der Ölkrise im Herbst 1973, bei der nicht nur die Störanfälligkeit moderner Industriestaaten offensichtlich wurde, sondern auch erstmals in der Bundesrepublik Deutschland öffentlich die Grenzen des so genannten Wirtschaftswunders und der sukzessive Ausbau des Wohlfahrtsstaates in Frage gestellt werden, wird eine Wende in der Art und Weise weg vom expansi-

1 Es ist ein großer Unterschied, ob es sich bei marginalisierten Quartieren um ein innerstädtisch gewachsenes Quartier mit gemischt-funktionaler Nutzung oder um ein monofunktional ausgerichtetes Quartier (wie z.B. die Großsiedlungen in städtischen Randlagen) handelt.

2 Man spricht auch von einem keynesianischen Modell kapitalistischen Wachstums, das den meisten Marktwirtschaften nach dem Zweiten Weltkrieg drei Jahrzehnte lang eine nie gekannte wirtschaftliche Prosperität und soziale Stabilität bescherte (vgl. Castells 2004, S. 19).

Fordismus = eine nach Erstem WK etablierte Form der industriellen Warenproduktion

ven hin zum *intensiven* Wirtschaften vollzogen. Neue Formen der Kapitalakkumulation, Prozess- und Produktinnovationen, veränderte politische Umgangs- bzw. Regulationsweisen und das Herausbilden eines neuen Konsummodells (vgl. hierzu Dangschat 1996, S. 36; Dangschat/Frey 2005, S. 153f.) kennzeichnen fortan die neue Form intensiven Wirtschaftens. Sinkendes Wirtschaftswachstum, Rationalisierung und Arbeitsplatzverlagerung, abnehmende bzw. sich ausdifferenzierende Konsumbereitschaft innerhalb des Landes, steigende Arbeitslosigkeit und der beginnende Um- und Abbau des Wohlfahrtsstaates sind die Eckpunkte der als „Postfordismus" bezeichneten Ära[3]. Dieser politisch-ökonomische Prozess hat auch erhebliche Auswirkungen auf die Entwicklung der Städte, auf Ungleichheits- und Exklusionsprozesse und ganz konkret auf das Zusammenleben der Menschen. In der Bundesrepublik Deutschland entstehen so genannte (semi)-periphere Regionen und innerhalb der Städte (semi)-periphere Quartiere[4].

Mit der Rekonstruktion der Entwicklung segregierter oder polarisierter Regionen und Quartiere ist das Phänomen der Marginalisierung von Regionen oder städtischer Quartiere jedoch noch nicht vollständig erfasst. Marginalisierung impliziert prinzipiell zwei Aspekte: eine Polarisierung bzw. Segregation zwischen Sozialräumen und eine Stigmatisierung gewisser Sozialräume als „problematisches Quartier", „sozialer Brennpunkt", „überforderte Nachbarschaften", „Parallelgesellschaft", „Türkenviertel", Slum", „Ghetto" oder „Banlieue". Mit anderen Worten: in einen marginalisierten Zustand gerät eine Region oder ein Quartier erst, wenn neben der Segregation auch eine Stigmatisierung stattfindet. Die Unterscheidung dieser beiden Prozesse ist wichtig, da nicht jede segregierte Region oder jedes segregierte Quartier auch gleichzeitig einem Stigma unterliegt. Zudem kann der Ruf eines Quartiers sich durchaus ändern, auch dann, wenn die Sozialstruktur sich nicht oder kaum verändert, es also weiterhin im Grunde ein ökonomisch „abgespaltenes" Quartier ist. Um die Bedeutung dieser Differenzierung zu unterstreichen, werde ich nochmals auf die einzelnen Aspekte und vor allem auf mögliche Entwicklungspfade marginalisierter Quartiere genauer eingehen.

Die Entwicklung marginalisierter Quartiere: Polarisierung

Um den Prozess der Polarisierung kurz zu skizzieren, sei auf einige Aspekte hingewiesen, die aus meiner Sicht zentral sind. Die Polarisierung bestimmter

3 Später, im Zuge des Wechsels der industriellen zur informationellen Entwicklungsweise (vgl. hierzu Castells 2004, S. 17), wird diese Entwicklung durch die Technologie der Wissensproduktion und der neuen Informations- und Kommunikationstechnologie noch verstärkt.

4 Häußermann/Siebel (1987, S. 8f.) sprechen diesbezüglich von einer „doppelten Spaltung": einerseits der Spaltung von prosperierenden und schrumpfenden Städten und andererseits von einer Spaltung innerhalb der Städte.

Regionen oder Quartiere entsteht in der Regel vor dem Hintergrund folgender Prozesse (vgl. ausführlicher Ottersbach 2004b, S. 37f.):

- der De-Industrialisierung (d.h. der Abbau traditioneller Industriezweige wie z.B. des Bergbaus oder der Stahlindustrie im Ruhrgebiet oder in der Saarregion)
- der Rationalisierung von Produktionsabläufen sowohl im sekundären als auch im tertiärer Sektor mit dem Ziel der Produktivitätssteigerung,
- der Globalisierung der Arbeitsmärkte (d.h. die Verlagerung gering qualifizierter Arbeitsplätze in „Billiglohnländer" oder in Länder mit geringeren Umweltauflagen)
- der Re-Industrialisierung durch die Informations- und Kommunikationstechnologie
- der verstärkten Akkumulation dieser Spitzentechnologien an ausgewählten Standorten Bayerns und Baden-Württembergs
- einer politischen Vernachlässigung von Quartieren mit Menschen ohne deutschen Pass bzw. ohne Pass eines EU-Mitgliedsstaats[5]
- der Privatisierung öffentlicher Güter und Dienstleistungen (wie z.B. der Verkauf von Sozialwohnungen, öffentlichen Verkehrsmitteln etc.)
- des Zurückfahrens staatlich geförderter Wohnungsprogramme[6]
- des Hangs der Kommunen zur Absicherung der Städte als Wirtschaftsstandorte (wie z.B. die Förderung von „Kultur" und Tourismus, um die Attraktivität des Standorts für Unternehmen zu sichern) und
- des Wegzug des Mittelstand aus von Armut betroffenen Gebieten mit der Folge, dass überwiegend ärmere Bevölkerungsschichten in diesen Quartieren zurückbleiben.

Die Segregation zwischen Großstädten bzw. Regionen wird in Deutschland z.B. durch die erheblichen Einkommensdifferenzen zwischen den Einwohner(inne)n Berlins und Hamburgs, Gelsenkirchens und Wiesbadens, aber auch zwischen den Bewohner(inne)n des Rhein-Main-Gebiets und des Kreises Mittleres Erzgebirge oder des Rheinlands und des Ruhrgebiets deutlich[7]. Die andere, sich innerhalb der Städte zeigende Form der Segregation wird ersichtlich, wenn man z.B. das

5 Die Betonung liegt wirklich auf dieser Bezeichnung, da eingebürgerte Migrant(inn)en dasselbe Wahlrecht wie Deutsche und Angehörige der EU-Mitgliedsstaaten zumindest das kommunale Wahlrecht genießen und deren „Stimme" für Politiker/innen von Interesse ist. Der relativ hohe Anteil dieser Gruppe von Ausländer(inne)n in marginalisierten Quartieren macht diese häufig zu tendenziell „demokratiefreien Zonen".

6 So ist der Bestand an Sozialwohnungen in Deutschland in den letzten 25 Jahren halbiert worden.

7 Zweifellos gibt es auch noch weitere Kriterien wie z.B. die Immobilienpreisentwicklung, an denen Polarisierungstendenzen sichtbar werden.

Einkommen oder die Erwerbslosenquote der Bewohner/innen einzelner städtischer Quartiere betrachtet. Große Differenzen gibt es diesbezüglich z.B. zwischen Wannsee und Neukölln in Berlin, zwischen Marienburg und Chorweiler in Köln oder zwischen Harheim und dem Gallusviertel in Frankfurt/Main.

Die Entwicklung marginalisierter Quartiere: Stigmatisierung

In Bezug auf die Marginalisierung städtischer Regionen oder Quartiere ist neben der Polarisierung auch die Stigmatisierung der Sozialräume und deren Bewohner/innen zu betrachten.

Unter dem Signum das Postfordismus erhält der Prozess der Marginalisierung eine neue Qualität. Als Ausdruck der (Semi-)Peripherisierung bestimmter Regionen und Quartiere steigt die Anzahl dauerhaft in Armut lebender und von Arbeitslosigkeit betroffener Menschen stark an. Als politische Reaktion auf die Zunahme der Exklusionsprozesse und der sozialen Ungleichheit etabliert sich im postfordistischen Staat ein Sicherheitsdenken, dass sich durch „(...) auf Strafe, Stigmatisierung und Ausschließung gerichtete Regulations-momente" (Anhorn 2005, S. 21) kennzeichnet.

Als Akteure der Stigmatisierung treten immer wieder sowohl die Medien als auch die Politik selbst auf. Insbesondere der gemeinsame Auftritt der beiden Subsysteme kann zur Entstehung marginalisierter Sozialräume beitragen und für die Bewohner/innen solcher Quartiere von verheerender Bedeutung sein. Zitate konservativer Politiker/innen werden insbesondere von der Boulevard-Presse immer wieder in die Öffentlichkeit transportiert. Indem Medien durch einseitige Berichterstattung bzw. Verlautbarungen ein negatives Bild eines Quartiers konstruieren, bilden beide Subsysteme eine so genannte unheilvolle Allianz. So werden häufig die angeblich „hohe (Ausländer-) Kriminalität", der „starke Drogenkonsum", die „enorme Gewaltbereitschaft" der Einwohner/innen, aber auch fragwürdige Werte und Normen der Bewohner/innen als Schlagzeilen für die Titelseiten der Boulevard-Presse verwendet. Aber auch eine scheinbar sensiblere Berichterstattung, die Klischees und Pauschalisierungen wie „türkische Kultur", die Bezeichnung türkischer Jugendlicher als „Machos" bzw. türkischer Frauen als Opfer der „Zwangsverheiratung" benutzt, trägt zu dieser, für die Bewohner/innen marginalisierter Quartiere unheilvollen Allianz von Medien und Politik bei. Hinzukommt, dass bei den einseitigen Beschreibungen der Zustände in marginalisierten Quartieren mögliche Gründe für deren Entstehung regelmäßig vernachlässigt bzw. verzerrt wiedergegeben werden.

Werden die Bewohner/innen marginalisierter Quartiere von außen (z.B. durch die Medien) stigmatisiert, dann kann bereits die Angabe des Wohnorts bei der Jobsuche, in der Schule, bei der Polizei oder auf dem Wohnungsmarkt selbst dazu führen, dass diese Bewohner/innen in ein schlechtes Licht gerückt bzw. diskriminiert werden. Nicht selten kommt es dann zu schulischer Selektion, zu beruflicher Ablehnung oder zu sozialer Diskriminierung, allesamt Handlungen, die wiederum delinquentes Verhalten fördern können[8].

Mögliche Entwicklungspfade marginalisierter Quartiere

Angerissen wurde bereits, dass Marginalisierung nicht unbedingt ein unwiderruflicher Prozess ist. Es gibt zahlreiche Beispiele dafür, dass sich sog. marginalisierte Quartiere zu wohlhabenden „Szenevierteln" (vgl. Ottersbach 2004b, S. 53f.; Bukow/Nikodem/Schulze/Yildiz 2001) entwickelt haben[9]. Der hiermit angesprochene Prozess der Gentrifikation, die Veränderung der Bevölkerungsstruktur durch die Verdrängung der in der Regel „wirtschaftlich schwachen" Alteingesessenen, wurde zuerst in innenstadtnahen Wohnorten beobachtet. Bedeutsam ist, dass wir es hier mit einer „Gentrifikation mit umgekehrten Vorzeichen" zu tun haben. Auch hier findet ein Bevölkerungsaustausch statt. Allerdings sind es hier die relativ wohlhabenden Alteingesessenen, die ihre Häuser und Eigentumswohnungen – häufig aus fremdenfeindlichen Motiven heraus – verkaufen und Migrant(inn)en den Einzug in das Quartier ermöglichen. Nicht immer wird gleichzeitig auch die Besitzerin bzw. der Besitzer gewechselt, d.h. manchmal kaufen die bisherigen Mieter/innen die Wohnungen auf. Dennoch ziehen in solche Viertel verstärkt auch Migrant(inn)en, die zu den wenigen Migrationsgewinner/innen gehören und der Diskriminierung auf dem Wohnungsmarkt durch den Kauf eines Eigenheims entfliehen wollen. Pioniere und Gentrifier[10], die neuen Bewohner/innen des Quartiers, eröffnen kleine Geschäfte und sichern darüber ihre finanzielle Unabhängigkeit ab, auch dies ist häufig genug eine Maßnahme, um der drohenden Diskriminierung auf dem Arbeitsmarkt zu entkommen. Werden solche Veränderungen der Bevölkerungsstruktur politisch positiv begleitet – beispielsweise durch Maßnahmen der Verkehrsberu-

---

8 Mit Hilfe der Labeling-Theorie (vgl. Lemert 1982, S. 433ff.) könnte man an solchen Beispielen aufzeigen, dass die Stigmatisierung der „primären Devianz" (das wären in diesem Beispiel die aufgrund der ökonomischen, rechtlichen und sozialen Ungleichheit entstehenden abweichenden Verhaltensweisen der Bewohner/innen) eine „sekundäre Devianz" provozieren kann (dies wäre die Inkorporation der von außen erfolgten Schuldzuweisung, die – je nach dem – zu verstärkter Apathie und Resignation oder Gewalt und Kriminalität führen kann).

9 Im Gegensatz zu diesen sich positiv entwickelnden Quartieren gibt es aber auch negative Entwicklungen (vgl. hierzu das Beispiel des Keupstraßenviertels in Köln-Mülheim in: Ottersbach 2004b).

10 Pioniere sind die risikofreudigen Gruppen, die als erste in ein marginalisiertes Quartier einziehen. Gentrifier sind diejenigen, die erst dort einziehen, wenn sich eine Aufwertung des Quartiers schon vollzogen hat oder zumindest abzeichnet (vgl. hierzu Blasius 1993, S. 31ff.)

higung, der Verbesserung der Erreichbarkeit durch öffentliche Verkehrsmittel, den Bau weiterer kultureller Einrichtungen etc. – kann aus dem ehemals marginalisierten Quartier tatsächlich eine Art „Szeneviertel“ entstehen[11]. Allerdings sind es hier nicht Teile des sog. alternativen Milieus, die in das gentrifizierte Gebiet ziehen, sondern vor allem Migrant(inn)en. Die Aufwertung solcher Viertel wird also vornehmlich von bisher marginalisierten Bevölkerungsgruppen getragen, die sich dazu entschieden haben, sich in einem Quartier zu engagieren und dort eine neue Heimat aufzubauen.

Beispiele wie die Sanierung des Severinsviertels in Köln (vgl. Ottersbach 2004b, S. 53f.) verdeutlichen, dass auch marginalisierte Quartiere aufgewertet werden können. Gerade in solchen Quartieren findet man aufgrund des Engagements der Bevölkerung und zielgerichteter politischer und ökonomischer Maßnahmen eben auch die positiven Errungenschaften postmoderner Gesellschaften wieder. Hingegen zeigen Beispiele wie die Entwicklung des Keupstraßenviertels in Köln-Mülheim (vgl. Ottersbach 2004b, S. 55f.; Bukow/Yildiz 2001, S. 145f.), dass eine von außen gesteuerte Stigmatisierung des Quartiers die Lage deutlich verschlechtern bzw. auch bereits individuell begonnene positive Prozesse (Sanierung, Entstehung kleiner Unternehmen, Realisierung kultureller Vielfalt) beeinträchtigen oder sogar blockieren kann[12].

Ronneberger/Lanz/Jahn (1999, S. 82f.) haben nachgewiesen, dass solche Stigmatisierungsprozesse keine Einzelfälle sind. Die diskursive Verschränkung von Verwahrlosung, Gewalt, hohem Anteil der Bevölkerung mit Migrationshintergrund und Armut zu einem Dispositiv der Bedrohung für die Normalität lässt sich in vielen Berichten über marginalisierte Quartiere erkennen. Zu solchen einseitigen, überpointierten und angsteinflößenden Schreckensszenarien tragen sowohl die Medien, die Wissenschaft als auch die Politik bei. Ein großes Problem ist, dass solche, aus publizistischen, wissenschaftlichen und politischen Aspekten bestehenden „Verstärkerkreisläufe“ (Scheerer 1978) auch die Legitimation für spezielle repressive und ausgrenzende ordnungspolitische Maßnahmen

---

11 Beispiele für solche Veränderungsprozesse gibt es aber auch direkt in den Innenstädten der Großstädte. In Köln wandelte sich z.B. das Gesicht mancher innenstadtnaher Quartiere durchaus positiv. Zu nennen ist hier vor allem das Eigelsteinviertel, ursprünglich ein Bahnhofsviertel, in dem Kleinkriminalität, Prostitution und Drogenhandel zum Alltag gehörten. Mit einem subtilen, langfristigen und mit den Interessen der Quartiersbewohner/innen kompatiblen Sanierungskonzept wurden zahlreiche, noch aus dem 2. Weltkrieg stammende Baulücken geschlossen, bestehende Häuser saniert, Fußgängerzonen eingerichtet und eine Kindertagesstätte gebaut, so dass die alteingesessene Bevölkerung nicht verdrängt wurde. Szenekneipen, Bioläden und Schmuckgeschäfte versorgen die Bevölkerung ebenso wie Imbissbuden und Kram- und Ramschläden. Auch eine Unterkunft für Drogenabhängige ist eingerichtet worden. Der Charakter eines „Szeneviertels“ trifft für dieses Quartier inzwischen durchaus zu.

12 Für die Entwicklung beider Viertel muss man jedoch anfügen, dass das öffentliche Bild des Keupstraßenviertels in Köln-Mülheim inzwischen besser geworden ist. Auch der Kölner Oberbürgermeister Fritz Schramma hat das Viertel inzwischen gelobt.

liefern können, um die als „gefährlich" etikettierten Orte zu befrieden, wie es Ronneberger/Lanz/Jahn in ihrer erwähnten Publikation aufgezeigt haben. Deshalb ist es wichtig, Stigmatisierungsprozesse dieser Art unbedingt zu vermeiden, die sog. „Selbsterhaltungskräfte" (Bourdieu et.al. 1997) der ansässigen Bevölkerung zu fördern und für ein ausgewogenes Bild der Quartiere in der Öffentlichkeit zu sorgen. Dies kann nur gelingen, wenn man die gesamte Bevölkerung in Erhebungs- und auch in Gestaltungsprozesse mit einbezieht. Lässt man sie ganz außen vor, riskiert man, eine paternalistische Haltung zu realisieren, indem man vorgibt, doch „alles besser zu wissen als die Betroffenen"; lässt man einen Teil der Bevölkerungsmeinung außer Acht, riskiert man, dass sich nur die Interessen einer bestimmten Gruppe durchsetzen und darüber hinaus eine Stigmatisierung des Quartiers vollzogen wird.

Insgesamt kann man behaupten, dass die positiven und negativen Effekte der Marginalisierung auf die einzelnen Quartiere recht unterschiedlich sind. Manche Quartiere sind vor allem von den positiven Entwicklungsschritten betroffen, andere hauptsächlich von den negativen. Ansätze, hier Abhilfe zu schaffen, gibt es genügend. Sie müssen von der Politik aufgegriffen und verstärkt werden. An dieser Stelle soll jedoch zunächst auf die Situation der Jugendlichen in marginalisierten Quartieren eingegangen werden.

3 Die Situation von Jugendlichen in marginalisierten Quartieren

Um die Situation der Jugendlichen in marginalisierten Quartieren zu beschreiben, sollen vorab kurz die Kennzeichen und die Typen marginalisierter Quartiere erwähnt werden.

Als Kennzeichen gelten Aspekte, die man in jedem marginalisierten Quartier vorfinden kann. Allerdings unterscheiden sich marginalisierte Quartiere durchaus voneinander, d.h. es existieren unterschiedliche Typen. Diese Unterscheidung ist wichtig, will man effektive politische und auch pädagogische Handlungsweisen vorschlagen und diskutieren.

Kennzeichen marginalisierter Quartiere

Kennzeichen marginalisierter Quartiere sind vor allem:

- Die wirtschaftliche Schwäche (geringes durchschnittliches Bruttosozialprodukt, geringe Löhne, hohe Erwerbslosenquote, hohe Sozialhilfedichte)
- wenige kulturelle Einrichtungen (keine oder wenige hochqualifizierende Schulen, wenig Bibliotheken, aber auch geringe Ärztedichte und wenige oder nicht gepflegte Spielplätze)

- eine schlechte Infrastruktur (hoher Lärmpegel, keine Grünanlagen), hohe Bevölkerungsdichte, schlechte Bauweise (dünne Wände, monotone Architektur, keine Balkone, unzureichende Pflege und Instandsetzung der Räumlichkeiten) und „angstbesetzte Räume" (dunkle Hinterhöfe)
- eine Häufung sozialer Probleme (Drogenhandel, Prostitution, hohe Scheidungs- bzw. Trennungsrate, Vernachlässigung der Erziehungspflichten, (Klein-)Kriminalität)
- eine eindimensionale Sozialstruktur (Wegzug der Mittelschicht, hoher Migrant(inn)enanteil)
- keine bedeutsamen sozialen Netzwerke seitens der Bewohner/innen (keine Kontakte zu „relevanten" Personen bzw. so genannten Gatekeepern)
- ein schlechtes bzw. negatives Stadtteilimage.

Die angeführten Kennzeichen finden sich in der Regel in allen marginalisierten Quartieren, jedoch in einem unterschiedlichen Ausmaß. Der letzte Aspekt, das Stadtteilimage entscheidet häufig darüber, wie die Menschen, die in diesen Quartieren wohnen, außerhalb ihres Quartiers (bei der Bundesagentur für Arbeit, bei der Polizei, in der Schule oder bei der Arbeitssuche) wahrgenommen werden.

Typen marginalisierter Quartiere

Neben den allgemeinen Kennzeichen gibt es mindestens fünf verschiedene Typen marginalisierter Quartiere in Städten der BRD.

Der *erste Typ* ist durch Viertel in Vororten gekennzeichnet, die von großen Umstrukturierungsprozessen betroffen sind. Sie sind einerseits durch einen Abzug oder Abbruch traditioneller Industriezweige, andererseits durch eine Zunahme des tertiären Sektors gekennzeichnet. Das Prägnante dieser neuen Technopole wurde früher durch Schlote und heute eher durch sog. „malls" verdeutlicht, die aus zahlreichen Freizeit- und Konsumeinrichtungen bestehen. Dazu gehören z.B. Quartiere in Duisburg-Rheinhausen, Köln-Kalk oder Essen-Katernberg, in denen alteingesessene Industriezweige entweder vom Abbau oder von Schließung betroffen sind. Aus städtischer Sicht sind dort teilweise High-Tech-Orte geplant, umgeben von kulturellen Attraktionen, großzügigen Freiflächen oder Parkanlagen und relativ kostspieligem Wohnraum. Die Zukunft dieser Umstrukturierungsprozesse ist jedoch häufig noch offen, d.h. es sind noch keine oder noch nicht genügend neue Investoren gefunden worden, die das wirtschaftliche Leben an diesen Orten wieder ankurbeln. Es gibt meist viele brachliegende und untergenutzte Flächen. Relativ wohlhabende, alteingesessene Bewohner/innen haben das Viertel inzwischen verlassen, neue Bevölkerungsgruppen – meist Migrant(inn)en – sind aufgrund preisgünstigen Wohnraums hinzugezogen[13].

Als *zweiten Typ* kann man Quartiere bezeichnen, die in der BRD in den 80er Jahren schon von so genannten Gentrifizierungsprozessen betroffen waren und deren Erscheinungsbild sich grundlegend gewandelt hat[14]. Beispiele für solche Quartiere sind die Südstadt in Köln, Hamburg-Altona oder Berlin-Kreuzberg. In diese Quartiere zogen zunächst Student(inn)en und Menschen, die sich dem sog. alternativen Spektrum zugehörig fühlen. Dann öffneten neue Kneipen, Wohnungen und Häuser wurden saniert, Straßen wurden verkehrsberuhigt, manchmal wurde die Anbindung an die Innenstadt durch den U-Bahn-Bau verbessert. Die Folge war, dass die Mieten stiegen, die alteingesessene Bevölkerung zu einem großen Teil aus diesen Quartieren hinausgedrängt wurde und vor allem besserverdienende Singles hinzukamen, so dass der alte Quartierscharakter nicht mehr zu erkennen ist. In den alten Bundesländern sind solche Gentrifizierungsprozesse meist schon abgeschlossen, der Markt scheint inzwischen für solche Prozesse auch gesättigt zu sein. Dies gilt allerdings nicht für die neuen Bundesländer. Hier sind diese Prozesse noch im Gange oder sie nähern sich dem Ende wie z.B. am Prenzlauer Berg im Osten Berlins. Auch hier ist der ehemalige Charakter eines marginalisierten Quartiers kaum noch zu erkennen[15].

Als *dritten Typ* kann man Quartiere anführen, die im Zuge der rapiden Bevölkerungszunahme der Großstädte in den alten Bundesländern als Maßnahme der Wohnraumbeschaffung außerhalb der Großstädte und innerhalb der sog. Trabantenstädte entstanden sind. In fast allen großen bundesdeutschen Städten sind solche Trabantenstädte während der 60er und 70er Jahre auf der grünen Wiese errichtet worden. Beispiele für diesen Quartierstyp lassen sich viele finden: Bremen Neue Vahr, Neu Perlach in München, die Gropiusstadt in Berlin oder Nürnberg-Langwasser. So wohnen in der größten Trabantenstadt der BRD, in Neu Perlach bei München, allein 60.000 Einwohner/innen. Die Bevölkerungsdichte ist dort immens hoch, in Köln-Chorweiler wohnen mehr als 25.000 Menschen, etwa 70 Einwohner/innen pro Hektar[16]. Bis Ende der 80er Jahre waren die Wohnungen äußerlich verwahrlost, es gab lange Zeit nur wenige Grünanlagen, kaum kulturelle und soziale Einrichtungen und nur wenige und ausschließlich

2. Gentrifizierung (Südstadt)

3. Trabantenstädte (Chorweiler)

13 Hier stellt sich zweifellos die Frage, ob die neuen Bewohner/innen sich die Wohnlage weiterhin leisten können, wenn die städtische Planung realisiert wird. Häufig setzen dann auch wieder neue Gentrifikationsprozesse ein.

14 Im Grunde genommen handelt es sich hier eher um ehemalige marginalisierte Quartiere. Man muss diesen Typ aber berücksichtigen, um zu zeigen, dass der Zustand der Marginalisierung nicht notwendigerweise ewig währen muss.

15 Auch in der ehemaligen DDR gab es – entgegen dem Anspruch – marginalisierte Quartiere. Die Differenz zu den übrigen Quartieren war jedoch wesentlich geringer.

16 Im Vergleich dazu wohnen in dem eher ländlichen Stadtteil Köln-Fühlingen gerade 4 Menschen pro Hektar.

zentrale Einkaufsmöglichkeiten. Hier gibt es fast nur Sozialwohnungen, die Entfernungen zur Arbeit und in die City sind in der Regel weit, jedoch meist gut an das öffentliche Verkehrsnetz angebunden. Die Entwicklung dieser sog. Trabantenstädte ist schillernd, d.h. es gab Phasen, in denen das Wohnen dort als sozialer Abstieg gewertet wurde, und solche, in denen der Wunsch, dort zu wohnen, bei vielen Bewohner(inne)n durchaus vorhanden war. Maßgeblich begünstigt wurde dieser Trend durch umfangreiche Sanierungsarbeiten, die in den 90er Jahren in diesen Trabantenstädten vollzogen wurden. Sie verbesserten das Gesamtbild dieser Vororte deutlich. Die Häuser wurden gestrichen, Balkone installiert, Hinterhöfe erhellt, neue Freizeit- und Kultureinrichtungen geschaffen, die das Leben in diesen Quartieren deutlich attraktiver machten.

Als *vierten Typ* kann man marginalisierte Quartiere bezeichnen, die sich am Rande eher bürgerlicher Vororte befinden. Sie unterscheiden sich von den eben beschriebenen Trabantenstädten durch die Größe und teilweise auch fehlende oder nur marginal vorhandene eigene Infrastruktur (soziale und kulturelle Einrichtungen), die sie statt dessen von den angrenzenden bürgerlichen Vororten nutzen. Hier sind ebenfalls in den 60er und 70er Jahren im Zuge der Wohnraumbeschaffung am Rande bestehender Vororte oder Dörfer, die im Zuge der Gebietsreform eingemeindet wurden, Wohnblocks entstanden, die denen des zweiten Typs sehr ähneln. Ein Beispiel für diesen Quartierstyp ist das Quartier Kölnberg, das sich in dem eher abgelegenen, recht spät eingemeindeten Vorort von Köln-Meschenich befindet. Bezeichnet werden solche Quartiere auch als „soziale Brennpunkte“[17], die im Zuge der anonymen Neubauten entstanden sind. Einziges Ziel war damals, möglichst viele Menschen mit preisgünstigem Wohnraum zu versorgen. Hier sind fast 90 Prozent der Bewohner/innen auf Sozial- oder Arbeitslosenhilfe angewiesen. Der Anteil an Migrant(inn)en beträgt deutlich über 50%. Manche Familien fristen dort bereits in der zweiten oder dritten Generation ein Dasein als Sozialhilfeempfänger/innen.

Als *fünften Typ* kann man die Quartiere anführen, die in den neuen Bundesländern in vielen Städten (nicht nur in Großstädten) vorzufinden sind, die denjenigen der Trabantenstädte der alten BRD ähneln, deren Architektur – wie oben beschrieben – jedoch problematischer ist und die mit infrastrukturellen Einrichtungen immer noch schlechter ausgestattet sind. Beispiele für diesen Quartierstyp gibt es in der ehemaligen DDR sehr viele: Berlin-Friedrichshain, Dresden-Johannstadt, Schwerin-Weststadt oder Potsdam Stern-Drewitz. In jeder größeren Stadt, aber auch am Rande von Klein- und Mittelstädten, gab und gibt es solche „Plattenbausiedlungen“. Sie galten lange Zeit als Symbol für den Erfolg des „Sozialismus’“. Diese Art der Ansiedlung von Wohnraum ist eher mit der Archi-

17 Der Begriff des „sozialen Brennpunkts“ wird eigentlich nicht mehr verwandt, da er das Problem einerseits als „Brennpunkt“ überzeichnet, andererseits den Kontext außer Acht lässt.

tektur und der Infrastruktur der französischen Vorstädte vergleichbar als mit den Quartieren in den Trabantenstädten der alten Bundesrepublik. Zwar sind viele dieser Wohnblocks inzwischen abgerissen oder saniert. Allerdings hat man hier im Zuge der Vereinigung zahlreiche soziale Einrichtungen wie Kindergärten oder Jugendzentren geschlossen, so dass die infrastrukturelle Versorgung der Bevölkerung partiell gefährdet ist.

Aspekte der Situation der Jugendlichen in marginalisierten Quartieren

Durch die erfolgte Präsentation der Kennzeichen und der verschiedenen Typen marginalisierter Quartiere wurden nun die Rahmenbedingungen deutlich, die für die Entstehung und Entwicklung der Situation der Jugendlichen in diesen Quartieren maßgeblich sind. Folgende, den Habitus der Jugendlichen maßgeblich prägende Aspekte sind für die Analyse der Situation der Jugendlichen zentral: ökonomische, politisch-rechtliche, soziale und kulturelle Aspekte[18].

Ökonomische Aspekte

Jugendliche gehören in Deutschland – proportional betrachtet – zu den Gruppen, die besonders stark von Arbeitslosigkeit und Armut betroffen sind. So beträgt beispielsweise die Jugendarbeitslosigkeit (15-24 Jahre) – trotz des konjunkturellen Aufschwungs – zur Zeit immer noch 15,2% und ist damit fast doppelt so hoch wie der allgemeine Wert von 8,1%. Zudem gibt es nach wie vor große Ost-West-Differenzen. Während die Arbeitslosenquote bei unter 20jährigen in Ost-Deutschland bei 6,9% liegt, befindet sie sich in West-Deutschland bei 3,5%, bei 20 bis 25jährigen liegt sie in Ost-Deutschland bei 21% und in West-Deutschland bei 10,7%. In beiden Fällen ist sie im Osten ergo doppelt so hoch wie im Westen der Republik. Auch der Bezug von Arbeitslosengeld II ist hier signifikant. Der Anteil der Kinder, die in Berlin in 2005 von Sozialgeld lebten, beträgt 29,9%, und auch in anderen Stadtstaaten wie Bremen oder Hamburg beträgt der Anteil dieser Kinder über 20%.

Im Vergleich zu Frankreich ist die ökonomische Situation der Jugendlichen in Deutschland (noch) als besser zu bewerten. Als Gründe kommen hierfür in Betracht:

18 Die einzelnen Aspekte der Situation der Jugendlichen werden im Anschluss jeweils mit denjenigen der Situation der Jugendlichen in Frankreich verglichen.

- Die Konzentration von Jugendlichen in marginalisierten Quartieren ist in Deutschland relativ gering (in Frankreich beträgt der Anteil dieser Altersgruppe bis zu 50%, in Deutschland liegt er zwischen 15% und 25%)
- Lohnersatzleistungen waren lange Zeit in Deutschland relativ hoch; allerdings muss man bedenken, dass die Beiträge sukzessive gesenkt wurden und seit kurzem eine Zusammenlegung von Arbeitslosenhilfe und Sozialhilfe zum Arbeitslosengeld (ALG) II erfolgt ist, d.h. zumindest für den bisherigen Mittelstand (diejenigen, die kurzfristig ein relative hohe Arbeitslosenhilfe bekamen) eine höhere Gefahr des sozialen Abstiegs besteht
- Jugendliche unter 25 Jahren hatten in Deutschland bis vor kurzem einen eigenen Anspruch auf ALG II. Seit 2005 erhalten Jugendliche keine eigenständigen ALG-II-Bezüge mehr, es sei denn, sie haben ein eigenes Kind zu verpflegen. Sie können insofern nicht mehr ausziehen, d.h. sie müssen gemeinsam mit ihren Eltern und Geschwistern in meist engen Wohnverhältnissen verharren[19].

Vor dem Hintergrund fehlender ökonomischer Möglichkeiten geraten Jugendliche häufig in das Dilemma, etwas konsumieren zu wollen, was sie sich nicht leisten können. Die Konfrontation mit solchen anomischen Strukturen, die eine Situation für die Jugendlichen widerspiegeln, in der die Gesellschaft einerseits eine hohe Konsumbereitschaft fordert und andererseits aber nicht die Mittel zur Verfügung stellt, diese zu realisieren, stellt für jeden Jugendlichen eine ernste Herausforderung dar, die häufig nicht bewältigt werden kann.

Politisch-rechtliche Aspekte

Dieser Aspekt betrifft explizit die Gruppe der Jugendlichen, die keinen deutschen bzw. keinen Pass eines EU-Mitgliedsstaates besitzen. In Deutschland ist die politisch-rechtliche Inklusion ausländischer Jugendlicher lange Zeit nur sehr „prekär" erfolgt, d.h. es gab für Kinder von Ausländer(inne)n seit Jahren nur das *jus sanguinis*, so dass die meisten Jugendlichen mit Migrationshintergrund in den marginalisierten Quartieren immer noch als Ausländer/innen gelten und kaum über politische Rechte verfügen. Inzwischen gibt es auch in Deutschland das *jus soli*, so dass damit zu rechnen ist, dass die politische Inklusion von Jugendlichen mit Migrationshintergrund in Deutschland – zeitversetzt – besser gelingt.

In Bezug auf die Einstellung zur den Grundwerten der Demokratie und des Rechtsstaats zeigen sich jedoch erstaunliche Ergebnisse: In Deutschland bekennt

19 Insbesondere bei extremen Problemlagen innerhalb der Familie ist dies ein häufig anzutreffender Grund für Unzufriedenheit und Gewaltbereitschaft (vgl. hierzu auch Schneekloth 2006, S. 111).

sich die große Mehrheit (76%) der ausländischen Jugendlichen zu diesen Grundwerten, hingegen nur 47% der Jugendlichen aus Haushalten, in denen das verfügbare Haushalts-Nettoeinkommen in der Regel nicht ausreichend ist (Schneekloth 2006, S. 111f.). Die fehlende Zufriedenheit mit der Demokratie hängt in Deutschland bei Jugendlichen signifikant mit prekären Lebenslagen und einer eingeschränkten gesellschaftlichen Teilhabe zusammen. Dies gilt jedoch nicht für ausländische bzw. Jugendliche mit Migrationshintergrund, obwohl sie im Alltag neben den materiellen Problemen auch noch überproportional häufig mit Diskriminierungen konfrontiert sind und der Anteil der negativen Einstellung gegenüber Migrant(inn)en bei Jugendlichen im Vergleich zu 2002 deutlich zugenommen hat (vgl. Schneekloth 2006, S. 137).

Im Vergleich zu Frankreich ist die politisch-rechtliche Situation der ausländischen Jugendlichen in Deutschland insgesamt (noch) als schlechter zu bewerten. Bei ihnen existiert aufgrund ihrer mehrfachen Benachteiligung (vgl. Ottersbach 2004a) eine große Unzufriedenheit in Bezug auf die fehlende politisch-rechtliche Assimilation.

Soziale Aspekte

Jugendliche in marginalisierten Vierteln verfügen nur über relativ enge soziale Netzwerke, die Unterschicht dominiert und die sozialen Milieus sind relativ homogen. Sie orientieren sich weniger als Jugendliche anderer Quartiere an peer-groups und der eigenen Familie. Ihre Bereitschaft, sich am „öffentlichen Leben" (in Parteien, Vereinen (auch Sport), Verbänden etc.) zu beteiligen, ist relativ gering. Allerdings basiert dies auch häufig auf der fehlenden Kenntnis der Möglichkeiten. Zu einem ähnlichen Ergebnis gelangt Schneekloth (2006, S. 124f.[20]) in Bezug auf das bürgerschaftliche und soziale Engagement: Nur 29% der Jugendlichen in prekären Lebenslagen engagieren sich oft, 41% gelegentlich und 30% nie auf diese Weise. Interessant ist auch hier, dass die Gruppe der Jugendlichen mit Migrationshintergrund in Bezug auf dieses Kriterium besser abschneidet: 41% geben an, sich oft zu engagieren, 33% gelegentlich und nur 26% teilen mit, dass sie nie diesbezüglich aktiv sind (ebd., S. 124f.).

---

20 Dieses hohe Engagement mit der „Geschlossenheit" ausländischer Sozialräume zu erklären (vgl. Schneekloth 2006, S. 125), ist jedoch problematisch. Die Ethnisierung sozialer Verhaltensweisen wird nicht besser, wenn man sie statt – wie früher auf Defizite und Konflikte – nun auf die Stärken der Bevölkerung mit Migrationshintergrund zurückführt.

Deutlich wird auch, das vor dem Hintergrund fehlender „kreativer“ Anregungen sich ihre Freizeit vielfach auf den „passiven“ Konsum von Medienangeboten („individuelle Kommunikation“) beschränkt[21].

Kulturelle Aspekte

Jugendliche aus der Unterschicht und insbesondere Jugendliche mit Migrationshintergrund gelten als die Verlierer der Bildungsexpansion, d.h. sie leiden am stärksten unter der „Inflation“ der Bildungsabschlüsse und deren Folgen (vgl. hierzu ausführlicher Geißler 2006, S. 274ff.). Jugendliche in marginalisierten Quartieren erreichen überdurchschnittlich häufig keinen Schulabschluss und relativ oft nur geringe Schulabschlüsse.

Konkretisieren lässt sich die verheerende Situation der Jugendlichen in marginalisierten Quartieren z.B. anhand der Einschätzung ihrer persönlichen Zukunft in Bezug auf einen angestrebten Schulabschluss. So befürchten z.B. 18% der Jugendlichen der Unterschicht, dass sie keinen Abschluss schaffen, 39% glauben, dass sie nur den Hauptschulabschluss erreichen, und 40% der Jugendlichen sind der Meinung, dass sie einen Realschulabschluss erlangen werden (vgl. hierzu Langness/Leven/Hurrelmann 2006, S. 68f.). Jugendliche aus solchen Quartieren sind somit einer enormen Belastungsprobe ausgesetzt: Sie müssen mit ansehen, dass Gleichaltrige aus anderen sozialen Schichten wesentlich eher und leichter ihre Zukunftspläne verwirklichen können, während sie selbst ihre Ansprüche reduzieren müssen. Dadurch steigt ihr Frustrationspotenzial erheblich an, die Probleme mit den Eltern nehmen zu und die Chance, einen Arbeitsplatz, geschweige denn einen attraktiven Arbeitsplatz zu bekommen, reduzieren sich.

Radtke/Gomolla (2002) haben zudem aufgezeigt, dass Jugendliche aus der Unterschicht und insbesondere Migrantenjugendliche häufiger Formen direkter und indirekter schulischer Diskriminierung ausgesetzt sind. Ihre Leistungen werden häufig schlechter bewertet als diejenigen von Jugendlichen aus besser angesehenen sozialen Kreisen. An den entscheidenden Schwellen zwischen Grundschule und weiterführender Schule bzw. zwischen Schule und Ausbildung/Beruf schneiden diese Jugendliche deutlich schlechter ab als ihre Altersgenossen aus der Mittel- und der Oberschicht.

Hinzukommt, dass Jugendliche aus marginalisierten Quartieren aus ökonomischen und sozialen Gründen nur selten einen Zugang zu „etablierter“ Kultur haben. Ihre Chancen, Vertreter/innen des „herrschenden Geschmacks“ (vgl.

---

21 Ein Vergleich mit Frankreich ist hier vor dem Hintergrund mir unbekannter statistischer Daten leider nicht möglich. Klar ist jedoch, dass sowohl in Frankreich als auch in Deutschland Jugendliche aus marginalisierten Quartiere nur über relativ enge und homogene Netzwerke verfügen.

Bourdieu 1983, S. 403ff., S. 442ff.) zu werden, sind minimal, weil Kulturgüter immer noch sehr stark innerhalb der Familien „vererbt“ werden.

Problematisch sind zum Teil auch die Unterstützungsleistungen, die Jugendliche, die in marginalisierten Quartieren wohnen, erhalten, um ihre Chancen auf Teilhabe zu verbessern. Bei vielen Angeboten für so genannte „sozial benachteiligte Jugendliche“ kommt es durch spezielle (außer-)schulische und zielgruppenspezifische Angebote zu einer Stigmatisierung dieser Jugendlichen. Als Schüler(in) einer Förderschule oder als Mitglied einer außerschulischen Fördergruppe fühlen sich Jugendliche schnell als „Opfer, die aussortiert wurden und denen dann später geholfen werden muss“.

In Frankreich ist die Situation – kulturell gesehen – für Jugendliche in marginalisierten Quartieren besser als in Deutschland. Die PISA-Studie hat gezeigt, dass die Korrelation zwischen sozialer Herkunft und Bildungserwerb in Deutschland weitaus höher ist als in Frankreich. Berücksichtigt man, dass die Jugendarbeitslosigkeit in Frankreich höher ist als in Deutschland, so erkennt man, dass soziale und ethnische Diskriminierung in Frankreich mit Eintritt in den Arbeitsmarkt erfolgt, dann allerdings umso heftiger. In Deutschland beginnt sie hingegen spätestens mit Beginn der Schulzeit.

4 Der Umgang der Jugendlichen mit der Situation in marginalisierten Quartieren

Besondere Vorsicht ist geboten, will man den Umgang der Jugendlichen mit den ökonomischen, politischen, sozialen und kulturellen Gegebenheiten in marginalisierten Quartieren erkunden. Ein einfacher Ursache-Reaktionsmechanismus wie er von einigen Theorien abweichenden Verhaltens (vor allem die ätiologisch orientierten Theorien des differentiellen Lernens, der Subkultur- oder der Anomie-Theorie (vgl. hierzu z.B. Lamnek 1979; Lamnek 1994) sind hier anzuführen) konkretisiert wird, greift zu kurz. Im Gegenteil, Jugendliche reagieren in sehr unterschiedlichem Maße auf gesellschaftliche Strukturen, vollziehen also durchaus individuelle Umgangsweisen mit den verschiedenen Formen gesellschaftlicher Exklusion. Insofern könnte man höchstens von Tendenzen des Verhaltens, nicht aber von Mechanismen sprechen, die auf bestimmte Ursachen oder sogar auf nur eine Ursache zurückgeführt werden können. Zwar ist Jugendgewalt in marginalisierten Quartieren häufiger anzutreffen als in anderen Quartieren, jedoch mit der Einschränkung wiederum, dass man sich hier nur auf die Formen physischer Gewalt bezieht. Latente Formen der Gewalt oder das Ausmaß psychischer Gewalt werden damit nicht erfasst.

Versucht man, solche Tendenzen des Umgangs Jugendlicher mit den gesellschaftlichen Strukturen in marginalisierten Quartieren zu eruieren, erkennt man, dass in Deutschland Jugendgewalt – wie bereits erwähnt – lange Zeit vor allem von rechtsradikalen Jugendlichen ausging, die ihren Zorn gegen Migrant(inn)en und andere sozial benachteiligte Gruppen abließen. Auch sie wohnen häufig (aber nicht nur!) in marginalisierten Quartieren oder – wie z.B. in Ost-Deutschland – weitaus öfter in marginalisierten Regionen. Für die Vergangenheit galt, dass Jugendgewalt in Frankreich und in Deutschland jeweils von sehr unterschiedlichen Gruppen ausging, die Opfer ihrer Gewalt verschieden waren, sie für ihre Aktionen sehr unterschiedliche Motive hatten und sehr unterschiedliche Gewaltformen angewendet haben. Heute scheint es so zu sein, dass sich – in Anbetracht der zunehmenden Konflikte an Schulen – die Ursachen, Motive, Täter, Opfer und Formen der Jugendgewalt in Frankreich und in Deutschland annähern.

Um diese Tendenzen jugendlichen Verhaltens in marginalisierten Quartieren zu eruieren, ist es ratsam, zunächst einen Blick auf ein Modell möglicher Entwicklungswege Jugendlicher in modernen Gesellschaften (vgl. hierzu Reinders 2003, S. 61f.) zu werfen. In ihm wird zunächst das gesamte Spektrum jugendlicher Entwicklungspfade verdeutlicht[22].

Die Typologie jugendlicher Entwicklungswege impliziert eine vertikale und eine horizontale Dimension. Die vertikale Dimension kennzeichnet die Transitionsorientierung, d.h. eine zukunftsorientierte Entwicklung (rascher Übergang ins Erwachsenenalter, Orientierung an Erwachsenen), während die horizontale Dimension die Moratoriumsorientierung beschreibt, d.h. eine gegenwartsorientierte Entwicklung (Verweilen in der Jugendphase, Orientierung an Gleichaltrigen).

Der Typ der *Integration* sieht eine Verknüpfung von Gegenwarts- und Zukunftsorientierung vor (sowohl hohe Transitions- als auch hohe Moratoriumsorientierung) und legt Wert auf ein Eigengewicht der Jugendphase, ohne die Zukunft aus den Augen zu verlieren. Hingegen impliziert der Typ der *Assimilation* eine genuine Orientierung am zukünftigen Status als Erwachsener (hohe Transitions- und geringe Moratoriumsorientierung). Standards der Erwachsenengesellschaft gelten als handlungsleitend, es findet keine Entwicklung von Autonomievorstellungen jenseits der Normen der Erwachsenenwelt statt. Geplant ist kein langes Verweilen in der Jugendphase, sondern ein rascher Übergang. Der Typ der *Segregation* kennt eine klare Abgrenzung zur Erwachsenengeneration und deren Vorstellungen. Er legt großen Wert auf eine gegenwartsorientierte Entfaltung, Zukunftsperspektiven sind eher unwichtig (geringe Transitions- und hohe Moratoriumsorientierung). Zentral ist die Entwicklung einer jugendlichen Subkultur. Sein primärer Bezugspunkt ist deshalb die peer-group. Dagegen hat der

22 Um die genauen Entwicklungspfade zu erkennen, müssten im Grunde biographische Interviews mit Jugendlichen aus marginalisierten Quartieren durchgeführt und evaluiert werden. Hier geht es jedoch vorwiegend um die Situation dieser Jugendlichen, ein Bezug auf solche biographischen Interviews würde den Rahmen des Artikels sprengen.

Typ der *Marginalisierung* keine klare Vorstellung, ob er sich an Erwachsenen oder Gleichaltrigen orientieren soll. Er verfügt weder über eine Zukunfts- noch über eine Gegenwartsorientierung (sowohl geringe Transitions- als auch geringe Moratoriumsorientierung). Keine klare Zeitperspektive und eine hohe Orientierungslosigkeit kennzeichnen diesen Typ jugendlicher Entwicklungswege.

Abbildung 1: Typologie jugendlicher Entwicklungswege im Zusammenspiel von Transition und Moratorium

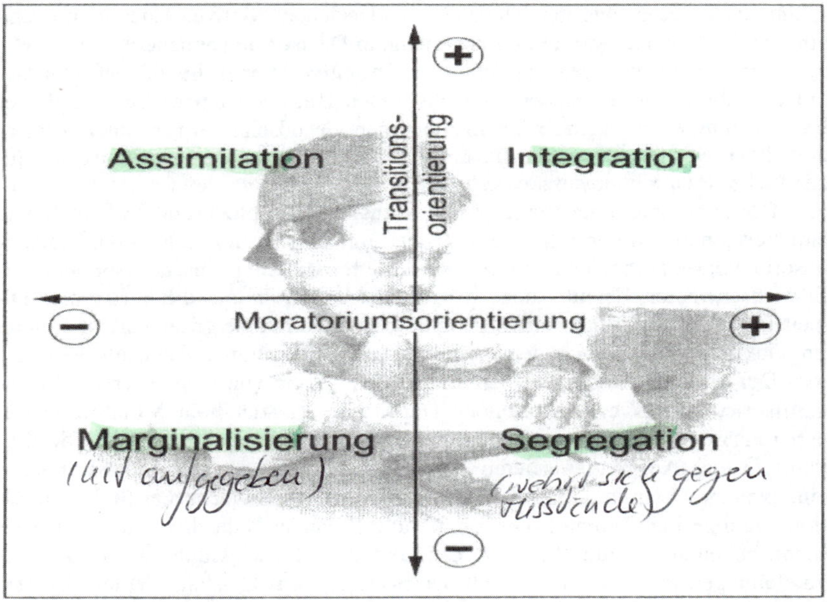

In diesem Modell wird zunächst die Vielfalt der Entwicklungswege Jugendlicher deutlich. Bei der entsprechenden Zielgruppe der Jugendlichen in marginalisierten Quartieren ist es jedoch offensichtlich, dass die Alternativen deutlich zusammenschrumpfen und nur noch zwei Typen dominieren: der Typ der Segregation und der Typ der Marginalisierung. Eine Transitionsorientierung ist bei Jugendlichen in marginalisierten Quartieren kaum zu finden. Erwähnt werden muss jedoch, dass das Verharren der Jugendlichen im unteren Teil der Grafik vor allem auf strukturellen Barrieren basiert; d.h. im Grunde könnte bei beiden Typen eine

Transitionsorientierung durchaus vorhanden sein, sie auszubilden, wird jedoch aus strukturellen Gründen eingeschränkt bzw. erschwert.

Mögliche Ausformungen der Entwicklung dieser beiden Typen könnten sein:

- Typ der *Segregation*: Bei ihm hat die peer-group eine hohe Bedeutung, er grenzt sich klar von der Welt der Erwachsenen ab. Er versucht, sich gegen die Missstände in seinem Quartier zu wehren, arbeitet vielleicht sogar in Initiativen mit. Protest gilt für ihn als Mittel zum politischen Engagement bzw. als Ausdrucksform seiner politischen Kultur. Deutlich werden die Lebensstile dieses Typs z.B. bei Anhängern des Hip Hop, des Rap oder in Frankreich bei den beurs.
- Typ der *Marginalisierung*: Er verfügt weder über eine Orientierung an den Erwachsenen noch an der Peer-group. Seine Form des Protests ist eher nach innen gerichtet, sie spiegelt keinen Widerstand, sondern eher Desorientierung, Hoffnungslosigkeit, Apathie und Resignation wider. Der Lebensstil dieses Typs konkretisiert sich eher in Ausdrucksformen wie „No future".

Wichtig ist noch zu betonen, dass der Typ der *Segregation* den „Absprung" aus dem marginalisierten Quartier aufgrund seiner (noch) nicht verloren gegangen Moratoriumsentwicklung eventuell noch schaffen kann. Beim Typ der Marginalisierung besteht kaum noch Hoffnung auf Erfolg. Seine Chance, den Absprung noch zu schaffen, tendiert gen Null.

In Bezug auf eine Einschätzung der gesamten Situation der Jugendlichen in marginalisierten Quartieren ist festzuhalten: Im Vergleich zu Frankreich oder zu den USA ist die Situation der Jugendlichen in marginalisierten Quartieren in Deutschland insgesamt (noch) als relativ stabil zu kennzeichnen. Die Kenntnis der Auswirkungen des sukzessiven Um- bzw. Abbaus des Sozialstaates liefert jedoch berechtigte Gründe für die Annahme, dass die Zahl sozial depravierter Jugendlicher in Deutschland deutlich zunehmen wird[23]. Für die Zielgruppe Jugendlicher mit Migrationshintergrund, die in marginalisierten Quartieren überproportional häufig anzutreffen ist, hingegen wird sich vor dem Hintergrund der Änderung des Staatsangehörigkeitsrechts die politisch-rechtliche Inklusion sicherlich verbessern. Als ein Nachteil für die Zielgruppe Jugendlicher in marginalisierten Quartieren zeigt sich jedoch nach wie vor, dass es bisher keine wirksame Kompensation ihrer Bildungsdefizite durch schulische oder außerschulische Bildungsangebote gibt, die die Chancengleichheit erhöhen und somit einen sozi-

23 Bedenkt man, dass inzwischen fast zwei Millionen Kinder in Deutschland von Sozialgeld leben, dann ist die Befürchtung, dass die Probleme in naher Zukunft zunehmen werden, wahrlich nicht aus der Luft gegriffen.

alen Aufstieg ermöglichen könnten. Mit anderen Worten: Die Gefahr wächst, dass auch in Deutschland sich die Jugendgewalt wie in Frankreich entwickelt. Erste Beispiele für eine solche Entwicklung sind an der Rütli-Schule in Berlin-Neukölln sichtbar geworden.

5 Die wissenschaftliche Betrachtung urbaner Segregation in Deutschland

Die Entwicklung der wissenschaftlichen Debatte hängt zweifellos auch von der Entwicklung der gesellschaftlichen Ereignisse ab. In Deutschland wurde die Thematik der Jugendgewalt im Laufe der 80er Jahre zunächst nur zögerlich aufgrund zunehmender rechtsradikaler Ausschreitungen diskutiert. Inzwischen gibt es hierzu jedoch zahlreiche Theorien und Begründungskontexte, die mit der Kritik an Segregations- und Desintegrationstendenzen verbunden werden. Erst in den 90er Jahren beginnt eine breit angelegte und explizite Forschung zu urbaner Segregation. Gleichzeitig werden einzelne Länderprogramme und seit 1998 auch ein Bundesprogramm („Soziale Stadt“) aufgelegt, die wissenschaftlich evaluiert werden.

Die wissenschaftliche Diskussion wird seitdem von zwei entgegengesetzten Grundlinien dominiert[24], die sich vor allem auf die Einschätzung des Ausmaßes der Segregation beziehen:

- Die Analyse einer vornehmlich negativen Entwicklung der europäischen Stadt („Krise der Städte“), die leicht in eine Dramatisierung der Situation und in eine Stigmatisierung der Bevölkerung umschlagen kann
- Eine kritische Betrachtung der angeblich abnehmenden Integrationskraft der Städte vor dem Hintergrund urbaner Kompetenzen der Bewohner/innen, die leicht in eine Relativierung oder gar Verharmlosung der Situation umschlagen kann.

Hier gilt es m.E. in Bezug auf wissenschaftliche Forschungsansätze einen Mittelweg zu finden[25]. In Form einer kontinuierlichen Sozialberichterstattung und einer umfassenden Stadtteilanalyse sollten einerseits die strukturellen Probleme marginalisierter Quartiere klar benannt werden. Gleichzeitig müssen die Ressourcen der Bevölkerung analysiert werden, so dass eine Stigmatisierung verhindert werden kann und Anknüpfungspunkte für pädagogisches Handeln erkannt

24 Die aktuelle wissenschaftliche Diskussion habe ich an anderer Stelle (vgl. Ottersbach 2004b, S. 19ff.) ausführlich beschrieben. Hier werden nur kurz die beiden Grundpositionen, die sich im Detail jeweils noch ausdifferenzieren und unterscheiden, wiedergegeben.

25 Als Grundhaltung ist vielleicht Unaufgeregtheit, Genauigkeit und Emphatie zu empfehlen.

werden können. Mittels qualitativer Methoden sollten die individuellen Biographieentwicklungen der Quartiersbewohner/innen und eine Analyse subjektiver Bewältigungsformen prekärer Lebenslagen erfolgen, um darauf aufbauend so genannte „passgenaue" pädagogische Handlungskonzepte zu entwickeln.

6 Fazit

Gezeigt wurde in diesem Beitrag, dass es in Bezug auf die Situation von Jugendlichen in marginalisierten Quartieren in Deutschland und in Frankreich Parallelen und Differenzen gibt. Als Parallelen können festgehalten werden: In beiden Ländern verfügen Jugendliche nur über enge soziale Netzwerke. Die Differenzen überwiegen jedoch offensichtlich. Im Rahmen der politisch-rechtlichen Inklusion der Migrantenjugendliche, die in Deutschland lange Zeit misslungen ist, nun aber besser erfolgt, der kulturellen Inklusion, die in Deutschland immer noch ein großes Problem darstellt, und der ökonomischen Inklusion der Vorstadtjugendlichen, die in Frankreich offensichtlich noch misslingt, können zahlreich Unterschiede festgestellt werden. Hier gezielt anzusetzen, wäre eine dringende Aufgabe der Politik.

Im Rahmen der politischen Diskurse in Deutschland werden zurzeit folgende Problemlösungsansätze immer wieder diskutiert[26]:

- Die demographische Entwicklung: Hier wird vielerorts die These vertreten, dass der demographische Faktor, d.h. konkret die Abnahme der Zahl der Kinder und Jugendlichen die Arbeitslosigkeit peu à peu reduzieren würde. Das Problem ist jedoch, dass die Arbeitslosigkeit wegen der hohen Zahl Un- oder Geringqualifizierter besteht und diese Zahl prozentual gesehen nicht wesentlich abnehmen wird.
- Verbesserung der Sprachkenntnisse: In Deutschland gilt dieses Ziel als Ultima ratio. Das Problem ist jedoch bei diesem Argument, dass in Frankreich gezeigt wurde, dass Sprachförderung als Mittel der Inklusion nicht ausreicht. In Frankreich sind halt die meisten Migrant(inn)enjugendlichen sprachlich auf demselben Niveau wie die autochthonen Franzosen und Französinnen, jedoch trotzdem wesentlich schlechter inkludiert.
- Verstärkte Investition in Bildung: In Deutschland wurde nach den verheerenden PISA-Ergebnissen „Bildung" jetzt stärker als zuvor in die Hände der Länder übergeben. Abgesehen von einigen positiven Reformen (Einführung der Ganztagsschule, Reduzierung der Schulzeit auf 12. Schuljahre, Einfüh-

26 Sie werden hier nur kursorisch präsentiert. Dem Thema sind ja eigenständige Kapitel in diesem Band gewidmet.

rung von Sprachstandtests) wird Bildung jetzt jedoch weitaus stärker als bisher als Wettbewerb und Eliteförderung konkretisiert. Dabei wurden die erheblichen Schwächen des anachronistischen dreigliedrigen Schulsystems bisher jedoch nicht beseitigt.

- Sozialraumorientierung und kontinuierliches Quartiersmanagement: Ein Bündel an Maßnahmen der Förderung der lokalen Ökonomie und der Partizipation, der Imageverbesserung, der Nutzungsmischung und der Wohneigentumsförderung sind im Rahmen stadträumlicher Integrationspolitik etabliert worden, so dass Maßnahmen nun besser abgestimmt und miteinander vernetzt sind. Allerdings führt das fast unübersichtliche Bündel an Maßnahmen auch zur Verwirrung, so dass Kommunen und Quartiersmanager/innen selbst kaum noch durchblicken.

Die Kritik der einzelnen Maßnahmen soll jedoch nicht dazu führen, die Situation als ausweglos abzustempeln. Im Gegenteil: Viel stärker als bisher sollten politische und pädagogische Konzepte sukzessive international angelegt sein bzw. entwickelt werden und dabei die Differenzen der beiden Länder berücksichtigen. Nur durch einen Blick über den Tellerrand kann erkannt werden, dass eine sprachliche Förderung zwar sinnvoll und gut ist, aber nicht der Weisheit letzter Schluss sein kann. Statt dessen ist es eben auch wichtig, diskriminierende Effekte in der Schule, in der Ausbildung und im Arbeitsmarkt abzubauen und die politische Partizipation der Jugendlichen mit Migrationshintergrund weiterhin zu verbessern.

Literatur

Anhorn, Roland (2005): Zur Einleitung: Warum sozialer Ausschluss für Theorie und Praxis Sozialer Arbeit zum Thema werden muss. In: Roland Anhorn/Frank Bettinger (Hg.): Sozialer Ausschluss und Soziale Arbeit. Positionsbestimmungen einer kritischen Theorie und Praxis Sozialer Arbeit. Wiesbaden, S. 11-41.

Blasius, Jörg (1993): Gentrifikation und Lebensstile. Eine empirische Untersuchung. Wiesbaden.

Bourdieu, Pierre (1983): Die feinen Unterschiede. Kritik der gesellschaftlichen Urteilskraft. Frankfurt/Main.

Bourdieu, Pierre et.al. (1997): Das Elend der Welt. Zeugnisse und Diagnosen alltäglichen Leidens an der Gesellschaft. Konstanz.

Bukow, Wolf-D./Nikodem, Claudia/Schulze, Erika/Yildiz, Erol (2001): Die multikulturelle Stadt. Von der Selbstverständlichkeit im politischen Alltag. Opladen.

Bukow, Wolf-D./Yildiz, Erol (2001): Der Wandel von Quartieren in der metropolitanen Gesellschaft am Beispiel der Keupstraße in Köln oder: Eine verkannte Entwicklung.

Castells, Manuel (2004): Der Aufstieg der Netzwerkgesellschaft. BD 1: Das Informationszeitalter. Opladen.

Dangschat, Jens (1996): Lokale Probleme globaler Herausforderungen in deutschen Städten. In: Bernhard Schäfers/Göttrik Wewer (Hg.): Die Stadt in Deutschland. Soziale, politische und kulturelle Lebenswelt. Opladen, S. 31-60.

Dangschat, Jens/Frey, Oliver (2005): Stadt- und Regionalsoziologie. In: Fabian Kessl/Christian Reutlinger/Susanne Maurer/Oliver Frey (Hg.): Handbuch Sozialraum. Wiesbaden.

Geißler, Rainer (2006): Die Sozialstruktur Deutschlands. Zur gesellschaftlichen Entwicklung mit einer Bilanz zur Vereinigung. Wiesbaden.

Häußermann, H./Siebel, W. (1987): Neue Urbanität. Frankfurt/Main.

Karpe, Helmut/Ottersbach, Markus/Yildiz, Erol (Hg.) (2001): Urbane Quartiere zwischen Zerfall und Erneuerung. Köln.

Lamnek, Siegfried (1988): Theorien abweichenden Verhaltens. München.

Lamnek, Siegfried (1997): Neue Theorien abweichenden Verhaltens. München.

Langness, Anja/Leven, Ingo/Hurrelmann, Klaus (2006): Jugendliche Lebenswelten: Familie, Schule, Freizeit. In: Shell Deutschland Holding (Hg.): Jugend 2006. Eine pragmatische Generation unter Druck. Frankfurt/Main, S. 49-102.

Lemert, E. M. (1975): Der Begriff der sekundären Devianz. In: Lüdersen, K./Sack, F. (Hg.): Seminar Abweichenden Verhaltens I. Die selektiven Normen der Gesellschaft. Frankfurt/Main, S. 433-476.

Ottersbach, Markus (2001): Das Leben in marginalisierten Quartieren in der BRD. In: Helmut Karpe/Markus Ottersbach/Erol Yildiz (Hg.): Urbane Quartiere zwischen Zerfall und Erneuerung. Köln, S. 99-119.

Ottersbach, Markus (2003): Die Marginalisierung städtischer Quartiere in Deutschland als theoretische und praktische Herausforderung. In: Aus Politik und Zeitgeschichte. B 28, S. 32-39.

Ottersbach, Markus (2004a): Die Marginalisierung städtischer Quartiere in der metropolitanen Gesellschaft unter besonderer Berücksichtigung der Migration. In: Markus Ottersbach/Erol Yildiz (Hg.): Migration in der metropolitanen Gesellschaft. Zwischen Ethnisierung und globaler Neuorientierung. Münster, S. 103-116.

Ottersbach, Markus (2004b): Jugendliche im marginalisierten Quartieren. Ein deutsch-französischer Vergleich. Wiesbaden.

Radtke, Frank-O./Gomolla, Mechthild (2002): Institutionelle Diskriminierung von Migrantenkindern. Die Herstellung ethnischer Differenz in der Schule. Opladen.

Reinders, Heinz (2003): Jugendtypen. Ansätze zu einer differentiellen Theorie der Adoleszenz. Opladen.

Ronneberger, Klaus/Lanz, Stephan/Jahn, Wather (1999): Die Stadt als Beute. Bonn.

Scheerer, S. (1978): Der politisch-publizistische Verstärkerkreislauf. Zur Beeinflussung der Massenmedien im Prozeß strafrechtlicher Normdiagnose. In: Kriminologisches Journal, Heft 10, S. 223-227.

Schneekloth, Ulrich (2006): Politik und Gesellschaft: Einstellungen, Engagement, Bewältigungsprobleme. In: Shell Deutschland Holding (Hg.): Jugend 2006. Eine pragmatische Generation unter Druck. Frankfurt/Main, S. 103-144.

Soja, Edward W. (1995): Postmoderne Urbanisierung. In. G. Fuchs/B. Moltmann/W. Prigge (Hg.): Mythos Metropole. Frankfurt/Main, S. 143-164.

Tietze, Nikola (2001): Die Herausforderung, Konflikte positiv zu bewerten: Stadtgewalt in Straßburg-Neuhof.

Die Situation im Detail

Geschlechtsspezifische Aspekte

Rollenteilung und Ausschreitungen in den *Banlieues*

Sarah Mazouz

Dieser Artikel[1] basiert auf einer ethnographischen bzw. soziologischen Studie[2] zu den Ausschreitungen im Herbst 2005 in den Banlieues von Paris. Zunächst wird dargestellt, wie einige der Befragten – ein Teil hatte aktiv an dem Aufruhr teilgenommen, andere waren wohlwollende oder ablehnende Zuschauer/innen – die Ausschreitungen beschreiben und welche Stellung sie gegenüber dieser Bewegung beziehen. Ziel ist es, die Diskurse daraufhin zu analysieren, wie bei der Erklärung oder Legitimierung dieser Ereignisse die Beziehungen der Schichten, der Ethnien und vor allem der Geschlechter interagieren. Es geht mit anderen Worten darum, zu erkennen, wie die Ausschreitungen von 2005 von den Beteiligten verstanden werden, und darum, von dort aus ihre Praxen zu rekonstruieren.

Eine These ist, dass die individuellen Erfahrungen der Stigmatisierung und der ethnischen Diskriminierung die Entwicklung einer *Communauté de destin* (Schicksalsgemeinschaft) fördern. Gleichzeitig zeigt sich eine Verflechtung der Beziehungen von Schicht und Ethnie. Die Beteiligung oder Nicht-Beteiligung an den Ausschreitungen zeigt und verstärkt zudem die Art, wie sich die Gender-Beziehungen entwickeln. Die gesammelten ethnographischen Informationen scheinen somit einerseits darauf hinzuweisen, dass die Beziehungen der Schichten angesichts der ethnischen Beziehungen komplizierter werden. Andererseits bewirken die Gender-Beziehungen offenbar eine Art Diversifizierung der Positionierung der Jugendlichen gegenüber dieser Bewegung.

---

1 Es handelt sich um eine komprimierte Version des Vortrags *Entre classe, race et genre? Retour sur la participation ou la non participation des ' jeunes de banlieue ' aux émeutes de l'automne 2005* für den Workshop *Les enjeux politiques des émeutes urbaines* des 9. Kongresses der Association Française de Science Politique vom 5. bis 7. September 2007 in Toulouse.

2 Diese Studie hat von den Mitteln und dem Reflexionsrahmen des Programms *Les nouvelles frontières de la société française* profitiert, das von der *Agence nationale de la recherche (ANR)* finanziert und von Didier Fassin geleitet wird. Mein Dank gilt den Verantwortlichen des *Centre d'insertion professionelle*, in dem ich diesen Teil der Feldforschung durchführen konnte, und allen jungen Praktikant(inn)en des Zentrums, die bereit waren, mit mir zu sprechen und mir ihre Erfahrung mitzuteilen.

1 Die Feldforschung

Der hier dargestellte Teil der Feldforschung hat von April bis Juli 2006 in einem *Centre d'insertion professionelle* (Zentrum für berufliche Eingliederung) in einer großen Stadt bei Paris stattgefunden, die zur Wahrung der Anonymität hier Doucy genannt wird. In diesem Zentrum werden Jugendliche von 16 bis 25 Jahren aufgenommen. In den meisten Fällen werden sie entweder durch die *Missions locales pour l'emploi* (lokale Dienste für junge Arbeitssuchende) des Departments, von der *Protection judiciaire de la jeunesse* (PJJ) (Jugendgerichtshilfe) oder von der *Aide sociale à l'enfance* (ASE) (Jugendamt) dorthin geschickt. Andere kommen auch eigenständig. Zentrale Aufgabe dieses Zentrums ist es, den jungen „Praktikant(inn)en", wie sie dort genannt werden, bei der Formulierung eines Berufsprojekt zu helfen bzw. diesen Prozess zu betreuen. Jede Praktikantin und jeder Praktikant wird von einer Bezugsperson betreut. Gleichzeitig werden in diesem *Centre* verschiedene Workshops angeboten, die den Jugendlichen eine Art *Identité sociale de rechange* (soziale Ersatzidentität) vermitteln sollen, in dem Sinne, dass sie während der Arbeit neue Voraussetzungen dafür schaffen, nicht mehr stigmatisiert zu werden. Aus diesem Grund werden die Workshops, laut Esther[3], einer der Verantwortlichen des Zentrums, von „in ihrem Gebiet kompetenten Personen" geleitet. Der Verantwortliche für die Workshops im Bereich „Theater" ist z. B. auch Professor an der Schauspielschule des Departements.

Der Einstieg ins Feld erfolgte durch eine teilnehmende Beobachtung. Ich wurde den Jugendlichen von vornherein als eine Studentin vorgestellt, die eine Doktorarbeit über ethnische Diskriminierung schreibt. Meine Rolle glich sich jedoch der einer Mitarbeiterin an, auch wenn ich nicht verantwortliche Bezugsperson für Praktikant(inn)en war.

Mit einigen Praktikant(inn)en habe ich während der gesamten Zeit meiner Anwesenheit im *Centre* einen Workshop moderiert, der *Atelier socio* (Sozio-Workshop) genannt wurde. In diesem Workshop ging es um die Lektüre des Textes *Pays de malheur!* (Verfluchtes Land!) von Younes Amrani und Stéphane Beaud. Die Grundidee des Workshops war, den Praktikant(inn)en die Möglichkeit zu geben, auf der Grundlage dieses Textes über ihre eigenen Erfahrungen zu sprechen. An diesem Workshop teilgenommen haben vor allem Praktikant(inn)en, die Esthers Rat gefolgt waren und angefangen hatten, das Buch zu lesen.

Neben den ethnographischen Materialien, die ich während der Sitzungen und den vielen informellen Diskussionen sammeln konnte, wurde eine Serie von sechs Interviews geführt. Später konnte ich noch ein zweites Gespräch mit einer der Praktikantin, die ich anfangs befragt hatte, durchführen.

3 Sämtliche Eigennamen wurden verändert bzw. anonymisiert.

2 Allgemeine Aspekte der Analyse der Ausschreitungen

Zunächst sollen einige Notizen einen ersten Eindruck vermitteln:

> „Erste Sitzung im *Atelier socio*, sehr schnell führt die Diskussion zu der Frage der Beziehungen und Interaktionen mit der Polizei. Richard, ca. 20 Jahre alt, der sich selber als *Métis antillais* (‚Mestize' von den Antillen) bezeichnet, ergreift das Wort. Er spricht über die Ausschreitungen im Herbst 2005 und bezieht sich auf den Tod der zwei Jugendlichen und die polizeiliche Gewaltanwendung. Er zählt sich zu den Teilnehmern der Ausschreitungen: ‚Deswegen haben wir die Polizeiwache angesteckt.' Die anderen nehmen an der Diskussion teil. Elisée, 25jähriger Praktikant kongolesischer Staatsangehörigkeit, der nicht an den Ausschreitungen teilgenommen hat, kritisiert den Angriff auf die Schulen. Er kommentiert jedoch die Bemerkung von Richard über den Brand der Polizeiwache, indem er sagt: ‚Das ist ein intelligenter Aufruhr. Ich finde, dass diejenigen, die die Schulen angreifen, dumm sind. Man muss die Kommissariate oder die Gerichte angreifen. Dort herrscht viel Ungerechtigkeit.'"[4]

Im Laufe der Diskussion ergänzt Richard: „Sarkozy spricht über den *Karcher* (Hochdruckreiniger) und anschließend fliegt er nach Afrika, um Reden zu halten." Richard wirft dem ehemaligen Innenminister eine *Double langage* (Doppelsprache, -züngigkeit)[5] vor. Er habe die Immigration instrumentalisiert, indem er Migrant(inn)en stigmatisiert habe und anschließend über Kooperation mit den Ländern spreche, aus denen die Mehrheit der Migrant(inn)en stamme. Außerdem lässt diese Bemerkung von Richard vermuten, dass diese *Double langage* auch grundlegend ist für das, was er als *Manque de respect* (Respektlosigkeit) bezeichnet: Ein *Manque de respect* gegenüber den Eltern, die nach Frankreich gekommen sind und zum Wachstum und zur Dynamik der französischen Wirtschaft beigetragen haben. Ein *Manque de respect*, der auch durch die stigmatisierenden Worte über den *Karcher* oder – einige Wochen vor den Ausschreitungen – über die *Racaille* (den Abschaum) ausgedrückt und verstärkt wurde. Julien, ein anderer Praktikant, der bei diesem *Atelier socio* anwesend ist, sagt nichts über seine Beteiligung oder Nicht-Beteiligung an den Ausschreitungen. Er spricht jedoch erneut die Ereignisse in Clichy-sous-Bois an und erinnert in der gleichen Art an die Geschehnisse, die diese Bewegung ausgelöst haben: den Tod der zwei Jugendlichen, Zied und Bouna, die durch einen Stromschlag getötet wurden, als

---

4 Auszüge aus dem Feldtagebuch, Notizen während des *Atelier socio*, Sitzung vom 24. Mai 2006.

5 Diese Frage der Doppelsprache des damaligen Innenministers taucht in den Aussagen meiner Befragten auch später wieder auf. Sie geben an, schockiert zu sein durch seine Rechtfertigung der Reform des *Code de l'entrée et du séjour des étrangers et du droit d'asile (CESEDA)* (Aufenthalts- und Asylgesetz) mit dem Argument, selbst Sohn von Einwanderern zu sein.

sie versuchten, einer Polizeikontrolle zu entkommen. Er verwendet den gleichen Ausdruck wie Richard und spricht vom *Manque de respect* als Auslöser der Ausschreitungen. Auch hier bezeichnet dieser Ausdruck die Worte Sarkozys. Gleichzeitig beschreibt der Ausdruck auch den ungerechten Tod der beiden unschuldigen Jugendlichen und die falsche Beschuldigung, dass Zied und Bouna Kriminelle auf der Flucht vor der Polizei gewesen seien. Diese Bezeichnung der Jugendlichen wird als etwas betrachtet, das die Erinnerung an sie befleckt und die Familien hindert, in aller Ruhe ihre Trauer zu verarbeiten. So geben die Befragten als Grund für die Ausschreitungen einen Bruch des Gleichgewichts der Werte und eine Verweigerung minimaler Gerechtigkeit seitens des Staates an. Die Ausschreitungen fanden demnach zu genau diesem Zeitpunkt statt (und nicht an einem anderen Tag), weil die Grenze polizeilicher Brutalität und Gewalt, die die Jugendlichen gewohnt waren – und sie bezeichnen sich als diejenigen, die „gelernt haben, auf Provokationen nicht einzugehen“[6] –, überschritten wurde. Wenn zuerst die Kommissariate oder Gerichte angegriffen werden mussten, dann, wie Élisée es ausdrückt, aufgrund der dort herrschenden Ungerechtigkeit. Das Bild der drei Jugendlichen, die gezwungen waren, sich in einem Generator zu verstecken, um der Polizeikontrolle zu entkommen, obwohl sie nur ein Fußballspiel zu Ende spielen wollten, verkörpert auf dramatische Weise die polizeiliche Gewaltanwendung. Ohne in Frage zu stellen, dass die Polizei ein Träger der Staatsgewalt ist, zeigen die Aussagen meiner Befragten, dass es sich um eine ungerechtfertigte Gewaltanwendung handelt. Die Polizei hat Unschuldige angegriffen und dies hat zum Tode von zweien von ihnen geführt.[7] Die Ausschreitungen werden als Antwort auf eine ungerechte Situation verstanden, die unerträglich ist, weil der Tod der beiden Jugendlichen einen Bruch darstellt. Den Ausdruck von Thompson (1971, S. 78) aufgreifend, kann von einer Beleidigung gegenüber den moralischen Postulaten gesprochen werden, die in diesem Fall die

6 Dieser Ausdruck ist in vielen Aussagen der Befragten immer wieder benutzt worden.

7 Zwei Tage später werde ich die gleiche Art der Analyse wiederfinden, als Sambaly, ein Jugendlicher ivoirischer Herkunft, ca. 15 Jahre alt, mir erzählt, dass er zwei Tage im Polizeigewahrsam „*pour rien*“ (für nichts) war, weil er mit einem seiner Freunde, Walid, um ein Uhr morgens beim Verlassen eines Rap Clubs in seinem Viertel diskutierte. Die beiden Jugendlichen sind zuerst beschuldigt worden, die Windschutzscheibe eines Fahrzeuges eingeschlagen zu haben, um das Fahrzeug zu stehlen. Als sie sich an Walids Auto anlehnten und miteinander sprachen, wurden sie auch beschuldigt, dieses Fahrzeug stehlen zu wollen. Dabei haben die Beamten Walid nicht geglaubt, dass es sein Fahrzeug ist. Sie kontrollierten seinen Fahrzeugschein erst am Ende des 48stündigen Polizeigewahrsams. Als Sambaly von diesem Polizeigewahrsam erzählt, sagt er: „Die Bullen sind eigentlich da, um das Gesetz anzuwenden, aber sie wenden ihr Gesetz an.“ Das erste Mal, dass er Ärger mit der Polizei hatte, schildert er später. Es ging um den Diebstahls eines Croissants im Supermarkt: „Aber damals hatte ich wenigstens etwas gestohlen! Da hatten sie Recht“ (Feldtagebuch, Bericht von Sambaly über seine Ingewahrsamnahme, *Centre d'insertion professionnelle*, Doucy, 26. Mai 2006).

Interaktionen zwischen den Jugendlichen und der Polizei regeln. Der Ausbruch der Ausschreitungen ist also nicht im Kontext einer politischen Ökonomie zu sehen, sondern im Kontext einer moralischen Ökonomie (Thompson 1971, S. 76-136; Fassin 2006), in der die Interaktion mit der Polizei einen Sinn ergibt.

Die allgemeine Erfahrung polizeilicher Diskriminierung

Von den Interaktionen mit der Polizei zu sprechen, führt dazu, dass die Befragten über die Ausschreitungen ausführlich berichten. Die Erklärung und die Legitimation dieser Bewegung ist aus Sicht der Befragten in der geteilten Erfahrung der Diskriminierung und der Stigmatisierung zu sehen, die vom auslösenden Ereignis der Ausschreitungen verdoppelt und kristallisiert wurde. Im zweiten Interview mit Kahina, einer 25-jährigen Praktikantin, die selbst nicht an den Ausschreitungen teilgenommen hat, erklärt sie, dass der Hauptgrund der Ausschreitungen die Kontrollen sind, die die Jugendlichen und die Männer[8] über sich ergehen lassen müssen. Die *Violence des flics* (Gewalt der Bullen) führe dazu, dass die Jungen „eine Wut gegen sie haben" und „sie nicht riechen können". Täglich gebe es Provokationen der Polizei. Um die Benachteiligung und die ungerechte Behandlung der Jugendlichen und der Männer der *Quartiers populaires* (Unterschichtviertel) durch die Polizei zu illustrieren, erwähnt Kahina zwei Beispiele. Beide Beispiele rücken die ethnisierte Wahrnehmung der Kontrollierten durch die Polizisten in den Vordergrund oder eher die ethnisierte Dimension der Interaktionen, die zu einer nicht gerechtfertigten Gewaltanwendung führen, sowie die Überschneidung mit den Gender-Identitäten.

> „Das war richtig blöd, (…) wir waren eine kleine Gruppe. Das Mädchen ist gesprungen (über das Drehkreuz, das zum Bahnsteig führt). Polizisten waren da. Sie haben sie aufgefordert, zurück zu kommen und zu bezahlen. Ein Schwarzer ist drüber gesprungen, sie haben ihn kontrolliert, Leibesvisitation, das volle Programm."[9]

Etwas später erzählt sie mir, wie ihr jüngster Brüder in dem Quartier, in dem sie wohnen, kontrolliert wurde:

> „Sie gingen zur Moschee, bekleidet mit einer *Djellaba* (einem traditionellen, lang wallenden Gewand). Da war nicht die Polizei, sondern direkt die BAC (eine Spezi-

8 Zur Bedeutung dieses Arguments in der Erklärung der geschlechtsspezifischen Rollenteilung während der Ausschreitungen komme ich später.

9 Zweites Interview mit Kahina, *Centre d'insertion professionelle*, Doucy, 27. Juni 2007.

aleinheit). Und nach seinen Erzählungen hieß es: ‚Du gehst zur Moschee, du machst das', und gleichzeitig gab es leichte Ohrfeigen."[10]

Hautfarbe, Religion und Gender fungieren in den von Kahina genannten Beispielen als entscheidende Marker für die Haltung der Polizisten während einer Kontrolle. Den Beispielen zufolge beruht die unterschiedliche Haltung der Polizei gegenüber diesem oder jenem Menschen auf diesen Markern. Als sie in einem anderem Kontext von einem jungen Mädchen erzählt, mit dem sie gejobbt hat, erwähnt Kahina dessen Hautfarbe nicht. Offenbar hebt das Mädchen-Sein die ethnischen Zuordnungen, die die männlichen Heranwachsenden und die Männer erfahren, sofort auf oder schwächt sie ab. Ihren Äußerungen zufolge erklärt die Geschlechtszugehörigkeit die mildere Behandlung des Mädchens durch die Polizisten auf dem Bahnsteig, die von ihr nur verlangen, dass sie nochmals durch die Sperre geht und ihre Fahrkarte bezahlt. Im Falle des Schwarzen wiederum oder im Falle ihres jüngeren Bruders zeigt die Reaktion der Polizei deutlich, dass eine Zuordnung stattfindet, bei der sich die Bedeutung von Gender und Ethnie überschneiden. Greift man die Analysen von Kimberlé W. Crenshaw (2005, S. 51-82) über die Gewalt gegenüber schwarzen Frauen auf und wendet sie auf polizeiliche Gewaltanwendung gegenüber männlichen Heranwachsenden und Männern aus den *Quartiers populaires* an, kann man nicht nur von einer Kreuzung der Determinanten von Gender und Ethnie sprechen, sondern davon, dass diese Kreuzung die eigentliche Struktur des Dominanzverhältnisses ist. Was die beschriebenen Interaktionen angeht, scheint es irrelevant zu sein, der gleichen Schicht anzugehören. In den Vordergrund stellen Kahinas Beispiele andere Aspekte, nämlich die ethnische Zuordnung, die Überschneidung der Gender- und ethnischen Identitäten und gleichzeitig die Diskriminierung – das heißt eine benachteiligende Behandlung aufgrund eines illegitimen Kriteriums –, die die männlichen Jugendlichen und Männer aus den *Quartiers populaires* erleiden, wenn sie mit der Polizei konfrontiert werden.

Als Antwort auf die – unzulässige und tägliche – Gewalt der Polizei gegenüber einigen Bevölkerungsgruppen sind die Ausschreitungen von 2005 eine Herausforderung für den Staat als Inhaber des Gewaltmonopols. Aus diesem Grund sind die Ausschreitungen eine politische Frage.[11] Die Analyse, die meine Befragten von den Ereignissen geben, lässt es zu, eine gemeinsame politische Identität zu formulieren, in der sich die gleichen Werte und die gleiche Wahr-

10 Interview mit Kahina am 27. Juni 2007.

11 In dieser Passage folge ich den Analysen von Didier Fassin, die während der Konferenz *Le modèle républicain confronté aux discriminations*, organisiert vom *EHESS* am 25. Januar 2006 im Rahmen der Reihe *Penser la crise des banlieues* vorgestellt wurden (vgl. www.ehess.fr/enseignements/cercles-banlieues/video_modele_republicain).

nehmung der Situation widerspiegeln. Diese gemeinsame Analyse kann zweifellos daraus hervorgehen, dass es sich um einen Diskurs a posteriori handelt, der die Bewegung legitimieren soll und Analyseelemente aufnimmt, die im öffentlichen Raum produziert worden sind. Éric Fassin hat zu diesem Problem formuliert:

> „Die gewöhnlichen sozialen Praktiken, mit denen sich die Ethnographie befasst, spielen sich nicht im Unbewussten der Debatten ab, die die öffentliche Welt bewegen“ (2004, S. 3).

Gleichwohl kann man in der gemeinsamen Analyse aber auch die Art erkennen, wie diese Bewegung entstanden ist und sich entwickelt hat, just in dem Moment, als die Ausschreitungen stattfanden. Diese Bewegung war bei weitem nicht „ohne Stimme und Rede“, wie es oft und gerne beschrieben wurde. Denn die Aufrührer begleiteten ihre Taten mit Worten, die vor allem online in Blogs verbreitet wurden. Während der Unruhen wurden die Gründe der Bewegung dargelegt, d.h. die Forderungen dieser Bewegung, denen sich diejenigen anschließen konnten, die sich von ihr angesprochen fühlten.[12]

3 Vom Diskurs zur Praxis

Bis hierhin basierte die Untersuchung auf den Interviews mit Jugendlichen bzw. auf ihren Diskursen, die die Ausschreitungen vom Herbst 2005 erklären. In diesem Teil wird versucht, anhand dieser Gespräche die Praxen zu rekonstruieren. In diesem Stadium der Feldstudie waren nur diejenigen gewillt, mit mir ein Interview zu führen, die nicht an den Ausschreitungen teilgenommen haben. Es ist eine vielleicht aufschlussreiche Tatsache, dass diejenigen, die wie Richard während des *Atelier socio* vom 24. Mai 2006 erklärt hatten, an den Ausschreitungen teilgenommen zu haben, oder auch Julien, dessen Antworten eine gewisse Doppeldeutigkeit bzgl. seiner Teilnahme beinhalten, weniger regelmäßig im *Centre d'insertion professionelle* waren. Da ich sie nicht, wie die anderen, täglich sehen konnte, war es schwierig, mit ihnen ein Interview zu vereinbaren. Dieser letzte Abschnitt beinhaltet also eine zusätzliche Verzerrung, weil er vor allem auf Interviews basiert, die ich mit Inès, Kahina und Elisée geführt habe. Alle drei sind älter als die anderen Praktikant(inn)en, stärker politisiert und nehmen eine distanziertere Haltung zu dem Aufruhr ein. Es wird also zunächst darum gehen, zu klären, warum diese drei Befragten an der Bewegung nicht teilgenommen haben,

---

12 Siehe http://zied-bouna.skyrock.com/; http://bouna93.skyrock.com/; http://mortpourrien.skyrock.com; http://laconscience.canalblog.com/archives/2005/11/27/1057550.html.

obwohl sie sie befürworteten. Im zweiten Teil dieses letzten Abschnitts, der auf den Interviews und auch auf Feldnotizen basiert, die während des *Atelier socio* oder während der informellen Diskussionen gemacht wurden, wird die geschlechtsspezifische Rollenteilung während der Ausschreitungen hervorgehoben und es wird die Frage gestellt, ob die Gender-Identitäten eine Ursache einer Zersplitterung der Bewegung waren oder nicht.

Der Einfluss des persönlichen und beruflichen Werdegangs

Elisée, Kahina und Inès haben nicht an den Ausschreitungen teilgenommen, obwohl sie die Bewegung gerechtfertigt fanden und sie unterstützten. Diese drei Befragten waren nicht nur älter als die Praktikanten, die mir mitgeteilt haben, an den Ausschreitungen teilgenommen zu haben, sondern auch älter als die meisten der Aktivist(inn)en, deren Alter im Schnitt zwischen fünfzehn und siebzehn Jahren liegt. Alle drei befinden sich an einem Punkt ihres Lebens, an dem sie nach einer Arbeit suchen und, um den Ausdruck zu verwenden, den sie während der Gespräche benutzt haben, „sich niederzulassen“. Die Arbeitsverträge, die sie während der Ausschreitungen hatten und die einige noch während der Feldstudie hatten, waren befristet. Sie hofften, unbefristete Arbeitsverträge zu bekommen. Inès hatte einen *CAE* (einen befristeten Vertrag zur beruflichen Eingliederung) in einer Wäscherei eines Krankenhauses der Stadt. Elisée arbeitete als Assistent und *Animateur informatique* (PC-Betreuer) in einer Schule der Stadt und Kahina nahm, nach mehreren Zeitarbeitsstellen, an einem Auswahlverfahren teil, um Zöllnerin im Flugverkehr zu werden. Trotz der unterschiedlichen Lebensgeschichten haben die drei Befragten eine mehr oder weniger erfolgreiche Ausbildung nach der Schule gemacht. Inès hatte einen Berufsbildungsgang „Siebdruck-Verfahren“ angefangen.[13] Elisée hat es bis in die mathematisch-naturwissenschaftliche Abschlussklasse geschafft. Allerdings konnte er das Abitur nicht ablegen, weil der Krieg im Kongo ausgebrochen war. Dann, in Frankreich, ging er nicht zu den Prüfungen. Kahina hat ihr Abitur in der Sparte „Buchhaltung/Betriebswirtschaft“ und anschließend ein *BTS* (höheres Fachdiplom) in diesem Bereich gemacht. Elisée und Inès haben Kinder. Elisée hat mir am Ende des Interviews gesagt, dass er sich nun „niederlassen“ möchte, um sich gut um sein Kind kümmern zu können, wenn es bei ihm ist. Inès ihrerseits vermittelt, hauptsächlich für ihre beiden Söhne da sein zu wollen, um ihnen das zu geben,

13 Inès erklärte mir, dass ihr Lehrer sie in diese Richtung gelenkt hat, obwohl sie eine andere Ausbildung machen wollte. Aus diesem Grund ist sie aus dem Heim, in dem sie untergebracht war, geflüchtet, und hat einige Jahre auf der Straße verbracht. Die Geburt ihres ersten Kindes brachte sie dazu, die Straße zu verlassen.

was sie selbst nicht hatte.[14] Diese unterschiedlichen Lebensgeschichten von Elisée, Kahina und Inès geben eine Erklärung für die Nicht-Beteiligung an den Ausschreitungen. Sie befinden sich in einem Prozess der beruflichen Stabilisierung, die sie nicht aufs Spiel setzen möchten. Zwei von ihnen sind für Kinder verantwortlich und können es nicht riskieren, das kürzlich erlangte Gleichgewicht zu gefährden, indem sie an der Bewegung teilnehmen, auch wenn sie sie befürworten.

Es ist noch anzumerken, dass diese drei Befragten Rap oder Slam-Poetry texten, in denen ihre eigenen Erfahrungen verarbeitet werden. Es ist aber auch eine Art, ihre politische Position und ihre Haltung zur sozialen Welt darzustellen. Folgt man den Analysen Hirschmans (1995, S. 15-39), kann man sagen, dass ihr Schreiben bedeutet, dass sie das Wort ergreifen. Umgekehrt haben diejenigen, die keinen anderen Ausweg mehr sahen, den Aufruhr als Aktionsart gewählt.

Nach diesem Erklärungsversuch für die Nicht-Beteiligung dieser drei Befragten an den Ausschreitungen, möchte ich im letzten Teil auf die Frage der Nicht-Beteiligung der Mädchen an den Ausschreitungen zurückkommen. Es soll nicht nur festgestellt werden, wie die jungen Männer für sich beanspruchen, dass nur sie Fahrzeuge in Brand setzten, sondern es geht auch darum, zu verstehen, warum die jungen Frauen diese geschlechtsspezifische Rollenteilung bei den Ausschreitungen akzeptieren. Die Analyse der Nicht-Beteiligung der jungen Frauen wird es erlauben zu ermitteln, ob dies ein Zeichen einer Zersplitterung der Bewegung ist oder eher nicht.

4 Geschlechtsspezifische Aspekte der Analyse der Ausschreitungen

Die Ausschreitungen: ein Prozess der Vermännlichung junger Männer?

In den verschiedenen Aussagen über die Ausschreitungen, die ich die Gelegenheit hatte zu hören, thematisieren die Befragten nicht, dass sie ausschließlich *Entre mecs* (unter Typen) waren. Auf die jungen Frauen wurde sich nicht bezogen, und es sei, um zu sagen, dass sie nicht an den Ausschreitungen teilgenommen haben. Es war schlicht selbstverständlich, dass die Ausschreitungen eine

14 Inès ist im Alter von einem Jahr zusammen mit ihrer Schwester in einer Pflegefamilie untergebracht worden, weil ihre Eltern, algerische Einwanderer, sich scheiden ließen. Sie spricht gleich zu Beginn von dem Martyrium, das sie bei dieser Familie erlitten hat. Sie erklärt, dass sie dann in ein Heim gebracht worden ist, das sie aus den in der vorhergehenden Fußnote genannten Gründen verlassen hat. Sie lebt jahrelang auf der Straße. Im Interview erzählt sie von ihrer Entscheidung, ihren älteren Sohn in einem Heim unterzubringen, damit er bessere Bedingungen, Bildungsmöglichkeiten und Chancen hat. Sie erzählt mir, dass ihre Söhne nicht wissen, was für ein Glück sie im Gegensatz zu ihr haben.

Männersache waren. Während des *Atelier socio* vom 24.05.2006 beschreibt Richard die Ausschreitungen als einen *Mini guerre civile* (kleinen Bürgerkrieg)[15], unterstreicht, dass es sich um eine Männersache handelte und verherrlicht die Rolle der Teilnehmer durch die Übertreibung der Ereignisse. In Richards Schilderung der handelnden *Peer groups*, die den *Mini guerre civile* führten, wird deutlich, dass die Aktivisten ihre gewohnte Rolle als Beschützer des Quartiers aufgriffen und verstärkten. Diese Rolle wird von ihnen beansprucht und einige Bewohner des Quartiers teilen sie ihnen auch zu, wie Kahina mit Hinweis auf die rein männliche Beteiligung an den Ausschreitungen erklärte. So fragte sie: „Wer beschützt denn bei uns das Quartier? (...) Das sind die Jungs!“[16] Kahina hat mir auch den Online-Blog ihrer Quartiers gezeigt, in dem das Foto eines Polizeifahrzeugs zu sehen ist, das während der Ausschreitungen umgekippt wurde: Männliche Jugendliche posierten um das Fahrzeug, um diesen Moment zu verewigen. Das Bild war auf dem Online-Blog noch sechs Monate nach den Ereignissen zu sehen. Es ist weniger die Tatsache an sich, als eher deren Inszenierung, die zeigt, wie dieses Ereignis dazu gedient hat, die Rolle als Beschützer des Quartiers zu untermauern und zu sichern. Die Auseinandersetzung mit der Polizei lässt den Ruf, mutig und männlich zu sein, glaubwürdig erscheinen und bekräftigt die männlichen Jugendlichen in der angenommenen Männerrolle.

Die Bestätigung dieser Rolle basiert auf den übertreibenden Schilderungen der Konfrontationen mit den Polizeieinheiten, z.B. von Angriffen und Sturmangriffen, bei denen angeblich Kommissariate oder Polizeiautos eingenommen wurden. Der Bericht der Konfrontationen dient dazu, ihren Ruf zu bestätigen, nicht nur innerhalb ihres Quartiers, sondern auch gegenüber Jugendlichen anderer *Quartiers populaires* derselben Stadt, mit denen sie rivalisieren. Deutlich wird dies in der folgenden Szene:

> „Eine Diskussion über die Banlieues einwickelt sich. Kahina ist aus Loing und Jonathan aus La Durance. Wir sprechen über die Rivalität zwischen den beiden Quartieren. Kahina fragt, warum sie sich schlagen, und Jonathan antwortet, indem er sagt: ‚Loing, das sind Großmäuler.‘ Zudem erklärt er, wie Rechnungen beglichen werden. (...) Ich frage sie, ob die Ausschreitungen vom Herbst dazu beigetragen haben, den Ruf eines Quartiers zu vollenden oder zu stärken. Jonathan verneint einerseits, dies sei nicht das, was erhofft wurde, sagt mir aber andererseits, dass während der Ausschreitungen einige (aus La Durance) gesagt haben: ‚Wir werden die stärksten sein‘, während sie in Loing die Stärksten gespielt haben.“[17]

15 Feldtagebuch, *Atelier socio*, Sitzung vom 24. Mai 2006

16 Interview mit Kahina am 27. Juni 2007.

17 Feldtagebuch, *Atelier socio*, Sitzung vom 20. Juni 2006, *Centre d'insertion professionelle*, Doucy.

Die Ausschreitungen finden also in dieser Art besonderer Soziabilität ihren Platz, die die Banden der jungen Männer verbindet und von der die jungen Frauen ausgeschlossen sind. Die Ereignisse während der Ausschreitungen verstärken oder – im Gegenteil – verschlechtern den Ruf und sind von Nutzen bei den Interaktionen, die diese gegnerischen Jugendbanden verbinden. Auch unter diesem Gesichtspunkt bleiben die Ausschreitungen eine Männersache. Sie liefern einen Beitrag zu den Vermännlichungsweisen der männlichen Jugendlichen oder jungen Männer, die sich ansonsten in ihrer Männlichkeit wegen ihrer ungewissen beruflichen Situation bedroht fühlen (Hamel 2003, S. 88). Deutlich wird dies auch im Verlauf des oben erwähnten Austauschs. „Ich verstehe nicht, warum sie sich schlagen“[18], sagt Kahina zu mir gewandt und fingiert, dass sie die Antwort nicht kennt. Dies gibt Jonathan die Möglichkeit, das Wort zu ergreifen und den Sinn der Rivalitäten sozusagen aus der Innensicht zu erklären. Während Kahina anderweitig eine gewisse Distanz gegenüber der Art und Weise, wie das Quartier funktioniert, in Anspruch nimmt, dient ihre Frage paradoxerweise dazu, Jonathan in seiner männlichen Rolle zu bestätigen. So kann er erklären, wie die Rivalitäten zwischen zwei Quartieren sich ausdrücken, und genauer erläutern, wie er teilnimmt an dem Spiel der Provokationen und Herausforderungen, die die rivalisierenden Banden über ihre Online-Blogs lancieren.

Folglich reklamierten die männlichen Jugendlichen, dass nur Jungen an den Ausschreitungen teilgenommen hatten, weil die Ausschreitungen einen Sinn im Rahmen einer geschlechtsspezifischen Rollenteilung hatten und aufgrund des Gehalts und der Intensität der Ereignisse dazu dienten, die männlichen Jugendlichen in ihrer angenommenen Männerrolle zu stärken. Ein zu erwartender Fakt ist demnach auch, dass die Befragten sich zu der Nicht-Beteiligung der jungen Frauen bekannten. Eher erstaunlich ist jedoch, dass diejenigen weiblichen Befragten, Kahina zum Beispiel, die anderweitig eine feministische Position beanspruchen, nicht nur ihre Nichtbeteiligung an den Aktionen, sondern auch die Nicht-Beteiligung der jungen Mädchen an dieser Bewegung im allgemeinen akzeptieren.

Wie kann die Nicht-Beteiligung der Mädchen interpretiert werden?

Einschränkend weise ich nochmals auf eine mögliche Verzerrung der folgenden Analysen durch den Untersuchungsverlauf hin. Es soll nicht nur die Analyse der Gender-Beziehungen vertieft, sondern auch betrachtet werden, welche politischen Auswirkungen die Artikulationsweisen zwischen Schicht, Ethnie und

18 Feldtagebuch, Notizen, die während des *Atelier socio* am 20. Juni 2006 entstanden sind.

Gender haben. Es geht darum festzustellen, ob die Nicht-Beteiligung der Mädchen und jungen Fauen an den Ausschreitungen sich als eine Spaltung der durch die Ausschreitungen geschaffenen Mobilisierung erweist oder ob es sich nur um eine Differenzierung der Praktiken handelt, die dazu dient, die Botschaft der Aufrührer zu stärken.

In den Interviews, die ich mit den weiblichen Befragten geführt habe, erklären diese die Nicht-Beteiligung der Mädchen an den Ausschreitungen anhand zweier Argumente: das erste könnte man das Argument der Möglichkeiten, über die die Mädchen verfügen, nennen und das andere als das Argument der Rekonstruktion der Gender-Rollen und der Soziabilität des Quartiers bezeichnen.

Das *Argument der Möglichkeiten* erklärt die Nicht-Beteiligung der Mädchen an den Ausschreitungen, indem gezeigt wird, dass sie nicht auf solche Praktiken zurückgreifen, entweder, weil sie hellsichtiger sind in Bezug auf die Auswirkungen der Ereignisse, oder, weil sie in der Regel über andere Möglichkeiten der Reaktion auf Ungerechtigkeit verfügen, die eine Teilnahme an den Ausschreitungen unnötig machen. Als ich Kahina die Frage der Nicht-Beteiligung der Mädchen und jungen Frauen stellte, gab sie mir zur Antwort, dass die Mädchen „heller im Kopf sind und sie sich gesagt haben, dass das alles nichts nützt"[19]. Koudietou D.[20] hingegen sagte mir, als ich sie fragte, in welcher Form die Mädchen rebellieren:

> „Nun, die Mädchen, die pauken nur! Ich sehe meine in Frankreich geborenen Freundinnen maghrebinischer Abstammung oder afrikanischer Herkunft, in der Familie sind sehr oft sie es, die den besten Abschluss haben."[21]

In diesem Sinne ist die Nicht-Beteiligung der jungen Fauen kein Zeichen einer Dominierung, die von den Mädchen erduldet wird, sondern es ist eher so, dass sie sich besser zu Recht finden als die Jungen.

Das *Argument der Rekonstruktion der Gender-Rollen und der Soziabilität des Quartiers* erklärt die Nicht-Beteiligung der Mädchen an den Ausschreitungen, indem die Ausschreitungen als eine Fortsetzung der anderen Formen der Soziabilität platziert werden, die in den Quartieren existieren. Kahina erklärt mir, dass es keinen Grund gibt, erstaunt zu sein, dass nur die männlichen Jugendli-

19 Interview mit Kahina am 27. Juni 2007.

20 Koudietou D. habe ich durch Vermittlung eines Sozialpädagogen, der im *Centre d'insertion professionelle* arbeitet, kennen gelernt. Sie ist 34 Jahre alt und arbeitet im Studentenwerk von Doucy, nachdem sie bereits zehn Jahre in einem anderen Studentenwerk bei Paris gearbeitet hatte. Sie ist verheiratet und hat 2 Kinder. Ihre Eltern sind aus Mali eingewandert und haben Anfang der achtziger Jahre die französische Staatsbürgerschaft angenommen. Sie wohnt in Frépigny, einer kleine Gemeinde bei Doucy.

21 Interview mit Koudietou D., Frépigny, 4. Mai 2007.

chen an den Ausschreitungen teilgenommen haben, denn auch bei allen anderen Aktivitäten mischen sich Jungen nicht mit Mädchen. Sie argumentiert: „Einerseits stimmt es, dass wir uns kennen, aber in der Regel bleiben die Jungs mit den Jungs und die Mädchen mit den Mädchen“[22]. Die *Non-mixité* (Nicht-Mischung) der Geschlechter, von der sie hier spricht, unterstreicht, dass Jungen und Mädchen nicht die gleichen Erfahrungen machen. Sie erklärt mir zum Beispiel, dass die Ausschreitungen von den männlichen Jugendlichen angezettelt worden sind, weil sie diejenigen sind, die systematisch mit den Polizeikontrollen und anderen Formen der Demütigung zu kämpfen haben, wogegen die Mädchen nicht betroffen sind. Damit verteidigt Kahina sowohl die Ausschreitungen als auch die existierende geschlechtsspezifische Rollenteilung, die in den Auschreitungen und dem Umgang damit ihren Ausdruck findet. Dass die unrechtmäßige Anwendung von Gewalt seitens der Polizei nur die Jungen betrifft, erklärt in ihren Augen, warum die Mädchen, obwohl sie für diese Bewegung gewesen sind, nicht daran teilgenommen haben. Die Gründe für den Ausbruch der Ausschreitungen sind in diesem Sinne definitorisch bzw. fundamental für die Vorgehensweise dieser Bewegung zum Zeitpunkt ihrer Ausführung. Die Nicht-Beteiligung der Mädchen, wenn sie ihm Rahmen einer Differenzierung der Praktiken verstanden werden kann, stellt kein Element einer Fragmentierung des Aufruhrs vom Herbst 2005 dar.

Im Grunde genommen ist die Nicht-Beteiligung der Mädchen auch als eine Antwort auf die *Racialisation* (Ethnisierung) des emanzipatorisch-feministischen Diskurses zu verstehen. Nimmt man den Fall von Kahina, so kann es auf den ersten Blick erstaunlich erscheinen, dass ein junges Mädchen, das einen Willen zur Emanzipation gerade gegenüber der geschlechtsspezifischen Rollenteilung bekräftigt und zum Beispiel erzählt, dass sie unter dem Schicksal leidet, das die Frauen im Geburtsort ihrer Eltern in Algerien erwartet[23], die Verteilung der Gender-Rollen, die während der Ausschreitungen festgestellt wurden, akzeptiert, ja sogar sich dazu bekennt. Wenn man auf die Analysen von Christelle Hamel (2005) über die Positionierung der Mädchen mit maghrebinischem Hintergrund gegenüber einer bestimmten Art des feministischen Diskurses zurückgreift und sie auf die Frage überträgt, die uns hier interessiert, wäre die Nicht-Beteiligung der Mädchen als eine Art Einverständnis zu verstehen gegenüber den Modalitäten, die die Jungen ihres Quartiers zur Vermännlichung wählen, oder zumindest als Mittel, nicht mit den Jungen ihres Quartiers zu rivalisieren, wie es ein bestimmter emanzipatorisch-feministischer Diskurs vorsieht, der außerdem den Sexismus der Jungs ethnisch zuschreibt. Während die Jungen in Bezug auf ihre

22 Interview mit Kahina am 27. Juni 2007.
23 „Ich sehe meine Cousinen, wie sie sie behandeln. (…) Wie Dienstmädchen! Das ist kein Leben!“ Interview mit Kahina am 27. Juni 2007.

Geschlechtsidentität disqualifiziert werden durch die Bezeichnung als *Sauvageons* (Wildlinge) oder durch die Polemik um die *Tournantes* (Gruppenvergewaltigungen), funktioniert die Nicht-Beteiligung der Mädchen paradoxerweise als eine indirekte Unterstützung der Jungen oder zumindest als eine Art zu unterstreichen, dass sie nicht den vorgegebenen Analysen eines bestimmten Typs des feministischen Diskurses anhängen. Die Nicht-Beteiligung der Mädchen offenbart insofern auch die politische Wirkung der ethnischen oder ethnisierten Stigmatisierung für die Gender-Identifikationen, die die Individuen aus sich heraus tätigen. Die Mädchen sind den Ausschreitungen fern geblieben, nicht weil sie sie nicht wollten, sondern weil sie sich nicht beteiligen konnten, ohne zu riskieren, in die Richtung des emanzipatorisch-feministischen Diskurses zu tendieren, der anderweitig eine ethnisierte Disqualifizierung der Jungen ihres Alters und ihrer sozialen, geographischen, kulturellen oder religiösen Herkunft und allgemeiner der Männer in ihrer direkten Umgebung bewirkt. Wenn die Nicht-Beteiligung der Mädchen an den Unruhen eine Dominanzform offenbart, dann besteht diese darin, dass ihre Emanzipation nicht vonstatten gehen kann, ohne die Verstärkung der ethnisierten Disqualifikation der Männer ihrer Umgebung. Sie zeigt aufs Deutlichste, dass die Intersektionalität (Crenshaw 2005), also die Verwobenheit und das Zusammenwirken der Determinanten von Schicht, Ethnie und Gender den spezifischen Typ der Dominanz begründet, den die jungen Frauen erfahren.

Literatur

Amrani, Younes/Beaud, Stéphane (2006): Pays de malheur! Un jeune de cité écrit à un sociologue. Suivi de: Des lecteurs nous ont écrit. Paris: La Découverte.

Braconnier, Céline/Dormagen, Jean-Yves (2007): La Démocratie de l'abstention. Paris.

Butler, Judith (2001): Simplement culturel? In: Actuel Marx, Heft 30, S. 201-216.

Crenshaw, Kimberlé W. (2005): Cartographie des marges: intersectionnalité, politique de l'identité et violences faites aux femmes de couleur. In: Cahiers du genre, Heft 39, S. 51-82.

Dorlin, Elsa (2005): De l'usage épistémologique et politique des catégories de « sexe » et de « race » dans les études sur le genre. In: Cahiers du genre, Heft 39, S. 83-106.

Fassin, Didier/Fassin, Éric (Hg.) (2006): De la question sociale à la question raciale. Représenter la société française. Paris.

Fassin, Éric (2004): Ethnographie des débats publics et des pratiques privées. Sexualité, reproduction, parenté. Communication au colloque Ethnografeast II: La fabrique de l'ethnographie/The Manufacturing of Ethnography, Session 6, Au-delà de l'ethnographie?

Fraser, Nancy (2005): Multiculturalisme, anti-essentialisme et démocratie radicale. Genèse de l'impasse actuelle de la théorie féministe. In: Cahiers du genre. Heft 39, S. 27-50.
Gaxie, Daniel (2003): Une construction médiatique du spectacle politique? Réalité et limites de la contribution des médias au développement des perceptions négatives du politiques. In: Lagroye, Jacques (Hg.): La Politisation. Paris, Berlin, S. 325-356.
Gaxie, Daniel (1978): Le Cens caché. Paris.
Gilroy, Paul (2003): L'Atlantique noire. Modernité et double conscience. Paris: Kargo.
Hamel, Christelle (2003): Faire tourner les meufs. Les viols collectifs: discours des médias et des agresseurs. In: Gradhiva, Heft 33, S. 85-92.
Hamel, Christelle (2005): De la racialisation du sexisme ou sexisme identitaire. In: Migrations Société, Heft 17, S. 99-100.
Hirschman, Albert (1995): Défection et prise de parole. Paris.
Kergoat, Danièle (2001): Le rapport social de sexe. De la reproduction des rapports sociaux à leur subversion. In: Actuel Marx, Heft 30, S. 85-100.
Lagroye, Jacques (Hg.) (2003): La Politisation. Paris, Berlin.
Thompson, Edward Palmer (1971): The Moral Economy of the English crowd. In: Past and Present, Heft 50, S. 76-136.

Jungen und Mädchen in marginalisierten Stadträumen Deutschlands

Heide Funk

Die Frage nach den Geschlechterverhältnissen in kritischer sozialräumlicher Perspektive kann nicht selbstverständlich gestellt werden. Probleme der Definitionsmacht über das, was in sozialen Räumen dominant und strukturbestimmend ist, z.B. Konflikte und Ausgrenzungen entlang von Hierarchien ethnisch-kultureller Zugehörigkeit oder die Segregation und Spaltung der Lebenslagen, überlagern Fragen nach der Geschlechterhierarchie. Diese verlangen darüber hinaus nach einer Übersetzung der Gender-Thematik in die Vermittlung zwischen geschlechtsspezifischer Bewertung von Territorien, von persönlichem Habitus und der Selbstinszenierung in sozialen Räumen (vgl. dazu auch Bitzan 2007; Krüger 2002).

Die Ausgrenzungsprozesse in marginalisierten Stadträumen werden zwar immer wieder als persönliches Lebensschicksal thematisiert, die dahinterliegenden Dynamiken struktureller Gewalt bleiben aber meist unhinterfragt: Bewohner/innen werden in diese Räume „abgeschoben“, eher jedoch gedrängt oder sie suchen sie selbst auf, weil das Leben dort weniger kostet, und sie müssen in Kauf nehmen, dass ihr Leben dort auch weniger wert ist. Mit ihrem geringeren Einkommen und Sozialstatus wird auch der Aufenthalt in den aufgewerteten und lukrativen Wohn- und Geschäftszonen einer Region zur anstrengenden Selbstbehauptung. In vielen sich so entwickelnden und stigmatisierten Stadtteilen treffen die Lebenslagen alteingesessener Bewohner/innen auf die der Neuzugezogenen aus unterschiedlichen Milieus und Herkunftsländern, die sich mit den Veränderungen, Benachteiligungen, Verunsicherungen auf ihre je eigene Art auseinandersetzen. Die sich entwickelnden Lebensformen werden auch durch die (sozialpolitischen) Bedingungen, unter denen diese bearbeitet werden, mitbestimmt. Sozialräumliche Marginalisierung bedeutet heute zudem, dass Formen und Inhalte der Konfliktbearbeitung auf die sozialräumliche Ebene verschoben werden (Böhnisch, Schröer 2002): Gesellschaftliche Konflikte um Ausgrenzung und Lebenssicherung manifestieren sich unter heutigen – individualisierte Strategien erzwingenden – Bedingungen auch innerhalb einer Region.

So setzen gesellschaftlich initiierte Prozesse der Ausgrenzung und Abwertung verstärkt – seit dem Umbau des Sozialstaats in den 90iger Jahren – Abwärtsspiralen der sozialen und ökonomischen Entwicklung in Gang. In diese Dynamik sind Institutionen und Personen – vermittelt über kulturelle Milieus und die darin sich reproduzierenden Geschlechterverhältnisse – mit einer jeweils eigenen sozialen Praxis eingebunden. Der, die einzelne ist diesen sozialräumlichen Prozessen unterschiedlich ausgesetzt und gleichzeitig aus der – heute forcierten – sozialpolitischen Ideologie der Selbstorganisation heraus aufgefordert, „daraus etwas zu machen", eigene Gegenkräfte zu mobilisieren. In einer biographisch oder ethnographisch dichteren Betrachtung wird nachvollziehbar, dass in dieser Spannung zwischen Zumutung und Selbstbehauptung widersprüchliche Kontexte der Lebensbewältigung freigesetzt und darin eigene Lebensformen entwickelt werden. Diese bedienen sich zwar innerhalb der sozialen Milieus, zwischen den Generationen z.B. in Migrationsfamilien und innerhalb der Geschlechterverhältnisse „traditioneller" oder modernisierter Lebensformen, die aber nicht einfach nur reproduziert werden, sondern in den aktuellen Bewältigungszusammenhang von Handlungsfähigkeit und Integration eingehen. Sollen erträgliche Lebensbedingungen aufrechterhalten werden, so sind immer mehr Anstrengungen notwendig. Die Gegen-Kräfte, die darauf gerichtet sind, eigene materielle und kulturelle Ressourcen sowie die informellen Beziehungen aufrecht zu erhalten, geraten dabei immer wieder an ihre Grenzen (vgl. Bareis/Böhnisch 2000).

Die Frage nach den Sozialisationsbedingungen von Jungen und Mädchen in marginalisierten Stadträumen stellt uns also vor die Aufgabe, ihre Erfahrungen und Handlungsweisen in diesem Spannungsverhältnis zu verstehen, in dem sich die Wechselwirkung zwischen den räumlichen Ausgrenzungsprozessen und den Bewältigungsmustern der Jugendlichen manifestiert. Jungen und Mädchen sind in der Adoleszenz noch einmal anders als Erwachsene angewiesen auf soziale Räume der Orientierung, Selbstfindung und sozialen Verortung. Prozesse der Ausgrenzung und Abwertung ihres Wohngebietes mobilisieren unterschiedliche Versuche der Selbstfindung, Selbstbehauptung und Integration.[1] Diese Versuche unterliegen jedoch der sozialen Bewertung und institutionellen Reaktion, in denen sich die Praktiken der Ausgrenzung wiederholen können. In einer konsequent sozialräumlich gefassten Konzeption bezeichnet Christian Reutlinger diese (verkannten, nicht anerkannten) Versuche der Selbstbehauptung und Integration von Jugendlichen als „unsichtbare Bewältigungskarten" (Reutlinger 2005).

Auch die geschlechtsbezogenen Struktur- und Konfliktlinien, die – in nun modernisierter Form – sozialräumliche Arrangements durchziehen, liegen nicht offen. Sie wirken unter einem Verdeckungszusammenhang von individualisierter Pluralität und Erreichbarkeit. Ein Scheitern wird aus dem entsprechenden Nor-

1 Keller spricht von einer grundsätzlich ambivalenten Haltung der Jugendlichen gegenüber ihren im gesellschaftlichen Abseits befindlichen Stadtteilen (Keller 2007, S. 187).

malitätsdruck heraus als Mangel an sozialer Kompetenz oder Durchsetzungsvermögen interpretiert. Die Geschlechterfrage erscheint nivelliert und – als Gegenbild dazu – ethnisiert.

Die subjektive Aneignung von und die Auseinandersetzung mit dem sozialem Geschlecht als komplexer sozialer Kategorie (Identität, Körper, Habitus) berühren dennoch weiterhin grundlegende Prozesse der Vergesellschaftung in den verschiedenen Altersphasen. Polare und hierarchisch angeordnete Konstruktionen von „männlich-weiblich" durchziehen gesellschaftliche Ordnungsvorstellungen, sie wirken heute aber nicht mehr in äußeren, Frauen und Männern manifest zugeschriebenen Bildern, sondern berühren Prozesse der Identitätsbildung, differenziert auf verschiedenen Ebenen, die mit den inneren Befindlichkeiten in Balance gebracht werden müssen (Böhnisch/Funk 2002). Dort müssten sie auch jeweils entschlüsselt werden.

Schon in den frühen ethnographischen Berichten aus dem Berliner Kiez hatten Savier u.a. (1987) widerspruchsvolle, spannungsreiche Lebensverhältnisse von Frauen und Mädchen nachgezeichnet. Aus den engen Kontakten zu Mädchen und ihren Familien können Projektmitarbeiterinnen in Sozialen Brennpunkten immer wieder feststellen: Der Alltag der Frauen ist damals wie heute gekennzeichnet von beständigen Anstrengungen, oft allein die Existenzsicherung und den Zusammenhalt der Familie abzusichern; sie entwickeln eine eigene Versorgungsmacht und halten dennoch an traditionellem Rollenvorstellungen fest (Bitzan 2002, LAG Soziale Brennpunkte Hessen 1990, Heinemann 2000a, Hey 2000).

Dass diese Spannungen also von Frauen ausgehalten werden, wird durch die Institutionen wie Schule, Jugendhilfe, Öffentlichkeit und Politik übergangen. Bewertungen von Belastung durch Armut, Arbeit und soziale Benachteiligung orientieren sich immer noch an „traditionellen" patriarchalen Dominanzrollen:

> „Dass materielle Armut vor allem weiblich ist, wird in den Fachdiskussionen über Soziale Brennpunkte selten zum Thema. So fehlt der Blick auf menschlichen Ressourcen. In Krisensituationen und Krisengebieten sind es überwiegend Mädchen und Frauen, die ein Minimum an Verantwortung, familiärer Verpflichtung und nachbarschaftlicher Hilfebereitschaft aufrechterhalten (müssen). Aber wer bestimmt und gestaltet die öffentlichen Anliegen? Viele Mädchen und Frauen trauen sich angesichts eines schwachen Selbstwertgefühls öffentlich nichts zu" (Heinemann 2000a, S. 198).

Der Blick auf Geschlechterverhältnisse ist nur zögernd um die Frage nach den „hegemonial" verdeckten Gefährdungen, Begrenzungen und Verwehrungen für Männer und Jungen erweitert worden (vgl. Böhnisch 2004, Kersten 1997). Aber auch hier wird deutlich, dass die ungleiche Wertigkeit und die Verwehrung von

Handlungsräumen bei Jungen und Mädchen, Männern und Frauen jeweils noch einmal eigens wahrgenommen werden muss – am schwierigsten erweist sich dies bei der kulturellen Umdeutung und Verdeckung männlicher Opfererfahrungen (vgl. Lenz 1999). Dabei ermöglicht die sozialräumliche Perspektive nicht nur den Nachvollzug der Konstruktionsprozesse sondern auch die Konfrontation mit den strukturellen Bedingungen, unter denen Auseinandersetzungen um Bilder, Handlungsformen, Ansprüche und Lebensbedingungen untereinander und zwischen Männern und Frauen stattfinden.

Erst in dieser doppelten Perspektive wird die Einbindung der Bewältigungspraktiken in die lokalen Machtbildungsprozesse sichtbar. Solche integrierten, ethnographischen Erkundungen, die gleichzeitig sensibel mit der unterschiedlichen Einbindung von Mädchen und Jungen in diese Prozesse um Selbstbehauptung, Zugehörigkeit und lokale Verortung umgehen, sind eher selten. Es gibt z.B. Einzelstudien wie die von Tertilt (1996) über die „Turkish Power Boys", der die vielseitigen traditionalen Männlichkeiten Jugendlicher türkischer Herkunft in den achtziger Jahren als eine Antwort auf Ausgrenzung und Stigmatisierung liest und hinter die Bilder von männlicher Überlegenheit und Zusammenhalt schaut. Während auch heute noch Jungen und ihre Gewalt-Probleme eher isoliert im Vordergrund stehen, hat sich unser Wissen und Interesse zu Lebensbedingungen von Mädchen und Frauen in sozialen Brennpunkten aus Teilen der feministischen Frauenforschung und -praxis heraus entwickelt (vgl. Bitzan 2007, Hey 2000). Eine eigene, durch jahrelange Präsenz im Stadtteil gewonnene Gesamtschau auf die Veränderungen und die destruktiven Folgen für Mädchen, aber auch für Jungen, kann insbesondere Gabriele Heinemann (2000a) präsentieren.

Im Folgenden werde ich versuchen, allgemeine geschlechtstypische und geschlechtstypisch zugeschriebene Bewältigungsmuster in sozialräumlicher Perspektive zu rekonstruieren. Die Ergebnisse der dazu vorliegenden Untersuchungen, die nur teilweise einen Bezug zu marginalisierten Räumen haben, sollen dabei in diese Richtung geöffnet werden.

1 Jungen und Mädchen in öffentlichen Räumen

Auf den ersten Blick scheinen Mädchen zahlenmäßig in den öffentlichen Räumen weniger präsent, wobei von den öffentlichen Freiräumen wie Parks, Freiflächen, Straßenecken die Rede ist, die von den institutionalisierten öffentlichen Orten wie kommunalen Sportanlagen, Jugendhäusern, Vereinen, schulischen Freizeitorten, kulturellen Freizeitorten unterschieden werden müssen (vgl. Nissen 1998). Nissen verweist mit dieser Unterscheidung darauf, dass Mädchen eher

Angebote in diesen institutionalisierten Räumen wahrnehmen, sofern diese für sie erreichbar sind – eine Ausnahme bilden noch immer die Einrichtungen der Jugendarbeit, die vorwiegend von Jungen und weniger von Mädchen in Anspruch genommen werden.[2] Ebenso wichtig wie obige Unterscheidung ist die Einbeziehung weiterer Räume und unterschiedlicher Strategien der Aneignung, die ermöglichen, dass Mädchen und Jungen genauer in den Blick geraten. Untersuchungen dazu von Schön (1999), Löw (2001) und Deinet/Icking (2005) sowie die jüngsten Ergebnisse aus Forschungswerkstätten in Wien (Thien/Voglmayr/Zuba 2007) stellen in größerem Rahmen fest: Jugendliche Mädchen und Jungen gestalten soziale Räume nach unterschiedlichen Mustern – wenn sie im Stadtteil allein, zu zweit, aber insbesondere wenn sie in Cliquen unterwegs sind. Jungen entwickeln territorial gerichtete Haltungen gegenüber dem sozialen Raum. Sie sind darauf bedacht, Plätze, Straßen, Parks, Höfe, öffentlichen Gebäude, Räume für ihre Aktivitäten in Besitz zu nehmen; sie sehen sich hier zu Wettkampf und Selbstbehauptung herausgefordert: in der aktiven Nutzung von Räumen mit Wettkampf-Spielen, auf Skater-Bahnen beim Musik machen etc. Unter den Bedingungen knapper sozialräumlicher Möglichkeiten beteiligen sie sich an einem Verdrängungswettbewerb.

Die wahrgenommene zahlenmäßige Unterlegenheit von Mädchen an den von Jugendlichen bevorzugten Plätzen hat aber noch andere Gründe. Mädchen werden eher als „passiv anwesend" gesehen. Sind sie dennoch allein, zu zweit und in Cliquen z.B. bei Spaziergängen unterwegs, nutzen sie für Spiele andere Flächen oder warten, bis die Jungen Plätze freigeben. Sie nutzen seltener eng umgrenzte Räume – auch wenn sie inzwischen Fußball und Volleyball spielen. Sie bewegen sich eher zwischen den Plätzen und kennen die Qualität verschiedener Orte, also ob sie diese als für sich angenehm empfinden oder als für ihre Interaktionen geeignet (Forschungswerkstatt Sozialraumanalyse 2006). In diesem Sinne lernen Mädchen auch, mit der sozialräumlichen Dominanz von Jungen umzugehen und beteiligen sich nicht – oder nur einzeln, in hervorgehobenen Positionen – an diesem Wettbewerb um Plätze. Eher „weichen sie in andere Räume aus", suchen allein oder gemeinsam mit öffentlichen Verkehrsmitteln andere Stadtteile auf – dort z.B. Einkaufspassagen –, entdecken für sich alternative Räume, die sie nach eigenen, nicht immer offen einsehbaren Wünschen und Aktivitäten umgestalten (Deinet/Icking 2005, Schön 1999).

Darin drückt sich ein anderer, eher kommunikativ-interaktiver und beziehungsorientierter Habitus im Gegensatz zu einem auf gegenständliche Aneignung ausgerichteten Verhalten von Jungen aus (Löw 2001). Dieser unterschiedliche Habitus ist immer auch in den Bildern von Mädchen und Jungen im

2 Abweichend hiervon zeigte sich in neuen Bundesländern nach der Wende eine zahlenmäßig hohe Präsenz von Mädchen in den Jugendhäusern.

Geschlechterverhältnis verankert und erfüllt in bestimmten Konstellationen auch eine psychodynamische Funktion im Prozess des Aufwachsens (vgl. dazu Böhnisch 2001). Angebote allein für Mädchen, aktives Zugehen auf Mädchen in der Straßensoziarbeit lösen so bei Jungen zunächst Aggressionen, Eifersucht und Neid aus. Eine aktive Vermittlung durch Sozialarbeiter/innen ist zur Einführung und zur Einhaltung von Regeln, zum fairen Umgang sowie zur gemeinsamen Planung von Angeboten erforderlich, wobei sich Mädchen vor allem über Themen leichter ansprechen lassen (Forschungswerkstatt Sozialraumanalyse 2006, Heinemann 2000b).

2 Bedeutung der Cliquen für Mädchen und Jungen

Die aktive Aneignung öffentlicher Räume in gemischten und reinen Mädchencliquen und ihre Bedeutung für die Autonomie-Entwicklung von Mädchen hebt Birgt Bütow in ihrer Untersuchung aus Städten in Thüringen, mithin aus den sonst wenig erforschten neuen Bundesländern hervor.

> „…in der Gruppe ‚Park' (14-15-jährige Jugendliche, die sich an exponierter Stelle in der Nähe des Stadtzentrums nach der Schule treffen) spielen die Mädchen … eine ganz zentrale, aktive und z.T. führende Rolle bei der Eroberung des Terrains gegenüber Erwachsenen" (Bütow 2000, S. 50, vgl. auch Bütow 2006).

Die Gruppe sei offen gegenüber Neuen und diene vielseitigen Zwecken, vor allem aber der Durchsetzung einer „gleichberechtigten Teilhabe und Kommunikation mit Erwachsenen im öffentlichen Raum" und dem „Knüpfen von meist gegengeschlechtlichen Kontakten" (ebd., S. 50). Im Gegensatz dazu stehen die wenig erfolgreichen Bemühungen von einzelnen Mädchen, Zugang zu „stilorientierten" Jungengruppen zu finden.

> „Skater gehören zu den Jugendkulturen, die insbesondere in der Öffentlichkeit präsent sind, eine typische Form der Raumaneignung moderner Betonarchitektur (durch v.a. männliche) Jugendliche darstellen und vielfältigen Funktionen jugendlicher Sozialisation mit dem Ziel der ICH-Werdung erfüllen: Geschwindigkeits- und Actionorientierung; Selbst- und Gruppeninszenierung; körperliche, psychische, symbolische Abgrenzungs- und Grenzerfahrungen, jugendkulturelle Stilisierungen" (Bütow 2000, S. 114f).

Bütow bestätigt damit eine dominanzorientierte, körperbetonte Aneignung des öffentlichen Raums bei einigen Jungen vor allen Dingen in der Pubertät, die Mädchen – von Jungen aus gesehen – in traditionale Rollen der Zuschauerinnen verweist.

Dennoch sind unterschiedliche Cliquen für Mädchen Erprobungs- und Experimentierraum – eine Gegenwelt bei der Suche nach Eigenständigkeit:

> „Andere Faktoren und Erlebnisqualitäten wie Authentizität, Verlässlichkeit, das Ausleben von spezifischen Bedürfnissen und Interessen – auch von Grenzerfahrungen z.B. durch Drogenkonsum – bilden nunmehr wichtige sozialräumliche Gegengewichte, in denen sich Mädchen anders als in Schule und Elternhaus entwickeln können" (Bütow 2006, S. 200).

In den Cliquen bleiben Probleme mit Schule, Ausbildung und Beruf oder gravierende Familienprobleme eher ausgespart, insofern man sich als modernes Mädchen möglichst „problemfrei" präsentieren muss (Bütow 2006, 234, Stauber 2002). Cliquen bilden

> „...begrenzte Sozial- und Freiräume für Mädchen, deren biografische Relevanz nicht im vollen Umfang gegeben ist. (...) Hier geht es nicht nur um das ‚Einüben' von erwachsener Weiblichkeit mit all seinen ...Vereinbarkeitsleistungen und Widersprüchen, sondern um das Erproben, Experimentieren, Austesten, Auskosten, Austauschen von Erfahrungen in Gleichaltrigengruppen von Mädchen und Jungen" (Bütow 2006, S. 235).

Jungen und Mädchen bilden in diesen Gruppen zeitweilig separierte Räume mit eigenen Funktionen – der je geschlechtsspezifischen Auseinandersetzung und Einübung in (hetero)sexuelle Identitäten und Umgangsformen durch Identifizierung, Abstimmung und Abgrenzung zueinander (vgl. dazu auch für die ausgehende Kindheit Fritzsche/Tervooren 2006). Die Gestaltung der richtigen sexuellen Beziehung, der (konfliktreichen) Beziehungen untereinander – als symbolische und reale Abgrenzungen zu anderen Mädchen enthält immer auch fiktive Bezugnahmen auf das eigene und andere Geschlecht. Die „gemischte" Gruppe bietet Experimentierraum für erste Erfahrungen in Liebesbeziehungen zu Jungen und Mädchen: Inszenierungen und Neuinszenierungen von Kennenlernen und von Intimität. In der Vielseitigkeit von Szenen und Stilen können Unsicherheiten überspielt werden. In der reinen Mädchengruppe ist es aber eher möglich, neue Räume und Szenen zu erobern (Bütow 2006).

In Milieus mit geringeren Optionen für Bildung und private Lebensführung konzentrieren sich die Orientierungen und Praktiken eher an den vermeintlichen Erwartungen der Jungen und an zukünftigen Beziehungen. „Unterschwellige Konkurrenz", „wechselnde Allianzen", „Hierarchien" führen in manchen Gruppen zur Stigmatisierungen als „Flittchen" und zu Ohnmacht, aber auch bei sozialer Ungleichheit in Mädchenfreundschaften zu „Beziehungskompetenz" bei der Bewältigung von Ein- und Ausschlusserfahrungen. Im Gegensatz dazu wird Ungleichheit zwischen Mädchen und Jungen aufrechterhalten durch subtile sexuelle Abwertungen – auch Mädchen beteiligen sich an der Diskreditierung der Geschlechtsgenossinnen zur Selbstaufwertung und symbolischen Abgrenzung – sowie durch institutionelle und kulturelle Abwertung weiblicher Sozialräume und die Funktionalisierung ihrer Kompetenzen für den Gruppenzusammenhalt (vgl. Bütow 2006).

Auf der Suche nach Orientierung und Einübung in Möglichkeiten des Erlebens und Handelns als Junge und zukünftiger Mann sind Jungen heute einerseits mit einer Form von Verunsicherung und Kritik gegenüber männlichen Verhaltensmustern und Hierarchien konfrontiert, andererseits mit neuen Anforderungen und erneuerten Bildern archaischer oder moderner, überlegener Männlichkeit. In dieser Situation versucht eine Reihe von Jungen die Frage nach der Einübung und Erfüllung männlicher Verhaltensanforderungen möglichst weit hinauszuschieben (vgl. Winter/Neubauer 1999). Dazu braucht es Optionen und Gelegenheiten, so die These, die vor allem in abgesicherten Lebenslagen und sozialen Rückhalt bietenden Milieus zu finden sind. Für andere gilt, dass eine in Abgrenzung zu abgewerteter Weiblichkeit als überlegen konstruierte Männlichkeit eine Ressource und Absicherungsstrategie darstellen kann.

In den Kulturen des Wettkampfs und im Streben nach der Besetzung von Räumen erscheinen Jungen zunächst als besser für die Durchsetzung und die Besetzung von Positionen vorbereitet als Mädchen. Die Dynamiken des Ausschlusses und des Strebens nach Kontrolle über eine Region führen aber zu in sich abgeschlossenen autoritären Gruppenstrukturen, die das soziale Klima für alle Beteiligten verschlechtern. Diese autoritären Gruppenstrukturen sind den Hierarchien und Mustern der überlegenen Gesellschaft in quasi spiegelverkehrter Form nachgebildet (Kersten 1997). Es wäre deshalb notwendig, die Qualität dieser nur ungenau als „subkulturell" eingestuften Gruppierungen auch im sozialräumlichen Kontext eines Stadtteils näher zu beleuchten und sie nach Chancen für Offenheit, Pluralität und Regeln des Umgangs einzuordnen. Häußermann (2001) betont dies und verweist darauf, dass Offenheit und Pluralität in „lose geknüpften Netzen" (Bareis/Böhnisch 2000, S. 64) und heterogenen Gruppen – mithin sich überschneidenden Gruppenbeziehungen – eher gegeben seien: Die Gefahr für marginalisierte Stadtteile bestehe aber im Rückzug einerseits und in der Homogenisierung der Gruppen andererseits sowie der (lokalen) und sozialen Einschränkung der Netzwerke und der Abhängigkeit von internen Eliten. Gerade bei Jugendlichen müssen Prozesse der gewaltsamen Abgrenzung als Folge der erschwerten Integration und Suche nach Zugehörigkeit gelesen werden. Diese Dynamiken werden vor allen Dingen in Untersuchungen über Gewalthandeln von Jungen und Mädchen und deren unterschiedliche Verstrickungen darin deutlich. Ein Teil der im Folgenden zitierten Untersuchungen zu Gewalt haben in Kontexten marginalisierter Stadtteilen stattgefunden, ohne diesen Zusammenhang in den Untersuchungsschritten und Ergebnissen selbst immer herzustellen.

3 Gewalt in Gleichaltrigen-Beziehungen und Gefährdung bei Jungen und Mädchen

In seiner Untersuchung über die Bedeutung von Gewalt in Cliquen bei Jungen in innerlich segregierten, abgewerteten Stadtteilen hatte Bohnsack diese eingeordnet in das Problem der Selbst-Integration der Jungen in einen für sie neuen Stadtteil eines Plattenbauviertels in Berlin. Er unterschied hier drei Stil- und Bewältigungsformen (vgl. Bohnsack u.a.1995):

- Eine Integrationsform über bewährte Familiennetze und -kulturen.
- Eine Herstellung „konjunktiver Erfahrungsräume" als Basis für Gemeinsamkeit über gemeinsame kulturell-ästhetische Praxen, soweit diese den Jugendlichen zu Verfügung standen.
- Jugendliche, die über wenig soziale, kommunikative Kompetenzen verfügten, stellten diesen konjunktiven Erfahrungsraum und eine besondere Form der Angewiesenheit erst her, indem sie sich in inszenierte Gefahr- und Bedrohungssituationen für sich und andere begaben durch Kämpfe oder Überfälle. Insofern dieser Zusammenhalt nur von kurzer Dauer sein konnte und ständige Wiederholungen erforderte, nannte Bohnsack diese Strategie „episodale Schicksalsgemeinschaft". Mit Blick auf die Bewältigungsstrategie wird hier deutlich, dass die eigene innere Verunsicherung in der Herstellung von Zusammenhalt überwunden werden soll und zugleich nicht gefühlt werden kann. Sie wird auf ein feindliches Außen abgespalten und externalisiert bewältigt.

Daraus ergibt sich die offene Frage, welche Gelegenheiten, kulturelle Regeln oder institutionelle Wege der Integration im Umfeld der Jugendlichen vorgegeben sind zur Aushandlung von Gemeinsamkeit und Zugehörigkeit.

Im Blick auf Mädchen und Jungen in segregierten Stadtteilen stellte Keller (2007) fest, dass Mädchen Provokationen zu vermeiden suchen, sich selbst aber durch Stärke Respekt verschaffen und dabei auch zuhauen, bevor sie selbst geschlagen werden – dies immer noch im geringeren Maße als Jungen. Aggressive Durchsetzung und manifeste, z.T. brutale Gewaltanwendung kann zunächst so verstanden werden, dass nun auch Mädchen gewaltsame Selbstbehauptung zugänglich ist und dies mit einer bewussten Ablehnung einer weiblichen Rolle einhergeht.

- Mäd. versuchen Prov. zu vermeiden, schlagen jedoch zu bevor sie selbst zum Opfer werden
- Es kann so verstanden werden, dass gew. Selbstbehauptung auch für Mäd. zunehmend wichtiger wird

Die Untersuchung von Bruhns/Wittmann über die Gewaltbereitschaft von Mädchen in gemischten und reinen Mädchengruppen[3] hat – bis auf einen leicht abweichenden Stadtteil – diese Mädchen in „schwierigen Stadtteilen" gefunden, wo die Jugendlichen zumeist auch wohnen und ihre zentralen Treffpunkte haben (vgl. Bruhns/Wittmann 2000). Es gibt eine vergleichsweise hohe Gewaltbereitschaft (insbesondere in gewaltbereiten reinen Mädchengruppen) und Mädchen sind damit auch bei Jungen in der Gruppe akzeptiert, wobei einzelne unter ihnen Gewalt auch ablehnen. Ihr aggressives Verhalten verschafft Mädchen Respekt, wenn auch vor einem unterschiedlichen gruppendynamischen Hintergrund. Im Unterschied zu Jungen üben Mädchen Gewalt insbesondere gegenüber anderen Mädchen aus.

> „Weibliche Jugendliche prügeln sich mit Mädchen, weil diese schlecht über sie geredet habe, weil sie sich durch Beschimpfungen, ‚dumme Sprüche' oder ‚schräge Blicke' beleidigt fühlen, aus Eifersucht und zur Verteidigung und Unterstützung von Freunden und Freundinnen sowie um Mädchen einzuschüchtern, damit sie keine Anzeige erstatten. In den relativ seltenen Fällen, in denen sie sich mit einzelnen Jungen schlagen, geht es um deren Zugehörigkeit zu einer bestimmten Nationalitäten-Gruppe oder zu den ‚Nazis', um ‚sexuelle Anmache' oder um die Verteidigung eines Freundes. Dass vor allem Mädchen Opfer der weiblichen Jugendlichen werden, begründen sie selbst zum Teil damit, dass diese häufiger als Jungen ‚schlecht' über die andere reden würden. (…) Eine weitere Erklärungsmöglichkeit, die sich aus dem Untersuchungsmaterial ergibt, ist, dass in der Kommunikation weiblicher Jugendlicher persönliche Beziehungsaspekte eine größere Rolle spielen, so dass sich hieraus u.U. auch eher Konflikte ergeben können" (Bruhns/Wittmann 2000, S. 116).

Für Jungen hat dagegen die unmittelbare Prügelei mehr Gewicht oder Themen wie Schulden, Bewahrung der Ehre, Rache oder Zugehörigkeit zu jeweils „verhassten" Gruppen (ebd.).

Es wird hervorgehoben, dass Mädchen in den gemischten Gruppen eine gruppenstabilisierende und „gemeinsamkeitsstiftende" Rolle übernehmen, auch ihre Einbeziehung in Schlägereien sind eine Funktion dieser Zusammenhalt stiftenden Funktion des Gewalthandelns und Gruppenmitglieder finden darin Zugehörigkeit und Selbstversicherung. In einer Gruppe gestehen die Mädchen den Jungen gleichzeitig eine Beschützerfunktion zu (ebd., S. 120). Mädchen in rechtsorientierten Gruppen übernehmen aber selbst auch diese Beschützerinnen-Rolle.

3 Kirsten Bruhns und Svendy Wittmann haben die auf Gruppendiskussionen basierende Studie als Vergleich von Mädchen und Junger Frauen in gewaltauffälligen und nicht gewaltauffälligen Jugendgruppen im Osten und Westen Deutschlands angelegt.

Zur Frage nach der Qualität der Gruppendynamik bei gewaltbereiten Mädchen erlaubt die Arbeit von Michaela Köttig (2004) einen zwar spezialisierten aber in ihren Dimensionen dennoch hinreichend verallgemeinerbaren Einblick, insofern ihre Untersuchung sich auf rechtsradikale bis rechtsorientierte Mädchen und junge Frauen in unterschiedlichen regionalen Lebenszusammenhängen bezieht. Hier stellt sie kritisch fest, dass in vielen der Untersuchungen zu Gewalt bei Jungen und Mädchen die Frage nach der offenliegenden politischen Orientierung übergangen wird. Diese Jugendlichen würden als unpolitisch eingeschätzt, obwohl an ihrem devianten Verhalten verbotene rechtsradikale Aktivitäten ablesbar sind. Mädchen würden vor allen Dingen in ihren Beziehungen zu Jungen gesehen, bei denen sie als Mädchen Erfolg haben wollten und die sie in ihren überlegenen Rollen bestätigen. In anderen Untersuchungen zu Jungen dominiert die Problematik des Gruppenzusammenhalts (vgl. Bohnsack u.a. 1995), wie überhaupt die existenzielle Bedeutung der Clique – einerseits als Bedingung der Aneignung von Räumen und Ablösung vom Elternhaus und anderseits als Raum von Zusammenhalt, Geborgenheit und (gewaltsamer) Abgrenzung. Hier schließt sich Köttig an die Untersuchung von Inowlocki (2000) an. Inowlocki hat herausgearbeitet, dass es Gruppen gibt, in denen die aktive im Gruppenzusammenhang vollzogene Umdeutung von Biographien und Geschichte an die Stelle der – ursprünglich als fehlend eingestuften persönlichen biographischen Narrationen – tritt. In dieser Praxis der gemeinsamen Umdeutung entsteht die Zugehörigkeit zur Gruppe. Die hier vollzogenen geschichtlichen Umdeutungen und Auslassungen verweisen auf eine unbewusste Bearbeitung der Schuld der Väter. Zugleich entsteht dabei die eigene Person in der Gruppe als „Auserwählte". Dies ist nur möglich, weil im Umfeld Verwandte als Identifikationsfiguren vorhanden sind und sich die Umwelt allgemein billigend und unterstützend verhält. Die politischen Orientierungen stehen jedoch nicht für sich, sondern sind in Beziehung zu setzen zu familialem Verlust von Zusammenhalt, zu Gruppenprozessen und – wir können anschließen – zu Selbstwertproblemen und Problemen der sozialen Integration.

Die Betrachtung gewalttätiger Mädchen übersieht oft, so führt Köttig weiter aus, dass einige Mädchen in Partnerschaften (sexueller) Gewalt und Misshandlung und bei widersetzlichem Verhalten innerhalb der Gruppen unwidersprochener Gewalt ausgesetzt sind, vor denen sie in separierten Räumen Schutz suchen. Die Bedrohung können sie aber nicht thematisieren, weil sie sich der Anerkennung und Zugehörigkeit zur Gruppe nicht sicher sein können. Bedrohung durch Ausgrenzung und Marginalisierung in der Gruppe wirken als strenge Verbote, ihr Bedürfnis nach Geborgenheit, nach sicheren Beziehungen und Schutz auch auszusprechen. Sie projizieren Schutzbedürftigkeit auf andere (Kinder, Deutsche vor Ausländern, Frauen vor Ausländern), drücken „Racheimpulse" gegenüber äußeren Bedrohungen aus und handeln entsprechend. Nach der Untersuchung von Köttig bei rechtsradikal orientierten Gruppenzusammenhängen sind diese „Verlagerung von Problemen auf äußere Feinde" vor allen Dingen von Mädchen „inszeniert". Die verleugnete eigene Bedürftigkeit wird in die Bedrohung von außen projiziert (Köttig, S. 367f.).

Auch Keller (2007) betont, dass Probleme der Beziehungsgestaltung und die besondere Fragilität der Gruppen mit Beziehungserfahrungen und dem Mangel an Zusammenhalt und Geborgenheit in den Familien zusammenhängen. Aus der genauen Rekonstruktion von rechtsradikalen oder rechtsorientierten Gruppenbildungen wird die Verstrickung und z.T. gewaltsame Einbindung von Mädchen und Jungen in diese Gruppenzusammenhänge nachvollziehbar. Auch wenn hier nicht von einer besonders hohen Verbreitung rechtradikaler Gruppen in marginalisierten Stadtteilen gesprochen werden soll, so müssen doch die komplexen Wege der Verstrickung von Jungen und von Mädchen ernst genommen werden, wenn grundlegende und nicht nur symptomorientierte Antworten bezogen auf Regionen gefunden werden sollen (vgl. auch Heinemann 2000b).

Lange Zeit fallen Gefährdungen von Jungen im jugendkulturellen Verständnis noch unter das Risikohandeln. Riskanten Auseinandersetzungen im Sport und bei Unternehmungen kommen in der Übergangsphase der Adoleszenz eine besondere Bedeutung zu als gemeinsame Inszenierung und Ausgestaltung von „Männlichkeit" in Spaßkämpfen und „Wettkampf-Beziehungen" untereinander (vgl. Meuser 2006). Dieses „Risikohandeln" ist eher nach außen gerichtet, bestimmt aber die öffentliche Wahrnehmung so stark, dass deren Opfererfahrungen weitgehend übergangen werden. Diese Nichtbeachtung bildet eine bisher kaum problematisierte Leerstelle in der gesellschaftlichen Diskussion und Wahrnehmung, die wohl ganz unhinterfragt ein Charakteristikum patriarchal-hegemonialer Gesellschaften darstellt (vgl. Lenz 1999). Insofern doppelt sich in dieser Nichtwahrnehmung die Negation der destruktiven Wirkungen struktureller Gewalt, die eher die Täter-Seiten der Jungen zur Kenntnis nimmt und diese schließlich mit Strafe beantwortet.

4 Jungen und Mädchen aus Migrant(inn)en-Familien

Jungen und Mädchen aus Migrant(inn)en-Familien – insbesondere aus der Türkei – und Jugendliche aus russlanddeutschen Familien sind auch in marginalisierten Stadtteilen von Diskriminierung und rassistischer Abwertung betroffen. Mit Blick auf die geschlechtsspezifischen Strategien der Integration und Gruppendynamik muss es daher als fahrlässig angesehen werden, wenn diesen Jungen und Mädchen allein ein „Verharren" in patriarchalen Traditionen zugeschrieben wird. Gerade für türkische Jungen gilt: „Männlichkeit und Maskulinität" waren im Herkunftsland anders verortet und verhandelt.

> „Sie werden dann zu eigendynamischen Mitteln der Bewältigung, der Selbstbehauptung gegenüber der deutschen Gleichaltrigenkultur genauso wie gegenüber den der eigenen Ethnie zugehörigen Männern. (…) Dies verweist auf ein Zusammenspiel von sozialer Benachteiligung und ethnischer Abwertung, dem sich Jungen ausländischer Herkunft emotional und sozial gerade in den ethnozentristischen Milieus der Gleichaltrigenkultur ausgesetzt sehen…" (Böhnisch 2004, S.165 f. mit Verweis auf Nauck 2000).

Jungen weisen sich hier gegenüber Mädchen (auch) die Beschützer-Rolle zu und kontrollieren sie damit.

> „Das Sicherheitsgefühl der Jungen im eigenen Wohnumfeld ist stark ausgeprägt. Durch den vermehrten Aufenthalt im öffentlichen Raum bedingt durch ein ‚anderes Verhältnis' zum genutzten Raum kennen die Jugendlichen quasi jeden Winkel ihrer Wohnumgebung und auch die auf dem Platz anwesenden Personen. Etwas anders stellt sich das Sicherheitsgefühl außerhalb des eigenen Wohnumfeldes dar. So werden andere Bezirke vorzugsweise in Gruppen aufgesucht. (…) Orte die gemieden werden, sind Orte, die nicht vom eigenen Netzwerk abgedeckt werden" (Thien, Voglmayr, Zuba 2007, S. 60).

Diese Untersuchung aus Wiener marginalisierten Stadtteilen stellt dann auch bei Mädchen aus türkischen Familien nicht nur eine stärkere Anbindung an die Familie, sondern auch eine Angstbelastung fest. In öffentlichen Räumen stehen sie unter dem Schutz und der Kontrolle von Erwachsenen. Wobei hier der Blick auf die Quellen der Bedrohung im Diffusen bleibt. Im Gegensatz dazu stellt die gleiche Untersuchung fest:

> „Sowohl Mädchen aus traditionellen wie auch aus modernen Familien beschweren sich massiv über strenge Verhaltensvorschriften, Regulierungen und Beeinflussung des sozialen Verhaltens" (ebd., S. 61).

Dieses gilt für die Aussagen von Jungen in dieser Untersuchung nicht. Die Cliquen der männlichen Migrantenjugendlichen unterliegen in geringerem Maße häuslicher Kontrolle. Als homogene Cliquen werden sie für Jungen und für Mädchen als identitätsstiftend erlebt, wobei sie nicht nur sprachlich in mehreren Welten leben (vgl. Apitzsch). Eine einseitige Orientierung an strikten „traditionalen" und hierarchischen Bildern von Geschlechterbeziehungen wird angesichts erlebter Ausgrenzung und Abwertung erklärbar, wird heute aber gefolgt von einseitiger Ethnisierung.

- Gruppe wird als identitätsstiftend erlebt
- Hierachie + klassische Geschlechterrole wird durch Ausgrenzung erklärbar, allerdings besteht hier Ethnisierungsfalle!

5 Mädchen/Jungen in der Familie – unter den Problemen der Ausgrenzung

Es soll in diesem Artikel nicht vertieft auf die Unterschiede in der familialen Konfliktbearbeitung bei Jungen und Mädchen eingegangen werden, vor allem auch, damit diese nicht nur einzelnen Eltern und ihren Kindern unter bereits marginalisierten Lebensbedingungen zugeschrieben werden. Allgemein kann zusammengefasst werden: Einsperren, übermäßig zur Hausarbeiten heranziehen, sadistische Abwertung, Betroffenheit von sexueller Gewalt in der Familie und im familialen Nah-Raum ist häufiger bei Mädchen. Gleichzeitig erscheint die Bereitschaft der Eltern zur Auseinandersetzung mit pubertierenden Mädchen geringer bzw. diese gerät durch parallel steigende Sorge der Mütter und Kontrolle der Väter in alle Seiten überfordernde Verstrickungen und Abwertungen. Jungen werden früh in ihren Störungen beachtet und sind stärker belastet durch Schläge und körperliche Gewalt in der Familie; diese findet aber als Problem der seelischen Verletzung und Abwertung weniger professionelle Beachtung. Dem „Hinausdrängen" der Jungen aus der Familie steht bei Mädchen ein eher aktives Verlassen gegenüber.

In einem marginalisierten Stadtteil finden nun Jungen und Mädchen eher Unterschlupf in Abbruchhäusern. Die Ausweisung des Stadtteils als neues Sanierungsgebiet oder die Verwahrlosung der freien und ungenutzten Nischen bzw. Abbruchräume schränken die Lebensbedingungen für sie ein. Diese Problematik hat Antworten in den Zufluchten für Mädchen, für Jungen und in vereinzelten neuen sozialarbeiterischen Initiativen gefunden, hat heute aber weitgehend an öffentlicher Beachtung verloren.

6 Gefährdungen von Mädchen/Jungen in der Institution Schule

In einer zugespitzten Deutung sind die Jugendlichen, die ohne familiäre Unterstützung die Clique zu ihrem Lebensmittelpunkt erwählen, weniger in der Lage, auf die schulischen Anforderungen einzugehen und den Weg in das Schulleben zurückzufinden (Keller 2007). In der Schule gelten Mädchen als die angepassteren, Jungen fallen eher durch aggressive Störungen auf. Hier sind Mädchen eher für verbale Formen des Mobbings verantwortlich und Jungen für körperliche Formen und gewalttätige Erpressung. Diese Verhaltensweisen werden in die Schule hineingetragen, aber im Raum der Schule nicht immer in angemessener Form beantwortet.

Die Etikettierung (gerade schlechter Schulleistungen) verläuft auch auf Seiten der Lehrer(inn)en stark entlang von ethnisierenden Deutungen. Die Symptome der Schulverweigerung bei Mädchen und Jungen sind unterschiedlich: Jungen stören den Unterricht, Mädchen steigen unauffällig aus (Schreiber-Kittl/Schröpfer 2002). Schulverweigerung von Jungen wird eher in den Blick der Maßnahmen genommen; gerade jetzt werden verstärkt Lösungen für die schlechten Schulleistungen der Jungen eingefordert, da Mädchen durchgängig besser abschneiden. Gerade auch für Mädchen aus türkischen Familien gilt, dass eine relativ große Zahl in der Schule und in der Ausbildung erfolgreich ist, während andere, wie auch deutsche Mädchen, ebenfalls in großer Zahl früh die Schule verlassen (vgl. auch ausführlich dazu Untersuchungen von Granato 2000). Bei Belastung durch LRS und ADS[4] in der Lernförderschule bzw. der Schule für Erziehungshilfe sind Jungen in der Überzahl.

7 Grenzen geschlechtsspezifische Bewältigungsmuster

In kritischen Lebenssituationen und -konstellationen, in denen die Menschen auf sich selbst zurückgeworfen und existentieller Hilflosigkeit ausgesetzt sind, wirken geschlechtstypische Muster personal, aber auch in der institutionellen Verstärkung, die sich der rationalen Selbstkontrolle entziehen. Die allgemeine Erkenntnis dabei ist, dass Mädchen und Frauen in der Tendenz und Häufigkeit anders mit der inneren Hilflosigkeit umzugehen in der Lage sind als Männer. Diese sind in ihrem Bewältigungsverhalten eher „außen-orientiert", externalisiert, spalten Hilflosigkeit eher ab, rationalisieren sie, indem sie nach Gründen suchen, die außerhalb ihrer Betroffenheit liegen, projizieren ihre Hilflosigkeit auf Schwächere, auf etwas Störendes im jeweiligen Gegenüber. Frauen hingegen wird ein mehr „innengerichteter" Bewältigungsmodus zugeschrieben. Sie sind eher in der Lage, ihre innere Befindlichkeit zu thematisieren, sie spalten ihre Hilflosigkeit aber auch oft gegen sich selbst, nach innen ab: Autoaggressivität, Schuldübernahme (zum Beispiel für die Familie) und Zurücknahme der eigenen Interessen sind Ausdrucksformen dafür.

Im Kontext von Schülergewalt heißt das, Jungen sind aggressiver und konfliktfreudiger als Mädchen, weil dieses Verhalten zu einem „richtigen" Jungen dazugehört und von einem „richtigen" Mädchen vermieden werden sollte. Diese Befunde lassen nicht den Schluss zu, dass Mädchen keine aggressiven Ambitionen hätten: Vielmehr sind aggressive Gefühle und Wut bei Mädchen im Jugendalter weitaus intensiver als bei gleichaltrigen Jungen (vgl. Mansel/Hurrelmann 1991, Mansel/Kolip 1996). Mädchen im Jugendalter klagen dagegen doppelt bis fünfmal so häufig wie Jungen über psychosomatische Beschwerden. Die sind

4 LRS: Lese-Rechtschreibstörung; ADS: Aufmerksamkeitsdefizitsyndrom

Hinweise auf interiorisierende Formen der Belastungsregulation, zu denen Mädchen häufiger neigen als Jungen (vgl. Böhnisch/Funk 2001). Dass Mädchen wie Jungen auch zu gegenteiligen Reaktionen „in der Lage" wird unter diesen Bedingungen weniger beachtet und in ihren Lebenskontext eingeordnet.

Literatur

Bahreis, Ellen/Böhnisch, Tomke (2000): Zwei Frankfurter Stadtviertel: Ressource oder Falle. Geschichten über soziale Ausschließungsprozesse und deren tägliche Bewältigung. In: Widersprüche (Themenheft) Heft 78, S. 57-67.

Bitzan, Maria (2007): Weibliche Sozialräume? Lokale Handlungsbedingungen unter geschlechtertheoretischer Perspektive. In: Kessl, Fabian/Otto, Hans-Uwe: Territorialisierung des Sozialen. Regieren über soziale Nahräume. Opladen, S. 193-214.

Bitzan, Maria/Klöck, Tilo (1993): "Wer streitet denn mit Aschenputtel?". Konfliktorientierung und Geschlechterdifferenz – eine Chance zur Politisierung sozialer Arbeit? München, (AG-SPAK-Bücher, 108).

Böhnisch, Lothar/Funk, Heide (2002): Soziale Arbeit und Geschlecht. Theoretische und praktische Orientierungen. Weinheim.

Böhnisch, Lothar/Schröer, Wolfgang (2002): Die soziale Bürgergesellschaft. Weinheim und München.

Bohnsack, Ralph/Loos, Peter/Schäffler, Burkhard/Städtler, Klaus/Wild, Bodo (1995): Die Suche nach Gemeinsamkeit und die Gewalt der Gruppe. Hooligans, Musikgruppen und andere Jugendcliquen, Opladen.

Bruhns, Kirsten/Wittmann, Svendy (2002): „Ich meine, mit Gewalt kannst du dir Respekt verschaffen". Mädchen und junge Frauen in gewaltbereiten Jugendgruppen. Opladen.

Bruhns, Kirsten (1985): Kindheit in der Stadt. München

Bütow, Birgit (2006): Mädchen in Cliquen. Sozialräumliche Konstruktionsprozesse von Geschlecht in der Adoleszenz. Weinheim und München.

Deinet, Ullrich/Icking, Maria (2005): Subjektbezogene Dimensionen der Aneignung. In: Deinet, Ulrich (Hg.): Sozialräumliche Jugendarbeit. Wiesbaden: VS-Verl., S. 59-73.

Eckert, Roland/Reis, Christa/Wetzstein, Thomas A. (2000): „Ich will halt anders sein wie die anderen!". Abgrenzung, Gewalt und Kreativität bei Gruppen Jugendlicher. Opladen.

Forschungswerkstatt Sozialraumanalyse (2006): Aktiv – passiv? Sozialräumliche Analysen geschlechtsbezogener Beteiligung im Stadtteil. Bericht der Forschungswerkstatt: Sozialraumanalyse – Der Stadtteil im Spannungsfeld von jugendlicher Aneignung und gesellschaftlicher Prägung. Wien. URL: www.jugendzentren.at, offers for experts.

Fritzsche, Bettina/Tervooren, Anja (2006): Begehrensdynamiken in der Sozialisation. Perspektiven des Performativen. In: Bilden, Helga/Dausien, Bettina (Hg.): Sozialisation und Geschlecht. Opladen & Farmington Hills: Verlag Barbara Budrich, S. 139-162.

Granato, Mona (2000): Junge, späteingereiste Frauen. Chancen und Möglichkeiten einer beruflichen Qualifizierung. In: SPI/Mädea/Interkulturelles Zentrum für Mädchen und junge Frauen/Bachor, Ursula (Hg.): Mädchen in Sozialen Brennpunkten. Bonn,

Bundesministerium für Familien, Senioren, Frauen und Jugend, Broschürenstelle, S. 165-172.

Häußermann, Hartmut (2001): Aufwachsen im Ghetto – Folgen sozialräumlicher Differenzierung in den Städten. In: Bruhns, Kirsten/Mack, Wolfgang (Hg.): Aufwachsen in der Sozialen Stadt. Kinder und Jugendliche in schwierigen Lebenssituationen. Opladen, S. 37-52.

Heinemann, Gabriele (2000a): Mädchenarbeit im Stadtteil. In: SPI/Mädea/Interkulturelles Zentrum für Mädchen und junge Frauen/Bachor, Ursula (Hg.): Mädchen in Sozialen Brennpunkten. Bonn, Bundesministerium für Familien, Senioren, Frauen und Jugend, Broschürenstelle, S. 193-208.

Heinemann, Gabriele (2000b): Wem gehört der Kiez. Geschlechtsspezifische Gewaltprävention im Sozialen Brennpunkt. In: Betrifft Mädchen, Heft1, S. 19-22.

Hey, Christina (2000): Mädchenarmut und Soziale Stadtentwicklung. In: SPI/Mädea/Interkulturelles Zentrum für Mädchen und junge Frauen/Bachor, Ursula (Hg.): Mädchen in Sozialen Brennpunkten. Bonn, Bundesministerium für Familien, Senioren, Frauen und Jugend, Broschürenstelle, S. 93-108.

Inowlocki, Lena (2000): Sich in die Geschichte hineinreden. Biographische Fallanalysen rechtsextremer Gruppenzugehörigkeit. Reihe Migration und Kultur, Frankfurt a. M.

Keller, Carsten (2007): Selektive Effekte des Wohnquartiers. Sozialisation in räumlicher Segregation. ZSE Zeitschrift für Soziologie der Erziehung und Sozialisation, Jg. 27, H. 2, S. 181-196.

Kersten, Jochen (1997): Gut und Ge(schlecht). Männlichkeit. Kultur und Kriminalität. Berlin.

Köttig, Michaela (2004): Lebensgeschichten rechtsextrem orientierter Mädchen und junger Frauen. Biographische Verläufe im Kontext der Familien- und Gruppendynamik. Gießen.

Krüger, Helga (2002): Territorien – Zur Konzeptualisierung eines Bindeglieds zwischen Sozialisation und Sozialstruktur. In: Breitenbach, Eva/Bürmann, Ilse/Liebsch, Katharina/Mansfeld, Cornelia/Micus-Loos, Christiane (Hg.): Geschlechterforschung als Kritik. Bielefeld.

LAG Landesarbeitsgemeinschaft Soziale Brennpunkte Hessen (1992): Mädchen im Brennpunkt (Themenheft), H. 2.

Lenz, Hans-Joachim (1999): Männliche Opfererfahrungen. Weinheim und München.

Löw, Martina (2001): Raumsoziologie. Frankfurt am Main.

Meuser, Michael (2006): Riskante Praktiken. Zur Aneignung von Männlichkeit in den ernsten Spielen des Wettbewerbs. In: Bilden, Helga/Dausien, Bettina: Sozialisation und Geschlecht. Opladen & Farmington Hills, S. 163-178.

Nissen, Ursula (1998): Kindheit, Geschlecht, Raum. Sozialisationstheoretische Zusammenhänge geschlechtsspezifischer Raumaneignung. Weinheim und München.

Reutlinger, Christian (2005): Gespaltene Stadt und die Gefahr der Verdinglichung des Sozialraumes – eine sozialgeographische Betrachtung. In: Projekt „Netzwerke im Stadtteil" (Hg.): Grenzen des Sozialraums. Kritik eines Konzepts – Perspektiven für die Soziale Arbeit. Wiesbaden, S. 87-106.

Savier, Monika/Eichelkraut, Rita/Simon, Andrea/Cramon-Daiber, Birgit (1987): Licht- und Schattenseiten. Forschungspraxis Mädchenarbeit. München.

Schön, Elke (1999): „…da nehm ich meine Rollschuh und fahr hin." Mädchen als Expertinnen ihrer sozialräumlichen Lebenswelt. Bielefeld.

Thien, Klaus/Voglmayr, Irmtraut/Zuba, Reinhard (2007): Jugendliche Migrantinnen und Migranten in einem strukturschwachen Wiener Gemeindebezirk – Freizeitverhalten und Konflikte im öffentlichen Raum. In: Reutlinger, Christian/Mack, Wolfgang/Wächter, Franziska/Lang, Susanne (Hg.): Jugend und Jugendpolitik in benachteiligten Stadtteilen in Europa. Wiesbaden, S. 55-63.

Tertilt, Hermann (1996): Turkish Power Boys. Ethnographie einer Jugendbande. Frankfurt/M.

Winter, Reinhard/Neubauer, Gunter (1999): Kompetent, authentisch, normal? Aufklärungsrelevante Gesundheitsprobleme, Sexualaufklärung und Beratung von Jungen. Köln: Bundeszentrale für Gesundheitliche Aufklärung.

Migrationsspezifische Aspekte

Die paradoxen Ausgrenzungen der Jugendlichen mit Migrationshintergrund in Frankreich – Betrachtung der algerischen, portugiesischen und türkischen Einwanderer

Claire Schiff/Maïtena Armagnague

In Frankreich wird das Bild des ausgegrenzten Jugendlichen oft mit dem der Jugendlichen mit Migrationshintergrund aus dem postkolonialem Maghreb oder aus Afrika assoziiert. Dieser Mix aus potenziell abweichenden Jugendlichen und sichtbaren Minderheiten konstituiert zweifelsohne eine Form der Stigmatisierung eines Teils der Bevölkerung der marginalisierten Quartiere. Offensichtlich ist, dass vor allem während der Ausschreitungen im Herbst 2005 die als *Blacks* (Schwarze) und *Beurs* (in Frankreich geborene Kinder maghrebinischer Herkunft) bezeichneten Jugendlichen als Unruhestifter dargestellt werden (Lagrange 2006). Viele Forscher/innen und Repräsentant(inn)en der Linken tendieren dazu, diese Rebellionsakte als Konsequenz der Rassendiskriminierung, die diese Jugendlichen in der Schule, beim Zugang zur Arbeit und zum Wohnungsmarkt oder seitens der Polizei erleben, zu interpretieren (Le Goaziou/Mucchielli 2006).

Diese Diskriminierungen existieren zweifellos. Seit ungefähr 15 Jahren zeigen viele Studien, dass vor allem die jungen Afrikaner/innen oder Maghrebiner/innen mit negativen Vorurteilen seitens der Arbeitgeber/innen konfrontiert werden (Bataille 1997). Ohne die Realität des Rassismus und der Diskriminierung leugnen zu wollen, ist es unser Ziel zu zeigen, dass und wie sehr die aktuelle soziale und wirtschaftliche Situation der in den marginalisierten Quartieren wohnenden Jugendlichen mit Migrationshintergrund das Ergebnis eines paradoxen komplexen Integrationsprozesses ist, der sich über mehrere Generationen erstreckt und häufig dazu führt, dass die betroffenen Jugendlichen kriminelles Verhalten entwickeln. Die Ausgrenzung dieser Jugendlichen ist paradox, denn sie ist die Konsequenz ihrer Integration in eine Gesellschaft, die sowohl an Konsum als auch meritokratisch orientiert ist. Das der französischen Gesellschaft zugrunde liegende republikanische Modell bewertet im Prinzip die soziale Mobilität durch den Schulerfolg positiv, erschwert jedoch gleichzeitig den Zugang zu dieser Mobilität, indem es diejenigen benachteiligt, die keine Kontakte zu wichtigen sozialen Netzwerken haben bzw. die weder über eine feste Anstellung noch über eine angemessene Unterkunft verfügen.

Die Jugendlichen der zweiten und dritten Generation, die in den stigmatisierten Vierteln aufwachsen, fühlen sich noch mehr aus der Gesellschaft ausgegrenzt, obwohl sie Erbe eines Akkulturationsvorgangs sind, der dazu führt, dass sie ihre Gemeinschaftsbindungen vernachlässigen und ihre kulturellen Besonderheiten aufgeben. Die Ausgrenzung ist hier die Folge einer unvollendeten Assimilation[1], einer Quasi-Assimilation, die eine Hoffnung auf soziale Mobilität entstehen lässt, die jedoch weder die Eltern noch die französischen Institutionen in der Lage sind zu realisieren. Dieser Assimilationsvorgang der Generationen mit Migrationshintergrund variiert je nach Nationalität und Zeit. Auch die Kapazitäten und Ressourcen der verschiedenen Bevölkerungsgruppen variieren bei dem Versuch, die negativen Folgen der Akkulturation bei den Jüngeren abzumildern und gleichzeitig den Anstieg der Arbeitslosigkeit zu verhindern und die zunehmende Jugendkriminalität einzudämmen.

Die Beispiele der Algerier/innen, der Portugies(inn)en und schließlich der Türk(inn)en werden zeigen, wie sehr der Anpassungsprozess der einzelnen Migrantengenerationen durch sozioökonomische und kulturelle Faktoren beeinflusst wird, der gleichzeitig eine Angelegenheit der Städte und Gemeinden und mehr oder weniger auch die Frage einer erfolgreichen gesellschaftlichen Assimilation ist (Portes/Zhou 1993, S. 74ff.). Die gesellschaftliche und kulturelle Vielfalt, mit der die verschiedenen Generationen mit Migrationshintergrund im Aufnahmeland konfrontiert werden, gibt Anlass zu unterschiedlichen Anpassungen, sowohl in Bezug auf die Integrations- als auch bezüglich möglicher Ausgrenzungsmodalitäten. Diese gegensätzlichen Entwicklungswege sind der Kern des paradoxen französischen republikanischen Modells. Es impliziert einen engen Zusammenhang zwischen der kulturellen Dimension der Integration und der wirtschaftlichen Dimension der Assimilation; nämlich dass diejenigen Bevölkerungsgruppen mit Migrationshintergrund, die eine ziemlich schnelle Akkulturation der Generationen durchlebt haben, heute öfter wirtschaftlich ausgegrenzt werden, während jene, die einen gewissen Widerstand gegen das französische Integrationsmodell ausgeübt haben (auch wenn dieser Widerstand passiv und diskret war), sich in der dritten Generation besser zurechtfinden.

Variationen in Bezug auf die Integration

Seit Ende der sechziger Jahre haben die Bevölkerungsgruppen mit Migrationshintergrund in Frankreich zwei aufeinanderfolgende Entwicklungen durchlebt,

1 Unter Assimilation wird im Französischen die strukturelle, d.h. z.B. rechtliche, ökonomische oder politische Inklusion verstanden. Die kulturelle Eingliederung wird eher als Aspekt der Integration bezeichnet (vgl. Dubet 1989).

die widersprüchlich erscheinen könnten, aber in Wirklichkeit eng miteinander verbunden sind. Erstens haben sie tatsächlich einen Integrationsprozess durchlaufen. Für die Väter, die meistens erst im erwachsenen Alter nach Frankreich gekommen sind, handelt es sich um eine Integration in die Arbeiterklasse, die aus Lohnempfängern der großen traditionellen Industrien besteht. Diese erste Generation hat aktiv in der Gewerkschaft für die Verbesserung der Arbeitsbedingungen gekämpft (Noiriel 1984). Bei deren Kindern handelt es sich eher um eine sprachliche und kulturelle Integration in einem zutiefst meritokratisch geprägten Schulsystem, das sich gleichgültig gegenüber ethnischen, kulturellen oder religiösen Unterschieden zeigt. Für die eingewanderten Familien ist die Integration in den siebziger und Anfang der achtziger Jahren ebenfalls durch den Zugang zu den *Habitation à loyer modéré/HLM* (Sozialwohnungen) gekennzeichnet. Die *HLM* entsprachen seinerzeit einer deutlichen Verbesserung der Lebensbedingungen der Migrant(inn)en, wenn man bedenkt, dass sie vorher in den *Bidonvilles* (Barackensiedlungen) wohnten. Man spricht heute über „Ghettoviertel", um die Sozialwohnungen der französischen *Banlieues* zu bezeichnen, aber man sollte nicht vergessen, dass diese Viertel seinerzeit als Alternative zu den Ghettos gebaut wurden. Durch den Zugang zu den Sozialwohnungen konnten die eingewanderten Familien diesen Quartieren, in denen sie nur unter ihresgleichen waren, entfliehen. In den *HLM* profitierten sie zudem von einem gewissen Komfort und einer multikulturellen Umgebung. Seit Beginn der neunziger Jahre haben jedoch Veränderungen im Schulsystem, auf dem Arbeitsmarkt sowie auf dem Wohnungsmarkt diesen von den Immigrant(inn)en und ihren Kindern weitgehend begonnenen Assimilationsprozess gehemmt. Aus vielen Gründen, die später erwähnt werden, wurden einige, vor allem die post-kolonialen Einwanderer, mit sozioökonomischen Umständen konfrontiert, in denen die Akkulturation der jungen Generationen sich öfter eher als ein Hindernis denn als eine Stärke erwies. Andere Bevölkerungsgruppen mit Migrationshintergrund wie die Portugies(inn)en oder die Asiat(inn)en hielten eine gewisse Distanz zum französischen Integrationsmodell, indem sie den Bezug zu ihren eigenen gemeinschaftlichen Netzwerken über die erste Generation hinaus beibehalten haben. Sie haben es geschafft, Strategien zu entwickeln, um Risiken wirtschaftlicher Ausgrenzung, mit denen sie während der letzten Jahrzehnte konfrontiert wurden, zu umgehen (Tribalat 1995, Safi 2006, S. 3ff.). Die türkischen Einwanderer erscheinen hingegen als ein besonders interessanter und komplexer Fall. Man findet bei deren zweiten Generation Entwicklungswege, bei denen sowohl die Handlungsweisen der maghrebinischen als auch diejenigen der portugiesischen Bevölkerungsgruppe kombiniert werden.

Die algerischen und portugiesischen Einwanderungen stellen die zwei Hauptwanderungsströme nach Frankreich dar. Sie haben die Stadtlandschaft in der zweiten Hälfte des zwanzigsten Jahrhunderts geprägt. Zur Zeit sieht man in Frankreich die dritte portugiesische und maghrebinische Generation, so dass man inzwischen über die Dauer des Migrationszyklus argumentieren kann, um die globalen Entwicklungen dieser Bevölkerungsgruppen und ihre verschiedenen Anpassungsformen zu erfassen. Die türkischen Einwanderer sind später gekommen. Die Anpassungsformen der zweiten Generation der türkischen Einwanderer, die wir im Moment erleben, ähneln in bestimmter Hinsicht denjenigen der maghrebinischen und portugiesischen Vorgänger/innen. Sie weisen jedoch eine gewisse Originalität auf, sowohl in Bezug auf die Bildung transnationaler Gemeinschaften als auch bezüglich der städtischen Segregation.

Vor dem Hintergrund der Assimilation der Türk(inn)en in die französische Gesellschaft ist es inzwischen möglich, einen Vergleich mit der zweiten Generation der ehemaligen Einwanderer durchzuführen. Die Entwicklung der türkischen Jugendlichen weist einige Gemeinsamkeiten mit derjenigen der ehemaligen zweiten Generationen auf. Allerdings ist man sich – angesichts der aktuellen Fragilität des republikanischen Modells – nicht mehr einig über die Deutung des Migrationsprozesses der türkischen Jugendlichen in Bezug auf die Gefahr der Verarmung der Jugendlichen in den *Banlieues*, gegenüber dem Rassismus, der sich gegen die Minderheiten muslimischen Glaubens richtet, und in Bezug auf das Recht der Einwanderer auf Assimilation.

Je länger die Präsenz der Einwanderer im Aufnahmeland andauert, desto mehr erlebt man die Abschwächung der Gemeinschaftsmerkmale und die Entstehung individueller Integration. Die jungen Türk(inn)en sollen gemäß der *Migrationslogik* des republikanischen Modells (Schiff 2008) zunächst akkulturalisiert und/oder wirtschaftlich assimiliert werden. Die Logik besteht darin, sich zunächst als Fremder im Aufnahmeland wahrzunehmen. Dies betrifft die Mehrzahl der Migrant(inn)en in den ersten Jahren. Im Zuge des Assimilations- und Integrationsprozesses sollte sich diese Wahrnehmung schrittweise ändern. Sie kann sich jedoch auch verhärten oder sogar radikalisieren, wenn Einwanderer sie als Folge eines sozialen, ethnischen oder gar rassistischen Stigmatisierungsprozesses durch ihren Willen, sich zu unterscheiden, aufrechterhalten. Der Fall der Türk(inn)en ist ein Beispiel der Vielfalt der seitens der zweiten Generation entfalteten Entwicklungswege, die durch die nationale Sozial-, Wirtschafts-, Bildungs- und Stadtpolitik beeinflusst wurden.

1 Besonderheiten und Hintergründe der Assimilation der drei Migrationsgruppen durch Wirtschaft und Arbeit

Die größte portugiesische Einwanderungswelle nach Frankreich fand zwischen 1963 und 1975 statt. Gemäß der Zahlen des Innenministeriums waren es fast

900.000 Portugies(inn)en und ihre Kinder, die 1976 in Frankreich wohnten. Diese Zahl ist zweifelsohne nur eine Schätzung, denn eines der Merkmale dieser Migration ist, dass viele illegal eingewandert sind, deren Anwesenheit dann später von ihrem Arbeitgeber legalisiert wurden. Die Arbeiter waren meistens im Hoch- und Tiefbau tätig (Volovitsch-Tavares 2001). Den zunächst migrierten Männern, die oft Analphabeten waren, folgten die Frauen, die wie ihre Ehepartner durch eine Spezialisierung im Bewachungsdienst und in der Haushaltspflege schnell Zugang zum Arbeitsmarkt erlangten.

Diese Migration, die seitens der Arbeitgeber und der französischen Bevölkerung positiv aufgenommen wurde, hat wenig Unterstützung durch die französischen Institutionen genossen. Zu Beginn ihrer Einwanderung hingen die Portugiesen vor allem von den eigen-ethnischen sozialen Netzwerken ab. Sie organisierten so ihren Zugang zur Arbeit und ihre Bleibe in den *Bidonvilles* weitgehend ohne Hilfe der Behörden. Der Übergang in die *HLM* in den siebziger Jahren betraf nur einen Teil der portugiesischen Bevölkerung und war oft nur von kurzer Dauer. Es handelt sich um eine Gruppe, die sehr früh vom Zugang zum Hauseigentum oder auch von der Rückkehr ins Ursprungsland profitierte (Charbit/Hily/Poinard 1997). Die Löhne der Frauen sowie das Fachwissen der Männer im Bereich der Wohnungssanierung haben u.a. dazu geführt, dass den Portugies(inn)en der soziale Abstieg in die *HLM*, den andere Migrant(inn)en erlebt haben, erspart blieb.

Die De-Industrialisierung und die damit verbundenen Entlassungen während der achtziger Jahre haben sicherlich das Baugewerbe getroffen, das zum größten Teil Portugiesen beschäftigte. Der Bereich beschäftigt jedoch bis heute weiterhin zahlreiche Arbeitskräfte aus kleinen Handwerksbetrieben, die als Subunternehmen tätig sind. Während der Zeit der Wirtschaftskrise schafften es die Portugies(inn)en und ihre Kinder sich weiterzubilden, machten sich selbständig und profitierten von den zusätzlichen Möglichkeiten und von der gegenseitigen Unterstützung, die es in gut strukturierten ethnischen Netzwerken gibt. Dennoch existieren keine rein portugiesischen Siedlungen und die Bevölkerungsgruppe fällt in der Öffentlichkeit wenig auf. Sie wird nicht in den Debatten über die Minderheiten in der französischen Gesellschaft und bei der Bewertung der Effektivität des republikanischen Integrationsmodells berücksichtigt. Man stellt jedoch fest, dass sich diese Bevölkerungsgruppe durch eine funktionierende Gemeinschaft von anderen unterscheidet. Diese basiert auf der Spezialisierung in der Wirtschaft, dem Erhalt der Muttersprache und auf engen Verbindungen zum Herkunftsland, auf der Entwicklung wichtiger gemeinnütziger Netzwerke, der Einbürgerung der ersten Generation und dem Misstrauen gegenüber langen Ausbildungszeiten seitens der zweiten Generation. Ohne Kritik gegenüber dem Aufnahmeland üben zu wollen: Die Organisationsmodalitäten der Portugies(inn)en in Frankreich entsprechen insgesamt wenig dem nationalen, staatlichen und individualistischen Integrationsmodell.

Die Wege der algerischen Migrant(inn)en der fünfziger und sechziger Jahre ähneln in vielerlei Hinsicht denjenigen der portugiesischen Migrant(inn)en (Sayad 1999, Sayad 2006). Es handelt sich auch primär um eine Migration von Männern aus dem ländlichen Raum, die überwiegend in traditionellen Industriesektoren (Fahrzeugbau, Bergbau, Stahlerzeugung und Bauwesen) tätig wurden. Der eher ablehnende Empfang seitens der französischen Bevölkerung sowie die ungenügende Unterstützung während der Wirtschaftskrise in den späten siebziger Jahren führten jedoch dazu, dass sie in Vororten einquartiert wurden, deren negative Kennzeichen und Auswirkungen erst bei der zweiten Generation zu spüren waren.

Ursprünglich bestanden die Hauptunterschiede zwischen diesen beiden Migrationsgruppen in der Bereitschaft der Behörden des Herkunfts- und des Aufnahmelandes und in dem Einsatz der Arbeitgeber bezüglich der Organisation ihrer Ankunft und ihrer Unterkunft. Gemäß ihres Status als „kolonisiert", nach 1962 als „ehemalig kolonisiert", wurde die Ankunft der Algerier/innen in Frankreich oft von den späteren Arbeitgebern im Rahmen der damals existierenden Einstellungsverfahren übernommen und ihre Niederlassung in Baracken in der Nähe der Fabriken organisiert. Die Unternehmen boten den Migranten einen Sprachkurs an, um die Grundkenntnisse zu erlernen, die sie benötigten, damit sie als Facharbeiter tätig sein können. Soziale Probleme wurden an den Verein der Algerier in Frankreich weitergeleitet, eine Organisation, die nach der Befreiung 1962 entstand und von der Regierung kontrolliert wurde. Es handelt sich also um Arbeitskräfte, die „kolonial" oder „post- kolonial" verwaltet wurden, was dazu führte, dass die Algerier, zumindest in der ersten Zeit ihrer Niederlassung, nur einen geringen Zugang zur französischen Bevölkerung hatten und das Recht auf Assimilation ihren Kindern vorbehalten blieb.

Die algerischen Frauen, im Gegensatz zu den portugiesischen, kommen oft erst mehrere Jahre nach ihren Ehemännern nach Frankreich und haben kaum Zugang zum Arbeitsmarkt, was die Familien für die negativen Folgen der Wirtschaftskrise der siebziger Jahre anfälliger macht. Das Wohnen in den *HLM*, das zunächst den Beginn einer aufsteigenden sozialen Mobilität kennzeichnete, stellte sich für einen großen Teil der eingewanderten Bevölkerung als ein Hindernis heraus, da viele dieser Siedlungen verarmten und ein Anstieg ethnischer Diskriminierung im Laufe der achtziger und neunziger Jahre zu verspüren war. Nur ein Teil der Familienväter, die in den traditionellen Industrien von Massenentlassungen betroffen waren, schaffte es, sich im öffentlichen Sektor oder im Dienstleistungsbereich neu zu orientieren. Die Wiedereingliederung war umso schwieriger, weil die meisten gegen eine Einbürgerung waren. Sie empfanden es als Verrat gegenüber ihren Landsleuten, die für ein unabhängiges Algerien gekämpft hatten.

Die türkische Migration nach Frankreich erfolgte mit der zweiten großen Migrationswelle nach Frankreich. Im Gegensatz zu den vorhergehenden Einwanderern, die hauptsächlich aus den ehemaligen Kolonien oder aus Ländern aus dem Süden Europas stammten, wanderten viele Türk(inn)en erst nach 1975 nach Frankreich ein, das heißt nach dem zweiten Ölpreisschock und nach der Zeit des wirtschaftlichen Wohlstands, der so genannten *Trente glorieuses* (dreißig glorreichen Jahre), zu dem die Migrant(inn)en nach dem zweiten Weltkrieg erheblich beigetragen haben. Die türkischen Migrant(inn)en erlangten nicht den gleichen Lohn wie die anderen Einwanderer. Dies führte dazu, dass sie eigen-ethnische Organisationen und soziale Netzwerke kreierten, die isoliert waren gegenüber dem Gastland und seinen Institutionen. Durch das ethnische oder spezialisierte Unternehmertum konnten sie sich jedoch gut anpassen. Die türkischen Migrant(inn)en waren deswegen weniger von der Krise oder der Massenarbeitslosigkeit der Ära nach 1975 betroffen. Ihre Migrationsstrategie ähnelte derjenigen der portugiesischen Migrant(inn)en sowohl in Bezug auf die wirtschaftliche Assimilation als auch bezüglich der kulturellen und sozialen Integration, d.h. des Kontakts zu ihren Landsmännern.

Entgegen ihren portugiesischen und algerischen Vorgängern, die sicherlich aus unterschiedlichen Gründen eine bevorzugte Beziehung zu Frankreich haben, hat die türkische Migration die Besonderheit, eine multipolare Migration zu sein. Ihr Verhältnis zum Aufnahmeland Frankreich ist weder durch die geographische Nähe noch durch die koloniale Geschichte zu erklären. In etwa der gleichen Form verlaufen die Migrationswege seit den sechziger Jahren in vielen europäischen Ländern: zuerst nach Deutschland, dann nach Frankreich, nach Belgien, in die Niederlande und schließlich in die Länder Nordeuropas. Ein Grund der türkischen Migration in diese Länder liegt an den wirtschaftlichen und demographischen Restrukturierungen, die in der Türkei stattfanden. Der türkische Staat profitiert seit Beginn der sechziger Jahre vom Bedarf an Arbeitskräften der westlichen Länder, wie z.B. Deutschland. Um die Zahl der Arbeitssuchenden zu senken, werden diese „Überzähligen" über die Grenzen und die nationale soziale Verantwortung hinaus geschickt. Die Türkei unterzeichnet bilaterale Abkommen mit europäischen Ländern, um die Abreise von Arbeitskräften zu organisieren. Viele der Migrant(inn)en der ersten Generation kommen aus dem ländlichen Raum oder gehören der „Unterklasse" der türkischen Großstädte an. Während die türkische Immigration in Deutschland Ende der fünfziger Jahre statt fand, erfolgte sie nach Frankreich erst im Anschluss an die *Trente glorieuses* der Wirtschaft, obwohl die Migrant(inn)en im Rahmen der bilateralen Abkommen gerade für die Zeit des starken Wirtschaftswachstums angefordert wurden. Als die türkischen Arbeiter dann tatsächlich nach Frankreich kamen, waren diese Abkommen bereits veraltet. Sehr schnell wurde die Migration gestoppt und die Familienzusammenführung umgesetzt.

Zu Beginn ähnelt der Verlauf der türkischen Immigration nach Frankreich dem deutschen Migrationsmodell, dem des *Gastarbeiters*. Es ist dadurch gekennzeichnet, dass Arbeitskräfte alleine einreisen, um Geld zu verdienen und ihre Lage im Herkunftsland zu verbessern, was tatsächlich einige türkische Bürger/innen auch schafften (Establet 1997). Die Situation der Migrant(inn)en ändert sich mit der Zeit, da die Politik der Familienzusammenführung ihre Anwesenheit festschreibt. Auch wenn tatsächlich einige dieser Männer zurück in die Türkei gegangen sind, so haben das Ende des wirtschaftlichen Wohlstandes, die Schließung der Grenzen und die Familienzusammenführung die Einleitung der zweiten Phase des Migrationsprozesses beschleunigt. Diese zweite Phase ist familiärer und hat sich mit der Zeit bewährt. Das Projekt der endgültigen Rückkehr in die Türkei wird nicht weitergeführt, aber die wirtschaftlichen und sozialen Beziehungen mit dem Herkunftsland werden beibehalten.

Die Familienzusammenführung, das heißt die Einreise der Frauen und Kinder, wird die türkische Migration neu bestimmen, denn sie findet im Rahmen einer sozialen und kulturellen Perspektive statt. Die Bindung zum Herkunftsland ist nur wichtig, wenn Frau und Kinder dort sind. Die Türk(inn)en gliedern sich progressiv ein, wie die ethnischen Minoritäten es vorher gemacht haben. Sie legen auf diese zweite Möglichkeit mehr Wert und kreieren eine „Türkei außerhalb der Türkei“, die auf *Gurbet* basiert, einer Nostalgie gegenüber dem Heimatland, und auf politischer und religiöser Zugehörigkeit. Sie organisieren selbst die Migration, basierend auf der erweiterten Familie und auf einer Orientierung am Herkunftsland. Ihre Hauptfunktion besteht darin, dass die Migrationslogik beibehalten wird. Sie sehen zu, vor allem durch Heiratsstrategien kulturell unter sich zu bleiben.

Entsprechend der zahlreichen politischen und religiösen türkischen Organisationen entwickelt die türkische Migration nach und nach in Europa eine Form der Diaspora. Die Bildung solcher Organisationen war nur möglich, weil die Türk(inn)en ein starkes Zusammengehörigkeitsgefühl und eine dynamische Religion haben und über solide Wirtschaftsressourcen im Rahmen des *Ethnic business* verfügen. Diese Organisationen bewirken, dass im Aufnahmeland Konflikte und Spannungen entstehen, die die Türkei betreffen.

Frankreich ist – nach Deutschland – das Aufnahmeland, das am meisten türkische Immigrant(inn)en aufgenommen hat. Entgegen der französischen sozio-politischen Tradition, die humanistisch und assimilatiorisch orientiert ist, bildet sich im Rahmen der türkischen Migration eine ethnisch Gemeinschaftsbasis aus. Die türkische Migration bleibt jedoch eine „Ausnahme“ im republikanischen Modell (Tribalat 1996). In Deutschland hat die Integrationspolitik, bei der die Merkmale der Minderheit (vor allem die religiösen) anerkannt werden, nicht dafür gesorgt, dass die Akkulturation und die systematische wirtschaftliche Assimilation der türkischen Bürger/innen – insbesondere der jüngeren Generation – erfolgreich verlaufen ist. Es scheint so, als ob es in einem sozialen und politisch-institutionellen System keine vorgegebene Lösung eines Integrationsmodells geben kann, obwohl diese Systeme ihre Institutionen beeinflussen und die Art und Weise, wie die Menschen die Gesellschaft und ihre Handlungsmöglichkeiten wahrnehmen, gestalten. Die gemeinschaftlichen Komponenten können auf sehr unterschiedliche Art mobilisiert werden. Außerdem können die individuellen Erfahrungen, die zum Teil aus Ressourcen und zum Teil aus institutionellen, gemeinschaftlichen und räumlichen Vorgaben oder auch Hindernissen bestehen, stark beeinflusst werden.

2 Die unterschiedlichen Strategien der Generationen portugiesischer und algerischer Migrant(inn)en während der Krise der Arbeitsgesellschaft

Die Kinder der portugiesischen Migrant(inn)en haben eine Assimilation genossen, die man nach der „Theorie der segmentierten Assimilation“ von Portes und Zhou (1993) als „selektiv“ bezeichnen könnte. Sie behalten einerseits ihre Muttersprache bei, andererseits bilden sie eine enge Bindung zum Herkunftsland und zur Gemeinde, vor allem durch Investition der Eltern in Immobilien in Portugal, durch Hochzeiten mit Menschen gleicher Herkunft und durch die Teilnahme an kulturellen Veranstaltungen der Gemeinde. Außerdem ist ihre Assimilation in die französische Gesellschaft angesichts ihrer bescheidenen sozialen Verhältnisse gut gelungen, durch relativ gute Leistungen in der Schule, durch den Zugang zum Arbeitsmarkt, der dank der vorherigen Generation und ihrer erfolgreichen beruflichen Integration für sie einfacher ist und dadurch, dass sie nicht diskriminiert werden. Von daher ist die zweite Generation in der Arbeitslosenstatistik sogar weniger vertreten als ihre Pendants mit französischer Abstammung, obwohl sich diese zweite Generation in einem Zeitraum bildet, in dem Arbeitsplätze knapp sind (Silbermann 2002, S. 297ff.). Zwar ist ihr sozialer Aufstieg bescheiden und sehr progressiv; dennoch schützen sie ihre Ressourcen durch die ethnischen Netze im Hoch- und Tiefbau sowie die Zugangsstrategien zum Eigentum der Eltern gegen die Unsicherheit, die viele ihrer Gleichgesinnten kennen. Mit der Unterstützung der Eltern, die ihre Kinder nicht in einer lang dauernden Ausbildung sehen wollen, deren Ausgang außerdem unsicher ist, wählen viele Kinder der portugiesischen Einwanderer, vor allem die, die als Kind nach Frankreich gekommen sind, kurze Ausbildungsgänge in Berufsfachschulen, deren Aussichten sicherer sind, da sie wissen, dass sie sich auf die Unterstützung des

Bausektors verlassen können (Brinbaum/Keiffer 2005). So wird, im Gegensatz zu vielen Jugendlichen französischer und maghrebinischer Herkunft, die Orientierung in einer Berufsschule nicht als Versagen oder als Diskriminierung gesehen, sondern – angesichts der begrenzten kulturellen Ressourcen, über die sie verfügen – eher als eine gute und richtige Wahl.

Die Kinder algerischer Migrant(inn)en, die wie die jungen Portugies(inn)en meistens aus einfachen Verhältnissen stammen, schneiden in Bezug auf das Schulsystem und die Möglichkeiten, die der Arbeitsmarkt der achtziger Jahre in Frankreich bietet, anders ab. Die Erfahrungen ihrer Väter während der Krise des Industriesektors und die Erfahrungen der Mütter, die keine Lohnarbeit betreiben, sowie der Schmerz, unter dem die post-kolonialen Minoritäten leiden, führen dazu, dass sie den Beruf eines Arbeiters ablehnen und die Schule als einzige Alternative sehen, um im Beruf Erfolg zu haben. Obwohl sie aus einfachen sozialen Verhältnissen stammen und die Eltern einen schwachen kulturellen Hintergrund haben, entwickeln die Kinder algerischer Migrant(inn)en sehr hohe schulische Ambitionen. Sie entscheiden sich viel öfters als ihre portugiesischen Mitschüler/innen für das Gymnasium. Für einen kleinen Teil dieser Jugendlichen, vor allem für die, die mit ihrer Mutter im jungen Alter eingereist sind, wird diese Strategie ihnen zumindest den Zugang zum ersten Zyklus (entspricht in Deutschland der Unterstufe) des Gymnasiums ermöglichen. Für viele jedoch bleibt die Berufsschule die einzige Alternative. Die Berufsschule wird oft als ein Zwang und manchmal sogar als ein Zeichen der Ungerechtigkeit des Schulsystems betrachtet.

Die zweite algerische Generation scheint im Ganzen dem republikanischen Modell des Erfolges durch die Schule zu folgen. Diese Jugendlichen erleben einen Prozess kultureller Assimilation, weil die Ursprungssprache verloren geht, die Verbindungen mit dem Ursprungsland nicht mehr so stark sind und wegen der ethnischen Mischung von Freundschaften und sogar von Beziehungen (dies gilt mehr für die Jungen als für die Mädchen). Dennoch stellt man fest, dass die Entwicklungen der französischen Gesellschaft diese Anpassungsstrategie und Effizienz untergraben. Die Vereinheitlichung der Schulen in den achtziger Jahren führt dazu, dass das Abitur und die Abschlüsse des Grundstudiums abgewertet werden. Die steigende Arbeitslosigkeit der Jugendlichen verstärkt die Konkurrenz im Dienstleistungssektor, in dem diese Jugendlichen meistens keine Unterstützung erfahren. Obwohl die politische Assimilation längst sicher eingeleitet ist, steigt die Jugendkriminalität in den marginalisierten Quartieren. Durch die Mediatisierung der Konflikte in Regionen der Welt, in denen die wichtigste Religion der Islam ist, wird in Frankreich die Stigmatisierung der Jugendlichen aus dem Maghreb forciert und die Entwicklung junger Identitäten, die sich als Gegensatz zur französischen Identität definieren, unterstützt. Die Imageschädigung der *Banlieues* und die Lebensbedingungen in den marginalisierten Quartieren führen dazu, dass diejenigen, die eine feste Anstellung haben, diese Stadtteile verlassen. Der Zugang der Jugendlichen zur Autonomie ist dort sehr schwierig, insbesondere für die jungen Mädchen, die in Anbetracht ihrer ethnischen Herkunft und ihres Geschlechts doppelt diskriminiert werden, und die es obendrein schwer haben, einen Lebenspartner „aus gutem Hause" zu finden, der in ihre Familien passt, die es wiederum nicht gerne sehen, wenn ihre Töchter einen Nicht-Muslim heiraten (Belhadj 2006).

Unterschiedliche Integrationsmodalitäten für die kommenden Generationen: Zwischen symbolischer Ethnizität und Radikalisierung der Minderheitenidentität

Die französische Statistik erfasst die Entwicklung der dritten Generation mit Migrationshintergrund nicht, da bei der Volkszählung keine Informationen über die ethnische Herkunft eingeholt werden. Die Erfassung der Wahl der schulischen und beruflichen Orientierung der Jugendlichen mit portugiesischem oder maghrebinischem Migrationshintergrund ermöglicht jedoch Rückschlüsse auf die weitere mögliche Entwicklung der Personengruppe (Brinbaum/Kieffer 2005). Insofern können auch ethnische und/oder schulische Diskriminierung, die Unterschiede der Integration dieser beiden Gruppen und ihre ungleiche Position im Relegationsprozess beurteilt werden (Felouzis 2003).

In einer Studie, die einen Teil der Schüler/innen erfasst, die 1995 eine weiterführende Schule besuchen, unterstreichen Brinbaum und Kieffer (2005), dass die schulischen Ambitionen der Eltern mit Migrationshintergrund höher sind als die ihrer Pendants französischer Herkunft aus derselben sozialen Schicht. Die Untersuchung zeigt jedoch Unterschiede in Bezug auf den Willen bzw. das Streben der Jugendlichen mit portugiesischem und der Jugendlichen mit maghrebinischem Migrationshintergrund, deren Anpassungsformen gemäß der beschriebenen Realität widergespiegelt werden. Die Ambitionen der Jugendlichen mit portugiesischem Migrationshintergrund sind höher als die ihrer Vorfahren, die vor einigen Jahren Zugang zum Arbeitsmarkt erhielten. Tatsächlich und entgegen der Erwartung ihrer Eltern ist die Zahl derjenigen, die ein Studium absolvieren wollen, höher und die Erfolgsrate der Diplomand(inn)en steigt stetig. Die Jugendlichen mit maghrebinischem Hintergrund hingegen, die jetzt auf den Arbeitsmarkt kommen und deren Eltern eher das Abitur und ein Universitätsstudium bevorzugen, passen ihre Erwartungen etwas nach unten an. Ihre Eltern hätten es gerne, wenn ihre Kinder einen technologischen Studiengang und ein Abschlussdiplom anstreben würden, das ihnen einen schnellen Zugang zum Arbeitsmarkt ermöglicht. Die Schwierigkeiten, die die Erstgeborenen haben, um ihre Qualifikationen einzusetzen, und die Arbeitslosenrate der Jugendlichen mit maghrebinischem Hintergrund führen jedoch dazu, dass sie ihre Ambitionen neu überdenken und sie nach unten korrigieren – entsprechend dem Angebot auf dem Arbeitsmarkt und den begrenzten Möglichkeiten, die sie haben, um einen allgemeinen Studiengang anzustreben.

Der langsame, aber sichere wirtschaftliche Aufstieg der Jugendlichen mit portugiesischem Migrationshintergrund, verbunden mit einer Arbeiter- und Unternehmermobilitätsstrategie im Bausektor und einer langfristig angelegten Investition in ihr Erbe, die während der Explosion der Immobilienpreise Früchte getragen hat, ermöglicht heute einem Teil der dritten Generation mit portugiesischem Migrationshintergrund, der Mittelschicht anzugehören und einen Zugang zu qualifizierten Arbeitsplätzen zu haben, die einen höheren Abschluss voraussetzen. Die Verbundenheit mit der portugiesischen Identität wird immer „symbolischer". Es finden immer mehr gemischte Hochzeiten der dritten Generation statt, vor allem dann, wenn sie die volle Zugehörigkeit zur französischen Gesellschaft erlangen (Gans 1979, S. 1ff.). Die kulturelle Vermischung wird auch noch unterstützt durch die Einigung Europas und durch die positive wirtschaftliche Entwicklung des Herkunftslandes, in dem die Großeltern oft Eigentümer/innen geworden sind.

Der Integrationsprozess der Generationen mit maghrebinischem Migrationshintergrund, vor allem der algerischem, hingegen scheint chaotischer und zerbrechlicher zu sein. Die Unterschiede liegen zum einen im Akkulturationsprozess, der zeitweise bereits vor der Migration im Rahmen einer Kolonisierung der Bevölkerung eingeleitet wurde, und zum anderen in einer langsamen wirtschaftlichen Entwicklung. Industrielle Krise und ethnische Diskriminierung haben dazu geführt, dass paradoxe Integrationsformen bei den jüngeren Generationen entstanden sind. Eine große Anzahl der französischen Minderheit algerischer Herkunft hat über zwei oder drei Generationen – vor allem im öffentlichen Sektor, d.h. in der Verwaltung, im Bildungswesen oder auch in der Sozialarbeit – eine schnelle soziale Mobilität erreicht (Santelli 2001). Die Früchte des Erfolges einiger Französinnen und Franzosen algerischer Herkunft kommen vor allem ihnen und ihrer Familie zu Gute, viel weniger der „Gemeinschaft" als Ganzes, da sie sich weitgehend von der französischen Gesellschaft abgespalten hat. Ein anderer Teil dieser Bevölkerungsgruppe ist zurzeit mit einer stagnierenden oder sogar einer absteigenden Mobilität konfrontiert. Sie ist gekennzeichnet durch eine Abschwächung der schulischen Ambitionen, durch einen Rückzug in die *Banlieues* und durch die Entwicklung radikaler religiöser oder ethnischer Identitäten, die durch den gefährlichen internationalen Kontext unterstützt werden.

Die gegensätzlichen Realitäten, die diese Jugendlichen mit Migrationshintergrund in den französischen Städten zur Zeit kennen lernen, zeigen, wie jede

Generation gleichzeitig Erbe der Erfahrung ist, die die vorherige Generation gemacht hat. Zudem wird deutlich, dass der Migrationsprozess durch die neueste sozioökonomische Entwicklung des Aufnahmelandes und durch einen wechselnden internationalen Kontext gekennzeichnet ist. Die industrielle Umstrukturierung der achtziger Jahre hat die Portugies(inn)en und die Algerier/innen sehr unterschiedlich getroffen. Die wirtschaftliche Lage der ersten Gruppe wurde gestärkt, während die Assimilation der zweiten geschwächt wurde. Auch die Abwertung der allgemeinen Bildung der Unter- und Oberstufe der weiterführenden Schulen und die Neubewertung der technologischen Abschlüsse erfolgte zugunsten der Jugendlichen mit portugiesischem Migrationshintergrund und zu Lasten der Jugendlichen maghrebinischer Herkunft. Der Wegzug der Portugies(inn)en aus den Arbeitervierteln hat nicht dazu geführt, dass die Gemeinschaftsnetze, die auf ethnischem Unternehmertum und kulturellen oder religiösen Vereinen basieren, verschwinden. Bei den Jugendlichem mit maghrebinischem Hintergrund hingegen ist der Zerfall der Migrantengemeinde unter dem Druck des französischen Integrationsmodells von einer zunehmenden Diskriminierung in Bezug auf Wohnsiedlung und Ethnizität begleitet. Diese Situation begünstigt die Entstehung „neuer Gemeinschaften", die gleichzeitig radikal und zerbrechlich sind, deren Identität sich bildet oder verändert, je nach wahrgenommenen Unterschieden der Identität und der Vertreter der Mehrheitsgesellschaft (Ogbu 1929). Die in einigen *Banlieues* anzutreffende räumliche Konzentration der maghrebinische Bevölkerung erscheint heutzutage wie eine Art Abschiebung. Und das umso mehr, wenn sie verstärkt wird durch die Ankunft neuer Migrant(inn)en aus dem Süden, die ihre eigenen Vorurteile und Anpassungsschwierigkeiten mit sich führen.

3 Die jungen türkischen Generationen: Ein Beispiel der Vielfalt der sozialen Anpassung der zweiten Generation mit Migrationshintergrund

Mit Hilfe der Laufbahnanalyse Jugendlicher aus Bordeaux (verglichen mit einer Gruppe aus Hamburg[2]) und der Analyse der Bedeutung und der Rollen, die die Gemeinschaftsinstanzen und die staatlichen Institutionen im Aufnahmeland gespielt haben, kann man sich einen Überblick über die verschiedenen Anpassungsmodalitäten der Jugendlichen verschaffen. Der Punkt ist, die verschiedenen Dimensionen des Migrationsprozesses zu erkennen und zu analysieren, warum sich diese Anpassungsmodalitäten als falsch oder sogar widersinnig herauskristallisiert haben. Wir werden von daher mit François Dubet (1989) argumentieren,

2 Die hier vorgestellten Ergebnisse einer Vergleichsstudie sind vorläufige Resultate einer Dissertation (vgl. Armagnague 2006).

der zwischen „Assimilation" und „Integration" als Indikatoren der unterschiedlichen Formen des türkischen Migrationsprozesses in Europa unterschieden hat[3].

Der „klassische" Migrationsprozess

Dieser Migrationsprozess entspricht einer „klassischen" linearen und individuellen Wahrnehmung der Integration. Er wird definiert durch erfolgreiche *Integration* und *Assimilation*. Ein Teil der Jugendlichen mit türkischem Migrationshintergrund passt sich nach und nach dem Aufnahmeland an. Diese Jugendlichen beginnen einen Prozess der Akkulturation und der Assimilation zusammen mit den Institutionen, den Medien und dem Konsumverhalten.

Die Jugendlichen engagieren sich in der Schule und ihre Familie unterstützt sie dabei. Wenn es die schulischen Leistungen erlauben, beginnen sie ein Studium, was von der Gesellschaft anerkannt wird. Allmählich teilen sie die Werte, die Verhaltensregeln und die Ziele der Menschen der Mittelschicht des Aufnahmelandes, deren offizielle Sprache sie perfekt beherrschen. Die soziale Mobilität wird hier als ein Ergebnis der schulischen Meritokratie der Republik wahrgenommen. Das Schulwesen seinerseits unterstützt diese Art von Erfolg als Beweis seiner Effektivität und als Beweis für seine Bedeutung als zentrales Instrument des republikanischen Integrationsmodells. Die Lehrer/innen setzen sich ganz besonders für diese Schüler/innen ein und machen aus ihnen „Vorbilder" für die Klasse und die Familien, was die Partizipation der Schüler/innen und ihrer Eltern an den meritokratischen Prinzipien stärkt.

Auch wenn die gesellschaftlichen Bindungen zur Gemeinschaft beibehalten werden, erscheinen kulturelle, sprachliche und sogar folkloristische Ressourcen als Anpassung an die bestehende Gesellschaft. Die Gemeinschaft entspricht dem Mittelraum, der von den Forschern der Chicagoer Schule[4] beschrieben wird, in dem die Solidarität zwischen Migrant(inn)en die progressive Aufnahme der Menschen im gesellschaftlichen Rahmen begünstigt. Die Gruppe der Mitmenschen ist jedoch keine Alternative zur individuellen Assimilation. Sie unterstützt die Strategien des sozialen Aufstiegs und schützt vor Demoralisierung und Atomisierung, aber die Rolle dieser gemeinsamen Zwischenstation neigt dazu, sich mit der Zeit abzuschwächen. Die vorläufige Erhaltung der Abhängigkeit und der Solidarität zwischen Landsleuten stellt nicht die individuelle Assimilation in die Gesellschaft und die Übereinstimmung mit ihren Regeln in Frage. Die Formen der Integration sind also sehr „klassisch" und sie zeichnen sich durch Etappen

3 Bezüglich der Unterscheidung zwischen den unterschiedlichen Dimensionen der Assimilation und der Integration siehe auch: Gordon 1964.

4 Siehe die Werke von Robert Park, Anthony Burgess, William Thomas, Florian Znaniecki.

aus, die alle in Richtung einer vollständigen Assimilation der Menschen und einer Abschaffung besonderer ethnischer Gemeinschaften gehen. In anderen Fällen kann die ethnische Gemeinschaft fern gehalten werden: die Jugendlichen leugnen oder lehnen ihre Zugehörigkeit zur türkischen Gruppe ab, weil sie sie als ein Hindernis der Akkulturation empfinden. Die Gemeinschaftsapparate (dörflich, traditionell, religiös) werden als Extrem angesehen und ihnen wird vorgeworfen, eine Barriere gegen die Modernität und die Gesellschaftsordnung zu sein und reaktionäre Praktiken zu fördern. So stellt man in Bordeaux fest, dass einige junge Mädchen, die gute Leistungen in der Schule erbringen und sich als Türkinnen bezeichnen, jegliche Teilnahme an Gemeinschaftsorganisationen, die sie als zu radikal ansehen, ablehnen. Es kann sein, dass dieses Fernhalten schmerzhaft und beängstigend ist, denn es hinterlässt eine Leere. In Hamburg hingegen hat die Untersuchung gezeigt, dass es manchmal die Eltern sind, die eine Trennung forcieren, um ihren Kindern eine „deutsche" Erziehung zu geben. Jegliche Gemeinschaftsverbindungen (sozial, kulturell, räumlich, wirtschaftlich) wurden nicht eingehalten, da das Ziel, sich soweit wie möglich vom Bild des „Ausländers" zu entfernen, auf jeden Fall erreicht werden soll.

Die Erfahrung der hermetisch abgeschlossenen Gemeinschaft

Diese zweite Anpassungsart zeichnet sich durch eine erfolgreiche wirtschaftliche Assimilation und eine schwache kulturelle Integration aus. Sie entspricht einerseits einem „Unter-sich-Sein" bzw. einer gegenüber dem Gastland hermetisch abgeschlossenen Position innerhalb eines ethnischen und gemeinschaftlichen Universums. Dieser Gedanke wird verstärkt durch die starke Ablehnung Frankreichs, die Türkei in die Europäische Union aufzunehmen. Zudem bringt die Position Frankreichs in Bezug auf die Anerkennung des armenischen Völkermordes ein Ablehnungsgefühl der türkischen Gemeinschaft mit sich. Diese Situation fördert den „Zusammenschluss" bzw. den Rückzug in die Gemeinschaft und vergrößert andere Differenzen, wie z.B. religiöse Unterschiede, die extremistisch werden können. Andererseits werden die Jugendlichen durch die Wirtschafts- und Handelsaktivitäten der Diaspora und durch die Anwesenheit türkischer Unternehmen ökonomisch assimiliert (wie z.B. Hoch- und Tiefbau oder Restauration). Diese Jugendlichen mit türkischem Migrationshintergrund haben also einen Arbeitsplatz, was bei den Jugendlichen mit postkolonialem Migrationshintergrund weniger der Fall ist. Die Arbeit hat einen symbolischen Wert, weil sie die Grundlage für die Distanzierung dieser Jugendlichen vom arabischen „Anti-Modell" ist, das sozialen Misserfolg, Trägheit oder sogar Kriminalität symbolisiert. Die eigen-ethnischen wirtschaftlichen Ressourcen erweisen sich zudem als Schutz gegenüber der Diskriminierung und der städtischen Segregation. Wie viele der Jugendlichen mit portugiesischem Migrationshintergrund nutzen auch die Jugendlichen mit türkischem Migrationshintergrund Berufsaussichten in wirtschaftlichen und beruflichen Sektoren, die von ihrer ethnische Gruppe dominiert werden. Das kann einer der Gründe sein, warum unter allen Minderheiten der zweiten Generation die jungen Türk(inn)en (hinter den Jugendlichen portugiesischen Ursprungs) jene sind, die am seltensten studieren. Wenn die Schulleistungen nicht sehr gut sind und wenn dadurch keine Möglichkeiten besteht, eine weiterführende Schule zu besuchen, wählen diese Jugendlichen, unterstützt von ihrer Familie, eine Berufsfachschule, um einen Berufsabschluss in der Hand zu haben, der auf dem „ethnischen" Markt Perspektiven hat. Sie sichern sich eine ausreichende Qualifizierung, um sich von den einfachen und unqualifizierten Berufen fern zu halten und können somit mit dem Gedanken spielen, selbst ein individuelles oder kleines Unternehmen zu gründen. Man erlebt heute eine Zunahme des Dienstleistungssektors und eine Feminisierung der Integrationsstrategien durch die Entstehung neuer Berufe in türkischen Unternehmen z.B. Verwaltung, Sekretariat oder Buchhaltung in größeren Firmen auch Kommunikation oder Handel. Auch hier nutzen die Jugendlichen (vor allem die Mädchen) technologische oder berufsbezogene Richtungen des Schulsystems, um Zugang zu geschützten Bereichen der Wirtschaft zu haben und um Ungewissheit oder Arbeitslosigkeit zu vermeiden. Das Desinteresse der türkischen Jugendlichen gegenüber den allgemeinbildenden bzw. weiterführenden Schulen, deren erfolgreicher Abschluss zum Studium berechtigt, hängt für sie mit der Angst zusammen, dass ein mögliches Scheitern sie zu Opfern der städtischen Segregation bzw. zum sozialen Abstieg führt.

In diesem Modell der „Gemeinschaft" hat die gemeinsame ethnische Dimension Vorrang vor der individuellen Existenz; sie verhindert aber nicht die Entwicklung einer subjektiven Identität (Armagnague 2006). Diese zeichnet sich durch eine abgestimmte Wiederzusammensetzung der Gemeinschaft aus und durch die Möglichkeit, sich Freiheitsräume eher innerhalb als außerhalb der Gemeinschaft zu verschaffen. Dieser Gewinn an Autonomie ist möglich und wird von der ethnischen Gruppe akzeptiert, weil die Jugendlichen ihre Kauf- und Konsumkraft durch tugendhaftes Verhalten sichern wollen und sie ihr allgemeines Verhalten an demjenigen vorheriger Generationen orientieren. Sie orientieren sich – ob aus freiem Willen oder nicht – bei der Auswahl ihrer sozialen Beziehungen an ethnischen Kriterien. Die Aufrechterhaltung des „Unter-sich-Bleibens" bei der Auswahl ihrer sozialen Beziehungen ist hier weniger an einen gemeinschaftlichen Willen „an sich" gebunden, sondern eher an dem Wunsch, nicht mit dem Elend der *Banlieues* in Verbindung gebracht oder sogar vom Elend aufgesaugt zu werden.

Die Jungen erscheinen im öffentlichen Raum als eine gemeinschaftlich auftretende Gruppe. Gruppen junger, ausschließlich türkischer Jungen „belagern" sowohl in Bordeaux als auch in Hamburg Viertel oder Freizeitorte, zu denen sie sich zugehörig fühlen. Wegen der Distanz, die in der Welt der Jugendlichen herrscht und die als bedrohlich gesehen wird (Kriminalität, Drogenabhängigkeit), sind sie gegen eine ethnische Mischung.

Die Haltung der jungen Mädchen impliziert häufig eine Dichotomie zwischen der Tradition, die sie weiterführen, und der Modernität, die sie kennenlernen wollen. In den öffentlichen Räumen bleiben sie unsichtbar, um nicht mit den Jugendlichen identifiziert zu werden, deren Verhalten sie als unmoralisch empfinden, und um zu vermeiden, Verhaltensmuster anzunehmen, die nicht ihren eigenen Werten entsprechen. Dennoch kritisieren sie die sexuelle Unterdrückung bzw. Ungerechtigkeit oder den fehlenden Freiraum.

Die Erfahrung der Stadtrandgebiete

Ein Teil der Jugendlichen türkischer Herkunft wohnt jedoch in den *Banlieues*, weil ihre Einkünfte oder diejenigen ihrer Eltern niedrig sind. Da viele Neuankömmlinge aus der Türkei die Umstände in den Quartieren nicht kennen, wählen sie häufig die problematischsten Gegenden. Dieser Prozess basiert meist auf einer unzureichenden oder gar fehlenden wirtschaftlichen Assimilation, aber auch auf einer funktionierenden kulturellen Integration, die sich durch die Distanz gegenüber den Werten und Normen der eigenen ethnischen Gemeinschaft kennzeichnet. Diese Jugendlichen können sogar von der Gemeinschaft und der Familie verstoßen werden und eine zynische Haltung gegenüber diesen Instanzen aufbauen. Durch die Akkulturation teilen sie die Werte und Wünsche des sozialen Aufstiegs und des Konsumverhaltens, was von der Gesellschaft als positiv gesehen wird. Aber das Wohnen in den marginalisierten Quartieren führt dazu, dass sie sich denjenigen annähern, die die stigmatisierte Umgebung widerspiegeln: den Jugendlichen maghrebinischer Herkunft und nicht der abstrakte Mehrheitsgesellschaft, die aus Französinnen und Franzosen der Mittelschicht besteht.

Diese Jugendlichen verhalten sich eher wie die Jugendlichen maghrebinischer Herkunft. Sie weigern sich, ihre Jugend im Hoch- und Tiefbau oder in der Gastronomie zu „verschwenden". Sie weigern sich auch, die Arbeitsbedingungen ihrer Väter zu akzeptieren, die sie als Ausbeutung seitens der Gesellschaft interpretieren. Ohne eine erfolgreiche Schulbildung bleiben sie oft ohne Ausbildung und ohne Arbeit. Ihre Haltung als Opfer basiert auf der mimetischen Beziehung zur Mehrheitsgesellschaft, die sie als Jugendliche mit (post-)kolonialem Migrationshintergrund stigmatisiert (Lapeyronnie 2005a).

Die schwache wirtschaftliche Assimilation und die starke kulturelle Integration widersprechen sich nicht nur, beide unterstützten den Prozess der Stigmatisierung und der Ausgrenzung der Jugendlichen in den *Banlieues*.

Die Arbeitslosigkeit ist das Ergebnis der fehlenden Assimilation, der Chancenungleichheit in Bezug auf eine angemessene Ausbildung oder auch der Trägheit der Jugendlichen selbst. Wegen der fragilen Wirtschaft ist es den Jugendlichen nicht möglich, ihren durchaus ambitionierten individuellen Erfolgsprojekten gerecht zu werden, die vom republikanischen Gesellschaftsmodell befürwortet werden und an die die Jugendlichen auch glauben.

Durch die Distanz zur Gemeinschaft haben die Jugendlichen keinen Zugang zum ethnischen sozialen Kapital, das für die berufliche Assimilation vorgesehen ist. Die *Anomie* (nach Merton), d.h. die Kluft zwischen den von der Gesellschaft befürworteten Zielen der Jugendlichen und den legitimen Mitteln, die die Gesellschaft ihnen zur Verfügung stellt, um diese Ziele zu erreichen, bringt Verbitterung mit sich und begünstigt oppositionelle Haltungen gegenüber dem Gastland, das integriert, ohne zu assimilieren. Die Migrant(inn)en und der Islam werden zu Emblemen, und die traditionelle hanafitische Rechtsschule der türkischen Sunnit(inn)en unterscheidet sich erheblich von den anderen Traditionen junger Muslime in Frankreich. Sie kreieren eine Ethnizität, die nicht mehr durch die Zugehörigkeit zur eigenen ethnischen Gemeinschaft, sondern durch eine Fremdartigkeit gegenüber der Gesellschaft gekennzeichnet ist. Diese so genannte „oppositionelle“ Ethnizität verwandelt den Wunsch zu konsumieren in einen Wunsch des angeberischen Überkonsums und führt gleichzeitig zu einer Rückentwicklung des Respekts gegenüber der reellen oder angenommenen Dominanz der Älteren (Ogbu/Simons 1998). Einige Jugendliche türkischer Herkunft leben sogar in der Illegalität und der Devianz bzw. mit Identifikationsmustern ohne Hoffnung. Die Jugendlichen türkischer Herkunft kopieren somit die Situation der ersten maghrebinischen Generation, und einige Jugendliche der zweiten Generation übertragen die Demütigungen, die sie erleben, auf ihre Eltern. Sie nehmen dann am Ausgrenzungsmechanismus teil, indem sie eine soziale Geschichte und eine soziale Realität ableiten, die sie nicht wirklich betreffen, die aber ihre Abneigung gegenüber der französischen Gesellschaft und gegenüber der eigen-ethnischen Gemeinschaft ausdrücken. Dieses Gefühl verstärkt die Diskriminierungsbewegung, durch die diese Jugendlichen immer wieder auf eine so genannte Migrantenposition festgelegt werden, obwohl sie sich objektiv gesehen im Prozess der Akkulturation befinden.

Die Marginalisierung: die dreifache Ausgrenzung

Weder vollständig *integriert*, noch *assimiliert* sind einige Türk(inn)en mit einer dreifachen Ausgrenzung konfrontiert. Sie verfügen über keinen akzeptablen Platz in der Arbeitsgesellschaft und stimmen nicht den Werten des Gastlandes zu. Sie haben sich jedoch auch von der eigenen ethnischen Gemeinschaft gelöst und gehören z.B. illegalen Radikalgruppen (nationalistischer oder extremer Islamismus) an. In einer moralischen Logik der Empörung verspotten sie den Individualismus, sind ohne wirtschaftlichen Wohlstand bzw. ohne reelles Einkommen und entwickeln eine spezielle Art von Kommunitarismus, um das Manko der tatsächlich fehlenden Gemeinschaft auszugleichen.

So orientieren sich die Jungen z.B. an den *Loups gris* (Grauen Wölfen), einer Organisation, die in den letzten Jahren einen starken Mitgliederschwund hinnehmen musste. Vor dem Hintergrund des Engagements junger „ausgebrannter" Menschen und der Aktualität der kurdischen und armenischen Fragen findet sie seit einige Zeit jedoch wieder Anhänger. Junge Mädchen werden von einigen Organisationen und strengen islamischen Bruderschaften überredet, sich bei ihnen zu engagieren. Sie treten diesen Organisationen bei, vor allem weil der Dogmatismus und der Ritualismus dieser Instanzen ihnen helfen, Handlungen und Glauben miteinander in Einklang zu bringen, und weil die Bedrohung der kulturellen Integration durch ein Universum, das als Unmoral betrachtet wird, die Suche nach einfachen Dichotomien fördert.

4 Fazit

Festhalten muss man zunächst, dass die jungen Türk(inn)en nicht in diesen unterschiedlichen Migrationsprozessen „erstarren". Die dargestellte Dynamik ist das Ergebnis einer Vielfalt, die eine kommunitäre Einwanderung mit sich bringt, d.h. sie ist ein Produkt des ständigen Kontakts der Einwanderer mit den Institutionen und der sozialen Logik der Mehrheitsgesellschaft. Der Fall der Jugendlichen mit türkischem Migrationshintergrund ist hier sowohl eine Synthese als auch eine Alternative zur Version der Assimilation bzw. der Integration der Jugendlichen mit portugiesischem und maghrebinische Migrationshintergrund in einer Zeit, in der die Minderheitenidentitäten mehr und mehr von der Lokalisierung und der Globalisierung konstruiert und beeinflusst werden. Das türkische Beispiel unterstützt den Gedanken der Effektivität der Institutionen hinsichtlich der Behandlung der ethnischen Gemeinschaft durch das französische republikanische Modell. Es zeigt auch das Problem, das heute besteht, wenn man den Assimilations- und Integrationsprozess der ethnokulturellen Minderheiten im

Gastland analysieren will, mit „Beispielen" zu argumentieren, vor allem mit nationalen Beispielen, da diese so vielfältig geworden sind.

Obwohl die Jugendlichen mit Migrationshintergrund oft in den Medien stigmatisiert werden und die französische Gesellschaft sie prinzipiell in den *Banlieues* verortet, zeigen die analysierten Fälle, dass sie seitens der Bevölkerung selten in einer Situation der Marginalisierten bzw. der völligen Ausgrenzung gesehen werden. Die Gemeinschaften, die sich in einem ständigen Prozess der Anpassung befinden, ob kulturell, wirtschaftlich oder imaginär, relativieren die Bedeutung des Ansatzes der so genannten „marginalisierten" Jugendlichen. Je nach Blickwinkel der Herkunftsgesellschaft, der eingewanderten oder der jugendlichen Migrationsgesellschaft variieren sowohl die Wahrnehmung der Ausgrenzung als auch die Interpretation einer gelungenen bzw. misslungenen Assimilation und Integration. Im Gegensatz zu den vielen Jugendlichen mit Migrationshintergrund in den amerikanischen Metropolen, die eine gemeinsame Sozialisierung mit der Jugend der afroamerikanischen Ghettos (Gans 1992) erleben, ist die französische Version des Ghettos eher sonderbar und besonders heterogen (Lapeyronnie 2005b). Tatsächlich sieht man, dass das gesellschaftliche Leben in den Quartieren verschiedene Arten ethnischer Identifizierungen aufweist, die ständig erneuert werden, sowohl seitens der ersten Generation mit Migrationshintergrund als auch von Seiten der neuen Migrant(inn)en und deren Kinder.

Literatur

Armagnague, Maïtena (2006): La dynamique communautaire dans les grands ensembles: entre ethnicité, assimilation et exclusion sociale. Le cas des jeunes générations turques. Bordeaux.

Bataille, Philippe (1997): Le racisme au travail. Paris.

Belhadj, Marnia (2006): La conquête de l'autonomie. Histoires de françaises descendantes de migrants algériens. Paris.

Brinbaum, Yaelle/Keiffer, Annick (2005): D'une génération à l'autre, les aspirations éducatives des familles immigrées : ambition et persévérance. In: Education & Formation, Nr. 72, September, S. 53-75.

Charbit, Yves/Hily, Marie-Antoinette/Poinard, Michel (1997): Le va-et-vient identitaire. Migrants portugais et village d'origine. In: Cahiers de l'Ined, Nr. 140.

Dubet, François (1989): Immigration, qu'en savons-nous? In: Notes et études documentaires, Nr. 4887. Paris.

Establet, Roger, (1997): Comment peut-on être Français? 90 ouvriers turcs racontent. Paris.

Felouzis, Georges (2003): La ségrégation ethnique au collège et ses conséquences. In: Revue française de sociologie, Vol. 44, Nr. 3, Juli-September, S. 413-447.

Gans, Herbert (1979): “Symbolic Ethnicity: The Future of Ethnic Groups and Cultures in America”. In: Ethnic and Racial Studies, Vol. 2, Nr. 1, S. 1-20.
Gans, Herbert (1992): Second-generation decline: scenarios for the economic and ethnic futures of the post-1965 American immigrants. In: Ethnic and Racial Studies, Vol. 15, Nr. 2, April, S. 173-193.
Le Goaziou, Veronique/Mucchielli, Laurent (2006): Quand les banlieues brûlent. Retour sur les emeutes de novembre 2005. Paris.
Gordon, Milton (1964): Assimilation in American Life. The role of Race, Religion and National Origin. New York.
Lagrange, Hughes (2006): La structure et l’accident. In: Lagrange, Hughes/Oberti, Marco (Hg.): Emeutes urbaines et protestation. Une singularité française. Paris, S. 105-130.
Lapeyronnie, Didier (2005a): In: Blanchard, Pascal/Bancel, Nicolas/Lemaire, Sandrine (Hg.): La fracture coloniale. La société française au prisme de l’héritage colonial. Paris, S. 185-195.
Lapeyronnie, Didier (2005b): Racisme, espace urbain et ghetto. In: Boucher, Manuel (Hg.): Discrimination et ethnicisation: combattre le racisme en Europe. Paris.
Noiriel, Gerard (1984): Longwy, immigrés et prolétaire (1880-1980). Paris.
Ogbu, John (1992): Les frontières culturelles et les enfants de minorités. In: Revue française de pédagogie, Nr. 101, S. 9-26.
Ogbu, John/Simons, Herbert (1998): Voluntary and Involuntary Minorities: A Cultural Ecological Theory of School Performance with Some Implications for Education, Anthropology and Education Quarterly, Vol. 29, Nr. 2., S. 155-188.
Portes, Alejandro/Zhou, Min (1993): The New Second Generation: Segmented Assimilation and Its Variants. In: Annals of the American Academy of Political and Social Science, November, S. 74-96.
Safi, Mirna (2006): Le processus d’intégration des immigrés en France: inégalités et segmentations. In: Revue Française de Sociologie, Vol. 47, Nr. 1, S. 3-48.
Santelli, Emmanuelle (2001): La mobilité sociale dans l’immigration. Itinéraires de réussite des enfants d’origine algérienne. Presses Universitaires de Toulouse.
Sayad, Abdelmalek (1999): La double absence: des illusions de l’émigré aux souffrances de l’immigré. Paris.
Sayad, Abdelmalek (1991): L’immigration ou les paradoxes de l’altérité. Bruxelles.
Schiff, Claire (2008): Blédards et banlieusards. Figures juvéniles de la condition immigrée. Paris.
Silberman, Roxanne (2002): Les enfants d’immigrés sur le marché du travail. In: Héran F./Aoudai M./Richard J.-L. (Hg.): Immigration, marché du travail, intégration. Commissariat général du Plan. Paris, S. 297-311.
Tribalat, Michèle (1995): Faire France. Une enquête sur les immigrés et leurs enfants. Paris.
Tribalat, Michèle (1996): De l’immigration à l’assimilation. Enquête sur les populations d’origine étrangère en France. Paris.
Volovitch-Tavares, Marie-Christine (2001): Les phases de l’immigration portugaise des années vingt aux années soixante-dix. Actes de l’Histoire de l’Immigration.

Jugendliche mit Migrationshintergrund in Deutschland: Ausländer oder Einwanderer?

Andreas Deimann

> „Deshalb gilt auch bei den ausländischen Mitbürgern irgendwo der Punkt, wo wir sagen: Die müssen nicht alle hier bleiben. Wenn der Eine von den Beiden, die in München die Tat gemacht haben, jetzt sagt: Ihr könnt mich doch nicht in die Türkei abschieben. Ich bin doch immer hier gewesen. Dann muss ich in aller Härte sagen: Das hätte er sich überlegen können, bevor er die Faust gehoben hat. Und Punkt" (Hessens Ministerpräsident Roland Koch (CDU) am 6. Januar 2008, zitiert nach http://de.reuters.com).

Die Situation Jugendlicher in marginalisierten Quartieren ist in Frankreich und Deutschland durch Migration geprägt. Dabei gibt es trotz gemeinsamer Richtlinien der Europäischen Union große Unterschiede zwischen den Nationalstaaten. Deutschland wurde nach dem Krieg zu einem „Einwanderungsland wider Willen" (Klaus J. Bade). Um die Situation Jugendlicher mit Migrationshintergrund in Deutschland zu verstehen, lohnt ein Blick zurück in die Einwanderungsgeschichte (1). Vor diesem Hintergrund werden aktuelle Forschungsergebnisse zur Bildungs- und Ausbildungssituation vorgestellt (2). Sie zeigen: Wie in keinem vergleichbaren Staat, wird hierzulande das Bildungssystem zur „Abseitsfalle" für Jugendliche mit Migrationshintergrund. Dass die Chancenlosigkeit der nächsten Generation im Einwanderungsland für die Gesellschaft selbst zum Problem wird, haben inzwischen auch Politik und Öffentlichkeit erkannt. So hat sich in diesem Jahrzehnt eine neue Integrationspolitik entwickelt. Doch vielfach ist dieser neue Politikansatz noch symbolisch geblieben, ohne Konsequenzen für die etablierten Organisations- und Interaktionsformen des Bildungssystems (3). Das einleitende Zitat eines deutschen Ministerpräsidenten im Wahlkampf illustriert, dass etablierte Kräfte noch immer glauben, sie könnten Integrationsprobleme individualisieren und durch Abschiebung lösen. Hinter diesem Punkt muss abschließend ein Fragezeichen erlaubt sein (4).

1 Einwanderungsgeschichte und Ausländerpolitik in Deutschland

Ein Teil des Nationalsozialismus war die rassistische Bevölkerungspolitik. Dazu gehörte der Völkermord an den europäischen Juden. Andere Bevölkerungsgruppen in den eroberten Gebieten Osteuropas wurden als „minderwertige Rassen“ unterdrückt oder gewaltsam vertrieben. Nach dem Ende des Zweiten Weltkrieges kehrte sich die erzwungene Migration um: „Volksdeutsche“ wurden aus dem Osten Richtung Westen vertrieben.

> „Millionenfach machten sich die Verstoßenen in ein geteiltes Deutschland auf und überschwemmten dort die westlichen Zonen mit der größten Flüchtlingswelle in der europäischen Geschichte. Gleichzeitig zogen – makabere Ironie – jüdische Opfer des Nazismus in dieselbe Richtung wie die einstige Herrenrasse“ (Marrus 1999, S. 367).

Die Gründerjahre beider deutscher Nachkriegsstaaten blieben durch Ost-West-Migration geprägt. Bis zum Mauerbau 1961 kamen mindestens 2,7 Millionen Deutsche aus der DDR in den Westen (Bade/Oltmer 2003).

Mitte der 1950er Jahre traf die bundesdeutsche Politik im Konsens mit den Tarifpartnern die Entscheidung, ausländische Arbeitskräfte für gering qualifizierte Tätigkeiten im industriellen Bereich anzuwerben. Alle Beteiligten, auch die Migrant(inn)en selbst, gingen vom temporären Charakter der Zuwanderung aus. Gesucht und ins Land geholt wurden

> „Personen, für die es auch Arbeit gab: überwiegend schlecht bezahlte, wenig prestigeträchtige und unangenehme Arbeit, für die sich Bundesdeutsche kaum interessierten“ (Münz/Seifert 1997, S. 37).

Da nach wenigen Jahren eine Rückkehr in die Herkunftsländer erfolgen sollte und an dieser Zielsetzung auch noch festgehalten wurde, als sich bereits deutliche Niederlassungstendenzen zeigten, kam erst spät die Forderung nach einer begleitenden Integrationspolitik auf. Diese Faktoren, die gezielte Anwerbung für gering qualifizierte und bezahlte Arbeitsplätze in der Industrie, die Ausrichtung der Zuwanderung auf einen zeitlich befristeten Aufenthalt und der langjährige Verzicht auf aktive Integrationspolitik, haben soziale Folgen bis in die Gegenwart (vgl. Santel 2002).

Die so einmal festgelegte, weitgehend homogene Beschäftigtenstruktur ging notwendig mit deutlich verminderten Chancen auf eine spätere berufliche Aufwärtsmobilität einher. Aufgewachsen im Arbeitermilieu, wurde auch für die nachkommenden Generationen eine Arbeiterkarriere wahrscheinlich. 1973, in Folge der sog. Ölkrise und einer sich abzeichnenden Rezession, wurde ein Anwerbestopp beschlossen, der noch heute Gültigkeit hat. Dadurch wurde das Pendeln zwischen Herkunfts- und Einwanderungsland erschwert und ein Anreiz zur Aufenthaltsverfestigung und Familienzusammenführung geschaffen. Die Familie steht unabhängig von der Staatsangehörigkeit unter dem Schutz des Grundgesetzes, der deutschen Verfassung. Daraus, wie auch aus der Europäischen Konvention zum Schutz der Menschenrechte und Grundfreiheiten, ergibt sich ein Recht auf Familienzusammenführung und damit ein Zuwanderungsrecht trotz Anwerbestopp (vgl. Bade 1994).

Die Rationalisierung der Industrieproduktion hat seit den 1980er Jahren zu Massenentlassungen geführt. Davon waren und sind gerade die früheren „Gastarbeiter/innen" betroffen. Stetig nehmen hierzulande die Nachfrage nach einfacher Arbeitskraft ab und der Wettbewerb um Ausbildungs- und Arbeitsplätze zu. Bildungsabschlüsse werden immer stärker zur Voraussetzung für den Zugang zum Arbeitsmarkt. Kinder und Partner/innen, die durch die Familienzusammenführung nach Deutschland kommen oder zwischen der alten und neuen Heimat pendeln, müssen zudem feststellen, dass ihre im Herkunftsland erworbenen Kenntnisse in der Bundesrepublik entwertet werden (vgl. Bade/Bommes 2004).

Ganz ähnlich geht es den Deutschen und ihren Familienangehörigen, die aus Polen und Rumänien, seit 1990 auch aus Staaten der ehemaligen Sowjetunion zugewandert sind. Ihre Vorfahren waren vor Generationen ausgewandert, 1763 zuerst „angeworben" von der russischen Zarin Katharina II., die selbst aus Preußen stammte. Auch hier waren wirtschaftliche Motive ausschlaggebend. Deutsche Bauern sollten die Erträge der Landwirtschaft steigern und brachliegende Flächen nutzbar machen. Viele waren in Folge des Zweiten Weltkrieges von Osten nach Westen geflohen. Andere waren geblieben, pflegten ihre deutsche Muttersprache und Herkunftskultur im Einwanderungsland und litten teilweise unter Diskriminierung. Um nach Deutschland zurück zu kehren, mussten sie ihre „deutsche Volkszugehörigkeit" nachweisen, also ihre Abstammung und so etwas wie deutsche Kultur. Bis zum Ende des Kalten Krieges sah sich die Bundesrepublik zu einer großzügigen Aufnahmepraxis und bevorzugten Integration der Rückwanderer verpflichtet. Seit 1996 müssen Spätaussiedler/innen schon im Herkunftsland ausreichende mündliche Deutschkenntnisse nachweisen. Insgesamt sind nach dem Ende des Kalten Krieges drei Millionen Spätaussiedler/innen nach Deutschland gekommen. Sie sind neben den türkischstämmigen Migrant(inn)en die größte Zuwanderergruppe (vgl. Bade 1994).

Wesentlich kleiner ist die Gruppe der Flüchtlinge im Land. Auch für sie hat sich die Situation in Deutschland seit den 1990er Jahren grundlegend verändert. Nach der Einschränkung des früher generösen Grundrechts auf Asyl im sog. „Asylkompromiss" ist die Neuzuwanderung klar und nachhaltig zurückgegangen – von fast 440.000 Erstanträgen im Jahr 1992 auf 21.029 Erstanträge im Jahr 2006 (BAMF 2007). Der Hohe Flüchtlingskommissar der Vereinten Nationen (engl. UNHCR) betrachtete sich Ende 2005 für rd. 781.000 Personen in Deutschland als zuständig (UNHCR 2006). Unter diesen waren rd. 261.000 Asylberechtigte und Flüchtlinge im Sinne der Genfer Flüchtlingskonvention von 1951 (GFK) in der Fassung des Protokolls von New York von 1967. Diese anerkannten Flüchtlinge sind anderen Zugewanderten in Deutschland aufenthaltsrechtlich weitgehend gleichgestellt und erhalten gemäß geltendem Recht nach drei Jahren Aufenthalt eine Niederlassungserlaubnis, wenn das Schutzbedürfnis fortbesteht. Zur *population of concern to UNHCR* zählten rd. 439.000 weitere Personen: Sie waren nicht als Flüchtlinge gemäß der GFK anerkannt, ein Teil hatte jedoch einen „komplementären Schutz" erhalten z.B. aufgrund von Abschiebungshindernissen; aufenthaltsrechtlich stehen sich diese De-facto-Flüchtlinge schlechter. Zudem hielten sich Ende 2005 rd. 71.000 Asylbewerber/innen in Deutschland während des laufenden Asylverfahrens auf. Das Verfahren dauert oft mehr als zwei Jahre und endet in der Regel ohne Anerkennung. Die Zahl der Geduldeten, viele von ihnen abgelehnte Asylbewerber/innen, wird von UNHCR nicht gesondert ausgewiesen; allgemein wurde diese Gruppe auf rd. 200.000 Personen geschätzt. Diese ausreisepflichtigen Ausländer/innen leben, ähnlich wie „Illegale", in einer „Schattenwelt" (Jörg Alt): Die permanent drohende Abschiebung macht eine freie Entfaltung der Persönlichkeit unmöglich. Als Kinder und Jugendliche dürfen sie in Kindertageseinrichtungen gehen und müssen Schulen besuchen. Danach dürfen sie aber nicht studieren und eine Ausbildung oder Arbeit erst nach zwölf Monaten Aufenthalt aufnehmen, wenn die Stelle nicht mit deutschen Arbeitnehmer(inne)n, Ausländer(inne)n, die diesen hinsichtlich der Arbeitsaufnahme rechtlich gleich gestellt sind, oder EU-Staatsbürger(inne)n mit vorrangigem Arbeitsmarktzugang besetzt werden kann.[1] Auch die im letzten Jahr beschlossene, befristete Altfallregelung wird dieses humanitäre Problem nicht lösen (vgl. Deimann 2008).

Die Bundesrepublik war von Anfang an ein Einwanderungsland. Kein klassisches wie etwa die USA, Kanada, und Australien mit einer langjährigen, interessengeleiteten Einwanderungspolitik. Auch kein Einwanderungsland mit Kolonialgeschichte, dessen Bürger/innen aus den früheren Kolonien einwandern, wie das in Frankreich der Fall gewesen ist. Aber ein Einwanderungsland mit Arbeitsmigration wie u.a. Schweden und Belgien mit dem Alleinstellungsmerkmal einer Remigration der Aussiedler/innen. Sie stellen die Mehrheit der 1. Generation, während die größte Gruppe der 2. Generation einen türkischen Migrationshintergrund hat (vgl. Konsortium Bildungsberichterstattung 2006).

Schon die Unterscheidung zwischen den größten Zuwanderergruppen zeigt, dass die traditionelle Differenzierung von Deutschen und Ausländer(inne)n nicht ausreicht, um den Sachverhalt der Migration zu erfassen. Zu Ausländer(inne)n

---

1 Die Vorrangprüfung kann entfallen, wenn sich die geduldeten Ausländer/innen seit vier Jahren ununterbrochen erlaubt, geduldet oder mit Aufenthaltsgestattung im Bundesgebiet aufgehalten haben (§ 10 Beschäftigungsverfahrensverordnung/BeschVerfV). Die Beschäftigungserlaubnis wird versagt, wenn die Geduldeten sich ins Bundesgebiet begeben haben, um Leistungen nach dem Asylbewerberleistungsgesetz zu beziehen oder wenn bei ihnen aufenthaltsbeendende Maßnahmen aus von ihnen zu vertretenden Gründen nicht vollzogen werden können (§ 11 BeschVerfV).

und Deutschen gehören Personen mit und ohne Wanderungserfahrung: Viele jugendliche Ausländer sind in Deutschland geboren und nicht selbst zugewandert, haben aber die Staatsangehörigkeit ihrer Eltern beibehalten. Andere sind Ausländer/innen gewesen, die nach Deutschland zugewandert sind und dann eingebürgert wurden. Und viele Deutsche sind im Ausland geboren und als Spätaussiedler/innen erst im Laufe ihres Lebens zugewandert. Die soziologische Konstruktion der Personen „mit Migrationshintergrund" – als Kritik an einem diskriminierenden Ausländerbegriff eingeführt – wird heute auch politisch verwendet oder durch die Formel „mit Zuwanderungsgeschichte" eingedeutscht. Inzwischen ist Migrationshintergrund auch in der amtlichen Statistik zu einem Kriterium geworden, nicht zuletzt um sachliche Grundlagen für eine neue Integrationspolitik zu schaffen.

2 Zur Bildungs- und Ausbildungssituation

Das Bundesamt für Statistik hat mit dem Mikrozensus 2005 zum ersten Mal Personen mit Migrationshintergrund in Deutschland erhoben. Dazu zählen neben Ausländer(inne)n auch Migrant(inn)en mit deutscher Staatsangehörigkeit, die der zweiten Generation angehören oder die im Ausland geboren und zugezogen sind: das waren 15,3 Millionen Menschen und damit mehr als doppelt so viele wie Ausländer/innen. Dies entspricht fast einem Fünftel (18,6%) der deutschen Bevölkerung. Dabei ist der Anteil in Westdeutschland und insbesondere in Großstädten noch wesentlich höher. Spitzenwerte wurden in Stuttgart und Frankfurt am Main mit einem Bevölkerungsanteil von rund 40% festgestellt. Die Mehrheit der Zugewanderten lebt bereits dauerhaft in Deutschland. In der Altersgruppe der unter 25-Jährigen beträgt der Anteil der Personen mit Migrationshintergrund bundesweit mehr als ein Viertel (27,2% = 6 Mio.) – in westdeutschen Bundesländern wie Nordrhein-Westfalen gut ein Drittel. Davon sind zwei Drittel in Deutschland geboren – ein Drittel ist selbst zugewandert und zählt zur ersten Generation, die als Seiteneinsteiger im deutschen Bildungssystem anfängt. Dabei ist die Neuzuwanderung insgesamt stark rückläufig. Der Migrationsbericht der Bundesregierung weist einen Rückgang des Wanderungssaldos (Zuzüge minus Fortzüge) über 90% im letzten Jahrzehnt aus. Während der Wanderungsgewinn im Jahr 1996 bei 282.197 Zuzügen lag, hat er sich im Jahr 2006 auf 22.791 verringert.

Die im Auftrag des staatlichen Konsortiums Bildungsberichterstattung veröffentlichte Studie „Bildung in Deutschland" (2006) stellt erstmals Stand und Entwicklung des deutschen Bildungssystems im Gesamtzusammenhang dar – von der frühkindlichen Bildung, Betreuung und Erziehung über die allgemeine Schulbildung bis hin zur beruflichen Bildung. Mit Daten des Statistischen Bundesamtes, der PISA-Studien und anderer repräsentativen Untersuchungen werden Bildungsbeteiligung und Bildungsverläufe von Kindern und Jugendlichen mit Migrationshintergrund in biographischer Folge dargestellt.

Die Beteiligung ausländischer Kinder in Kindertageseinrichtungen hat sich danach zwischen 1991 und 2004 insgesamt gesteigert und der deutscher Kinder angeglichen. Der Bericht weist die Inanspruchnahme von Kindertageseinrichtungen im Alter von 3 und 4 Jahren mit und ohne deutsche Staatsangehörigkeit aus – ein Feld, in dem noch keine Daten für die Kategorie Migrationshintergrund vorliegen. Während der Abstand ab 4 Jahren bis zum Schuleintritt im Jahr 2004 nur noch 5 % ausmachte (89% der Deutschen und 84% der Nichtdeutschen) hat die Beteiligung der 3-Jährigen seit 2000 sogar nachgelassen: 72% der deutschen Kinder besuchen Kindertageseinrichtungen bereits im Alter von 3 Jahren; unter den Ausländer(inne)n sind das mit 56% noch deutlich weniger. Aktuell werden die Rahmenbedingungen für Kindertagesstätten in den Bundesländern neu geregelt. Eine frühe Förderung der unter 3-jährigen wie in Frankreich gibt es bisher nicht. Angebot und Nachfrage sind gegenwärtig Gegenstand bildungspolitischer Diskussionen und Reformpläne.

Bildung fällt grundsätzlich in die Zuständigkeit der sechzehn Bundesländer. Der Bericht stellt fest, dass migrationsspezifische Daten zum Schuleintritt für den Bund kaum vorliegen und greift exemplarisch auf die Schulstatistik Nordrhein-Westfalen und landesspezifische PISA-Daten zurück. Nordrhein-Westfalen ist mit einer Bevölkerung von 18 Millionen, darunter knapp 2 Millionen Ausländer/innen und mehr als 4 Millionen Menschen mit Migrationshintergrund das größte deutsche Einwanderungsland. Die Daten belegen, dass der Anteil vorzeitiger Einschulungen bei ausländischen Kindern um etwa ein Drittel geringer ausfällt, Zurückstellungen aber etwa doppelt so häufig vorkommen.

> „In den Jahrgangsstufen 1 bis 3 ist das Wiederholungsrisiko von Kindern mit Migrationshintergrund viermal höher als das von Nichtmigranten“ (Konsortium Bildungsberichterstattung 2006, S. 152).

Im Grundschulbereich ist der Leistungsrückstand der ersten Generation in der Lesekompetenz beträchtlich und die Differenz zu den Gleichaltrigen ohne Migrationshintergrund in Deutschland größer als in anderen Staaten.

> „Schüler mit Migrationshintergrund erhalten in der Grundschule bei derselben Leistung etwas schlechtere Noten als ihre Mitschüler; unterschiedliche Chancen für eine Gymnasialempfehlung sind die Folge" (ebd., S. 165).

Die Grundschule beginnt im sechsten Lebensjahr und umfasst vier Jahrgangsstufen. In der Regel mit zehn Jahren werden die Schüler/innen einer Schule der

Sekundarstufe zugewiesen. Dazu gehören, mit steigendem Anspruchsniveau, Hauptschulen, Realschulen und Gymnasien. Parallel bieten Gesamtschulen alle drei Stufen unter einem Dach an. Jugendliche mit Migrationshintergrund sind seit Jahrzehnten in allen Schulformen vertreten. Im Schuljahr 2006/2007 waren das laut Schulstatistik (MSW 2007) insgesamt 440.195 Kinder und Jugendliche, 15,3 % aller Schüler/innen. Bei PISA 2003 wurden mit feineren Kriterien andere Daten ermittelt: ein Elternteil im Ausland geboren 7,7%, erste Generation 9,3% und zugewandert 12,5%: insgesamt wurde so rund 30 % der Schüler/innen ein Migrationshintergrund zugeschrieben. Wie im Mikrozensus macht die erweiterte Definition sichtbar, dass die Kategorie Ausländer nur etwa die Hälfte der Personen mit Migrationshintergrund erfasst.

Die internationale Schulvergleichsstudie PISA (OECD 2003) hat die Schulleistungen der 15-jährigen nach den wichtigsten Herkunftsländern differenziert. Die Disparitäten im unteren Leistungsbereich sind besonders stark ausgeprägt: Der Anteil der sog. Risikogruppe, die höchstens Kompetenzstufe 1 und damit minimale Kenntnisse erreicht, beträgt in Deutschland 42% der ersten Generation und 44% der zweiten Generation, während von den Schüler(inne)n ohne Migrationshintergrund 14% dazu zählen. Im Sekundarbereich ist die erste Generation der Aussiedler/innen erfolgreicher als die zweite Generation türkischer Herkunft – ein im internationalen Vergleich einmaliger Befund. Dabei wurde deutlich, dass fast 90% der Jugendlichen mit Eltern aus der ehemaligen Sowjetunion im Ausland geboren sind, aber in über 40% der Fälle im Alltag vorwiegend Deutsch sprechen. Sie verfügen im Durchschnitt über höhere Kompetenzen als Jugendliche aus Familien türkischer Herkunft. Fast drei Viertel der Jugendlichen, deren Eltern aus der Türkei stammen, sind dagegen in Deutschland geboren und aufgewachsen. Trotzdem spricht nur knapp ein Drittel von ihnen im Alltag vorwiegend deutsch. Der Zusammenhang zwischen Sprachgebrauch und den bei PISA ermittelten Kompetenzstufen wird zur Erklärung der extrem schlechten Ergebnisse türkeistämmiger Jugendlicher herangezogen. Ihre durchschnittlichen Mathematik- und Lesekompetenzen lagen bei etwa der Hälfte der Fälle nicht über der Kompetenzstufe I. Die OECD-Studie sieht darin äußerst unzureichende Voraussetzungen für die weitere Teilhabe am wirtschaftlichen und gesellschaftlichen Leben nach der Schule.

Die Schulstatistik zählt die Schulabschlüsse, von denen formal abhängt, welche Möglichkeiten Jugendliche nach der Schule haben. Gerade in Deutschland sind anerkannte Zertifikate von größerer Bedeutung als in der Neuen Welt. Bei eigenen Berechnungen mit den aktuellsten Daten der Schulstatistik werden Deutsche ohne Aussiedler/innen auf der einen Seite und Ausländer/innen und Aussiedler/innen auf der anderen Seite ausgewiesen, um damit Jugendliche mit Migrationshintergrund annähernd in einer Kategorie zu erfassen. Eingebürgerte finden sich unter den Deutschen.

Abbildung 1: Schulabgänger/innen Nordrhein-Westfalen, Schuljahr 2006/2007

	Deutsche ohne Aussiedler/innen		**Ausländer/innen und Aussiedler/innen**	
	283.481	100%	54.324	100%
Davon				
ohne Abschluss	9.973	3,5%	4.410	8,1%
HSA	10.025	3,5%	3.759	6,9%
HSA n. Kl. 10	73.358	25,9%	17.206	31,7%
Fachoberschulreife	91.520	32,3%	18.456	34,0%
Fachhochschulreife	38.129	13,5%	5.521	10,2%
Hochschulreife	60.476	21,3%	4.972	9,2%

8,1% der Schulabgänger/innen mit Migrationshintergrund verließen die Schule im Jahr 2007 ohne Abschluss. Bei den Deutschen waren es 3,5%. Dass junge Zugewanderte mehr als doppelt so häufig ohne Abschluss von der Schule gehen und damit ohne Aussicht auf berufliche Bildung in eine prekäre Erwerbsbiographie starten, muss soziale Folgen haben. Der Befund ist seit Jahren bekannt, ohne dass daraus bildungspolitische Konsequenzen gezogen worden wären. Dabei sind die Zahlen alarmierend: Wenn in jedem Schuljahr allein in Nordrhein-Westfalen 14.383 Jugendliche die Schule ohne Abschluss verlassen, jeder Dritte davon mit Migrationshintergrund, wachsen schwerwiegende Integrationsprobleme stetig nach. Auf eine deutsche Besonderheit muss in diesem Zusammenhang allerdings hingewiesen werden. Gut die Hälfte (51,6%) der Jugendlichen ohne Schulabschluss verlassen eine Förderschule. Sie wurden aufgrund einer Behinderung oder anhaltender Erziehungsschwierigkeiten schon früher aus der Regelschule entlassen und in kleineren Gruppen an separaten Schulen gefördert. Auch davon sind Kinder und Jugendliche mit Migrationshintergrund überproportional betroffen (vgl. Deimann 2004).

Auffallend hoch ist der Anteil auch unter den Abgängern mit Hauptschulabschluss. Den Abschluss nach Klasse 9 machten 6,9 % der Zugewanderten, aber nur 3,5 % der Deutschen. Auch beim Hauptschulabschluss nach Klasse 10 ist der Unterschied zwischen Jugendlichen mit (31,7 %) und ohne (25,9 %) Migrationshintergrund auffällig. Bei der Fachoberschulreife liegen Zugewanderte inzwischen nahezu gleich auf. Die Überrepräsentanz bei den schwachen Schulabschlüssen spiegelt sich in einer Unterrepräsentanz bei den höheren Abschlüssen wieder, die ein Studium erlauben. Bei der Fachhochschulreife fällt die Differenz mit 3,2% noch mäßig aus. Dagegen ist der Unterschied bei der Hochschulreife eklatant: Abitur machten 21,3 % der einheimischen, aber nur 9,2 % der zugewanderten Jugendlichen.

Die PISA-Studie aus dem Jahr 2003 belegt, dass Kinder und Jugendliche mit Migrationshintergrund in keinem anderen Industriestaat so geringe Chancen im schulischen Bildungssystem haben wie in Deutschland. Demzufolge sind die Chancen von Jugendlichen ohne Migrationshintergrund, ein Gymnasium zu besuchen, vier Mal so hoch wie bei Jugendlichen mit zwei im Ausland geborenen Eltern. Integration durch Bildung leisten mehr Hauptschulen als Gymnasien. Etwa ein Fünftel der Hauptschulen in Deutschland arbeitet in problematischen Lernkontexten,

> „die durch einen sehr hohen Migrantenanteil in Verbindung mit niedrigem sozialem Status der Schüler, geringen kognitiven Grundfähigkeiten, häufigen Lernschwierigkeiten und Verhaltensproblemen gekennzeichnet sind" (Konsortium Bildungsberichterstattung 2006, S. 164).

Die Ergebnisse des OECD-Berichts „Wo haben Schüler mit Migrationshintergrund die größten Erfolgschancen?" (2006) basieren auf einer Sonderauswertung der internationalen Schulvergleichsstudie. Als zentrale Einflussfaktoren für den Bildungserfolg werden der soziale Status und das Bildungsniveau der Eltern, die Sprachpraxis der Familie und das Einwanderungsalter benannt. Bei Jugendlichen mit Migrationshintergrund sei eine positivere Einstellung zur Schule und höhere Lernmotivation festzustellen, auch wenn die Erwartung, einen Hochschulabschluss erreichen zu können, unter 15-Jährigen in Deutschland vergleichsweise niedrig ausfiel.

In der 15. Shell Jugendstudie (2006, S. 16) wird dazu ausgeführt, dass sich die Jugendlichen „der Verknüpfung zwischen ihrer persönlichen Bildung und den daraus resultierenden Chancen" sehr bewusst seien. So blicken Jugendliche an den Hauptschulen mit deutlich geringerem persönlichen Optimismus in die eigene Zukunft (38% sind eher zuversichtlich im Vergleich zu 57% an Gymnasium). Während sich der Anteil der Jugendlichen, der sich diskriminiert fühlt, insgesamt gesunken ist, geben 63% der ausländischen Jugendlichen an, im Alltag ab und zu (48%) und oft (15%) wegen ihrer Nationalität diskriminiert zu werden. Die Verfasser schreiben: „Keine andere Gruppe fühlt sich im Alltag vergleichbar häufig benachteiligt." Zu diesem Befund gehört auch die Meinung der Jugendlichen insgesamt, die einen weiteren Zuzug von Zuwanderern/-innen nach Deutschland ablehnen (2002 waren dies 46%, 2006 58%). Auf die Frage möglicher Vorbehalte gegenüber Nachbar(inne)n geben 30% der Jugendlichen Vorbehalte gegen eine Aussiedlerfamilie aus Russland an (2002 waren dies 25%), 10% der Jugendlichen äußern Vorbehalte gegenüber einer afrikanischen Familie. Auch wenn die Abfrage anhand stereotyper Zuschreibungen erfolgt, gibt das Ergebnis einen Hinweis auf Vorurteile über Herkunftsgruppen, die es nicht nur zwischen Jugendlichen in Deutschland gibt (vgl. Butterwegge/Hentges 2006).

Die Beteiligung von ausländischen Jugendlichen an der Gesamtheit der Auszubildenden im dualen System ist seit 1994 zurückgegangen. Ohne beruflichen Abschluss waren noch im Alter von 25 bis unter 35 Jahren 41% der Personen mit Migrationshintergrund; gegenüber 15% der Deutschen ohne Migrationshintergrund (Konsortium Bildungsberichterstattung 2006, S. 146). Nach dem Ende der Vollzeitschulpflicht führen ehemalige Hauptschüler mit Migrationshintergrund ihren Bildungsweg häufiger in Schulen und berufsvorbereitenden Maßnahmen fort und beginnen seltener eine Ausbildung. Bei den ausländischen Jugendlichen mit türkischer Staatsangerhörigkeit ist auch das Fachleistungsniveau an Berufskollegs wesentlich niedriger – zwischen Deutschen mit und ohne Migrationshintergrund sind die Unterschiede nicht so gravierend. Bei gleichem Fachleistungsniveau ist die Chance, ein Berufskolleg zu besuchen, nur halb so groß wie für deutsche Jugendliche ohne Migrationshintergrund. Die Erfolgswahrscheinlichkeit, einen Ausbildungsplatz zu erhalten, ist deutlich geringer. Jugendliche mit Migrationshintergrund müssen für gleiche Chancen im Durchschnitt deutlich bessere Vorleistungen erbringen als ihre deutschen Altersgenoss(inn)en (vgl. Konsortium Bildungsberichterstattung 2006, S. 146ff).

Eindeutig auf Schulabschlüsse ist der Hochschulzugang zurückzuführen. Jugendliche mit Migrationshintergrund sind wesentlich seltener studienberechtigt. „Die Selektion hat bereits in den vorgängigen Bildungsstufen stattgefunden" (ebd., S. 156). Unter denen, die eine Studienberechtigung erworben haben, gehen dann junge Erwachsene mit Migrationshintergrund häufiger an eine Hochschule als die Vergleichsgruppe ohne Migrationshintergrund. Sie besuchen häufiger eine Fachhochschule und seltener eine Universität. Im Bericht heißt es dazu: „Wer es so weit geschafft hat, will dann auch studieren."

Ausgewählte Daten zur Erwerbstätigkeit und zum Haushaltseinkommen sollen verdeutlichen, in welcher Abseitsfalle sich Jugendliche mit Migrationshintergrund wiederfinden, wenn sie ohne Erfolg das deutsche Bildungssystem verlassen. Der Sozialbericht Nordrhein-Westfalen 2007 stellt mit Bezug auf den Mikrozensus 2005 erstmals explizit die Lebenslagen von Personen mit Migrationshintergrund dar. Bei der Betrachtung von Armut und Reichtum nach Alter zeigt sich insbesondere für Kinder und Jugendliche ein deutlich erhöhtes Armutsrisiko: 42,9 % der unter 18-Jährigen mit Migrationshintergrund tragen ein Armutsrisiko, bei der Vergleichsgruppe ohne Migrationshintergrund sind dagegen 14,9 % betroffen.

Mütter und Väter mit Migrationshintergrund sind oft einkommensarm. 39,6 % der Personen mit türkischer Staatsangehörigkeit haben keinen Abschluss einer allgemeinbildenden Schule und 75,9 % haben keinen beruflichen Ausbildungsabschluss. Von den türkischen Frauen im erwerbsfähigen Alter sind lediglich 26,8 % erwerbstätig, von den Frauen mit Migrationshintergrund sind es 44,4 % und bei Frauen ohne Migrationshintergrund 60,1 %. Mehr als jeder vierte türkische Mann ist erwerbslos (26,3 %). Bei Männern mit Migrationshintergrund insgesamt ist es noch jeder fünfte, während dies nur auf 8,4 % der Männer ohne Migrationshintergrund zutrifft. Die ungünstige Lage am Arbeitsmarkt spiegelt sich auch in der Einkommenssituation der Haushalte mit Migrationshintergrund wider. Nahezu ein Drittel (32,1 %) der Personen ist einkommensarm. Bei der Bevölkerung ohne Migrationshintergrund sind das 8,9 %. Personen mit türkischer Staatsangehörigkeit sind zu 43,8 % von Armut bedroht. Besonders hoch ist das Armutsrisiko für Migrant(inn)en in kinderreichen Haushalten: Zwei von drei Personen mit Migrationshintergrund, die in Haushalten mit drei und mehr Kindern leben, sind einkommensarm (63,5%).

Gerade nach dem Bildungsgrad bestehen deutliche Unterschiede in der Betroffenheit von Armut. Die höchste Armutsrisikoquote (43,1 %) weisen Personen mit Migrationshintergrund auf, die über keinen Abschluss einer allgemeinbildenden Schule verfügen. Personen mit Fachoberschulreife und (Fach-)Hochschulreife unterscheiden sich kaum. Für beide Gruppen liegt das Armutsrisiko etwas über 20 % und somit halb so hoch wie bei der Gruppe ohne Schulabschluss, aber dennoch über dem Landesdurchschnitt. Wird nach der beruflichen Bildung differenziert, so zeigt sich, dass eine Meister- bzw. Technikerausbildung, aber auch ein (Fach-)Hochschulabschluss, das Armutsrisiko deutlich mindert. Allerdings gilt auch für diese Gruppen, dass deren Armutsrisiko deutlich über dem der Vergleichsgruppen ohne Migrationshintergrund liegt.

Je niedriger der allgemeinbildende Schulabschluss, desto niedriger ist auch die relative Einkommensposition. Allerdings erreichen Personen mit Migrationshintergrund auch dann kein überdurchschnittliches Einkommensniveau, wenn sie eine (Fach-)Hochschulreife haben. Bei der Betrachtung der beruflichen Bildung ist die Spanne etwas breiter. Die relative Einkommensposition der Fachhochschul- und Hochschulabsolvent/innen mit Migrationshintergrund beläuft sich auf 122,0 %, während sie bei der entsprechenden Gruppe ohne Migrationshintergrund bei 174,5 % liegt. Mit steigender Kinderzahl ist ein Absinken der relativen Einkommensposition verbunden. Insgesamt ist die Einkommenssituation der Bevölkerung mit Migrationshintergrund deutlich ungünstiger im Vergleich zu Personen ohne Migrationshintergrund. Selbst Personen mit höherem Bildungsabschluss haben eine deutlich ungünstigere Einkommensposition als die Gruppe ohne Migrationshintergrund.

3 Konsequenzen?

Die zitierten Schulleistungsstudien definieren mehr als 40% der 15-Jährigen mit Migrationshintergrund in Deutschland als „Risikogruppe"; der Sozialbericht Nordrhein-Westfalen schreibt mehr als 40% der unter 18-Jährigen mit Migrationshintergrund ein „Armutsrisiko" zu. Deutschland ist für viele Jugendliche mit Migrationshintergrund zur „Abseitsfalle" geworden. Wie lässt sich das ändern?

Die Armut vieler Familien mit Migrationshintergrund kann das Bildungssystem nicht ändern. Es kann sich aber besser als bisher auf Kinder und Jugendliche mit Migrationshintergrund vorbereiten. Das fällt besonders der historisch gewachsenen Schulorganisation nicht leicht. Lernende müssen ständig beurteilt und in relativ gleiche Leistungsgruppen eingeteilt werden. Immer mehr wird die Hilfe der Eltern erwartet, bei den Hausaufgaben und Schulveranstaltungen. Mehr Schulwissen als die eigenen Eltern zu erwerben wird so schwer. Genau das ist aber notwendig, um Mädchen und Jungen, die zu Hause nicht deutsch sprechen, deren Familien von Armut bedroht sind, mitspielen, mitlernen zu lassen.

In Deutschland haben die Ergebnisse der PISA-Studien einen „Schock" ausgelöst – war die deutsche Schule nicht die beste der Welt? Erste Konsequenzen haben die deutschen Länder aus den schlechten Noten für die Schule gezogen. Eine Aufwertung des Kindergartens und stärkere Zusammenarbeit mit Grundschulen wird durch die Einführung einer mehr oder weniger koordinierten Sprachförderung angestrebt. Sprachtests und Fördermaßnahmen vor der Einschulung sind zur Pflicht geworden. Sie sollen dazu dienen, dass alle Schüler/innen der „Unterrichtssprache Deutsch" von Anfang an folgen können. Allerdings sind Diagnostik und Förderung weder theoretisch noch praktisch ausgereift. Grundschulen und Hauptschulen wurden und werden zu Ganztagsschulen ausgebaut. Dabei wird die organisatorische Trennung zwischen dem verpflichtenden Schulunterricht am Vormittag und den freiwilligen Angeboten der Kinder- und Jugendhilfe am Nachmittag bisher nur in Einzelfällen überbrückt. Lehrer/innen stehen am Nachmittag nicht zur Verfügung. Leistungstests sind zentralisiert worden, Schüler/innen und Schulen werden immer wieder überprüft und in „Rankings" einsortiert. Zentrale Abschlussprüfungen wurden landesweit eingeführt, die Schulzeit bis zum Abitur von 13 auf 12 Jahre verkürzt. Die Qualität des Unterrichts und die Durchlässigkeit der verschiedenen Schulformen sind dadurch nicht unbedingt besser geworden. Wirkungsvoller wäre eine bessere Lehrer-Schüler-Relation, doch mehr Personal kostet mehr Geld, das überschuldete öffentliche Haushalte nicht zur Verfügung stellen.

Keine Bewegung hat es bei der frühen Einteilung nach vier Jahren Grundschule in Hauptschulen, Realschulen und Gymnasien gegeben. Dafür gibt es eine einfache Erklärung. Von den deutschen Kindern ohne Migrationshintergrund gehen in Nordrhein-Westfalen über 40% auf ein Gymnasium und knapp 25% auf eine Realschule. Die Eltern dieser Kinder wollen ihr Kind nicht mit den Ausländer(inne)n auf der Hauptschule sehen (vgl. Klemm 2007).

4 Ausländer oder Einwanderer?

Der am Anfang „in aller Härte" zitierte Ministerpräsident trägt in seiner Amtszeit als Regierungschef Verantwortung für die Bildungspolitik in Hessen. Er hat bei der Landtagswahl 2008 zwar noch einmal die meisten Stimmen auf sich vereinen können, doch nicht mehr Mandate gewonnen, als seine Herausforderin. Schon im Wahlkampf gab es viele Gegenstimmen zu seiner restriktiven Linie. Danach ist für die öffentliche Meinung klar: „Die ‚Ausländer raus!'-Nummer funktioniert nicht mehr" (Schmidt 2008).

Lange Zeit wurden solche Parolen auch von den großen Volksparteien mitgetragen. Führende Politiker/innen waren nicht bereit, die reale Einwanderung anzuerkennen. Ausländerpolitik blieb während der Regierungen Schmidt (SPD) und Kohl (CDU) restriktiv und mehr auf Rückkehrförderung als auf Integration ausgerichtet. Erst mit der Regierung Schröder/Fischer (SPD/Grüne) hat sich das geändert, zunächst durch die so genannte „Green-Card-Initiative" 1999. Sie war ein Symbol für qualifizierte Neuzuwanderung im wirtschaftlichen und demographischen Interesse Deutschlands. Tatsächlich haben sich nur sehr wenige indische Informations- und Kommunikationsspezialisten für die deutsche „Green Card" interessiert.

Folgenreicher war die Reform des Staatsangehörigkeitsrechts im Jahr 2000. Seither erhalten Kinder ausländischer Eltern, die in Deutschland geboren werden, die deutsche Staatsangehörigkeit. Freilich nicht ohne Einschränkungen: nur wenn ein Elternteil zum Zeitpunkt der Geburt des Kindes seit acht Jahren rechtmäßig in Deutschland lebt und ein unbefristetes Aufenthaltsrecht hat, werden die Nachkommen Deutsche mit der Geburt. Damit wurde ein Element des *Ius Soli* (Recht des Bodens) neben dem *Ius Sanguinis* (Recht des Blutes) eingeführt. Ein Fortschritt, denn bis dahin blieben etwa die Kinder und Enkel türkischer „Gastarbeiter/innen" Türk(inn)en, auch wenn sie die Türkei nur im Urlaub kennen gelernt hatten. Nach Angaben des Statistischen Bundesamtes ging die Zahl der in Deutschland geborenen ausländischen Kinder von 99.714 im Jahr 1995 auf 29.176 im Jahr 2006 zurück. Dieser starke Rückgang geht mit einer weiterhin steigenden Zahl von Kindern mit Migrationshintergrund einher, was die fehlende Aussagekraft der Ausländer-Kategorie für die Erfassung von Zuwanderung noch einmal unterstreicht (vgl. Statistisches Bundesamt 2007).

Auch die Reform des Staatsangehörigkeitsrechts war 1999 Wahlkampfthema in Hessen. Damals kandidierte Roland Koch zum ersten Mal als Ministerpräsident und initiierte eine Unterschriftenaktion gegen die doppelte Staatsangehörigkeit. Seine Strategie, die Angst vor Überfremdung zu nutzen, ging damals voll auf. Die Mehrheit gab ihm Recht. Seine Partei gewann die Wahl und konnte die geplante Hinnahme der doppelten Staatsangehörigkeit soweit einschränken, dass sich die Nachkommen der Einwanderer nach Erreichen der Volljährigkeit bis zum 23. Lebensjahr für eine Staatsangehörigkeit entscheiden müssen: entweder das *Ius Sanguinis* der Eltern oder das deutsche *Ius Soli* (vgl. Storz/Reißlandt 2002).

Wie sich die Jugendlichen entscheiden, kann sich in diesem Jahr erstmals erweisen. Denn die Reform gab auch den Eltern der Jahrgänge ab 1990 die Möglichkeit, unter den gleichen Voraussetzungen die deutsche Staatsangehörigkeit zu beantragen. Etwa 20.000 haben davon Gebrauch gemacht. Die ersten werden 2008 volljährig und schon zeichnet sich eine neue Debatte darüber ab, ob ein Wahlzwang gerecht ist, der Bürger/innen der Europäischen Union nicht abverlangt werden darf.

Die integrationspolitische Wende der letzten Dekade ist wie jede demokratische Veränderung aus parteipolitischen Kontroversen und Kompromissen hervorgegangen. Beschlüsse wurden erst gefasst, wenn das Thema nicht im Wahlkampf und ein parteiübergreifender Konsens möglich war. Um die Reform des sog. Zuwanderungsgesetzes wurde vor der Bundestagswahl 2002 so erbittert gestritten, dass einer der Hauptdarsteller, der saarländische Ministerpräsident Peter Müller (CDU), unumwunden zugab, „legitimes Theater" vorgeführt zu haben (Spiegel Online 25. März 2002).

Im Sommer 2001 legte die von Bundesinnenminister Otto Schily (SPD) einberufene unabhängige Sachverständigenkommission Zuwanderung ihren Bericht vor: „Zuwanderung gestalten – Integration fördern". Unter der Leitung der ehemaligen Bundestagspräsidentin Rita Süssmuth (CDU) waren weitreichende Vorschläge für eine Novellierung des Aufenthaltsrechts erarbeitet worden: ein Punktesystem für qualifizierte Neuzuwanderung und flexible Instrumente bei Personal-Engpässen, erleichterter Zuzug von Spitzenverdienern, Existenzgründern und Studierenden sowie die Einführung verpflichtender Sprach- und Integrationskurse. „Wir sind ein Einwanderungsland. Wenn auch kein klassisches, so aber ein faktisches", fasste die Kommissionsvorsitzende die Botschaft des Berichts zusammen (vgl. www.wdr.de).

Diese Botschaft wurde schon im Titel des Gesetzesentwurf relativiert, den der Bundesinnenminister nur wenige Wochen später dem Bundestag vorlegte: „Gesetz zur Steuerung und Begrenzung der Zuwanderung und zur Regelung des Aufenthalts und der Integration von Unionsbürgern und Ausländern", kurz Zuwanderungsgesetz. Über drei Jahre stritten die Parteien im Bundestag und Bundesrat, schließlich vor dem Bundesverfassungsgericht über den Gesetzestext, bevor die Reform am 1. Januar 2005 in Kraft getreten ist. Noch im gleichen Jahr wurde ein erstes Änderungsgesetz beschlossen, 2007 ein zweites zur Anpassung an verbindliche Richtlinien der Europäischen Union. Ein Punktesystem für qualifizierte Neuzuwanderung ist nicht mehr vorgesehen. Stattdessen sind die Auflagen für ausländische Unternehmer/innen und hochqualifizierte Arbeitnehmer/innen so hoch, dass sie mehr abschreckend als einladend wirken. Immerhin wurde Integration erstmals zu einer gesetzlichen Aufgabe erklärt. Umstritten waren vor allem die Verpflichtung zur Teilnahme sowie die Absenkung des Kindernachzugsalters und die Anerkennung nichtstaatlicher und geschlechtsspezifischer Verfolgung.

Für Jugendliche mit Migrationshintergrund hatte die Reform bisher weniger spürbare Folgen als für die deutsche Gesellschaft selbst, ihre Organisationen und Repräsentanten. Seit 2006 krönen jährliche Integrationsgipfel im Bundeskanzleramt den Dialog zwischen staatlichen Institutionen und zivilgesellschaftlichen Organisationen der Zugewanderten. Symbolisch ist der Empfang der Bundeskanzlerin ein schönes Zeichen der Anerkennung, eine Ehre für die eingeladenen Vertreter/innen der ethnischen, religiösen und sozialen Vereinigungen. Mehr als ein Symbol und Vorbild für die Ebenen der Länder und Kommunen sind die Integrationsgipfel aber bisher nicht. Es wird sich zeigen, ob der gefasste Integrationsplan wirklich eine Neuerung ist, „wie wir sie seit Jahrzehnten oder vielleicht noch nie in der Geschichte der Bundesrepublik Deutschland erlebt haben" (www.bundeskanzlerin.de).

Jugendliche in der Abseitsfalle, und das sind in Deutschland nicht nur Jugendliche mit Migrationshintergrund, sind in Frankreich auf die Barrikaden gegangen. Gewalttätige Unruhen, Brandstiftungen und Sachbeschädigungen, Straßenschlachten mit der Polizei – so etwas haben Jugendliche mit Migrationshintergrund in Deutschland bisher nicht ausgelöst. Sicher bilden sich gewaltbereite Cliquen. Manche definieren sich über ihre nationale oder ethnische Herkunft. Das kommt auch bei jungen deutschen Männern vor. Sie eint aber kein Protest gegen staatliches Handeln, das in Deutschland noch immer wohlfahrtsstaatlicher ist als in Frankreich.

Als „Risikogruppe" definiert zu werden, schafft kein identitätsstiftendes Bewusstsein. Dazu trägt Nikolas Sarkozy mehr bei, wenn er bei einem Besuch der Vorstadt nach einem deutschen Horchdruckreiniger ruft. Hier ist der politische Umgang mit zugewanderten Jugendlichen anders. Sich selbst als „Risikogruppe" definiert zu sehen, muss aber auch als Zumutung aufgefasst werden. Wenn an dieser Stelle von der Hälfte der Jugendlichen mit Migrationshintergrund die Rede war, die in Deutschland ins Abseits gerät, soll nicht der Eindruck entstehen, es gäbe nicht auch Migrationsgewinner, eingewanderte Jugendliche, die in Deutschland ein neues zu Hause und ihre Zukunft finden. Sie können wesentlich zu einer „Jugendmigrationskultur" beitragen, einer Bewegung Jugendlicher, die sich selbstbewusst als Einwanderer artikulieren und vom Stigma „Ausländer/innen" befreien.

Literatur

Alt, Jörg (2004): Leben in der Schattenwelt. Problemkomplex "illegale" Migration. Karlsruhe.

Bade, Klaus J. (1994): Ausländer – Aussiedler – Asyl: Eine Bestandsaufnahme. München.

Bade, Klaus J.(2001): Unübersichtlichkeit und Vereinfachung: Käseglocken im Einwanderungsland wider Willen. In: Streitroß, 13, Nr. 33.

Bade, Klaus J./Oltmer, Jochen (2003): Einwanderung in Deutschland seit dem Zweiten Weltkrieg. In: Kulturstiftung des Bundes (Hg.): Projekt Migration. Köln.

Bade, Klaus J./Bommes, Michael (Hg.) (2004): Migration – Integration – Bildung. Grundfragen und Problembereiche. IMIS-Beiträge 23/2004. Osnabrück.

Bade, Klaus J. (2007): Leviten lesen. Migration und Integration in Deutschland. Göttingen.

Benz, Wolfgang (Hg.) (2006): Umgang mit Flüchtlingen. Ein humanitäres Problem. München.

Bommes, Michael (1999): Migration und nationaler Wohlfahrtsstaat. Ein differenzierungstheoretischer Entwurf. Opladen, Wiesbaden.

Bundesamt für Migration und Flüchtlinge (BAMF) (Hg.) (2007): Asyl in Zahlen. Nürnberg.

Bundesministerium des Innern (Hg.) (2006): Migrationsbericht des Bundesamtes für Migration und Flüchtlinge im Auftrag der Bundesregierung. Migrationsbericht 2006. Berlin.

Butterwegge, Christoph/Hentges, Gudrun (Hg.) (2006): Massenmedien, Migration und Integration. Herausforderungen für Journalismus und politische Bildung. Wiesbaden.

Deimann, Andreas (2004): Kinder mit Migrationshintergrund an Schulen für Lernbehinderte in Nordrhein-Westfalen. Eine Analyse der Ursachen, Folgen und Alternativen überproportionaler Überweisung. Herausgg. v. Landeszentrum für Zuwanderung NRW. Solingen.

Deimann, Andreas (2008): Eine Möglichkeit sozialer Integration im deutschen Asyl. Ergebnisse der empirischen Begleitforschung zum Modellprojekt: „Sprach- und Kulturmittler/innen". Ministerium für Generationen, Familie, Frauen und Integration NRW (Hg.). Düsseldorf.

Deimann, Andreas/Ottersbach, Markus (2005): Migration, berufliche Bildung und biographische Unsicherheit. Herausgg. v. Landeszentrum für Zuwanderung NRW. Solingen.

Deutsche Shell Holding (Hg.) (2006): Jugend 2006. 15. Shell Jugendstudie. Frankfurt/M.

Klemm, Klaus (2007): Mehr Chancen für die Kinder. Nordrhein-Westfalens allgemein bildende Schulen im Wandel. In: Brautmeier, J./Heinemann, U. (Hg.): Mythen – Möglichkeiten – Wirklichkeiten. 60 Jahre Nordrhein-Westfalen. Essen.

Kolb, Holger (2004): Einwanderung zwischen wohlverstandenem Eigeninteresse und symbolischer Politik. Das Beispiel der deutschen „Green Card". Münster.

Kronig, Winfried/Haberlin, Urs/Eckhart, Michael (2000): Immigrantenkinder und schulische Selektion. Pädagogische Visionen, theoretische Erklärungen und empirische Untersuchungen zur Wirkung integrierender und separierender Schulformen in den Grundschuljahren. Bern, Stuttgart, Wien.

Konsortium Bildungsberichterstattung (Hg.) (2006): Bildung in Deutschland. Im Auftrag der Ständigen Konferenz der Kultusminister der Länder in der Bundesrepublik Deutschland und des Bundesministeriums für Bildung und Forschung. Ein indikatorengestützter Bericht mit einer Analyse zu Bildung und Migration. Bielefeld.

Marrus, Michael R. (1999): Die Unerwünschten. Europäische Flüchtlinge im 20. Jahrhundert. Berlin.

Ministerium für Schule und Weiterbildung Nordrhein-Westfalen (MSW) (Hg.) (2006): Migranten im Schulwesen in NRW. Schuljahr 2005/06. Statistische Übersicht Nr. 356. Düsseldorf.

Ministerium für Arbeit, Gesundheit und Soziales Nordrhein-Westfalen (MAGS) (Hg.) (2007): Sozialbericht NRW 2007. Armuts- und Reichtumsbericht. Düsseldorf.

Motte, Jan/Ohliger, Rainer/Oswald, von Anne (Hg.) (1999): 50 Jahre Bundesrepublik – 50 Jahre Einwanderung. Nachkriegsgeschichte als Migrationsgeschichte. Frankfurt/M., New York.

Münz, Rainer/Seifert, Wolfgang/ Ulrich, Ralf (1997): Zuwanderung nach Deutschland. Strukturen, Wirkungen, Perspektiven. Frankfurt/M.

OECD (Hg.) (2006): Wo haben Schüler mit Migrationshintergrund die größten Erfolgschancen: Eine vergleichende Analyse von Leistung und Engagement in PISA 2003. Berlin.

PISA-Konsortium Deutschland (Hg) (2005): PISA 2003. Der Bildungsstand der Jugendlichen in Deutschland. Ergebnisse des zweiten internationalen Vergleichs. Münster.

PISA-Konsortium Deutschland (Hg.) (2005a): PISA 2003. Der zweite Vergleich der Länder in Deutschland – Was wissen und können Jugendliche? Münster.

Santel, Bernhard (2002): Migration in und nach Europa. Erfahrungen. Strukturen. Politik. Opladen.

Schmidt, Harald (2008): Ich will mehr Skandale. Ein Gespräch mit Harald Schmidt. In: Die Zeit, Nr. 10.

Spiegel Online (25. März 2002): Die Union spielte „legitimes Theater". URL: http://www.spiegel.de/politik/deutschland/0,1518,188893,00.html

Statistisches Bundesamt Deutschland (Hg.) (2005): Bevölkerung mit Migrationshintergrund – Ergebnisse des Mikrozensus 2005 – Fachserie 1, Reihe 2.2. Wiesbaden.

Statistisches Bundesamt Deutschland (Hg.) (2007): Geburten in Deutschland. Wiesbaden.

Storz, Henning/Reißlandt, Carolin (Hg.) (2002): Staatsbürgerschaft im Einwanderungsland Deutschland. Handbuch für interkulturelle Praxis in der Sozialen Arbeit, im Bildungsbereich, im Stadtteil. Opladen.

UNHCR (2006): UNHCR Statistical Yearbook 2005. Trends in Displacement, Protection and Solutions. Geneva. URL: http://www.unhcr.org/statistics/STATISTICS/464478a72.html [Zugriff: 18.05.2008].

Sozialräumliche Aspekte

Jugendliche in einer Pariser *Banlieue*: Am Rand der Städte oder Teil der Stadtgesellschaft?

Sonja Preissing

Einleitung

Die Gewalt der *Jeunes des Cités*, der Jugendlichen in den französischen Vorstädten, wurde spätestens seit den ersten Unruhen in den Vororten *Minguettes* und *Villeurbanne* von Lyon im Jahr 1981 zu einer vielseitig diskutierten Thematik (vgl. Bachmann/Le Guennec 1996, S. 359f., Jazouli 1992, S. 19f.). Dabei fokussiert sich der Blick erstens auf eine bestimmte Gruppe, nämlich die männlichen, mit Gewalt assoziierten Jugendlichen. Die Heterogenität der jungen Bewohner/innen in den Vierteln – wie sie beispielsweise durch das Geschlecht, das Alter, das Milieu sowie die unterschiedlichen Lebenskontexte und -entwürfe sichtbar wird – wird innerhalb der Diskussion nur unzureichend berücksichtigt (vgl. Avenel 2004, ders. 2005). Zweitens wird das Themenfeld vorwiegend aus einer defizitorientierten Perspektive heraus betrachtet. Die Ressourcen und Kompetenzen der jungen Bewohner/innen bleiben überwiegend außerhalb dieses Blickwinkels.

Trotz der Unterschiedlichkeit der Auswirkungen des Lebens in einem marginalisierten Stadtteil ist die Konfrontation und Auseinandersetzung damit allen Bewohner/innen gemeinsam. Loch (2005) erläutert in diesem Zusammenhang den Begriff der *Exklusion*, worunter „die mangelnde oder blockierte Zugangsmöglichkeit zu Gütern, Positionen und Beteiligungschancen“ (ebd., S. 45) verstanden wird, also der fehlende Zugang zu ökonomischen, sozialen, politischen und kulturellen Kontexten der Gesellschaft. Konkret bedeutet dies, dass Bewohner/innen marginalisierter Stadtviertel eine Benachteiligung im Hinblick auf den Zugang zu wichtigen formalen Systemen der Gesellschaft – wie beispielsweise Bildung und Beschäftigung – erfahren und aufgrund der Randständigkeit ihres Wohnortes stigmatisiert werden (vgl. ebd., S. 45f).

Die Ursprünge der Marginalisierung von Hochhausgebieten in den französischen Vorstädten liegen insbesondere in der Urbanisierungspolitik der 50er und 60er Jahre, die durch die rasante Errichtung sowie die einheitliche und zentralstaatliche Steuerung gekennzeichnet ist. Die Segregation der Stadtteile wurde somit politisch und städtebaulich eingeleitet (vgl. Kühr 2001, S. 79ff). Zur Verbesserung der Lebensbedingungen in den Vierteln wurde in den 80er Jahren eine sozialpolitische Stadtpolitik, die *Politique de la Ville,* eingeleitet. Nach 25 Jahren Stadtpolitik muss jedoch festgestellt werden, dass nach wie vor strukturelle Barrieren den Alltag der Bewohner/innen der französischen Vorstädte bestimmen. Insbesondere junge Menschen sind davon betroffen: Die Jugendarbeitslosigkeit in manchen Vierteln beträgt bis zu 50%.

Die Hochhausgebiete in den Vorstädten werden für die stadtpolitischen Konzepte anhand sozialräumlicher Kriterien (sozialgeografische Daten) administrativ und politisch als benachteiligte Lebensräume bestimmt. Dieser Blickwinkel „von außen" auf das Viertel vernachlässigt jedoch die eigene Perspektive der jungen Bewohner/innen der *Banlieues* auf ihre Alltagswelt[1].

Die folgenden Überlegungen basieren auf theoretischen Grundlagen der postmodernen Stadtgesellschaft. Ausgangspunkt ist der gesellschaftliche Bezugshorizont der Menschen in der Postmoderne[2], respektive die unterschiedlichen Kontexte und Systeme der postmodernen städtischen Gesellschaft. Der Alltag der Menschen ist durch drei Bereiche strukturiert: den systemischen Kontext, d.h. den Arbeits-, Bildungs- und Kultureinrichtungen; den lebensweltlichen, privaten Bereich sowie den diskursiven Kontext, der kommunikativen Austausch und zivilgesellschaftliche Beteiligung ermöglicht (vgl. Bukow/Nikodem/Schulze/ Yildiz 2001). Im Hinblick auf den gesellschaftlichen Bezugshorizont der Jugendlichen soll Folgendes näher untersucht werden:

- Bezieht sich der gesellschaftliche Bezugshorizont der Jugendlichen vorwiegend auf das Territorium der *Banlieue* oder orientieren sie sich eher an den Systemen und Kontexten außerhalb des eigenen Stadtquartiers?
- Wie gestaltet sich – unter dem Aspekt der Segregation – die Teilhabe der Jugendlichen an der Stadtgesellschaft?
- Welches Spannungsverhältnis zwischen ihren Bedürfnissen und ihren Möglichkeiten ergibt sich aufgrund der Marginalität ihres Wohnortes?
- Welche Konsequenzen ergeben sich aus den oben genannten drei Kontexten für die Stadtpolitik und welche „sozialraumorientierten" Konzepte lassen sich daraus ableiten?

Diesen Punkten soll vor dem Hintergrund einer Untersuchung über ein Stadtviertel in der nördlichen Pariser *Banlieue*[3] nachgegangen werden.

---

1 Bei dem Begriff der Alltagswelt beziehe ich mich auf Berger/Luckmann 2004.

2 Das Verständnis der Postmoderne beruht hier auf Bauman (1995) und Welsch (2002).

3 Dabei beziehe ich mich auf Ergebnisse einer Untersuchung über das Viertel *Cité 4000* in *La Courneuve/Seine-Saint-Denis*, die ich von Oktober bis Ende November 2006 durchgeführt habe. In diesem Zeitraum wurden Daten über das Viertel dokumentiert sowie elf leitfadengestütz-

Zunächst sollen dazu die unterschiedlichen Diskurse über den „Sozialraum" kurz vorgestellt werden, die sich grundlegend auf die Kontroverse über den Sozialraum als den administrativen sowie den lebensweltlichen Raum beziehen (1). Danach wird das öffentliche Bild der *Banlieue* als segregierten Lebensraum kurz beschrieben (2). Am Beispiel der *Cité 4000* in der Vorstadt *La Courneuve* werden die Hintergründe der Entstehung und der Entwicklung der Hochhaussiedlungen beleuchtet. Dabei sollen, von der urbanisierungspolitischen Ausgangssituation bis hin zu der Entwicklung des Viertels zu einem benachteiligten Lebensraum, die sozialpolitischen Interventionen auf der staatlichen und lokalen Ebene dargestellt werden (3). Anschließend wird auf die wichtigsten Ergebnisse aus meiner Untersuchung Bezug genommen, um die Alltagswelt aus der subjektiven Sicht der jungen Bewohner/innen zu analysieren (4). Schließlich geht es auch um die Bedeutung der Bildung für die Jugendlichen marginalisierter Quartiere (5) und die Frage nach der Teilhabe an der postmodernen Stadtgesellschaft vor dem Hintergrund der Marginalität ihres Wohnortes (6).

1 Die Diskussion um den „Sozialraum"

Die Bezeichnung „Sozialraum" wird in sehr unterschiedlichen Zusammenhängen gebraucht, d.h. es lassen sich unterschiedliche Diskurse über den Sozialraum beschreiben[4].

Im Kontext stadtpolitischer Programme zur Verbesserung der Lebensbedingungen in marginalisierten Stadtquartieren werden unter „Sozialraum" die sozialgeografischen Ausgangspunkte des Territoriums verstanden. Dabei konzentriert sich der Blick auf die äußere Beschreibung des Stadtquartiers, wie beispielsweise Statistiken über die Sozialstruktur, die Infrastruktur etc.:

> „Sozialräume werden in diesen Zusammenhängen verstärkt zum Ziel sozialpolitischer Interventionsstrategien erklärt. Diese hegemoniale Rede vom ‚Sozialraum' ist hier eine eindeutige: Sozialräume werden als lokale Nahräume bestimmt. Eine Orientierung sozialpolitischer Maßnahmen (...) an einzelnen, administrativ identifizierten Wohnarealen und ihren Bewohnergruppen ist somit das zentrale Kennzeichen dieser Sozialraumkonzeption" (Reutlinger u.a. 2005, S. 11).

te Interviews mit Jugendlichen zwischen 15 und 24 Jahren aufgezeichnet, deren Auswertung hier zusammengefasst dargestellt wird.

4 Im Hinblick auf den Begriff „Sozialraum" beziehe ich mich sich auf die Diskussion in Deutschland. Zur ausführlichen Darstellung der unterschiedlichen Sozialraumdiskurse vgl. den Beitrag von Susanne Lang in diesem Band.

In Bezug auf die Diskussion über den Sozialraum halten Reutlinger u.a. (2005) zusammenfassend fest, dass diese in politischen Kontexten immer bedeutsamer wurde. Dabei ist sie geprägt durch eine defizitorientierte Sichtweise auf die jeweiligen Stadtteile, da bestimmte städtische Räume aufgrund der „negativen Qualifizierung in den Blick genommen“ werden (vgl. ebd., S. 19). Innerhalb sozialraumbezogener Konzeptionen und Handlungsstrategien wird – trotz der Absicht die Bevölkerungsgruppen stärker einzubeziehen – von dem Gebiet als dem „administrativen Ausgangspunkt“ ausgegangen und das Territorium losgelöst von der Bevölkerung betrachtet (vgl. ebd.).

Der administrativen, institutionellen und territorialen Sichtweise auf das Stadtgebiet stellen Ansätze kritischer Sozialraumorientierung die Perspektive auf die lebensweltlichen Kontexte der Bewohner/innen der heterogenen Stadtteile gegenüber. So lassen sich die sozialpolitischen Handlungsstrategien näher an der Lebenswelt und dem Sozialraum der Subjekte ausrichten (vgl. ebd., S. 22).

Nun soll im Anschluss der Blick nach Frankreich gerichtet werden, um am Beispiel der Vorstädte – der *Banlieues* – sowohl den stadtpolitischen Umgang mit dem Quartier nachzuzeichnen, als auch die Alltagswelt der jungen Bewohner/innen zu beleuchten.

2 Das öffentliche Bild der *Banlieue*

Das Wort *Banlieue* hat seinen Ursprung in dem Begriff „Bannmeile“ und beschreibt das umliegende Gebiet eines Zentrums, bzw. der Großstädte. Insofern ist der Terminus, rein etymologisch betrachtet, wertneutral[5]. Im öffentlichen Diskurs der Wissenschaft, der Medien und der Politik sowie im alltäglichen Sprachgebrauch wird der Begriff *Banlieue* jedoch mit den Hochhaussiedlungen, den *Grands Ensembles* oder den *Cités* assoziiert. Dabei werden die Hochhaussiedlungen mit Bildern von „grauen Vorstadtsiedlungen“ und „randalierenden Jugendlichen“ in Verbindung gesetzt. Die *Banlieue* ist mittlerweile ein weitreichend diskutiertes Phänomen und steht in dem Fokus des medialen, politischen und öffentlichen Interesses (vgl. Kühr 2001, S. 78ff). Zuletzt gerieten die französischen Vorstädte, die *Banlieues*, im Zuge der Unruhen im November 2005 und im November 2007 in den Fokus der öffentlichen Aufmerksamkeit[6].

Der Wandel des Bildes der Hochhausgebiete von einem Vorzeigemodell zu einem marginalisierten Lebensraum soll exemplarisch an der *Cité 4000* in *La Courneuve*, einer Vorstadt im Norden von Paris, verdeutlicht werden. Neben den

5 Einen guten Überblick über die Herkunft und die etymologische Bedeutung des Begriffs *Banlieue* gibt Vieillard-Baron (2001), S.12ff.

6 Zu den Unruhen, den *Èmeutes,* im November 2005 vgl. Lapeyronnie 2006, S. 431ff.

strukturellen Defiziten im Viertel trägt die Stigmatisierung durch mediale Diskurse in der Öffentlichkeit zu der Marginalisierung des Viertels bei. Die Darstellung des Viertels *Cité 4000* in den Medien zeigt sich beispielhaft an dem Artikel der Zeitschrift *Stern* mit dem Titel *Das Bizness der Ghetto-Gangs*:

> „Die 39-Jährige lebt mit ihren fünf Kindern in der Cité 4000 in La Courneuve, mit der Metro nur eine Viertelstunde vom Pariser Zentrum entfernt. Eine Betonwüste, durchzogen von vierspurigen Schnellstraßen, auf den Parkplätzen verkohlte Skelette abgefackelter Autos. (...) Valerie ist in La Courneuve geboren. Sie weiß aus langer Erfahrung, wie man sich in diesem Elendquartier durchschlägt. Bis vor zwei Monaten wohnten sie zu siebt auf 60 Quadratmetern im 14. Stock des ‚Grand Balsac', eines heruntergekommenen Plattenbaus mit 300 Wohnungen, vor dem Tag und Nacht Drogendealer stehen. ‚Dauernd waren die Fahrstühle kaputt, und ich musste mit den Kindern über die verpissten Treppen hinaufsteigen', sagt sie. Jetzt lebt die Familie in einer größeren Wohnung in einem nicht so tristen Hochhaus. Die Miete beträgt 536 Euro. Lebensgefährte Nordine bringt kaum 1200 Euro nach Hause. Manchmal, erzählt Valerie, kaufe sie für ein paar Cent eine einzelne Zigarette, die Händler unterm Ladentisch bereithalten. Wie viele Gemeinden in ‚Neuf-Trois', 93er Département Seine-Saint-Denis nordöstlich von Paris, wird La Courneuve von Kommunisten regiert. ‚Ohne die Parallelwirtschaft würde hier alles im Chaos versinken', sagt Vizebürgermeister Eugène-Henri Moré. ‚Die Banlieue ist wie ein Dampfkochtopf. Sie explodiert, sobald der ökonomische Druck zu stark wird'" (vgl. Goergen/Müller 2005).

Da den französischen Vorstädten von Beginn an eine planvolle, staatliche Lenkung zugrunde liegt, ist es zum Verständnis der Strukturen und Bedingungen des heutigen Zusammenlebens in marginalisierten Quartieren wichtig, die politischen, sozialen und ökonomischen Hintergründe der Entwicklung der *Banlieues* zu beleuchten. Dies soll beispielhaft an der *Cité 4000* verdeutlicht werden.

3 Die Cité 4000

3.1 Eckdaten des Quartiers: Die Cité 4000 im städtischen Kontext

Die Hochhaussiedlung *Cité 4000* entstand zwischen 1959 und 1968 in *La Courneuve,* einer Stadt im Norden von Paris in dem Departement *Seine-Saint-Denis*. Das Bild der Stadt ist durch ihre industrielle Vergangenheit sowie der Erbauung der *Grands Ensembles,* der Wohnkomplexe der 50er Jahre geprägt. Die Schaffung von 4000 neuen Unterkünften führte in den 60er Jahren zu einem rasanten Bevölkerungsanstieg des ehemals kleinen Ortes (vgl. Avery 1987, S. 17).

Am 1. Juli 2004 wohnten 35 700 Bewohner/innen in *La Courneuve* (vgl. INSEE 2004/2005). Nach der letzten großen Untersuchung von *INSEE* (1999) leben

46% der Bevölkerung in den Hochhaussiedlungen der *Zone urbaine sensible*/ZUS[7], innerhalb derer die *Cité 4000* den größten Teil repräsentiert. Die französische Staatsangehörigkeit haben 74,0% der Bevölkerung in der *Cité 4000*[8].

Die Unterkünfte des Stadtteils *Cité 4000* sind durch einen hohen Prozentsatz des sozialen Wohnungsbaus geprägt: 72,5% der Bewohner/innen leben in den *Habitation à Loyer moderé*/HLM (Sozialwohnungen)[9]. Geringe ökonomische Ressourcen der Bevölkerung der ZUS zeigen sich mitunter in der Anzahl der Personen, die den *Revenue minimun d'Insértion*/RMI[10] erhalten, was 20,6% der Personen, die bei der *Agence nationale pour L'Emploi*/ANPE[11] registriert sind, betrifft[12].

Abbildung 1: Gebäude "La Tour" und "Le Mail" in der Cité 4000

7 Die ZUS sind vergleichbar mit den „Stadtteilen mit besonderem Entwicklungsbedarf".

8 Aus den statistischen Untersuchungen ergeben sich ausschließlich Daten bezüglich der Staatsangehörigkeit der Bewohner/innen. Der Anteil der Bewohner/innen mit Migrationsgeschichte ist nicht erfasst, dürfte aber deutlich höher liegen (vgl. hierzu Palomares 2001, S. 57ff).

9 Die HLM ähneln den Objekten des „sozialen Wohnungsbaus".

10 RMI: das Eingliederungsmindesteinkommen ist eine finanzielle Unterstützung durch den französischen Staat, mit dem Ziel der Wiedereingliederung in das Berufsleben (vgl. Dubet/Lapeyronnie 1994, S. 209ff). Es ist vergleichbar mit der Sozialhilfe in Deutschland.

11 Das ANPE ist vergleichbar mit dem „Arbeitsamt".

12 In der Region Paris sind es 11,4% der eingeschriebenen Personen des ANPE, die den RMI beziehen.

Abbildung 2: Gebäude „Le Mail" in der Cité 4000

Unzureichende Ausgangsbedingungen beeinträchtigen eine positive Lebensgestaltung der Bewohner/innen des Viertels. Die Benachteiligung ist insbesondere an den Strukturdaten des Viertels ablesbar. So liegt die gesamte Arbeitslosenquote bei 28,3%[13], davon sind über die Hälfte seit mindestens einem Jahr ohne Arbeit. Besonders auffällig ist die Jugendarbeitslosigkeit mit 42,9%[14], worunter ein Drittel (34,4%) nicht über einen qualifizierten Bildungsabschluss verfügt. Im Hinblick auf höhere Bildungsabschlüsse wie dem *Baccalauréat*/BAC[15] wird deutlich, dass in der ZUS nur ein Viertel der Jugendlichen über eine höhere Schulausbildung bzw. Hochschulausbildung verfügt. Die geringen Bildungsabschlüsse sowie die Jugendarbeitslosigkeit sind insofern bedenklich, da die *Cité 4000* durch eine relativ junge Bevölkerung gekennzeichnet ist, denn 36,2% der Bevölkerung der ZUS sind jünger als 20 Jahre.

13 In der Region *Ile de France* liegt die Arbeitslosenquote bei 11,8% der Bevölkerung.

14 In der gesamten *Ile de France* liegt die Jugendarbeitslosigkeit der 15- bis 24-Jährigen bei 19,8%.

15 Das BAC ist vergleichbar mit dem „Abitur".

Im Folgenden werden die Ausgangspunkte der Entstehung des Viertels erläutert, um die Ursprünge der heutigen strukturellen Schwächen, die zu einer erheblichen Segregation führen, nachvollziehen zu können.

3.2 Der Entstehungskontext

Die landesweite Errichtung von Hochhaussiedlungen in den 50er und 60er Jahren, mit dem Ziel, der großen Wohnungsnot in Frankreich entgegenzuwirken, wurde mit dem rechtlichen Rahmen der *Zone à urbaniser en priorité*/ZUP (Zone mit besonderem Urbanisierungsbedarf)[16] legitimiert. Somit avancierten die Hochhausgebiete zu einem städtebaulichen Großprojekt und es entstanden eigenständige Stadtteile außerhalb der Großstädte (vgl. Vieillard-Baron 2001, S. 75ff).

Diese Entwicklung zeigt sich auch in der Vorstadt *La Courneuve*. Das *Office publique d'Habitations à Loyer modéré*/OPHLM Paris (staatliche Sozialwohnungsbaugesellschaft) war in der Nachkriegszeit der 50er Jahre mit einer großen Anzahl von Menschen, die in katastrophalen Unterkünften lebten, konfrontiert. Da im Großraum Paris der Wohnraum sehr knapp wurde, orientierte sich das OPHLM/Paris an den umliegenden Gebieten der Hauptstadt, um neue Wohngebiete zu errichten. Seitens staatlicher Entscheidungsträger erhielt das OPHLM/ Paris die Befugnis, die *Cité 4000* in *La Courneuve* zu erbauen. Dieser Wohnkomplex repräsentierte eine der ersten *Grands Ensembles* in Frankreich und umfasst ungefähr 4000 Unterkünfte (vgl. Barre 1996, S. 14f).

Die Stadt *La Courneuve* war vor der Errichtung der Hochhaussiedlungen eine kleine Ortschaft, deren Geschichte bis in das zwölfte Jahrhundert zurückreicht[17]. Bevor sich *La Courneuve* zu einem Industriestandort entwickelte, war das Leben durch die Landwirtschaft geprägt. *La Courneuve* war als Standort für den Hochhauskomplex insofern lukrativ, als dass in der einst kleineren Ortschaft der nördlichen Pariser *Banlieue* erstens freie Flächen, zweitens ausreichend Arbeitsplätze durch die Industrie in der Umgebung vorhanden waren und drittens die geografische Nähe zu Paris günstig war. Ab 1959 unterstand der Wohnkom-

16 ZUP (1958-1969) kennzeichnen Gebiete mit vorrangigem städtebaulichen Entwicklungsbedarf. Es gab z.B. die Auflage, mindestens 500 Unterkünfte in jedem dieser ZUP zu schaffen. In Frankreich wurden 195 ZUP mit sozialem Wohnungsbau errichtet, davon 175 außerhalb der Region Paris (vgl. Vieillard-Baron 2001, S. 77, S. 278).

17 Die Stadt trägt den Namen seit 1135. *La Courneuve* stellte im 20. Jahrhundert eine Satellitenstadt von *St. Denis* dar. Zu eine ausführlichen Darstellung der Geschichte von *La Courneuve* vgl. Avery 1987, S. 16.

plex der staatlichen Einrichtung OPHLM/Paris und wurde erst 1984 der Stadt *La Courneuve* übertragen[18] (vgl. Avery 1987, S. 15ff).

Abbildung 3: Die Cité 4000 abgebildet als „Erfolgsmodell" auf einer Postkarte; Quelle: Service Documentation La Courneuve

Zu Beginn stellte das Hochhausgebiet für zahlreiche Menschen eine Verbesserung der Lebensbedingungen dar, zumal die Lebensgrundlagen durch die umliegenden Industrieanlagen gewährleistet waren. Allerdings führte das Wegbrechen der industriellen Produktion Ende der 70er Jahre zu weitreichenden Einschnitten in die ökonomische Lebensgrundlage der Bewohner/innen und beeinträchtigte die Strukturen des Zusammenlebens. Gesellschaftliche Transformationsprozesse führten zu einer Veränderung der Bevölkerungsstruktur in der *Cité 4000*. Während einkommensstarke Arbeiterfamilien die Wohnsiedlungen verließen, zogen

18 Die Errichtung der *Grands Ensembles* erfolgte auch im Interesse der Stadt *La Courneuve*, in der vorher zahlreiche Menschen unter unzureichenden Bedingungen in den sog. *Bidonvilles* (Wellblechhütten) lebten.

(Arbeits)Migrant(inn)en[19] mit ihren Familien in die Wohnkomplexe ein. Für sie bestand durch den Wegzug der Arbeiter/innen die Möglichkeit, in den *Habitation à Loyer modéré*/HLM der Vorstädte zu leben (vgl. Dubet/ Lapeyronnie 1994, S.61).

So wie zahlreiche Vorstädte in Frankreich von dem Wandel der Industriegesellschaft betroffen waren, veränderte sich auch in der *Cité 4000* in den 70er Jahren das interne Gleichgewicht und die Entwicklung des Quartiers wurde durch sozial bedingte Spannungen beeinträchtigt. Zusätzlich belastete eine zunehmende Stigmatisierung durch die Öffentlichkeit das Viertel, das bereits als *Zone de Disqualification sociale* (Zone der sozialen Ausgeschlossenheit) galt[20].

Abbildung 4: Die industrielle Vergangenheit von La Courneuve: Aciéries de Champagnole

19 Diese immigrierten aus dem Maghreb (Tunesien, Marokko, Algerien), aus schwarzafrikanischen Ländern sowie vereinzelt aus weiteren Regionen (vgl. Dubet/Lapeyronnie 1994, S. 73).

20 Zu dem Bild der *Cité 4000* wie auch zum Stigma des Quartiers vgl. Avery 1987, S. 13ff; Bachmann/Basier 1989, S. 43ff.

Lokale Kriminalität, Nachbarschaftskonflikte und rassistische Übergriffe rückten in das Interesse der Öffentlichkeit[21]. Die *Cité 4000* wurde als *Crise permanente* (permanente Krise) wahrgenommen (vgl. Palomares u.a. 2001, S. 55)[22].

3.3 Die Cité 4000 im Kontext der Politique de la Ville

Anfang der achtziger Jahre wurde die *Banlieue* im Zuge der Jugendunruhen und der sozialen Spannungen zum Ausdruck einer gesamtgesellschaftlichen Krise. Der französische Staat reagierte auf die sich zuspitzende Situation in den Vorstädten 1981 mit der *Politique de la Ville* (Stadtpolitik). Ziel der *Politique de la Ville* war, durch Eingriffe und Verbesserungen der Strukturen des territorialen Raumes, der sozialen Ungleichheit entgegenzuwirken und die Lebensbedingungen zu verbessern. Insofern wurden nicht vereinzelte Gruppen, sondern ein ganzes sozialräumliches Gebiet staatlich gefördert, was zu einer „positiven Diskriminierung" desselben führte (vgl. Ottersbach 2004a, S. 89, vgl. Loch 2005, S. 70). Dabei zielten stadtpolitische Maßnahmen in Frankreich zu Beginn auf architektonische Verbesserungen der jeweiligen Gebiete ab. Diese entwickelte sich jedoch mit der Etablierung der *Politique de la Ville* zu einer umfassenden sozialpolitischen Konzeption, die ökonomische, soziale, kulturelle und politische Aspekte beinhaltet (vgl. Frey 2007, S. 153).

Die ersten staatlichen Interventionen in der *Cité* begannen mit den 1977 abgeschlossenen Verträgen des *Habitat et Vie sociale*/HVS (Wohnen und soziales Leben), womit die *Cité 4000* unter den *Grands Ensembles* eine der Vorreiter stadtpolitischer Maßnahmen war. Im Rahmen des Projektes wurden erste bauliche Mängel ausgebessert. Die nationale Kommission des *Développement social des Quartiers*/DSQ (soziale Entwicklung der Stadtviertel) wählte 1983 die *Cité 4000* für weitere Projekte aus. Die staatlichen Interventionen setzten sich mit den *Grands Projets urbains*/GPU (große urbane Projekte) für die Gebiete *St. Denis –*

21 Eine gute Darstellung über die Wahrnehmung von Kriminalität in der *Cité 4000* liefert Avery 1987, S. 107ff. Zur Darstellung der Hintergründe der Übergriffe sowie der medialen Aufarbeitung, bei der zahlreiche Mythen über die *Cité 4000* rekonstruiert werden vgl. Bachmann/Basier 1989, S. 75ff.

22 1983 tauchte die *Cité 4000* im medialen Diskurs auf, als ein neunjähriger Junge von einem Bewohner der *Cité* erschossen wurde (vgl. hierzu Avery 1987, S. 14). Weitere Hintergründe zu dem Vorfall beschreiben Bachmann/Basier 1989, S. 91ff. 1964 erregte ein Konflikt zwischen zwei Jugendgruppen in der *Cité 4000* in den Medien Aufmerksamkeit. 1971 ereignete sich der erste tödliche Vorfall in der *Cité* (vgl. hierzu Avery 1987, S. 19). Der letzte Vorfall, der die *Cité 4000* in einem negativen Licht erscheinen ließ, ereignete sich 2005. Aufgrund des Todes eines Jungen, der in eine Auseinandersetzung zweier Jugendgruppen geriet, besuchte der damalige französische Innenminister Nicolas Sarkorzy *La Courneuve* und löste mit seinen Äußerungen gegenüber der Bevölkerung des Viertels Empörung aus.

Abbildung 5: Bauliche Veränderungen im Viertel

Aubervilliers – La Courneuve[23] fort. Nachdem die *Cité 4000* auf die Liste der Wohngebiete gesetzt wurde, die sich in einem unzureichenden baulichen Zustand befanden (*Grands Ensembles et Quartiers d'Habitat dégradés*), erfuhr sie 1996 die Zuordnung als *Zone urbaine sensible*/ZUS, womit sie zum Ziel stadtpolitischer Maßnahmen wurde: Die drei Gesamtschulen der Stadt (*Collège*) gehören der *Zone d`Education prioritaire*/ZEP (Bildungszone mit besonderer Priorität)[24] an und werden als Bildungsinstitutionen staatlich gefördert (vgl. Palomares u.a., S. 60). Auch die architektonischen Verbesserungen wurden fortgesetzt und haben bis heute zu tiefgreifenden Veränderungen geführt[25]. Der bauliche Zerfall

23 Bei den Städten *St. Denis* und *Aubervilliers* handelt es sich um Nachbarstädte von *La Courneuve*.

24 Diese „Zonen" werden nach bestimmten Kriterien wie z.B. Sozialdemographie, ökonomische Situation, Bevölkerungsstruktur, Schulversagen und Bildungsabschlüsse bestimmt. Sie erhalten politische und finanzielle Zuschüsse (vgl. Bachmann/Le Guennec 1996, S. 375f.).

25 Maßnahmen der *Politique de la Ville* bezogen sich bisher auf die *Cité Sud*, hingegen taucht die *Cité Nord*, die einen kleineren Wohnkomplex mit niedrigeren Gebäuden darstellt, deutlich we-

der Gebäude war nicht aufzuhalten, besonders baufällige Gebäude wurden vereinzelt bereits abgerissen. Die Zertrümmerung des Hochhausgebäudes *Débussy* im Jahr 1986 stellte eine der ersten Zerstörungen von Hochhausgebäuden in den Vorstädten Frankreichs dar, womit ein landesweites öffentliches Interesse an der *Cité 4000* ausgelöst wurde (vgl. Palomares 2001, S. 61ff). Innerhalb der Jahre 2000 bis 2004 veränderte sich die *Cité 4000* durch die Destruktion dreier weiterer Hochhausgebäude maßgeblich. Die freien Flächen ermöglichten die Erbauung neuer Wohnanlagen mit Gebäuden von vier bis fünf Etagen, wie auch die Umstrukturierung von Straßen und öffentlichen Plätzen (vgl. Corbillé 2002, S. 18ff).

Abbildung 6: Kleinere Wohnanlagen im Viertel entstehen anstelle der Hochhäuser – Die Résidence Villon

niger in der öffentlichen Diskussion auf. Erst kürzlich begannen die Vorbereitungen für die städtebaulichen Verbesserungen im Viertel der *Cité Nord*.

3.4 Die Politique de la Ville innerhalb der Sozialraumdiskussion

Im Hinblick auf die *Politique de la Ville* in der *Cité 4000* kann festgehalten werden, dass die Bestimmung des Viertels als besondere Entwicklungszone (*Zone urbaine sensible*/ZUS) sowie die zahlreichen sozialpolitischen Maßnahmen, denen das Viertel unterliegt, gleichzeitig eine „positive Stigmatisierung" des Stadtviertels bewirkt hat (vgl. Frey 2007, S. 152). Außerdem beziehen sich die Maßnahmen der Stadtpolitik vorwiegend auf die sozialgeografischen Ausgangspunkte. Loch (2005) konstatiert diesbezüglich eine unzureichende Orientierung der stadtpolitischen Maßnahmen an den lebensweltlichen Kontexten von Jugendlichen:

> „Trotz alledem werden jedoch die formellen und informellen Ressourcen der Jugendlichen in den Programmen der Stadtpolitik kaum erwähnt, obwohl gerade diese Ressourcen zu einer Verbesserung ihrer Lebenssituation beitragen können" (ebd., S. 76).

Auch Frey (2007) kritisiert bezüglich der politischen Handlungsspielräume die mangelnde Partizipation sowie eine unzureichende Orientierung an den Quartiersbewohner/innen und plädiert für eine stärkere Hinwendung zu den Anliegen der Bewohner/innen des Viertels (vgl. Frey 2007, S. 155).

Kühr/Villechaise-Dupont (2007) unterstreichen die Bedeutung der Partizipation der Bevölkerung an der (politischen) Mitgestaltung der Viertel. Allerdings warnen die Autorinnen vor der Verklärung von Konflikten und Differenzen sowie einer Überbewertung der Ressourcen der Bewohner/innen. Sie sehen jedoch in der Einbeziehung dieser dann eine Chance, wenn Differenzen und Schwierigkeiten, die den Raum prägen, berücksichtigt werden. Zudem sollten Machtverhältnisse, die mit unzureichenden Repräsentationen und mangelndem Einfluss der Bewohner/innen in einem wechselseitigen Verhältnis zueinander stehen, reflektiert werden (vgl. ebd., S. 131).

Alle genannten Autor(inn)en sind sich darin einig, dass die Anerkennung der aktiven Mitgestaltung und Mitbestimmung der Bewohner/innen an stadtpolitischen Prozessen erforderlich ist. Als Resümee kann folgendes Zitat dienen:

> „Grundlegend [wiederholen wir es] kann man die Exaltation über Territorien und ihre Ressourcen nur insofern begrüßen, als den Bewohnern wahrhaftige Entscheidungsbefugnisse gegeben werden. Der Sozialraum kann nur existieren, wenn seine Akteure von den Institutionen als legitime Akteure der Sozial- und Stadtpolitik anerkannt werden" (Kühr/Villechaise-Dupont, S. 137).

Um die Perspektive der jungen Bewohner/innen des Stadtquartiers *Cité 4000* zu beleuchten, wird im Folgenden auf die Alltagswelt eingegangen.

4 Die Alltagswelt aus der subjektiven Sicht der jungen Bewohner/innen

> „Ich werde weinen, denn ich habe mein ganzes Leben in diesem Gebäude verbracht, verstehst du. Und das wird mir weh tun“ (Malika).

Betrachtet man die Perspektive der Jugendlichen im Quartier, kristallisiert sich ein sehr facettenreiches, teilweise widersprüchliches Bild heraus. Während einerseits eine starke Verbundenheit mit dem eigenen Viertel beschrieben wird, wird andererseits auch eine ablehnende Haltung deutlich. Auf der einen Seite ist das Quartier ein wichtiger Anhaltspunkt im Leben der Jugendlichen, auf der anderen Seite stehen die jungen Bewohner/innen vor der Herausforderung, die mit dem Leben im Quartier verbundenen alltäglichen Hindernisse und Barrieren zu bewältigen.

Aus der Untersuchung geht hervor, dass das Quartier für die Jugendlichen einen wichtigen Anhalts- und Orientierungspunkt in ihrem Leben darstellt. Insbesondere über die Sozialstrukturen, wie Familie, Freunde und Nachbarschaftsbeziehungen, fühlen sie sich mit dem Viertel verbunden. Die Jugendlichen sehen in der *Cité* ein Zuhause, in dem sie sich wohlfühlen. Djibril beschreibt das Viertel als einen Anker, der ihm Halt gibt:

> „Was ich im Viertel mag, das ist die Stimmung, die es hier gibt. Die Leute, die ich kenne. Ich mag alles, das ist mein Viertel. Ich lebe hier seit meiner Kindheit, ich bin hier geboren. Ich mag alles. Ich habe mich hier gut eingelebt. Mir geht es gut. Draußen ist wie bei mir zu Hause. Das ist das gleiche.“

Außerdem schätzen sie die Freundlichkeit und die Hilfsbereitschaft, „das große Herz“ der Menschen im Viertel und betonen die Solidarität untereinander. So beschreibt auch Mara eine bestimmte „Atmosphäre“ im Viertel. Aufgrund persönlicher Erfahrungen habe er beobachtet, dass er die Stimmung, wie sie in *La Courneuve* von ihm erlebt werde, in einem Pariser Viertel nicht finde:

> „In Paris das ist, jeder in seiner Wohnung und sie haben nichts miteinander zu tun. Aber hier in La Courneuve kenne ich alle Leute, die in den Gebäuden leben. Alle Etagen, alle Türen. Denn wenn du Salz benötigst(...), kein Problem, wenn du etwas benötigst.“

Allerdings werden auch die schwierigen Bedingungen des Zusammenlebens deutlich. Malika beschreibt beispielsweise, dass sie sich nicht gerne in der *Cité* aufhalte und den Menschen in der *Cité* kritisch gegenüberstehe:

„Oh (..) .wie beschreibe ich die Cité 4000? Im Grunde verschmutzt sie immer mehr. Diese Cité. Im Grunde(…) alles brennt, sie haben uns (…) ich weiß nicht, ob du die Turnhalle gesehen hast? Hast du gesehen, wie sie uns die abgebrannt haben? Das ist nun (…) seit ich ein Kind bin, ist die Turnhalle da. Sie haben sie angezündet, man weiß nicht, warum. Sie zünden nun auch die Schulen an (…), die Mülleimer, diese zünden sie die ganze Zeit an. Sie zünden Autos an. Im Grunde, diese Cité, sie verkommt mehr und mehr.“

Die jungen Bewohner/innen des urbanen marginalisierten Raumes stehen vor der Herausforderung, erstens mit der Prekarität im Viertel umzugehen, die in den baulichen Schwächen sowie der unzureichenden ökonomischen Situation und der Kriminalität deutlich wird. Zweitens sind sie in ihrem Alltag damit konfrontiert, flexibel auf den baulichen Wandel zu reagieren. Drittens haben sie mit der Heterogenität differenter Lebenskontexte und -hintergründe im Viertel umzugehen. Insofern zeigt sich auch bei Malika, dass sie sich an die ungünstigen Bedingungen „gewöhnt“ hat und eigentlich noch nie „Probleme mit irgendwem“ hatte. Trotz ihrer ablehnenden Haltung gegenüber der *Cité* wird auch bei Malika ihre Verwurzelung mit der *Cité* deutlich:

„Die Gebäude standen dort schon eine lange Zeit und die Leute, die dort lebten, das schmerzte sie. Und ich, wenn sie Le Mail[26] zerstören würden, das würde mich wirklich traurig machen. Ich werde weinen, denn ich habe mein ganzes Leben in diesem Gebäude verbracht, verstehst du. Und das wird mir weh tun.“

Durch die Analyse der Interviews wurde deutlich, dass sich die Jugendlichen als Kenner/innen ihres Viertels zeigen, die bauliche Veränderungen mit einem kritischen Auge betrachten und in der Lage sind, Verbesserungsvorschläge für die Gestaltung des eigenen Viertels zu äußern. Sie befürworten die Errichtung der kleineren Wohnanlagen, kritisieren allerdings die unzureichenden finanziellen Ressourcen dafür. Bei der Bewertung der Veränderungen im Viertel kristallisieren sich zwei Diskurslinien heraus: Während die Mehrheit den baulichen Maßnahmen im Viertel positiv gegenübersteht, betrachtet eine Minderheit diese kritisch. So kritisiert Djibril beispielsweise den Abriss baufälliger Gebäude, sieht aber gleichzeitig, dass diese Entwicklung unaufhaltsam ist:

„Alles was im Quartier ist, ist wichtig. Wenn Sie sehen, dass zwei oder drei Gebäude explodieren, die demoliert sind (…), es ist wichtig. Man möchte nicht, dass sich das reproduziert. Gut, das ist das, was gemacht wurde, aber gut. Man wollte nicht, dass sich das reproduziert.“

26 *Le Mail* ist die Bezeichnung für ein Wohngebäude in der *Cité 4000.*

Zusammenfassend kann festgehalten werden, dass die jungen Bewohner/innen mit der Zeit gelernt haben, mit den Schwachpunkten im Viertel, wie der Verschmutzung und der problematischen Architektur, umzugehen bzw. sich mit ihnen zu arrangieren. Im Hinblick auf die Diversität im Viertel, d.h. den unterschiedlichen Migrationshintergrund sowie differente Lebensentwürfe der Bewohner/innen, zeigt sich die Fähigkeit der Jugendlichen, mit der Heterogenität im Viertel umzugehen. Gemeint ist das Verstehen und Deuten von differenten Lebenshintergründen und -kontexten. Sara beschreibt das Zusammenleben in ihrem Wohnhaus beispielsweise folgendermaßen:

> „Ich erlebe das gut. In der Weise, dass ich für alles offen bin. Alle Kulturen. Über mein Gebäude weiß ich zum Beispiel (...). Meine beste Freundin ist Haitianerin, also sie kommt von den karibischen Inseln. Meine Nachbarn, die ich seit nun 15 Jahren kenne, sind malischer Herkunft. Ich habe andere, die Pakistani sind, und andere, die Inder sind, in meinem Gebäude. Das ist ein großes Gebäude mit vier Etagen und ich kenne viele Leute, die aus verschiedenen Orten kommen. Und es kommt vor (...) zum Beispiel Freitag, in der Mehrzahl sind wir Muslime. Freitag ist der Tag des Gebetes. Und zum Beispiel der letzte Freitag (...), alle teilen sich etwas. Es ist der Austausch von Gerichten. Meine Mutter zum Beispiel wird für das ganze Gebäude das Couscous vorbereiten und sie wird allen Nachbarn davon geben. Meine Nachbarn werden ein malisches Gericht zubereiten, das ist Reis mit Fleisch und Fisch, die sie an alle verteilen wird, und die Inder das gleiche. Da gibt es diesen Austausch. Ich erlebe es positiv, denn in meinem Gebäude verläuft es gut. (...). Ich bin neugierig, viele Sachen zu entdecken, auf andere Kulturen zuzugehen, das bereichert mich mehr als andere Sachen. Ich bin froh, andere Kulturen kennen zu lernen."

Diese erworbene Kompetenz kann allerdings nicht über die Anforderungen hinwegtäuschen, vor denen die jungen Bewohner/innen stehen: Sie müssen mit den strukturellen Barrieren, bedingt durch die hohe Arbeitslosigkeit im Viertel, sowie den geringen ökonomischen Ressourcen und der Stigmatisierung durch die Öffentlichkeit umgehen. Dies zeigt sich in den Interviews deutlich: Die jungen Bewohner/innen verorten ihr Viertel im gesamtgesellschaftlichen Kontext als ein Viertel mit geringeren ökonomischen Ressourcen und geringerem politischen Einfluss. Auf dem Hintergrund der ungünstigen Ausgangslage sowie der strukturellen Defizite im Viertel verdeutlicht Elyes die Beweggründe Jugendlicher, materielle Ressourcen über die Parallelwirtschaft[27] heranzuziehen:

> „Es gibt Leute, die haben sich für diesen Lebensweg entschieden. Ich kritisiere sie nicht, da es schwierig ist. Dadurch können sie materielle Dinge haben. Gut. Dann ist es ihre Wahl. Bezüglich der Gesellschaft haben sie ein abweichendes Verhalten, aber gut. Das sind oft Leute, die sich respektieren, Leute die gut sind."

27 Parallelwirtschaft meint hier den Handel mit gestohlenen Gegenständen und Drogen im Viertel.

Aboubacar, der besonders von der prekären ökonomischen Situation im Viertel betroffen ist, erläutert die Konsequenzen, die sich aus der Abkopplung von ökonomischen Systemen ergeben. Ferner schildert er die Gründe, die die Jugendlichen zu der Parallelwirtschaft bewegen:

> „Warum sie das machen? Weil sie kein Geld haben. (…). Sie sind gezwungen, das zu machen. Es gibt welche, die arbeiten, um Geld zu verdienen. Auf ehrliche Weise. Es gibt andere, die arbeiten (…), es ist um Geld zu verdienen."

Für seine eigene Situation reflektiert Aboubacar, dass er aus finanzieller Not heraus zu dem Verhalten gezwungen sei:

> „Für mich persönlich, für mich ist, wenn ich unten bin und schlechte Sachen mache. Mir macht das nichts. Da ich gezwungen bin, das zu machen. Um über die Runden zu kommen. Es ist nicht so, dass ich Lust habe, das zu tun. Es ist, weil ich es brauche. Das ist alles."

Neben der strukturellen Benachteiligung im Viertel beschreibt die Mehrheit der jungen Bewohner/innen die Stigmatisierung auf dem Arbeitsmarkt. Aufgrund des Migrationshintergrundes sowie des Wohnortes erleben die Jugendlichen selbst oder durch Freunde und Bekannte die Diskriminierung auf dem Arbeitsmarkt. In dem Zusammenhang kritisiert Sabrina, dass die Jugendlichen nicht nach fachlichen Qualifikationen, sondern nach dem Wohnort bewertet würden und verdeutlicht, dass ihnen dadurch Lebensperspektiven genommen würden:

> „Zum Beispiel, wenn man eine Arbeit sucht (…). Da gibt es manchmal die Diskriminierung, wenn sie sehen, dass du aus der *Banlieue* kommst. Sie werden jemanden vorziehen, der aus Paris kommt. Eher als jemanden, der aus der *Banlieue* kommt. Denn der Leiter der Personalabteilung wird das vor sich haben, was in den Medien passiert. Er wird sehen, dass die *Banlieue* aus einer negativen Sichtweise betrachtet wird. Dass das so passiert und er wird dich nicht nehmen. Das ist es. Das blockiert uns. Das schließt uns viele Türen."

Durch unsichere Arbeitsverhältnisse und rasche Kündigungen erlebt auch Aboubacar die Stigmatisierung auf dem Arbeitsmarkt. Deshalb wäre Aboubacar selbst gerne „Chef" eines Unternehmens. Diesbezüglich äußert er Überlegungen, die seinen kompetenten Umgang mit der Heterogenität in seinem Lebensraum verdeutlichen. So Aboubacar:

> „Ich würde nicht darauf achten, wo die Jugendlichen herkommen – aus welchem Viertel, gleich ob Araber, Schwarzer, Chinese – selbst wenn er niemals in einem Unternehmen gearbeitet hat, wenn er den Beruf nicht machen könnte, würde ich ihn

> wenigstens mal probieren lassen ob er (...) wenn er es wirklich nicht könnte, dann würde ich ihn nicht behalten, aber wenn er beginnt, es zu lernen, würde ich ihn behalten, dann würde er es mehr und mehr lernen. Die Unternehmen, sie nehmen einen für einen Tag und den zweiten Tag. Du kommst auf die Arbeit und sie sagen (...). Das geht nicht. Das ist nicht normal. Du lernst es nicht an einem Tag. Man lernt nicht an einem Tag, zu arbeiten. Wenn ich den zweiten Tag komme und ich es nicht kann und du schmeißt mich raus. Das ist nicht normal."

Insofern stehen die jungen Bewohner/innen der Konfrontation mit dem negativen Bild von außen gegenüber, das mit dem eigenen Selbstbild ausgehandelt werden muss. An mehreren Stellen erzählen die Interviewpartner/innen, dass sie als „Wilde" betrachtet würden und betonen, dass sie keine „Monster" oder „Tiere" seien. Die Jugendlichen beschreiben, dass viele Menschen Angst hätten, in die Viertel zu kommen und diese als „Ghetto" betrachten würden. Djibril relativiert dies und verdeutlicht, dass es keinen Grund dazu gebe, Angst zu empfinden. So Djibril:

> „Das sind die Cités. Es gibt keinen Grund, Angst zu haben. Die Leute haben umsonst Angst."

Die Strategie im Umgang mit dem Außenbild liegt bei der Mehrheit der Befragten darin, diesem die Innenperspektive des Alltags im Viertel entgegenzustellen, um das Außenbild verändern zu können. So fordert Sana ihre Kollegin dazu auf, mit der Tramway nach *La Courneuve* zu kommen, um zu sehen, dass es ganz ruhig verlaufe und auch die „randalierenden Jugendlichen" eigentlich ganz ruhig seien. Auch Mara erlebte bei einem seiner Lehrer, dass sich das Bild über *La Courneuve* änderte, als er die Menschen im Viertel kennenlernte. Für Mara liegt darin ein wichtiger Ansatz, der dazu beiträgt, das negative Bild über *La Courneuve* und andere *Cités* in der *Banlieue* zu ändern:

> „Das heißt, zu Beginn hatte er sein negatives Bild und heute ist er reingekommen. Er sah die Leute, er hat mit ihnen gesprochen und er änderte sein Bild. Das ist es, was die Leute verstehen müssen."

Besonders deutlich zeigt sich die Kritik an der Darstellung der *Banlieue* in den Medien. Mara kritisiert, dass sich die mediale Berichterstattung fast ausschließlich auf negative Inhalte beschränke und wesentlich dazu beitrage, dass sich ein negatives Bild über die *Banlieue* in der Öffentlichkeit verhärte. Darüber hinaus erläutert Mara das angespannte Verhältnis der Jugendlichen zu den Journalist(inn)en. Das Misstrauen der Jugendlichen ihnen gegenüber sei oftmals darauf zurückzuführen, dass die Aussagen der Jugendlichen in einem anderen Kontext wiedergeben würden. Auch auf politischer Ebene kritisieren beispielsweise Sana und Sabrina den Diskurs, der über die Menschen in den Vorstädten geführt werde. Zu den Äußerungen des ehemaligen französischen Innenministers Nicolas Sarkozy, der die *Cité 4000* besuchte, sagt Sana:

> „Weißt du, was er sagte, M. Nicolas Sarkozy? Ich werde das mit einem Hochdruckreiniger reinigen. Das ist schlimm, was er gesagt hat.“

Zusammenfassend kann also festgehalten werden, dass bei den jungen Bewohner/innen eine kritische Auseinandersetzung mit der Gesellschaft, den Medien und der Politik stattfindet. Durch die Auseinandersetzung mit den unterschiedlichen Lebenskontexten und -hintergründen der Menschen im Viertel lernen sie, gesellschaftliche Strukturen und Zusammenhänge zu verstehen und zu deuten. Es soll nicht ausgeblendet werden, dass die Jugendlichen mit prekären Ausgangsbedingungen konfrontiert sind, die sich beispielsweise anhand der Diskriminierung auf dem Arbeitsmarkt oder der Stigmatisierung des Wohnortes durch die Öffentlichkeit aufzeigen lassen. Jedoch entwickeln sie Strategien, damit umzugehen, was beispielsweise in der Absicht der Interviewpartner/innen deutlich wird, die Innenperspektive des Viertels dem äußeren Bild gegenüberzustellen.

5 Die Bedeutung der Bildung für die Jugendlichen

> „Ich habe es gut gemacht, mit der Schule weiter zu machen, denn nun gibt es viele Türen, die sich für mich öffnen werden“ (Sabrina).

Im Hinblick auf die unzureichenden Ausgangsbedingungen und die Benachteiligung auf dem Arbeitsmarkt stellt sich für die jungen Bewohner/innen des Quartiers die Frage nach der Relevanz der Bildungs- und Berufsabschlüsse.

Dazu verdeutlicht die Mehrheit der Jugendlichen die Wichtigkeit der Bildungsabschlüsse für ihre Zukunft. Sie sehen darin eine Ressource für ihre berufliche Lebensgestaltung. Sabrina beispielsweise betrachtet die Schule als „Werkzeug“, das die Grundlage für ihre Zukunftsgestaltung bildet:

> „Also die Schule ist ein Werkzeug, ein Werkzeug, das man nicht vernachlässigen sollte. Es ist eine wichtige Sache im Leben. Schule ist die Basis von allem. Du fängst mit der Schule mit drei Jahren an, das ist der Kindergarten und du hast ein Ziel und das ist zu arbeiten, um dein Leben zu verdienen, später.“

Auch aus Sanas Blickwinkel werden über die Bildungsabschlüsse die Zugangschancen zu wichtigen ökonomischen Kontexten geregelt. Sana befürchtet einen „sozialen Abstieg“, wenn sie den angestrebten Abschluss nicht erreicht:

> „Ein Versagen. Das wäre ein sozialer Abstieg, nicht nur ein schulisches Versagen, das wäre sozial. Für mein Leben bedeutet das, dass ich nichts mehr machen könnte. Ja, ich war ein Jahr in BEP[28], niemals in meinem CV [Curriculum Vitae/Lebenslauf, S.P.] könnte ich das reinsetzen. Ich könnte das nicht in meinem Diplom vermerken, ich hätte nur meinen Gesamtschulabschluss. Ich möchte nicht mein ganzes Leben als Kassiererin arbeiten."

In den Interviews wurde deutlich, dass die Eltern einen entscheidenden Einfluss auf die Bildungslaufbahn der Jugendlichen nehmen. Das zeigt sich auch für Sabrina und Sara: Beide beschreiben die strenge Haltung der Eltern, die sie zur Fortführung der Schule motiviert habe. Nach den Ergebnissen aus den Interviews stellen sowohl die strenge Haltung der Eltern als auch deren Ermutigung einen positiven Einfluss auf die Bildungslaufbahn dar. Elyes beispielsweise schätzt die Hilfestellung durch seine Familie und führt seinen schulischen Erfolg auf die Erziehung seiner Eltern zurück. Darüber seien ihm Werte vermittelt worden, die er für seinen Schulerfolg als wichtig erachte. Gerade in dem „Milieu", in dem er lebe, sei das wichtig:

> „Sie ermutigen mich. Sie sind zufrieden. Sie stehen hinter mir und sie sagen mir, dass man alles machen muss, um dort anzukommen. Glücklicherweise sind sie da. Denn dank ihnen hatten wir diese Erziehung, obwohl wir in einem schwierigen Milieu leben.(…). Wir hatten immer die Wertvorstellungen, die man uns übermittelt hat, die uns ermöglichten, gut in der Schule zu sein, obwohl wir keine reiche Familie waren. Ich glaube nicht, dass es reiche Familien in dieser Cité gibt. Wir versuchten immer, gut zu sein, keine Dummheiten zu machen, nicht zu klauen, nicht zu verkaufen."

Die Schwierigkeiten, die sich selbst mit einem qualifizierten Bildungsabschluss auf dem Arbeitsmarkt ergeben, beschreibt Mara folgendermaßen:

> „Heute, selbst wenn du ein Diplom in Frankreich hast, ist es schwierig. Selbst mit einem qualifizierten Abschluss ist es schwierig. Denn mit der Schwarzarbeit und all dem, das schließt viele Türen. Ich machte meine Ausbildung im Bau, und heute, jemand der (...). Ich habe Bac Pro [vergleichbar mit dem Fachabitur, S.P.] (…) jemand, der qualifiziert ist, heute im Unternehmen hat den gleichen Status wie jemand, der gar kein Diplom hat, der noch nie eine Schule besuchte. Das trägt dazu bei, dass (…) na ja, dass es schwierig ist. Heute ist es schwierig aufzusteigen. Heute, wenn du einen beruflichen Aufstieg in deiner Firma möchtest, werden sie dir sagen, dass es nicht geht und auf Wiedersehen. Das war`s dann."

Abschließend kann gesagt werden, dass schulische und berufliche Abschlüsse als eine wichtige Ausgangsbasis für die Gestaltungsmöglichkeiten der beruflichen

---

28 Brevèt d´Etudes professionnelles (Berufsschulabschluss).

Zukunft gesehen werden. Bildung wird zum „Werkzeug“, um sich „Türen zu öffnen“ d.h. Gestaltungsmöglichkeiten zu eröffnen. Für den Schulerfolg und die Formulierung beruflicher Zielvorstellungen wurde außerdem die Bedeutung des Einflusses der Eltern deutlich.

6 Die (Nicht-)Teilhabe an der postmodernen Stadtgesellschaft – Mobilität und Kontexte außerhalb des Quartiers als Chance?

> „Die Tramway ist eine sehr gute Idee, ich weiß nicht, wer das erfunden hat. (...). Die Tramway bringt viele Leute aus der Galère“[29] (Mara).

Im Hinblick auf die sozialen Netzwerke zeigt sich für die Jugendlichen, dass sie neben den Freunden im Viertel weitere Freundes- und Bekanntenkreise außerhalb der *Cité 4000* haben. Beziehungsstrukturen, die über die Schule entstehen, beziehen sich vorwiegend auf den Raum *Seine-Saint-Denis*. Daher sind gerade die Universität oder andere Einrichtungen – wie beispielweise ein Sportverein – Voraussetzungen für ein weit ausdifferenziertes soziales Netzwerk. Dies wird mit den Beschreibungen von zwei interviewten Studierenden, deren Bekanntenkreis überregional ausgeprägt ist, deutlich. So erzählt Sara:

> „Das erste Jahr meines Studiums machte ich in Villetaneuse. Villetaneuse ist weiter weg, deshalb war es dort eine ganz andere Sache. Ich hatte Freunde, die von weiter her kamen. Das waren Freunde von der Uni, die aus dem 95., 60. [Departement, S.P.], die ein bisschen von überall kamen. Da lernte ich Freunde kennen, mit denen ich immer noch Kontakt habe. Dann wechselte ich die Uni und nun bin ich in Bobigny. Und in Bobigny habe ich neue Freunde gefunden. Von überall.“

Auch über den Sportverein außerhalb des Quartiers kann Sara Kontakte zu Bekannten aus anderen Regionen knüpfen. Dabei stellt ihre Kontakt- und Redefreudigkeit eine Hilfe dar, die sie zudem für Kontakte und Netzwerke in der Arbeitswelt einsetzt:

> „Jedes Mal, wenn du einen Direktor dort kennst (...), wenn er eines Tages eine Animatrice benötigt und weiß, dass du eine Animatrice bist, wird er dich anrufen und wenn du zustimmst (...). Außerdem, dann hast du Kontakte mit vielen Leuten und dann ist es so, dass (...). Ich weiß, dass überall wo ich bin (...). Ich rede viel, vielleicht hast du es schon wahrgenommen, ich spreche viel (lacht). Ich rede viel und

---

29 *Galère* beschreibt eine sehr schwierige Lebenslage, die durch soziale und ökonomische Ausgeschlossenheit bedingt ist. Der Begriff wurde maßgeblich durch Dubet geprägt (vgl. Dubet 1987).

> außerdem gehe ich leicht auf Leute zu und ich mag das, ich mag das, auf Leute zuzugehen."

Die Notwendigkeit, Kontexte außerhalb des marginalisierten Raums zu erschließen, erläutert Elyes. Demnach sei es wichtig, neue Horizonte zu erschließen, da es in der *Cité* zu „konzentriert" sei und das Leben nicht genug ausdifferenziert sei:

> „Ich denke, dass es hier nicht ausreichend ausdifferenziert ist. Hier ist es zu konzentriert. Im Grunde…man sieht immer die gleichen Personen. Deshalb wollen wir mal was anderes sehen. Horizonte wechseln. Nach draußen gehen und andere Städte kennen lernen. Ich bin oft (...) ich gehe gerne nach Paris, um mit Freunden auszugehen."

Die Relevanz von Einrichtungen außerhalb des Quartiers verdeutlichen auch andere Jugendliche. In diesem Zusammenhang verdeutlicht Mara die Bedeutung der öffentlichen Verkehrsmittel für die Mobilität der Bewohner/innen. Für ihn symbolisiert die Tramway ein Mittel, die Menschen der *Cité 4000* aus der Prekarität zu bringen:

> „Es gab keine Tramway. Um nach St. Denis zu kommen, benötigten wir mehr Zeit. Heute sind das fünf Minuten, nicht länger. Und vorher dauerte das vielleicht eine viertel Stunde. Denn vorher gab es Busse, aber der Bus steht oft im Stau…aber heute ist es mit der Tramway viel einfacher. Auch um nach Bobigny zu kommen. Um nach Noisy zu kommen, weiter weg halt (…). Vorher war es in diesem Sinne schwieriger. Die Tramway hat einiges geändert. Im Besonderen für die Leute, die kein Auto haben."

Allerdings hängt die Mobilität der Bewohner/innen und die Möglichkeit, Kontakte und Netzwerke außerhalb des Quartiers zu erschließen, mit ihren ökonomischen, sozialen und kulturellen Ressourcen zusammen.

Für ihre Zukunft wünschen sich die jungen Bewohner/innen eine gute Ausgangslage und orientieren sich an dem bürgerlichen Familienmodell als Lebensform – d.h. Ehepartner/in und Kinder. Eine stabile Ausgangsbedingung wird für sie über einen Beruf und eine gute Wohnsituation symbolisiert. Sabrina beschreibt dies so:

> „Ich möchte all meine Ziele erreichen: ein Familienleben, einen Beruf, das zu haben, was ich wollte, ein schönes Haus haben, eine gute Situation, wie alle. Und voilà. Mein Leben leben. Ohne Probleme zu haben und voilà. Ganz einfach."

Deutlich wird, dass sich die jungen Bewohner/innen an der Konsumgesellschaft orientieren und dahingehend Bedürfnisse und Wünsche beschreiben. Elyes erklärt:

> „Wir alle mögen alles, was materiell ist: ein großes Haus, das, was mir ausreichen würde (…) mit einem guten Auto, um mobil zu sein, alle haben den gleichen Blickwinkel (…), denken gleich."

Im Hinblick auf den Wohnort *La Courneuve* kann sich die Mehrheit eine Zukunft dort vorstellen. Allerdings setzen sie dazu eine bessere Ausgangssituation und günstigere Lebensbedingungen voraus. Mara beispielsweise sieht seine Zukunft durchaus in *La Courneuve*. Allerdings sei ihm eine veränderte Situation im Viertel wichtig und auch das Bild der Öffentlichkeit über den Wohnort müsse sich ändern:

> „Ja, ich kann mir vorstellen, in der Stadt La Courneuve zu bleiben. Wenn es Dinge gibt, die sich ändern, warum nicht in La Courneuve bleiben? La Courneuve, das ist ein Problem: sie haben uns ein Stigma auferlegt (…), d.h. La Courneuve, das ist die Kriminalität. Und heute hat es sich geändert und die Leute müssen wissen, dass es etwas anderes als die Kriminalität ist."

Sabrina und Malika distanzieren sich von der *Cité*. Die beiden Interviewpartnerinnen sehen vor allem die schlechten Ausgangsbedingungen in der *Cité* durch Kriminalität und Verschmutzung als Ausschlusskriterium. Für ihre Zukunft wünschen sie sich bessere Bedingungen und streben andere Perspektiven an. So stellt Sabrina fest:

> „Und ehrlich gesagt, eine Zukunft in der Banlieue kann ich mir nicht vorstellen, denn ich bin bereits in den Banlieues aufgewachsen. Ich habe mein ganzes Leben, meine ganze Jugend in der Banlieue verbracht und ehrlich gesagt, vielleicht ist es gut für die Jugend, aber wenn man größer wird, muss man andere Perspektiven haben, andere Zukunftsperspektiven und ich glaube nicht, dass die Banlieue (…), nein die Banlieue, das reicht. Ich hatte meine Dosis. Ich ziehe es vor, unter anderen Bedingungen zu leben. Andere Dinge zu entdecken."

Mara und Aboubacar, die bisher bei den Eltern in den Gebäuden der *Cité 4000* leben, stellen sich ihre Zukunft in *La Courneuve* in einem Einfamilienhaus vor. Allerdings stünden diesem Wunsch mögliche finanzielle Hürden im Weg. In dem Zusammenhang beschreibt Mara, dass jeder Mensch von einem Haus träume, dieser Wunsch jedoch aufgrund der finanziellen Ausgangslage nicht für jeden erfüllbar sei. Für Aboubacar symbolisiert der Hausbesitz einen sozialen Aufstieg. Aboubacar beschreibt, dass sein Vater ein Leben lang für eine Wohnung in einem Sozialwohnungsbau Miete gezahlt habe und letztendlich die Wohnung nicht besitzen werde. Aboubacar möchte nicht nur Miete bezahlen, sondern auch Besitzer einer Wohnung werden. Dabei grenzt er sich von seinem Vater und den Bewohner/innen der *Cité* ab. Das Spannungsverhältnis, das aufgrund der Diskrepanz zwischen dem Wunsch nach besseren Ausgangsbedingungen einerseits und den mangelnden Ressourcen bzw. Möglichkeiten andererseits entsteht, wird auch in anderen Bereichen wie beispielsweise der beruflichen Entwicklung deutlich. In dieser Hinsicht äußert Mara den Wunsch, Verantwortung in seinem Beruf zu übernehmen. Aufgrund seiner Erfahrung schätzt er sich selbst als durchaus kompetent ein. Allerdings verdeutlicht er das Spannungsverhältnis zwischen seinem Bedürfnis, eine verantwortungsvolle Position einzunehmen, und den Möglichkeiten, die ihm zur Verfügung stehen:

> „Ich, vielleicht verantwortlich für etwas sein. Eine Sache machen (...) Verantwortung übernehmen. Ich schätze mich so ein, dass ich dazu fähig bin, im Hinblick darauf, was ich in meinem Leben gemacht habe. Aber heute, mit den Barrieren (...). Ich denke nicht, dass es möglich ist. Ich werde weiter kämpfen und vielleicht ist es eines Tages möglich. Vielleicht Direktor von etwas zu sein oder für etwas verantwortlich zu sein. Warum nicht?“

Festzuhalten ist, dass die Jugendlichen Anschluss an die postmoderne Gesellschaft, d.h. an soziale, kulturelle und ökonomische Systeme der Gesellschaft suchen. Einerseits zeigt sich darin der Wunsch und die Fähigkeit, an den systemischen gesellschaftlichen Kontexten anzuknüpfen. Andererseits wird die Diskrepanz bzw. das Spannungsverhältnis zwischen den Bedürfnissen und den Möglichkeiten deutlich. Bildungserfolgreiche Interviewpartner/innen wie Sara und Elyes haben im Hinblick auf ihre zukünftigen Wünsche weitaus mehr Spielraum im Vergleich zu den Interviewpartner/innen mit geringeren sozialen und kulturellen Ressourcen. Insofern eröffnen sich für Elyes und Sara durch das Hochschulstudium mehr Perspektiven für ihre berufliche Zukunft.

Fazit

Das Quartier, die *Cité 4000* der Vorstadt *La Courneuve* im Norden von Paris, kennzeichnet eine Entwicklung, deren Muster in anderen *Banlieues* in Frankreich in ähnlicher Weise beschreibbar wäre. Nach der Entstehung in den Nachkriegsjahren entwickelte sich die *Cité 4000* mit dem Wegfall der Industrien sowie durch die ansteigende Arbeitslosigkeit in den 70er Jahren zu einem benachteiligten Lebensraum. Bauliche, infrastrukturelle und systemische Defizite führen zu einer Überbelastung der Bevölkerung. Die *Cité 4000* durchlief in ihrer Entwicklung zahlreiche Phasen der *Politique de la Ville* (Stadtpolitik) mit dem Ziel, die Lebensbedingungen der Bewohner/innen im Stadtviertel zu verbessern. Dennoch kennzeichnet bis heute Marginalität den urbanen Raum: Ein Großteil der Wohnhäuser gehört dem sozialen Wohnungsbau an, ein hoher Anteil der Bevölkerung ist arbeitslos und verfügt nur über geringe ökonomische Ressourcen. Das Datenmaterial sowie die Analyse der Interviews zeigen deutlich, dass das Quartier von zentralen Systemen, wie beispielsweise Arbeit und Bildung, abgekoppelt ist. Insbesondere die Jugendarbeitslosigkeit ist überdurchschnittlich hoch.

Die stadtpolitischen Konzepte der *Politique de la Ville* haben vorwiegend das Territorium, den geografischen Raum, als Ausgangspunkt. Die Perspektive der Bewohner/innen, ihre Ressourcen und Kompetenzen erhalten zu wenig Beachtung. Bei dem Diskurs über die *Banlieue* wird vernachlässigt, dass die Segregation der Stadtviertel nicht zufällig entstanden ist, sondern städtebaulich angelegt und letztlich gefördert wurde.

Es wurde deutlich, dass der gesellschaftliche Bezugshorizont der jungen Bewohner/innen über das sozialgeografische Gebiet bzw. den territorialen Raum ihres Wohnortes hinausgeht. Die jungen Bewohner/innen verfügen über Fähigkeiten, um an der postmodernen Stadtgesellschaft teilzuhaben: Alltäglicher Umgang mit Diversität, Kompetenz zur Neuorientierung, Flexibilität im Umgang mit Veränderungen, kritische Reflexion von Politik und Medien. Es lassen sich Strategien der jungen Bewohner/innen erkennen, die sie im Umgang mit dem Leben in einem segregierten Lebensraum entwickeln.

Die Jugendlichen suchen den Anschluss an Systeme und Kontexte der postmodernen Gesellschaft und versuchen, mit ihren Möglichkeiten dies zu erreichen. Sie orientieren sich an der Konsumgesellschaft und wünschen sich für ihre Zukunft gute Ausgangsbedingungen. Konkret bedeutet dies: eine gute Unterkunft, eine Arbeit und eine Familie. Allerdings erschweren strukturelle Schwächen der Stadtviertel sowie die Stigmatisierung in der Öffentlichkeit den Anschluss an formale Systeme der Gesellschaft. Das Spannungsverhältnis zwischen dem Wunsch nach Anschlussmöglichkeiten einerseits und den mangelnden Möglichkeiten andererseits wurde für unterschiedliche Bereiche wie Bildung und Beschäftigung deutlich.

Im Hinblick auf die postmoderne Gesellschaft lässt sich eine ambivalente Tendenz beschreiben. Zum einen stellt der systemisch ausgestaltete Alltag eine Chance dahingehend dar, dass die Menschen aus segregierten Räumen Systeme außerhalb des Quartiers, wie Bildungseinrichtungen und Arbeitsstellen, nutzen können. Zum anderen besteht jedoch die Gefahr, keinen Anschluss zu erhalten und dadurch von wichtigen Anknüpfungsstellen innerhalb und außerhalb des Quartiers ausgeschlossen zu sein.

Dabei zeigte sich, dass kulturelle, soziale und ökonomische Ressourcen der jungen Bewohner/innen einen wichtigen Einfluss auf die Erschließung differenter Kontexte, sozialer Netzwerke und Zugangsmöglichkeiten nehmen. Die Mobilität stellt in diesem Kontext eine wichtige Ressource dar. In der Auswertung der Interviews zeigte sich, dass alle Interviewpartner/innen Kontexte außerhalb des

Quartiers, wie das Zentrum Paris, Universitäten oder einen Sportverein, in ihren Alltag integrieren. Dies wird insbesondere bei Sara und bei Elyes deutlich, die beide in ihrem Alltag über die Universität und die Sportvereine Bereiche außerhalb ihres Viertels nutzen und Kontakte zu anderen Personen aufbauen können. In dem Zusammenhang wurden die ausschlaggebende Rolle der Bildung sowie die für den Bildungsprozess bedeutende Unterstützung der Eltern deutlich.

Im Anschluss an die Präsentation der wichtigsten Ergebnisse meiner Untersuchung können nun folgende politische Forderungen formuliert werden:

1. Der alltagsweltliche Bezugshorizont der jungen Bewohner/innen geht über den „territorialen Sozialraum" Vorstadt hinaus. Im privaten, lebensweltlichen Kontext orientieren sie sich über ganz Paris hinweg, im systemischen Kontext an den Arbeits-, Bildungs-, und Kulturkontexten der Gesamtgesellschaft und im diskursiven Kontext an den aktuellen politischen Diskursen. Daher ist es wichtig, Konzepte und Handlungsstrategien dahingehend zu berücksichtigen. Die sozialen Netzwerke und Ressourcen der Jugendlichen sind dabei der Ausgangspunkt für mögliche Lösungswege auf administrativer Ebene.
2. Vor dem Hintergrund eines doch bei vielen Jugendlichen anzutreffenden sehr souveränen Umgangs mit den Problemen der *Banlieue* ist eine stärkere Partizipation dieser Jugendlichen bei der Gestaltung der stadtpolitischen Handlungsstrategien, d.h. die Einbeziehung der Kompetenzen, des Wissens über das Stadtviertel und Verbesserungsvorschläge der jungen Bewohner/innen in die stadtpolitischen Konzepte, eine weitere wichtige Forderung. Die Partizipationsmöglichkeiten sind von Bedeutung, daher müssen die Interessen, Anliegen und Erfahrungen der Jugendlichen berücksichtigt werden.
3. Außerdem ist zur Verstärkung der sozialen und kulturellen Ressourcen der Jugendlichen wichtig, die Rolle der Bildung ernst zu nehmen. Die Qualität der schulischen Ausbildung in den Stadtvierteln muss überprüft und Konzepte zur Einbeziehung der Eltern in die Schulbildung müssen entwickelt werden.
4. Darüber hinaus sind weitere Untersuchungen über die Bedeutung von Kontexten außerhalb des Quartiers sowie Überlegungen zu Konzepten notwendig, um die Mobilität der jungen Menschen zu fördern, damit andere Kontexte und Systeme der postmodernen Gesellschaft von ihnen erschlossen werden können. Könnte Bildung insofern ein „Schlüssel" sein, der zahlreiche „Türen" öffnet, um den sozialen Aufstieg zu schaffen?

Literatur

ANPE/INSEE (2004): Situation des demandeurs d´emplois inscrits à L`ANPE. Evolution 2003-2004. Paris.

Avenel, C. (2004): Les jeunes des quartiers urbains dits «sensibles». In: Pugeault-Cicchelli, C./V. Cicchelli/T. Ragi (Hg.): Ce que nous savons des jeunes. Paris, S. 177-189.

Avenel, C. (2005): Déconstruire la construction de l´image des «jeunes des cités». In: Les cahiers de profession banlieue. Jeunes des quartiers populaires. Construction de l´identité, image et autonomie. St. Denis, S. 29-45.

Avery, D. (1987): Civilisation de la Courneuve. Images brisées d´une cité. Paris.

Bachmann, Ch./L. Basier (1989): Mise en image d´une banlieue ordinaire. Stigmatisations urbaines et stratégies de communication. Paris.

Bachmann, Ch./N. Le Guennec (1996): Violences urbaines. Ascension et chute des classes moyennes à travers cinquante ans de la politique de la ville. Paris.

Barre, B. (1996): Et demain les 4000? In: Projet urbain, Vol. 10, S. 14-16.

Berger, P. L./Th. Luckmann (2004): Die gesellschaftliche Konstruktion der Wirklichkeit. Frankfurt/ Main.

Berthelot, J.-W./L. Jaluzot/J. Marillonnet/ H. Rey/M. Vérone (1997): «La Cité des 4000 logements à la Courneuve». In: Au cœur de la ville, en marge de la société, ces quartiers dont on parle. Paris, S. 67-112.

Bukow, W.-D./C. Nikodem/E. Schulze/E. Yildiz (2001): Die multikulturelle Stadt. Von der Selbstverständlichkeit im städtischen Alltag. Opladen.

Corbillé, Ch. (2002): Démolir des logements sociaux: du tabou au mot d'ordre. In: Les Cahiers habitat, Nr. 11, Heft 33, S. 12-23.

Dubet, F. (1987): La galère: jeunes en survie. Paris.

Dubet, F./D. Lapeyronnie (1994): Im Aus der Vorstadt. Der Zerfall der demokratischen Gesellschaft. Stuttgart.

Frey, O. (2007): Sozialintegrative Stadtpolitik in Frankreich als Antwort auf städtische Jugendgewalt. In: Reutlinger, Ch./W. Mack,/F. Wächter/S. Lang, (Hg.): Jugend und Jugendpolitik in benachteiligten Stadtteilen in Europa. Wiesbaden, S. 138-158.

INSEE/Institut National de la Statistique et des Etudes Economiques (1999): Données des Recensements de la population de 1990 et 1999. Paris.

INSEE/Institut National de la Statistique et des Etudes Economiques (2004/2005): Enquêtes annuelles de recensement de 2004 et de 2005. Paris.

Jazouli, A. (1992): Les Années Banlieues. Paris.

Kühr, J. (2001): Die Banlieue, eine ausgegrenzte Vorstadt? In: Karpe, H./M. Ottersbach/E. Yildiz (Hg.): Urbane Quartiere zwischen Zerfall und Erneuerung. Köln, S. 77-98.

Kühr, J./A. Villechaise-Dupont (2007): Sozialraum und Mobilisierung der Bewohner. Überlegungen zur partizipativen Stadtpolitik in Frankreich. In: Reutlinger, Ch./W. Mack/F. Wächter/S. Lang (Hg.): Jugend und Jugendpolitik in benachteiligten Stadtteilen in Europa. Wiesbaden, S. 125-137.

Lapeyronnie, D. (2006): Révolte primitive dans les banlieues françaises. Essai sur les émeutes de l´automne 2005. In: Déviance et Société, Vol. 30, Heft 4, S. 431-448.

Loch, D. (2005): Jugendliche maghrebinischer Herkunft zwischen Stadtpolitik und Lebenswelt. Wiesbaden.

Luckmann, Th./A. Schütz (1979): Strukturen der Lebenswelt. Band 1. Frankfurt/ Main.

Ottersbach, M. (2004a): Jugendliche in marginalisierten Quartieren. Ein deutsch-französischer Vergleich. Wiesbaden.

Ottersbach, M. (2004b): Die Marginalisierung städtischer Quartiere in der metropolitanen Gesellschaft unter besonderer Berücksichtigung der Migration. In: Ottersbach, M./E. Yildiz: Migration in der metropolitanen Gesellschaft. Zwischen Ethnisierung und globaler Neuorientierung. Münster, S. 103-116.

Palomares, E./H. Rabhi/P. Simon (2001): Les dimensions spatiales de l´exclusion et de l´intégration sociale: une comparaison européenne (URBEX). Rapport Nr. 2, Montreuil et La Courneuve. Le quartier comme ressource? L`identité locale et l´intégration urbaine et sociale. Paris.

Reutlinger, Ch./F. Kessl/S. (2005): Die Rede vom Sozialraum – eine Einleitung. In: Kessl, F./Ch. Reutlinger/S. Maurer/O. Frey (Hg.): Handbuch Sozialraum. Wiesbaden, S. 11-27.

Vieillard-Baron, H. (1996): Les Banlieues. Un exposé pour comprendre. Un essai pour réfléchir. Paris.

Vieillard-Baron, H. (2001): Les Banlieues. Des singularités françaises aux réalités mondiales. Paris.

Die Situation Jugendlicher in Köln-Ostheim

Rolf Blandow und Thomas Bischofs

1 Einleitung

Dieser Beitrag gibt unsere Perspektive als Praktiker der Gemeinwesenarbeit des Vereins Veedel e.V. im Quartier Gernsheimer Straße in Köln-Ostheim wieder. Dieser marginalisierte Sozialraum war lange Zeit der Mittelpunkt unserer gemeinsamen sozialarbeiterischen Tätigkeit. Er weist in unseren Augen sehr viele unentdeckte Ressourcen und Möglichkeiten auf. Trotz vielfältiger Benachteiligungen scheinen die Menschen vor Ort mit einer enormen Kraft und Lebensfreude versehen, so dass es eine Freude und Herausforderung gewesen ist, gemeinsam mit ihnen für eine perspektivreichere Zukunft zu planen, zu arbeiten und zu streiten. Zahlreiche Projekt-Prämierungen für die Jugendeinrichtung des Veedel e.V. in der Gernsheimer Straße zeugen vom Erfolg dieser Arbeit: Sieger beim Skulpturenwettbewerb 1995 Köln, Initiativenpreis des Deutschen Paritätischen Wohlfahrtsverbandes NRW 1997, Kölner Ehrenamtspreis „KölnEngagiert 2004“ und „Best practice“ im LOS Fördergebiet Köln-Kalk 2007.

Entscheidend für den Erfolg ist das Arbeitsprinzip Gemeinwesenarbeit des Trägervereins Veedel e.V. Trotz vielfältiger administrativer Widerstände haben wir an unserer intergenerativen, interkulturellen, partizipatorischen und sozialräumlichen Arbeitsweise im Kinder- und Jugendbereich festgehalten. Im Selbstverständnis haben wir unsere Jugendeinrichtung immer als Sozialraumimmobilie interpretiert. Morgens Alphabetisierungskurs, mittags trifft sich die russische Musikgruppe und danach findet die Sozialberatung statt, nachmittags wird Hausaufgabenhilfe angeboten, abends ist Disco und in den Nebenräumen trifft sich der Mieterrat. Das „Prinzip der gleichen Augenhöhe“ und der Grundsatz „vom Fall zum Feld“ sind dabei die grundlegenden Säulen der Arbeit. In Zusammenarbeit mit den Teileinrichtungen (Arbeitslosenzentrum, JobBörse, Sozialraumkoordination, Stadtteilbüro) des Vereins und anderen lokalen Akteuren ist es zumeist gelungen, adäquate Strategien gegen den Abstieg der Siedlung zu entwickeln.

Finanziert wird die offene Kinder- und Jugendeinrichtung des Veedel e.V. in der Gernsheimer Straße vom Jugendamt der Stadt Köln mit einer Personalstelle und einem Sachkostenanteil. Der Eigenanteil des Trägers beträgt circa 20%, der durch Spenden gedeckt wird. Daneben werden zahlreiche Projektgelder akquiriert. Das der Jugendeinrichtung angeschlossene Stadtteilbüro wurde bis 2004 im Rahmen des Bundesprogramm Soziale Stadt mit einer Personalstelle finanziert. Nach dem Wegfall der Förderung wird es mit verringertem Umfang ehrenamtlich betrieben.

2 Eine Straße und ihr Image

Die Gernsheimer Straße in Köln-Ostheim fällt schon von weitem auf. Am östlichen Rand von Köln, inmitten von Bungalow- oder unauffälligen Reihenhaussiedlungen ragen einige Hochhäuser bis zu 13 Stockwerke in den Himmel. In den 1970er Jahren von der Neue Heimat[1] gebaut, beherbergen die nach mehreren Eigentümerwechseln zeitweilig unter Zwangsverwaltung stehenden Häusern heute 2.560 Menschen[2] aus 30 Nationen. Dies und die massiven sozialen Problemlagen der Menschen rückten die Siedlung spätestens Ende der 1980er Jahre in die Aufmerksamkeit von Politik und Medien. Vor allem die Medienberichterstattung hatte und hat nicht immer positive Folgen für die hier lebenden Menschen.

Laut Kölner Polizei gibt es in Köln keine Jugendbanden im Sinne organisierter Kriminalität mit festen Strukturen. Die vorhandenen Gruppierungen, davon auch eine in der Gernsheimer Straße haben eher lockeren Charakter mit hoher Fluktuation. Eine teils reißerische Berichterstattung führt aber dazu, dass das Bild der Kölner Bevölkerung von Siedlungen wie der hier genannten von Vorurteilen und negativen Einschätzungen geprägt ist: „Ghetto", „Hochburg krimineller Jugendlicher" und „Asozialen-Viertel" sind nur einige der gängigen Typisierungen. Es gibt Straf- und einzelne Gewalttaten, eine differenzierte Betrachtung findet jedoch nur unter Fachleuten statt. Dies hat Folgen für die Bewohner/innen, die manche Problemlagen zusätzlich verstärken. Bewohner/innen schämen sich, die Gernsheimer Straße als Adresse anzugeben, steigen schon 500 Meter vorher aus dem Taxi und laden z.B. Arbeitskolleg(inn)en gar nicht erst ein. Die Isolation der Bewohner/innen vom Rest der Stadt verstärkt sich so. Insbesondere Jugendliche spielen mit diesem Image, versuchen sich in der Entsprechung dieses Klischees gegenseitig zu übertrumpfen; so erhalten sie und das Image der Siedlung eine zweifelhafte Bestätigung.

Die räumliche Zuordnung der auffälligen Jugendlichen zu eng begrenzten Quartieren bietet aber auch den „wohlanständigen" Kölner(inne)n die Möglich-

1 Die Neue Heimat (NH) war ein deutsches Wohnungsunternehmen, das dem Deutschen Gewerkschaftsbund (DGB) gehörte und nach Skandalen abgewickelt wurde.

2 Quelle: Stadt Köln, Amt für Stadtentwicklung und Statistik. Sozialraumdaten der Jugendhilfeplanung (Stand: 31.12.2004).

keit der Abgrenzung: Das Böse ist draußen, vor der Türe, aber nicht bei „uns". Das Bild vom toleranten, gemütlichen und ungemein großherzigen Köln wird so Lügen gestraft. Die Siedlung wird mental ausgemeindet. Es gibt jedoch eine, vermutlich ungewollte, positive Folge des Images und der Berichterstattung darüber. In unregelmäßigen Abständen werden Politik und Verwaltung immer wieder gezwungen, sich mit der Wirklichkeit in diesen Siedlungen auseinander zu setzen. So fand in Köln am 21. Mai 2007 ein vom Rat der Stadt beschlossenes Hearing „Jugendkriminalität" statt, bei dem differenziertere Sichtweisen vorherrschten und Politik, Verwaltung sowie die Akteure vor Ort über geeignete Strategien diskutierten. Es bleibt festzuhalten, dass die Medien zwar oft den Finger in durchaus vorhandene Wunden legen, die Art der Berichterstattung mancher Organe jedoch eher ein Teil des Problems als ein Teil der Lösung ist.

3 Die Lebenssituation der Menschen in Köln-Ostheim

Der im rechtsrheinischen Köln gelegene Stadtteil Ostheim wird im Nordwesten eingegrenzt durch den Vingster Ring, im Nordosten durch die Autobahn A3, im Südosten durch die Autobahn A4 und im Südwesten durch eine Eisenbahnstraße. Die Hauptverkehrsstraßen Frankfurter Straße und Rösrather Straße dividieren den Stadtteil in vier Einheiten, die sich räumlich und sozial stark voneinander unterscheiden. Innerhalb der einzelnen Viertel gibt es noch einige weitere Differenzierungen.

Ostheim gehört zum Stadtbezirk Köln-Kalk und hat 10.690 Einwohner/innen[3]. Davon leben 2.560 im Wohnquartier Gernsheimer Straße und ca. 3.000 in der GAG[4]-Siedlung „Buchheimer Weg", die im Rahmen des „Entbunkerungsprogrammms" unter Konrad Adenauer entstanden ist. Das bedeutet, dass circa 50% der Bevölkerung Ostheims in sogenannten „Schwerpunktwohngebieten" wohnen, die als benachteiligt gelten.

Die beiden Siedlungen sind gekennzeichnet von überproportional hoher Langzeitarbeitslosigkeit und einer daraus resultierenden materiellen Armut. Soziale Isolation, sinkendes Selbsthilfepotential und psycho-soziale Folgeschäden sind als Symptome vielerorts festzustellen.

Seit dem Jahr 2000 ist die gesamte GAG-Siedlung von umfassenden Sanierungs-, Abriss- und Neubaumaßnahmen betroffen. Die Stadtteilerneuerung wird voraussichtlich noch bis 2010 andauern. Das Wohnquartier Gernsheimer Straße

3 Angaben der Stadt Köln (http://www.stadt-koeln.de/zahlen/bevoelkerung/artikel/08955/index.html) für 2007.

4 Die GAG Immobilien AG ist ein börsennotiertes Immobilienunternehmen, an dem die Stadt Köln 68,8 Prozent der Anteile hält.

mit seiner verdichteten Hochhausbebauung ist aufgrund der in ihm herrschenden sozialen Problemlagen überregional bekannt.

Der Sozialraum Ostheim-Süd mit den beiden Wohnquartieren „Saarsiedlung“ und „Wüstenrotsiedlung“ ist dagegen ein bevorzugtes Wohngebiet mit einer Vielzahl positiver „weicher“ Standortfaktoren.

Insgesamt ist auffällig, dass Ostheim im Vergleich zu den statistischen Werten der Gesamtstadt eine überdurchschnittliche Anzahl von Haushalten mit Kindern, von Sozialhilfeempfänger(inne)n unter 14 Jahren und von Sozialhilfe-Bedarfsgemeinschaften hat. Der Anteil der Bürger/innen, die von Arbeitslosigkeit betroffen sind und die einen Migrationshintergrund haben, liegt ebenfalls weit über dem Durchschnitt.

3.1 Stärken und Ressourcen von Ostheim

Der Stadtteil Ostheim weist charakteristische Stärken und Ressourcen auf:

- Die Verkehrsanbindung mit Straßen und Autobahnen ist gut.
- Sehr gut ist die Anbindung an den öffentlichen Personennahverkehr durch Busse und Bahnen.
- Durch zwei Supermärkte und einen Discounter bestehen gute Einkaufsmöglichkeiten.
- Einerseits ist die Lage im Grünen und die Nähe zu Naherholungsgebieten wie der Merheimer Heide, dem Königsforst und dem Gremberger Wald ein Plus.
- Gut und schnell erreichbar ist andererseits auch die Kölner Innenstadt.
- Die Wohnbebauung hat eine aufgelockerte Struktur.
- Die Wohnungsbaugesellschaft GAG ist kooperationsbereit und aufgeschlossen.
- In Ostheim-Süd befinden sich bevorzugte Wohngebiete.
- Die GAG-Siedlung am Buchheimer Weg wird modernisiert bzw. durch Neubau aufgewertet.
- Mit weiterführenden Schulen und Kindertagesstätten ist Ostheim gut versorgt.
- Es besteht bürgerschaftliches Engagement auch in den benachteiligten Wohngebieten.
- Soziale Einrichtungen bestehen in ausreichender Anzahl. Auch funktionieren Facharbeitskreise und Vernetzung der sozialen Institutionen.
- Die Identifikation der Bürger/innen mit ihrem Stadtteilgebiet (Viertel) ist hoch.
- Die Integration der Menschen mit Migrationshintergrund ist weniger problematisch als „von außen“ oft dargestellt.

3.2 Schwächen und Problemlagen von Ostheim

Neben den Stärken und Ressourcen des Stadtteils sind auch charakteristische Schwächen und Problemlagen zu beachten:

- Ostheim besteht aus vielen, sehr unterschiedlichen Wohnquartieren, die sich stark voneinander abgrenzen (Gernsheimer Straße, GAG-Siedlung, Saar-Siedlung, Wüstenrotsiedlung, Humbold-Siedlung, Grubo[5]-Siedlung Rösrather Straße, alter Dorfkern).
- Die Ostheimer Bürger/innen identifizieren sich mit ihrem Wohnquartier, nicht aber mit dem Stadtteil.
- Ein zentraler Begegnungsplatz und auch entsprechende Identifikationspunkte fehlen in Ostheim.
- Die regelmäßige Stigmatisierung der Gernsheimer Straße durch die Medien stellt ein Problem dar; damit verbunden ist eine Imageschädigung des Gesamtstadtteils Ostheim.
- Räumlich und sozial ist die Siedlung Gernsheimer Straße isoliert.
- Man kann von Segregation sprechen, da speziell in der Gernsheimer Straße die Mieter(innen)struktur sehr homogen ist mit einem sehr hohen Anteil von Menschen mit Migrationshintergrund, Kindern und Bezieher(inne)n von Transferleistungen.
- Die Risikofaktoren Armut, fehlende Bildung, mangelnde Sprachkompetenz und fehlender Arbeits-/Ausbildungsplatz sowie die Stigmatisierung aufgrund der Wohnadresse und oft aufgrund der ethnischen Zuschreibung führen dazu, dass den Bewohner(inne)n Möglichkeiten der gesellschaftlichen Teilhabe verwehrt bleiben. So sind die Eintrittskarte beim 1.FC Köln, der Kirmesbesuch oder die Klassenfahrt nicht bezahlbar, fehlen die sozialen Kontakte im Betrieb und bleiben – ohne ausreichende Sprachkompetenz – die Möglichkeiten der politischen Beteiligung und Interessenvertretung stark beschränkt.
- Gewalttätigkeiten zwischen Jugendgruppierungen aus Vingst, Porz-Finkenberg und der Gernsheimer Straße nehmen zu.
- Die Treffpunkte von auffälligen Jugendlichen aus Ostheim verlagern sich in die Nähe der Straßenbahnhaltestelle. Im Gegensatz zu früher wechseln die Treffpunkte der Jugendlichen sehr häufig.
- Die Jugend- und Straßensozialarbeit in der Gernsheimer Straße reicht nicht aus.

---

5 Die Grubo ist ein 62-prozentiges Tochterunternehmen der GAG Immobilien AG.

- Die Kooperation zwischen den beiden Jugendeinrichtungen ist noch ausbaufähig.
- Es fehlen Angebote im Bereich „Übergang Schule – Beruf".
- Räumlichkeiten und finanziellen Möglichkeiten für ein gewünschtes Bürgerzentrum (ein „Haus für Ostheim") fehlen ebenfalls.
- Aufgrund des hohen Anteils von Belegrechtswohnungen der Stadt Köln leben viele sogenannte „sozial schwierige Mieter/innen" in der GAG-Siedlung Ostheim.
- Konflikte zwischen GAG-Mieter(inne)n und Bewohner(inne)n eines städtischen Flüchtlingswohnheims am angrenzenden Buchheimer Weg führten zur Auflösung und zum Abriss des Wohnheims Ende 2007.[6]
- Einbrüche, Gewaltdelikte und Prostitution stiegen in der GAG-Siedlung im Jahr 2006 an.
- Das Verkehrskreuz Frankfurter Straße/Rösrather Straße und die Straßenbahnlinie bedingen eine belastende Verkehrssituation und hohe Verkehrsdichte.
- Der Fluglärm wird als belastend empfunden.
- Es fehlen Beschäftigungs- und Qualifizierungsprojekte für Langzeitarbeitslose.
- Die Netzwerke sind nicht auf den Stadtteil, sondern auf die Wohnquartiere bezogen.
- Zwischen den Facharbeitskreisen und dem bürgerschaftlichen Engagement sowie den Sportvereinen bestehen sehr wenig Kontakte und Kooperationen.

3.3 Der Sozialraum Gernsheimer Straße

Die Siedlung Gernsheimer Straße entstand Mitte der 70iger Jahre im Rahmen des Sozialen Wohnungsbaus. Entlang einer Sackgasse entstanden 17 acht- bis dreizehngeschossige Hochhäuser und als Abschluss zur Ostheimer Straße eine achtgeschossige Riegelbebauung nach der Grundidee der „vertikalen Gartenstadt"[7]. Begrenzt wird das Wohngebiet von der Frankfurter Straße, der Osthei-

6 Die Zuweisung in das baulich marode Wohnheim wurde anscheinend als Sanktion für auffällige Flüchtlinge benutzt. Schließung und Abriss des Wohnheims erfolgten hier offenbar auf Druck der Anwohner/innen. In den „Leitlinien zur Unterbringung und Betreuung von Flüchtlingen in Köln" (Beschluss des Rates der Stadt Köln vom 20.07.2004) ist die Aufgabe maroder Gemeinschaftswohnheime, der Wechsel zu kleinen Wohnobjekten mit abgeschlossenen Wohneinheiten und die Förderung des Auszugs von Flüchtlingen in privaten Wohnraum vorgesehen.

7 Das Konzept „vertikale Gartenstadt" beinhaltet große Wohneinheiten für 1.500 bis 2.000 Einwohner/innen (vgl. Le Corbusier/Boesiger 1998, S. 184). Es verbindet Elemente der suburbanen Gartenstadt und der komplexen, verdichteten Großstadt.

mer Straße und einem kleinen Waldgebiet. Durch die räumliche Geschlossenheit und die Art der Bebauung grenzt sich das Quartier von den anderen Teilgebieten des Stadtteils stark ab (Verinselung).

Die Eigentumsverhältnisse sind sehr unterschiedlich (Wohnungsunternehmen, privater Eigentümer, Wohneigentum). Aufgrund der Eigentumsverhältnisse gibt es große Unterschiede in den Bereichen Belegungssteuerung und Mieterservice. Auch die Bereiche Instandsetzung, Modernisierung sowie Grün- und Spielplatzpflege zeigen divergierendes Engagement der Wohnungsverwaltungen. Die Gemeinschaftsräume und Gemeinschaftsanlagen sind z.T. dysfunktional und mindergenutzt.

Die Wohneinheiten (WE) sind qualitativ gut ausgestattet (Zentralheizung, Balkon, ausreichende Raumgrößen, gut nutzbarer Wohnungszuschnitt), den Sozialraumdaten der Jugendhilfeplanung zufolge jedoch stark überbelegt mit 2,6 Personen pro WE (Stadt Köln: 1,9 Personen pro WE). In Verbindung mit der zu Verfügung stehenden Raumgröße von 25,5 qm pro Person (Stadt Köln: 36,5 qm pro Person) kann von einer Einschränkung der Lebensqualität und der Entfaltungsmöglichkeiten der Menschen gesprochen werden.

Die Fluktuation im Sozialraum ist sehr gering. Dies ist für die Entstehung von Netzwerken förderlich, begünstigt aber angesichts des hohen Anteils an Leistungsempfänger(inne)n eine Armutsverfestigung.

Im Sozialraum befinden sich eine Jugendeinrichtung und eine Kita. Ein Kiosk, ein Bistro und eine Gaststätte stellen Treffpunkte und Einkaufsmöglichkeiten in der Straße dar. Die Einkaufsmöglichkeiten des Stadtteils, der Dienstleistungsbereich und auch die Haltestellen des Öffentlichen Personennahverkehrs (Bus und Bahn) sind fußläufig gut zu erreichen.

Insgesamt wohnen 2.560 Menschen in der Gernsheimer Straße. Zum Jahresende 2004 betrug der Anteil der Einwohner/innen mit Migrationshintergrund 72,6% (gegenüber 23,9% in der Stadt Köln[8]). 12,7% der Bewohner/innen werden als Spätaussiedler/innen[9] klassifiziert. Die Zahl der Kontingentflüchtlinge[10] be-

8 Für 2007 lässt sich aufgrund von Angaben der Stadt Köln (http://www.stadt-koeln.de/zahlen/bevoelkerung/artikel/08955/index.html) allerdings ein deutlich höherer Anteil der Einwohner(innen)n mit Migrationshintergrund errechnen: Bei einer angegebenen Gesamtbevölkerung von 1.025.094 Einwohnern stellen die 328.811 Einwohner mit Migrationshintergrund in Köln einen Bevölkerungsanteil von 32,08 %.

9 Als „Spätaussiedler" (ugs. Aussiedler) definiert § 4 Bundesvertriebenengesetz „deutsche Volkszugehörige" v.a. aus den Republiken der ehemaligen Sowjetunion, die unter bestimmten Voraussetzungen nach dem 31. Dezember 1992 im Wege eines Aufnahmeverfahrens nach Deutschland einreisen und hier ihren ständigen Aufenthalt nehmen. Spätaussiedler sind Deutsche im Sinne des Grundgesetzes; Ehegatten und Abkömmlinge erwerben diese Rechtsstellung mit ihrer Aufnahme.

10 Die Bezeichnung „Kontingentflüchtlinge" wird heute auf jüdische Emigrant(inn)en aus der ehemaligen Sowjetunion angewendet. Sie wurden bis 2004 nach dem Gesetz über Maßnahmen

trägt nach Angaben der Synagogengemeinde Köln ungefähr 200 Personen. Ethnische und kulturelle Vielfalt ist ein signifikantes Merkmal des Sozialraums.

In den Sozialraumdaten der Jugendhilfeplanung von 2004 ist neben dem hohen Anteil der Bewohner/innen mit Migrationshintergrund der mit 30,5% hohe Anteil der Kinder und Jugendlichen bis 21 Jahre besonders auffällig (Stadt Köln: 18,7%). Folgerichtig ist der Anteil der Familien mit Kindern (35,2% gegenüber 19,0% für die Stadt Köln) und der Familien mit drei und mehr Kindern (23,2% gegenüber 11,1% für die Stadt Köln) überdurchschnittlich hoch. Der Anteil der Alleinerziehenden an den Haushalten mit Kindern ist mit 19,8% außergewöhnlich niedrig (Stadt Köln: 29,7%), was mit dem Migrationshintergrund der Bewohner/innen in Verbindung gebracht werden kann.

Die durchschnittliche Einkommenssituation von Familien mit Kindern ist die niedrigste im gesamten Stadtbezirk Kalk. Der Anteil der Bedarfsgemeinschaften liegt bei 34,6% (Stadt Köln: 7,4%). Über 70% der Leistungsempfänger/innen beziehen länger als 25 Monate Hilfe zum Lebensunterhalt. Fast 40% der Kinder unter 14 Jahren leben von staatlichen Transferleistungen (Stadt Köln: 14,6%).

Zusammenfassend kann man den Sozialraum als sehr jung, sehr arm, multikulturell, sehr abgeschottet nach außen und stigmatisiert beschreiben.

Nach den Erhebungen der Jugendhilfeplanung der Stadt Köln erreicht der Sozialraum Gernsheimer Straße zum Jahresende 2004 im Index des allgemeinen Jugendhilfebedarfs und der sozialen Belastungen Rang 5 (von 269 im Stadtgebiet). Die Kürzungen im Sozialetat verschärfen zur Zeit die Disparitäten in der Gesellschaft.

Aufgrund der rasanten Veränderung von Gesellschaft und Stadt (Individualisierung, Segregation, Pauperisierung), besteht für die sogenannten benachteiligten Stadtteilgebiete akuter Handlungsbedarf, Strategien gegen den Abstieg zu entwickeln, die nachhaltig positiv wirken.

Die Zusammensetzung der Mieterschaft der Gernsheimer Straße, die räumlichen und sozialen Disparitäten und die Stigmatisierung von außen birgt die Gefahr wachsender Segregation, Polarisierung und interkultureller Konflikte. Damit verbunden wird für alle Bewohner/innen des Sozialraums ein weiterer verstärkter Ausschluss vom gesellschaftlichen Leben und eine Potenzierung psycho-sozialer Belastungen für das System Familie im Wohngebiet stattfinden.

In Anbetracht der aktuellen statistischen Daten und der Entwicklung des Sozialraums in den vergangenen Jahren (Stigmatisierung, Erhöhung des Anteils der Spätaussiedler/innen) ist mit einem sozialen Wandel des Wohngebietes zu

für im Rahmen humanitärer Hilfsaktionen aufgenommene Flüchtlinge (HumHAG) aufgenommen. Seit 2005 wird die Aufnahme von Kontingentflüchtlingen und die Erteilung der Niederlassungserlaubnis an sie durch § 23 Abs. 2 Aufenthaltsgesetz geregelt.

rechnen. Die mobilen und solventen Mietergruppierungen, also die zumeist sozial aktiven und kompetenten, werden das Wohngebiet verstärkt verlassen. Bei ungünstigen Bedingungen auf dem Wohnungsmarkt kann es zu einer weiteren Entmischung der Wohnbevölkerung kommen mit der Konsequenz von homogenen Mieterstrukturen. Dieser in der Fachliteratur „Invasions-Sukzessions-Zyklus" genannte Prozess wird zu einer weiteren Verfestigung der „Ghettostrukturen" beitragen. Sichtbare Signale sind ethnische Distanzen und gewaltförmige Konfliktlagen, Verwahrlosung, sichtbarer Abstieg des öffentlichen Raums, wachsender Drogenkonsum, Müll, Vandalismus und die Erosion der Infrastruktur. Das lokale Milieu wird vom Stadtteil entkoppelt.

Der Wohnung und dem Wohnort kommt jedoch eine herausragende Bedeutung bei Kindern und Jugendlichen in der Persönlichkeitsfindung und in der Bezugnahme zur Umwelt zu. Dies umso mehr, wenn die Zugehörigkeit zur Gesellschaft negativ definiert ist und der Erfahrungs- und Bewegungsspielraum fast ausschließlich auf diesen Nahraum beschränkt ist.

In Armutswohngebieten erleben Kinder und Jugendliche, dass Misserfolg ihr „Schicksal" ist. Sie orientieren sich an dem, was sie im Umfeld an sozialen Kontakten zur Verfügung haben. Misserfolg in Bildung und Beruf geht mit der hauptsächlichen Konzentration auf den Nahraum einher. Die negativen Strukturen dieses Nahraums werden zur symbolischen Ordnung der Welt.

Zusammenfassend kann man im Stadtteilgebiet von einem fehlenden sozialen Verbund, fehlenden Partizipationsmöglichkeiten, einer infrastrukturellen Unterversorgung, einem schlechten Stadtteilimage, einer problematischen Sozialstruktur, einer Segregation, einem schlecht ausgestatteten Wohnumfeld, einer zu geringer Wohnfläche, einer materiellen Unterversorgung, Bildungsdefiziten und psycho-sozialen Belastungsfaktoren sprechen. Davon besonders betroffen sind Kinder, Jugendliche und deren Familien. In diesem Zusammenhang sei an die hohe Abhängigkeit von sozialer Lebenslage und Delinquenz erinnert. Mangelnde Bildung, schlechte wirtschaftliche Verhältnisse, mangelhafte räumliche Situation und Armutssegregation sind Indikatoren für ein erhöhtes Aggressionspotential und straffälliges Verhalten.

Auf gerade mal 500 Metern umgeben von Straßen und einem Waldstück leben die Menschen dicht gedrängt in Hochhäusern. Neben einem Kiosk und einer Kneipe finden sich hier eine Kindertagesstätte sowie die Einrichtung des Veedel e.V.: eine sozialraumorientierte offene Jugendeinrichtung mit einem angeschlossenen Sportplatz.

Bei schönem Wetter halten sich viele Menschen im Freien auf. Familien grillen auf der Wiese hinter dem Haus, Kinder spielen auf der Straße oder im Umfeld der Jugendeinrichtung. Jugendliche bolzen auf dem Sportfeld, treffen sich jedoch meist in den Hauseingängen, an der Bushaltestelle oder vor der

Kneipe. Die Idylle ist oft aus der Not geboren, da es in den beengten Wohnungen vor allem für die Jugendlichen kaum Rückzugsmöglichkeiten gibt. Die in einem einfachen Pavillon untergebrachte Jugendeinrichtung kann hier keinen Ersatz schaffen.

Angehörige verschiedener ethnischer Gruppen leben unserer Wahrnehmung nach weitgehend nebeneinander her. Auch wenn Abgrenzungen und kollektive Bilder gegenüber anderen Gruppen in den Köpfen bestehen und intern gepflegt werden, führen sie in der Regel nicht zu offener Aggression oder gar Gewalt.

Eine ungesteuerte Belegung der Wohnungen hat dazu geführt, dass oft größere Familienverbände in der Siedlung leben und sich so größere und enge familiäre Netzwerke finden. Wo diese Netze nicht vorhanden sind, leben gerade ältere Bewohner/innen oft isoliert. Diese Personengruppe fühlt sich im eigenen sozialen Umfeld unsicher und gefährdet, auch wenn die Polizeistatistik in der Siedlung keine signifikant höhere Delikthäufigkeit ausweist. Allein das fremde und laute Auftreten von Jugendlichen in Cliquen verunsichert viele ältere Menschen und beeinträchtigt deren Mobilität.

Die Jugendlichen treffen sich an eigenen Orten, in der Regel innerhalb der eigenen Gruppe. Wenn sie in dieser Gruppe außerhalb der Straße auftreten, in der Schule, in anderen Jugendzentren, in Spielsalons oder Diskotheken in der Stadt, so werden sie von Gleichaltrigen als „die aus der Gernsheimer Straße" identifiziert und mit den entsprechenden Klischees in Verbindung gebracht. Das ist „irgendwie cool", schafft aber auch Distanz und schränkt so die Möglichkeiten auf Normalität erheblich ein. Die Coolness verpflichtet manchen dann auch, dem Image zu entsprechen.

Extremstes Beispiel sind „The New Generation Ostheim Gangsters" (TNGOG). Diese Gruppe aus Mitgliedern verschiedener Ethnien definiert sich über die Zugehörigkeit zur Straße und schlägt sich, oft nach Verabredungen übers Internet, mit den „Gangs" anderer Stadtteile, häufig mit den „Vingster Ghetto-Türken" aus dem benachbarten Stadtteil Vingst. Der Raubüberfall eines Mitglieds der TNGOG auf einen Ostheimer Familienvater im Februar 2007 war eine Einzeltat. Diese wurde aber sowohl von den Medien, als auch vom Täter in den Kontext der Bande gestellt – das eine Mal mit Abscheu, das andere Mal mit dem verzweifelten Stolz der Zugehörigkeit zu notfalls auch dieser Form von sozialem Netz. Ähnliche Aussagen erbrachte auch eine aufsuchende Befragung des in Ostheim tätigen Jugendhilfeträgers Logo gGmbH unter Jugendlichen und jungen Erwachsenen im ersten Halbjahr 2007.

Abgesehen von dieser Form von „Jugendkultur", auf die in unregelmäßigen Abständen das Schlaglicht der Medien fällt, präsentiert sich in der Gernsheimer Straße ein facettenreiches Bild – so wie an vielen Plätzen der Stadt. So gibt es die Aspekte der häuslichen, innerfamiliären Gewalt. Es gibt einen Konsum von überwiegend, aber nicht ausschließlich, weichen Drogen. Erwähnt werden sollte dabei, dass die polizeiliche Kriminalstatistik, die vom Tatortprinzip ausgeht, keine erhöhte Delinquenz verzeichnet. Besonders wichtig erscheint uns und allen, die in dieser Straße tätig sind, jedoch, dass die überwiegende Mehrheit der Jugendlichen zur Schule geht, sich mit Freunden trifft, eine Ausbildung macht und/oder arbeitet und ein normales und ‚unauffälliges' Leben führt. Der enge Zusammenhalt in großen Familienverbünden fördert oft eine große soziale Kompetenz; die Konfrontation mit dem Blick der Mehrheitsgesellschaft kann auch ein Selbstbewusstsein fördern, dass zu Kreativität und selbstbestimmtem Leben führt. Für uns, die wir uns in sozialen Netzen außerhalb dieser Siedlung bewegen, ist es immer wieder frappierend zu erleben, wie sehr unser alltäglicher Eindruck von den Menschen, mit denen wir es zu tun haben, von dem Bild abweicht, dass Menschen von außerhalb haben.

4 Die sozialraumorientierte Arbeit des Veedel e.V. und weiterer Akteure im Quartier Gernsheimer Straße

Der Veedel e.V. ist seit 1985 in Ostheim, seit 1988 in der Siedlung tätig. Zunächst mieteten die Mitarbeiter eine Wohnung an, aus der heraus Gemeinwesenarbeit und aufsuchende Jugendarbeit stattfand. 1995 entstand auf einer gegenüberliegenden Freifläche ein großes Sportfeld. Ein alter Baustellencontainer beherbergt seitdem zwei Räume, in denen offene Jugendarbeit stattfindet. Der einfache Container aus den 1960er Jahren bietet ca. 65 qm Nutzfläche mit einem WC. Sanitäre Ausstattung und Wärmedämmung sind unzureichend. Die Einrichtung wird von einem hauptamtlichen Jugendarbeiter geleitet. In der Wohnung arbeitet ein Sozialraumkoordinator, der allerdings auch in benachbarten Siedlungen für insgesamt 30.000 Menschen zuständig ist. Die finanzielle, räumliche und personelle Ausstattung ist angesichts der geschilderten Problemlagen eher als ärmlich anzusehen. Selbst diese Ausstattung musste immer wieder erkämpft werden, wobei hier die Unterstützung einiger engagierter Mitstreiter/innen aus Politik und Verwaltung eine große Hilfe war und ist.

Demgegenüber steht mittlerweile ein beeindruckendes Engagement vieler Bewohner/innen der Siedlung und, daraus resultierend, eine unglaubliche Angebotsvielfalt für die Menschen jeden Alters und aus allen Zielgruppen.

Der Erfolg dieser Arbeit ist im gemeinwesen- und sozialraumorientierten Arbeitsansatz des Vereins begründet. Das Credo der Jugendarbeit deckt sich mit folgendem Zitat:

> „Wer Kindern nachhaltig helfen will, hilft ihren Familien. Wer Familien helfen will, hilft dem Gemeinwesen, in dem Familien sich bewegen" (Brocke 2004, S. 2).

Wichtig ist dabei, nicht von den Defiziten auszugehen, sondern sich an den Bedürfnissen der Menschen zu orientieren, nicht das Trennende hervorzuheben, sondern bei der Artikulation gemeinsamer Bedürfnisse zu helfen und die Bürger/innen bei der Erarbeitung von Lösungsmöglichkeiten zu begleiten. Zwei Beispiele für eine derartige Begleitung werden im Folgenden vorgestellt.

4.1 Multifunktionales Sportfeld

Wie oben beschrieben, fehlen Räume für Jugendliche. Die Erwachsenen fühlen sich von den in ihren Augen herumlungernden Jugendlichen gestört; auch für die Kinder sind die Jugendlichen an den Bushaltestellen nicht unbedingt ein Vorbild, dem nachgestrebt werden sollte.

Aus einer Gruppe von Jugendlichen kam so die Forderung nach einem Sportfeld in ihrer Siedlung. Der Sozialarbeiter nahm sie ernst und versprach ihnen, sie bei der Umsetzung zu unterstützen, sie müssten aber selbst für ein Sportfeld kämpfen. Je größer die Unterstützung aus der Siedlung sei, um so erfolgversprechender könnte ihr Anliegen verfolgt werden. So wuchs die Gruppe an, überzeugte viele andere Jugendliche und begann, unterstützt von Fachleuten, mit entsprechenden Planungen. Zunächst gab es aber in der Siedlung keinen geeigneten Platz für ein solches Sportfeld. Alle entsprechenden Flächen waren von Parkplätzen blockiert. Auf Anregung der Sozialarbeiter stellten die Jugendlichen ihre Pläne in öffentlichen Veranstaltungen den Erwachsenen vor. Es wurde deutlich, dass auch Erwachsene ein Interesse am Sportfeld hatten – nämlich, dass die Jugendlichen nicht mehr vor den Haustüren herumlungern. Den engagierten Jugendlichen gelang es, so viele Unterschriften zu sammeln, dass eine entsprechende Umwidmung von Parkflächen durch die Verwaltung genehmigt wurde. Ein Zugeständnis der Jugendlichen war dabei die Berücksichtigung geräuschdämmender Materialien, um den Lärm auf ein Minimum zu begrenzen. 1995 konnten die Jugendlichen dann, finanziert aus öffentlichen Mitteln und unterstützt von den Erwachsenen ihrer Siedlung, ihren Sportplatz bauen. Bis heute ist er der Treffpunkt in der Siedlung. Die mittlerweile gestanden Familienväter aus der Planungsgruppe zeigen den Platz heute stolz ihren Kindern.

4.2 „Azubi-Stammtisch“

Viele Jugendliche haben kaum eine Chance auf Ausbildung, brechen die Schule ab und halten sich dann in ihren Gruppen auf der Straße auf. Die gruppenbezogenen sozialen Netze sind oft eine Chance, manchmal bergen sie jedoch die Gefahr des schlechten Vorbilds. Zugleich gibt es die Jugendlichen, die es „geschafft“ haben und darauf mit Recht stolz sind. Also wurde ein Stammtisch gegründet, bei dem Jugendliche in Arbeit oder Ausbildung den anderen ihre Erfahrungen vermitteln konnten. Nicht Lehrer/innen, Mitarbeiter/innen der Agentur für Arbeit oder Sozialarbeiter/innen, sondern Nachbarn oder Brüder von Freunden. Als dies angenommen wurde, erarbeiteten die Jugendlichen eine Veranstaltungsreihe und luden Fachleute, Personalchefs oder Handwerker in ihre Siedlung ein. Die Resonanz war riesig und während der Veranstaltung wurden mehrere Verträge geschlossen.

Auffällig ist dabei immer wieder ein Gefühl der Zusammengehörigkeit, das sich exemplarisch in solchen Sätzen artikuliert: „Es ist unsere Siedlung, im Guten wie im Schlechten. Sie gehört uns, wir können etwas daraus machen.“ Hier wird ein weiteres Arbeitsprinzip des Vereins deutlich: das Konzept der Aneignung (vgl. Deinet 2003, S. 31ff.). Idealerweise beinhaltet dieses Prinzip, dass das vorgebrachte Anliegen eines Bewohners bzw. einer Bewohnerin – gleich welchen Alters oder welcher Zielgruppe – für den Sozialraum ernst genommen und in die entsprechenden Gruppen getragen wird. Artikuliert sich dann ein Bedürfnis für eine größere Gruppe, so werden die Bewohner/innen dabei unterstützt, dies umzusetzen. Aufgabe der Sozialarbeit ist dabei die Unterstützung bei der Realisation, die Einbindung möglichst vieler Bewohner/innen, das Rekrutieren externer Fachkompetenz und die Reflexion des Prozesses, so dass die Akteure ihre eigene Stärke und die ihrer Nachbarn produktiv erleben. In diesem Prozess der Aneignung des eigenen Sozialraums entstanden so z.B.

- eine russischsprachige Bibliothek für die Migranten aus den GUS-Staaten,
- ein Wasserpfeifentreff für die älteren Herren aus dem Maghreb, wobei hier besonders zu erwähnen ist, dass dieser Treff in Kooperation von Migranten aus dem Maghreb und jüdischen Migranten aus den GUS-Staaten entstand,
- eine Hausaufgaben-Betreuung für Kinder jeden Alters,[11]
- ein selbstorganisiertes Café als Bewohner(innen)treffpunkt für Mütter und vor allem junge arbeitslose Bewohner/innen

11 Die Hausaufgabenbetreuung wird angenommen, gerade weil die Eltern sich vertraglich verpflichten müssen, die Räume zu renovieren, für Essen zu sorgen, bei der Aufsicht mitzuhelfen und regelmäßig an Elternabenden teilzunehmen. Wer Elternabende kennt, weiß eine 98-prozentige Beteiligung zu schätzen.

5 Schwierigkeiten und Ausblick

Um die Grenzen, die diesem Aneignungsprozess gesetzt sind, zu verdeutlichen, soll kurz ein gescheitertes Projekt erläutert werden.

In der Nachbarsiedlung sollte ein kleiner Supermarkt geschlossen werden, sehr zum Ärger aller Bewohner/innen und zum Schaden vor allem der älteren Menschen, die keine weiten Wege mehr gehen können. Der Verein plante daher, den Markt zu übernehmen und als Ausbildungsmarkt zu betreiben. Die Verhandlungen mit Banken, Vorbesitzer und einem Lebensmittelanbieter waren schon weit gediehen, als die Nachricht durchdrang, dass in der Nähe ein Discounter eröffnen würde. Die Verwaltung hatte den Bedarf ermittelt und den Discounter ermuntert, hier zu bauen. Dies war weder mit Bewohner(inn)en noch mit den anderen Akteur(inn)en vor Ort besprochen worden. Diese Pläne bedeuteten das Aus für die Übernahme des Ausbildungsmarktes, denn den Banken und auch dem Verein wurde das Risiko zu groß.

Hier wird deutlich, dass weitere Akteure in die sozialräumliche Arbeit eingebunden werden sollten und dass den Akteuren mehr administrative Kompetenz eingeräumt werden muss. Sozialraumbudgets und Mittel für eine aktive Wirtschaftsförderung vor Ort werden von vielen Fachleuten vermisst. Die bestehenden Budgets sind oft zu gering, um Prozesse einzuleiten, die eine Umkehrung des ökonomischen Niedergangs dieser Siedlungen erreichen könnten.

Hier würde die Implementierung eines Quartiersmanagements mit klar umrissenen Aufgaben und entsprechenden Kompetenzen die eingeleiteten Prozesse und Veränderungen auf alle Bewohner(innen)gruppen ausweiten und nachhaltig stabilisieren können. Dieses Quartiersmanagement muss, um effizient arbeiten zu können, in eine integrierte Stadtteilentwicklungsplanung für den gesamten Stadtteil eingebunden werden.

Weitere Veränderungen der Arbeit in den beschriebenen Sozialräumen sind von anderen Akteuren zu erwarten. So wird die in den PISA-Nachfolgestudien beschriebene Diskrepanz der Bildungschancen der Kinder aus der deutschen Mittelschicht einerseits und der Kinder mit Migrationshintergrund aus marginalisierten Quartieren anderseits dazu führen, dass Politik und Verwaltung sich hier stärker engagieren und auch die Jugendhilfeträger dazu auffordern werden. Zudem wird die breite Diskussion um verwahrloste und misshandelte Kinder sowie die Rolle der verantwortlichen öffentlichen Stellen deren Rechtsgrundlage und Auftragslage hoffentlich erheblich verändern.

Es ist wichtig, dass jedem einzelnen verwahrlosten Kind geholfen wird, notfalls durch rechtzeitige Herausnahme aus der Familie. Es ist richtig, dass Jugendkriminalität sanktioniert wird. Sozialräumliche Arbeit kann aber auch und gerade in diesen schwierigen und spannenden Siedlungen viele Eltern bei der Betreuung ihrer Kinder unterstützen, entsprechende Netzwerke schaffen und sie kann Jugendlichen Alternativen für eine sinnvolle Gestaltung ihres Lebensumfeldes vermitteln. Dazu muss sie allerdings mit den entsprechenden Ressourcen und Kompetenzen ausgestattet werden.

Literatur

Brocke, Hartmut (2004): Pfusch am Kind wird teuer! Frühkindförderung/Familienförderung – Integrierte Dienste im Stadtteil und lokale Aktionspläne. Vorwort zum E&C Journal. In: JOURNAL der Regiestelle E&C, H. 12, S. 1–13. URL: http://www.eundc.de/pdf/09700.pdf [01.05.2008].

Bundesvertriebenengesetz in der Fassung der Bekanntmachung vom 10. August 2007 (BGBl. I S. 1902), geändert durch Artikel 19 Abs. 1 des Gesetzes vom 12. Dezember 2007 (BGBl. I S. 2840). URL: http://bundesrecht.juris.de/bvfg/BJNR002010953.html [Zugriff: 01.05.2008]

Deinet, Ulrich (2003): Der qualitative Blick auf Sozialräume als Lebenswelten. In: Deinet, Ulrich/Krisch, Richard (Hg.): Der sozialräumliche Blick der Jugendarbeit. Methoden und Bausteine zur Konzeptentwicklung und Qualifizierung. Wiesbaden: VS-Verlag, S. 31-44.

LeCorbusier (1887-1965)/Boesiger, Willy (1998): LeCorbusier. 7., unveränd. Nachdr., Sonderausg. Basel: Birkhäuser.

Segregation als Medienthema

Der Umgang der französischsprachigen Medien mit Segregation

Eric Marlière

1 Einführung

Die Medien spielen für die Zuschauer/innen eine wesentliche Rolle bei der Darstellung gesellschaftlich relevanter Themen. Der Fernseher ist zweifelsohne das wichtigste Medium unserer Gesellschaft. Der „Bildschirm" oder die „Kiste" unterhält und entspannt die Zuschauer/innen, die eine Sensation suchen, schlägt den Kauf dieses oder jenes Produktes durch die Werbung vor und gleichzeitig werden durch die Nachrichten oder durch andere Dokumentarfilme Alternativen der Behandlung gesellschaftlicher oder politischer Probleme vorgeschlagen. Alle möglichen Themen werden behandelt: vom Privatleben der Stars bis hin zu den Katastrophen am „anderen Ende der Welt", von den täglichen Problemen der Menschen bis hin zu den Problemen der Kriminalität oder der Integration. Im „Medienrummel", in dem Bilder, Kommentare und Filme ausgestrahlt werden, sind die so genannten *Quartiers sensibles* seit einigen Jahren ein wichtiges Thema im Dreieck „Unterhaltung/Schauspiel/gesellschaftliche Probleme". Die so genannten *Quartiers sensibles* und deren Anwohner/innen repräsentieren ein nicht zu unterschätzendes Thema für die Medien, da die Themen der Gewalt, der Kriminalität, der Immigration, der Integration, des Islams, der Ausgrenzung und der gesellschaftlichen Konflikte Bestandteile dieser *Quartiers sensibles* sind, die von der Öffentlichkeit mit immer größer werdender Sorge betrachtet werden. Bei der Behandlung dieser *Quartiers sensibles* durch die Medien, die von allen als „sozial schwierig" betrachtet werden, wird jedoch nicht nur Auskunft über die aktuellen „Gesellschaftsprobleme" gegeben. Die Art der Behandlung dieser Probleme bedient einerseits durch eine spektakuläre Art und Weise der Berichterstattung (die gewissermaßen auch unterhaltsam ist) auch die Sensationslust und andererseits wird aber auch die seriöse Arbeit der Journalist(inn)en gezeigt.

Eine ganze Reihe Soziolog(inn)en und junge Forscher/innen befassen sich vor dem Hintergrund des Wandels der Industriegesellschaft und seinen sozialen Konsequenzen für die Arbeitergenerationen mit der Bedeutung der Medien im Allgemeinen (vgl. z. B. Wolton 1993, Wolton 2007) und mit der Aufnahmebereitschaft der Öffentlichkeit (vgl. hierzu z. B. Macé 2006a, Macé 2006b). Die

Medien sind sehr unterschiedlich in Bezug auf ihre Art (Fernsehen, Radio, Zeitungen und seit kurzem das Internet) sowie auch in ihren Präsentationen (Spielfilme, Dokumentarfilme, Talkshows, Nachrichten, Reportagen). Das Fernsehen hat viele Sender, die sehr viel darüber aussagen, wie unterschiedlich die Ansätze sind, mit Informationen umzugehen (für Frankreich: TF1, France2, Arte oder Canal+). Anders gesagt, das Fernsehen hat verschiedene Möglichkeiten, das Geschehen in der Welt zu präsentieren und über aktuelle Themen zu berichten. Die Art und Weise des Umgangs mit der Medienthematik gibt Anlass, den Journalismus zu erforschen und auch festzustellen, dass dieser Beruf je nach Schule, politischer Orientierung und Status (vom bekannten Reporter bis hin zur freien Journalistin, die pro Artikel bezahlt wird) sehr verschieden ist (vgl. Neveu 2004). Die Medienthematik scheint sehr komplex zu sein und so stellt sich auch die Frage, wie denn die Medien im Kontext einer ständigen Produktion von Informationen mit den *Quartiers sensibles* umgehen. Man könnte auch folgende Frage stellen: Gibt es eine spezifische Art und Weise seitens der Medien und insbesondere des Fernsehens, sich für die Anliegen der Bewohner/innen dieser *Quartiers sensibles* zu interessieren?

Bevor man sich mit dieser schwierigen Frage beschäftigt, muss man zuerst erkunden, wie Soziolog(inn)en die Medienfrage in Bezug auf die *Quartiers sensibles* bzw. die Situation der Jugendlichen in den *Banlieues* behandeln, die allgemein als „schwierig" gelten. In einem weiteren Schritt soll versucht werden, sich einer Soziologie der Rezeption des Fernsehens und der Medien im Allgemeinen anzunähern, wie sie sich insbesondere in den Interviews mit den Jugendlichen der *Quartiers sensibles* als den ersten Betroffenen darstellt.

2 Die Soziolog(inn)en, die Medien und die *Quartiers sensibles*

Die meisten der Soziolog(inn)en, dies kann man an ihren Arbeiten erkennen, sind den Medien gegenüber kritisch eingestellt, wenn diese über die *Quartiers sensibles* oder über die Situation der Jugendlichen aus den *Banlieues* berichten. Wenn es darum geht, wie die Medien die Frage der *Quartiers sensibles* behandeln, kann man sagen, dass die meisten Forscher/innen – unabhängig von Strömungen oder Denkschulen – sich in den Medien und in der Presse auf die negativen Aspekte der *Quartiers sensibles* und deren Bewohner/innen konzentrieren. Ein besonders herausragender Artikel über die städtische Gewalt (Champagne 1993) zeigt, welche Rolle die Medien in Bezug auf diese Ereignisse haben, vor allem in Bezug auf ihre Produktion. Der Autor unterstreicht, dass

> „die Medien für die allgemeine Öffentlichkeit, die selbst nicht direkt betroffen ist, sowohl eine Präsentation als auch eine Repräsentation der Probleme, die als außergewöhnliche dargestellt werden, leisten“ (Champagne 1993, S. 67).

Dieser Artikel, der kurze Zeit nach den Ausschreitungen in Vaulx-en-Velin 1991 geschrieben wurde, zeigt letztendlich, wie einige Journalist(inn)en und Medien das Problem angehen, indem sie die Blickwinkel und die Bildaufnahmen von Plünderungen und Bränden übertreibend betonen. Champagne fügt sogar hinzu, dass Journalist(inn)en eines nationalen Senders, die vor Ort waren, Jugendliche dafür bezahlt haben, die Ausschreitungen nochmals nachzustellen und aufzunehmen. Er kommt zu dem Ergebnis, dass einige Journalist(inn)en

> „eine Realität hervorrufen, indem sie eine Vision der Realität schaffen, was dazu führt, dass die Realität, die beschrieben werden sollte, erst durch die Vision von ihr geschaffen wird“ (Champagne 1992, S. 74).

Im Ganzen interessieren sich die Medien in Form von Nachrichten und Dokumentarfilmen für die *Banlieues* nur wegen der Aktualität, was dazu führt, die Probleme in Bezug auf die *Habitation à loyer modéré/HLM* (Sozialwohnungen) spektakulärer erscheinen zu lassen als sie sind.

Julie Sedel (2007a) unterstreicht auch, dass die Dramatisierung der Situation in den *Quartiers sensibles* seitens der Journalist(inn)en darin besteht, in ihren Reportagen verstehen zu wollen, was in diesen Stadtquartieren tatsächlich hervorgeht. Sie sieht Portraits von Anwohner(inne)n dieser Gebiete, die stellvertretend für die *Quartiers sensibles* sein sollen: junge Drogenabhängige, ein Kommunistenpaar, dessen Sohn im Gefängnis ist, eine allein stehende Frau, die auf den Gerichtsvollzieher wartet, junge Kriminelle, obdachlose Jugendliche, eine allein erziehende Mutter, die mit einer Räumungsklage rechnet, usw. (vgl. Sedel 2007b). Oft versuchen Journalist(inn)en die Umstände zu interpretieren, indem der Beton und die Stadtpolitik für die Situation der Menschen in den *Quartiers sensibles* verantwortlich gemacht werden, ohne jedoch vorher die Lage näher zu erforschen. Sedel (2007a) ist sich sicher, dass die Kommunen, die über Sozialwohnungen verfügen, ein Kommunikationssystem erarbeitet haben, um sich vor der Medieninvasion im Falle von „Problemen“[1] zu schützen, indem die Befragung der Journalist(inn)en gefiltert wird. Die Kontrolle der präsentierten Bilder aus den Kommunen, in denen es eine hohe Anzahl an Sozialwohnungen gibt, ist eine reine Abwehrstrategie, um ein „akzeptables“ Bild der Situation zu wahren.

Die *Quartiers sensibles* werden nur unter dem Blickwinkel der Kriminalität oder der städtischen Gewalt behandelt, was das Objekt für Annie Collovald

1 Insbesondere im Falle der Ausschreitungen oder der städtischen Gewalt.

(2000), Politikwissenschaftlerin, letztendlich unscharf macht. Die Themen der Migration, der Jugend und der Integration sind in den Medien nebensächlich. Das führt zu einer Neuformulierung der *Question sociale* (sozialen Frage) durch die Politisierung/Entpolitisierung einer sozialen Not und durch eine Neubehandlung des „Problems" durch eine Technisierung seines Verständnisses, deren Träger die neuen Sicherheitsexperten sind. Die Presse und vor allem die Fernsehsender befragen immer mehr Expert(inn)en, die eine Sicherheitsvision in Bezug auf die *Quartiers sensibles* befürworten, die auf Kosten der *Question sociale* geht (Collovald 2001). Diese Technisierung der Behandlung der „Stadtgewalt" durch die Medien wird unterstrichen durch die Präsenz erfahrener Polizist(inn)en in den Medien, um „strategisch die Kompetenzen der Polizei zuungunsten des ‚Rechts des Territoriums' auszuweiten" (Collovald 2001, S. 113). So wird eine symbolische Vergeltung der Polizei und eine Verbreitung der Sicherheitsideologie ermöglicht, die die dominierenden Medien unterstützen.

Der Soziologe Laurent Mucchielli (2002) unterstreicht ebenfalls die Rolle der Medien bei der Einführung der Sicherheitsideologie in den *Quartiers sensibles*. Die *Banlieues* sind zu einem Ort der dramatischen Spektakel geworden, vor allem wegen der Gewalt in den Städten. Diese Gewalt wird in der Öffentlichkeit nur unter dem Blickwinkel des Barbarismus und des Vandalismus gesehen. Dies ruft drei Probleme hervor: Erstens, eine Allianz zwischen den Journalist(inn)en und den Jugendlichen bei der Bildung der Probleme und der Übertreibung der Spektakel; zweitens, die Deformierung der Realität in der Manipulation der Meinungen; und drittens, die Stigmatisierung der Orte und der Personen. Der Autor bekräftigt später seine Thesen (Mucchielli 2005) durch das Phänomen der *Tournantes* (Gruppenvergewaltigungen), das als nur die Jugendlichen mit maghrebinischem Hintergrund aus den *Quartiers sensibles* betreffend gelte. Die Inszenierungen der *Tournantes* in den Medien erfahren ihren Höhepunkt während der Wahlkampagnen 2002, in denen die diskursive Logik in Bezug auf die Unsicherheit entsteht. Mucchielli (2002, S. 31ff.) unterscheidet vier relevante Tendenzen: Erstens, die Gruppenvergewaltigungen, die völlig neu sind; zweitens, dass diese Vergewaltigungen von Jugendlichen durchgeführt werden, die den „Sinn der Werte" völlig verloren haben und sich von der Pornographie pervertieren lassen; drittens, die Opfer sollen junge Mädchen mit maghrebinischem Hintergrund sein, die von den moslemischen Jugendlichen aus den *Quartiers sensibles* bestraft werden, weil sie sittenlos agieren; und viertens, die Rolle der Jungenbanden ist ausschlaggebend bei der Präsentation der Probleme in den Medien. Die Medien spielen sozusagen eine fatale Rolle bei der Stigmatisierung der Jugendlichen in den *Quartiers sensibles* und gleichzeitig stigmatisieren sie alles das, was als „arabisch-moslemische" Kultur gelte. Die Darstellung von Massenvergewaltigungen durch die Medien zeigt ein neues Gesicht der Fremdenfeindlichkeit (Mucchielli 2002). Anlässlich der aktuellen Probleme werden sämtliche Einwohner/innen der *Quartiers sensibles* und vor allem die Migrant(inn)en und ihre Kinder im medialen Scheinwerferlicht präsentiert.

Die jüngeren Soziolog(inn)en zeigen ein großes Interesse an dem, was die Medien und die Presse in Bezug auf die *Quartiers sensibles* mitteilen (vgl. z.B. Rigouste 2004). Mathieu Rigouste unterstreicht Ausdrücke, die charakteristisch für die Presse und die Sender sind in Bezug auf die Darstellung der Situation in den *Banlieues*. Der benachteiligte Ort wird als ein „kranker Raum" dargestellt, der behandelt werden muss: Das „Antigen, das assimiliert werden muss", die „Fraktur, die wieder zusammenwachsen soll" und der „Tumor, der vernichtet werden muss". Die *Quartiers sensibles* werden als ein „Raum des Krieges" vorgestellt, in dem der Frieden wieder hergestellt werden soll (siehe den Golfkrieg), oder auch als ein „wilder Raum", der zivilisiert werden muss. Laut Rigouste formulieren die Medien in Bezug auf die Kontrolle des Gebietes über die Krise hinaus ganz neue Begriffe. Die Art und Weise, wie Medien die Probleme der *Quartiers sensibles* und deren Einwohner/innen betrachten, entspricht dem Autor nach einer „Theorie des Komplotts" bzw. einem „Einheitsdenken", in denen die *Banlieues* wie neue koloniale Gebiete bezeichnet werden, die von „gefährlichen Schichten" besiedelt sind und den Einsatz neuer Behandlungsmethoden rechtfertigen.

Für Thomas Deltombe (2005), einen weiteren jungen Forscher, ist die Art der Präsenz des Islams im Fernsehen besorgniserregend, weil die Realität der Gläubigen in den *Quartiers sensibles* oft weit entfernt ist von einem medial präsentierten Islam, der nur als rebellisch gegenüber dem Westen dargestellt wird. Das Gesamtbild wird oft auf den Terrorismus und auf die Gewalt begrenzt. Es ist die Rede von einer „islamischen Gefahr", von „terroristischer Bedrohung", von „kommunitaristischem Treiben", die eine „Gefahr für die Republik" darstellen. Solche Ausdrücke werden oft im Fernsehen[2] verwendet, um eine Islamophobie zu verbreiten. Dies ist der Grund, warum neben einer tatsächlichen Stigmatisierung gegenüber den Ausländer(inne)n und insbesondere den Muslimen, paradoxerweise der „gute Migrant", der sich integrieren möchte und dessen symbolische Züge denjenigen der Vertreter/innen der „Mittelschicht" ähneln, rehabilitiert werden muss.

Auch die Soziolog(inn)en, die irgendwann mal das Thema der Medien und der *Quartiers sensibles* behandelt haben, fragen sich, wie stark und spektakulär die Stigmatisierung der *Quartiers sensibles* ist, in den die Arbeiterschichten leben. Denn letztendlich sind es die Medien, die einerseits eine Liste der Probleme der *Banlieues* für die Öffentlichkeit zusammenstellen und veröffentlichen, die ein Teil der Einwohner/innen der *Quartiers sensibles* gegenüber der Gesell-

2 Insbesondere auf dem Kanal TF1, der das Programm mit der höchsten Einschaltquote Frankreichs ist.

schaft verursachen, und die gleichzeitig ein Sprachrohr für eine repressivere Politik gegenüber den Minderheiten und gegenüber einigen Gebieten sind, die als „problematisch“ gelten. Für die Soziolog(inn)en erscheinen die Medien – auch wenn in der Einführung eine Vielzahl von Sendern aufgelistet wurde – in Bezug auf ihre Art, die städtische Segregation zu behandeln, insgesamt sehr einheitlich und homogen: Alle sind mehr oder weniger ständig auf der Suche nach etwas Spektakulärem und Sensationellem, immer auf der Lauer nach außergewöhnlichen Phänomenen oder nach Tagesgeschehnissen und einer vermeintlich sicheren Ideologie, die mehr oder weniger „nationalistisch“ orientiert ist. Diese Art und Weise, die Probleme der Einwohner/innen der *Quartiers sensibles* zu zeigen, ist jedenfalls nicht nach dem Geschmack der Zuschauer/innen, die in den „problematischen Vororten“ wohnen, wie uns der folgende Teil zeigen wird.

3 Die Stellungnahmen der Jugendlichen aus den *Quartiers sensibles* als Elemente einer soziologischen Medienwahrnehmung

Es ist, ohne einen kurzen historischen Rückblick machen zu wollen, nützlich zu betonen, dass die *Classes populaires* (Unterschichten) schon immer ein Problem für die Herrschenden (vgl. Chevalier 1978) und für einen Teil der Presse darstellten. In Frankreich haben vor allem die *Classes populaires* immer einen schlechten Ruf genossen, sei es im 19. Jahrhundert, als die *Banlieues rouges* (die „roten Banlieues“) entstanden sind, oder am Ende des 20. Jahrhunderts (vgl. Rey 1996). Auch im Falle der französischen *Banlieues* zeigt sich, dass sie immer schon unter einem schlechten Ruf gelitten haben, sei es während der kommunistischen Ära, in der Zeit zwischen den beiden Weltkriegen oder während des Aufkommens des Islams, der in den 90ern sichtbar wurde (vgl. Marlière 2007). Schon seit mehr als 25 Jahren, vor allem seit den ersten, medial präsentierten Ausschreitungen, die in *Les Minguettes* bei *Lyon* stattfanden, wurden die *Classes populaires* zu einem Besorgnis erregenden Fall für die Behörden. Seitdem gibt es eine Art ständiger Interaktion zwischen „diesen Vierteln, über die man spricht“, und den Medien – vor allem zwischen den Jugendlichen aus den *Quartiers sensibles* und den Fernsehjournalist(inn)en. Diese Kontakt verläuft nicht problemlos und vor allem nicht ohne Reibereien, denn die ständige Stigmatisierung der Einwohner/innen (vor allem der Jugendlichen) durch die Medien verschlechtern das Bild von den Jugendlichen. Mit der Zeit stellen sich die Einwohner/innen dieser so genannten *Quartiers sensibles* die Frage, wie und warum sie sich durch die Spezialist(inn)en der Massenkommunikation und durch die Nachrichten behandelt – in diesem Fall misshandelt – fühlen. Diese Situation hat Konsequenzen für die

Jugendlichen der *Quartiers sensibles*, vor allem für die mit maghrebinischem Hintergrund, die sich gleichzeitig von der Polizei und den Institutionen verfolgt fühlen, aber eben auch von den Medien.

Die Fernsehnachrichten als Instrument der Stigmatisierung des Alltags und der „Gemeinschaft" der Jugendlichen

Während einer Untersuchung zur Lebensweise der Jugendlichen aus einem Quartier einer Pariser Vorstadt haben wir festgestellt, das diese Jugendlichen sehr unterschiedliche Stationen durchleben und – wegen der Migration der Eltern und der prekären Situation in der französischen Gesellschaft – gleichzeitig aber auch über außergewöhnliche Handlungsstrategien verfügen (Marlière 2005). Die Jugendlichen, die wir vor Ort getroffen haben, weisen meist einen Migrationshintergrund auf. Das Fernsehen versucht, ihr tägliches Leben zu zeigen, was dazu führt, dass sie so gezeigt werden, als wären sie in der französischen Gesellschaft fehl am Platze. Die Sicht der 120 befragten Jugendlichen der *Citè HLM* – dem nach *Les Minguettes* zweiten Quartier Frankreichs unter der Schirmherrschaft der *Politique de la Ville* (Stadtpolitik) – auf die Sender ist einfach als gnadenlos zu bezeichnen. Für viele von ihnen ist das Fernsehen nur ein Propagandawerkzeug, dessen Ziel es ist, die Macht der Elite zu stärken. In gewisser Weise sind die Medien Propagandawerkzeuge, die sich ohne das Wissen der „Immigranten", der „Muslime" und derjenigen, die in den *Quartiers sensibles* wohnen, ausbreiten. Bei vielen Jugendlichen bringt diese Situation „ein Gefühl der Unsicherheit" (Marlière 2005, S. 250ff.) mit sich, obwohl sie sich in einem demokratischen Land bewegen. In den Nachrichten werden sie tatsächlich ständig mit Themen der Kriminalität, der Unhöflichkeit, der Gewalt und der Diebstähle assoziiert. Hinzu kommt auch das Problem des „Schleiers" bzw. seiner traditionellen Handhabung, die mit dem Islam verbunden ist, oder auch das Thema der Integration, so dass die Jugendlichen sich als „neue Feinde des Inlands" sehen. Wie Laurent Mucchielli (2003, S. 325ff.) beschreibt, indem er sich an die Rap-Texte anlehnt, geht das Gefühl der Verfolgung weit über das von mir untersuchte Gebiet hinaus und scheint alle Jugendliche zu betreffen, die sich in den *Quartiers sensibles* bewegen. Mehr als drei Viertel der Rap-Texte werden von Jugendlichen geschrieben (oft von Migrantenkindern), die in *HLM* leben oder gelebt haben, und deren Themen sich häufig mit der Polizei, mit dem Rassismus, mit dem Zynismus der Politik, mit der wirtschaftlichen Ausgrenzung befassen, die das Gefühl, ein „Massenopfer" zu sein, widerspiegeln. So werden die Medien von allen Jugendlichen als ein verhängnisvolles Element in ihrem Alltag wahrgenommen, da die Nachrichten und andere Dokumentarfilme das

Bild von den Jugendlichen in den *Quartiers sensibles* nur verstellen. Journalist(inn)en werden fast einheitlich von diesen Jugendlichen nur noch als „Feind“ gesehen und einige benehmen sich auch feindselig gegenüber den Sendern und gegenüber allem, was mit den Medien zu tun hat.

Die Akademiker/innen der Quartiers sensibles und die „Medien-Intellektuellen“

Einige dieser Jugendlichen aus den *Quartiers sensibles*, die ein Studium absolviert haben, verfolgen mit Aufmerksamkeit die literarischen Sendungen oder die so genannten intellektuellen Sendungen (vgl. Marlière 2005, S. 325ff.). Ein Teil dieser jungen Akademiker/innen, die über eine bestimme „literarische Kultur“ verfügen, zeigen ein besonderes Interesse an Sendungen, die sich mit philosophischen und politischen Fragen befassen und in denen über aktuelle gesellschaftliche Probleme gesprochen wird. Viele dieser Jugendlichen, die im Rahmen einer meiner empirischen Studien befragt wurden, sind erstaunt über das, was manche „Intellektuelle“[3] ihnen entgegen bringen. Diese jungen Akademiker/innen, weder kriminell, noch „fundamentalistisch“ orientiert und noch Bewohner/innen der *Quartiers sensibles*, empfinden in solchen Sendungen, was paradox erscheint, dass man mit dem Finger auf sie zeigt. Diese jungen Menschen sind oft empört über das Schicksal, das ihnen einige dieser intellektuellen *Discoureurs tout terrain* („Alleswisser“ oder „Medienschwätzer“) vorhersagen, wie sie über ihre Siedlungen sprechen, ihre Herkunft, ihr Leben, ihre Religion, usw. Auch wenn diese Jugendlichen sich „tatsächlich“ Mühe gegeben haben, sich zu „integrieren“, um es so auszudrücken, sehen sie sich – wegen ihrer Herkunft aus dem Maghreb und weil sie der moslemischen Religion angehören – als Zielscheibe. So interpretieren „Intellektuelle“ wie A. Finkielkraut oder auch R. Redecker das Dasein dieser Jugendlichen als ein „Trojanisches Pferd“ des Orients im Westen und viele dieser Intellektuellen vermitteln den Jugendlichen der *Quartiers sensibles* ein „Gefühl der Fremdheit“. Andere „Denker“, wie M. Gallo oder J. M. Rouart, entwickeln eine Nostalgie gegenüber dem „ehemaligen Frankreich“. Sie zeigen sich gerne als Kritiker dieser Jugendkultur, des Raps und der so genannten multikulturellen Gesellschaft. Die jungen Intellektuellen, häufig mit Migrationshintergrund, verhalten sich nicht gleichgültig gegenüber der reaktionären Welle, die einen Teil der französischen Intelligenzija erfasst, vom Polemiker M.G. Dantec (französischer Schriftsteller, der nach Kanada ausgewandert ist) bis

---

3 Hier wird der Begriff des Intellektuellen weit gefasst. Es handelt sich meist um medial versierte Intellektuelle, die oft, um den Begriff von Yann Hernot (2006, S. 195ff.) aufzunehmen, *Discoureurs tout terrain*, Polemiker/innen, Essayist(inn)en, ehemalige Forscher/innen oder Analyst(inn)en mit großer moralischer und intellektueller Strenge sind.

zum Provokateur M. Houellebecq. Letztendlich stigmatisieren diese Diskussionen, die zwar uneinheitlich sind, aber doch ein eindeutiges Bild von den Jugendlichen aus den *Quartiers sensibles* vermitteln, den Islam, die Kriminalität, die Ausschreitungen, kurzum alles, was mehr oder weniger mit den Einwohner(inne)n der *Quartiers sensibles* zu tun hat. Viele der Jugendlichen sind deshalb empört, vor allem diejenigen, die prinzipiell einen positiven Zugang zu den politischen oder kulturellen Sendungen haben. In diesen Sendungen werden oft widersprüchliche Debatten ausgetragen, oft sind es ungleiche Duelle, bei denen ein Mitglied der „arabisch-moslemischen" Gemeinde oder ein junger Intellektueller aus den *Quartiers sensibles* sich vier Personen gegenüber sieht, die als Polemiker/innen und Kritiker/innen gegenüber den Einwohner(inne)n der *Quartiers sensibles* bekannt sind. In diesen Sendungen, zu denen politisch versierte Intellektuelle eingeladen werden, wird eine immer größer werdende Sorge gegenüber der Präsenz der Kinder von muslimischen Migrant(inn)en gepredigt. Befürchtet wird, dass diese sich nicht mehr mit den „französischen Werten" identifizieren. Aus diesem Grund fragen sich die Akademiker/innen aus den *Quartiers sensibles*, was die tatsächliche Motivation der französischen Institutionen ist, sie auf französischem Boden zu akzeptieren. Wie auch immer, die Medien verstärken das Gefühl der Ungerechtigkeit in ihrem Alltag und stärken somit ihre Überzeugung, „Feinde des Inlands" (Marlière 2006) zu sein. Für einen Teil der Akademiker/innen aus den *Quartiers sensibles* wird die „Theorie des Komplotts" vor allem durch den Umgang der Medien mit der Situation der jungen Einwohner/innen der *Quartiers sensibles* bekräftigt.

4 Fazit

Es ist schwer, dieses Thema, das eine viel größere Untersuchung verdient, zusammen zu fassen. Diese Art der Recherche benötigt, neben der Rekonstruktion des Forschungsstands, eine Soziologie der Medienrezeption, die sich vor allem mit den Einwohner(inne)n der *Quartiers sensibles* auseinandersetzt. Hier konnte nur versucht werden zu zeigen, dass die Medien am Aufbau der Angst vor dem Anderen (der Fremde, der in den *Quartiers sensibles* lebt, und die moslemischen Jugendlichen, die nicht zu bändigen sind) maßgeblich beteiligt sind. Gleichzeitig tragen sie zur politischen Ausarbeitung einer Stigmatisierungs- und Einschüchterungsstrategie der *Quartiers sensibles* bei. Die Jugendlichen, die aus den *Quartiers sensibles* kommen, haben spezifische Schwierigkeiten, weil sie aus der „Unterschicht" stammen, Migrant(inn)en, Ausländer/innen, manchmal Muslime sind und in ihrem Alltag mit Rassismus und Diskriminierung konfrontiert werden. Auf sie wird von den relevanten Massenmedien „mit dem Finger gezeigt".

Die Jugendlichen wiederum betrachten das Fernsehen als ein Element der Propaganda, das zum Ziel hat, sie zu „diabolisieren", was dazu führt, das ein Teil von ihnen diese Strategie als Ausdruck einer „Theorie des Komplotts" interpretiert. Die Eskalation der Verachtung der „Medien-Intellektuellen" und anderer Journalist(inn)en aus dem Bürgertum, die häufig in der *Petite lucerne* („kleine Kiste") zu sehen sind, und das ständig wiederholte Misstrauen eines beträchtlichen Teils der Einwohner/innen der *Quartiers sensibles* kann, in mehrfacher Hinsicht, als Besorgnis erregend interpretiert werden.

Die Ausschreitungen sind in gewisser Weise bezeichnend auch für diese Spannung. Bei der Behandlung durch die Medien ist die „Gewalt der Stadt" auch eine Herausforderung für den symbolischen Kampf unter den Expert(inn)en, den Intellektuellen und Soziolog(inn)en (vgl. hierzu Mauger 2006) geworden, eine Herausforderung, die paradoxerweise weit weg von den Ausschreitungen und ihren Verursachern ist. Plötzlich ist diese Faszination für die Nachrichten und für die Sensation eng verbunden mit dem wachsenden Interesse für die Jugendlichen mit Migrationshintergrund aus den *Quartiers sensibles*, eine scheinbar homogene Gruppe und vor allem neu ausgewählte Akteure für die „Bildröhre". Diese immer eigenartiger werdende Situation trägt dazu bei, dass die Jugendlichen bewusst eine Sprache verwenden, um das Fernsehen und ihre Journalist(inn)en dazu zu bringen, absichtlich eine Gesellschaft zu verängstigen, die ohne sie weiterlebt. Für den Soziologen Didier Lapeyronnie ist die Ausschreitung ein Kurzschluss, denn sie ermöglicht zwar

> „in einem Augenblick die Hindernisse (...) gegenüber der Machtlosigkeit und der Ausgrenzung zu überwinden. Der Unruhestifter ist jedoch von den institutionellen Systemen, zu denen er keinen Zugang hat, abhängig (...). Er versucht etwas zu gewinnen, ohne Ansprüche stellen zu können. Er übt Gewalt aus, deren Ergebnis außer Kontrolle geraten wird, im Wohlwollen der Institutionen oder in den Fähigkeiten der politischen Betreiber der Instrumentalisierung" (Lapeyronnie 2006, S. 446).

Das Fernsehen, das als eine Gelegenheit der Propaganda und der Stigmatisierung betrachtet wird, stellt sich durch die „Hyper-Stigmatisierung" der Gewalt der Jugendlichen aus den *Quartiers sensibles* als eine Waffe der Forderung heraus. Diese Waffe ist ein Mittel der Jugendlichen, die die Öffentlichkeit verängstigt und deswegen als ein politisches Druckmittel verwendet werden kann. So können die Interaktionen zwischen den Medien und einem Teil dieser Jugendlichen während der Ausschreitungen in gewisser Weise eine gegenseitige Instrumentalisierung, deren Schiedsrichter die Politik ist, ermöglichen. Falls nicht direkt und wirksam politisch in den *Quartiers sensibles* gehandelt werden kann, muss die Politik vor allem Druck auf die Medien ausüben, um mit der Präsentation des „Spektakulären" endlich Schluss zu machen.

Literatur

Bourdieu, Pierre (1977): Une classe objet. In: Actes de la recherche en sciences sociales, Nr. 17-18, S. 2-5.
Champagne, Patrick (1993): La vision médiatique. In: Bourdieu, Pierre (Hg.): La misère du monde. Paris, S. 61-79.
Chevalier, Louis (1978): Classes laborieuses et classes dangereuse à Paris pendant la première moitié du XIXe siècle. Paris.
Collovald, Annie (2000): Violence et délinquance dans la presse. Politisation d'un malaise social et technicisation de son traitement. In: Bailleau, Francis/Gorgeon, Cathrine (Hg.): Prévention et sécurité: vers un nouvel ordre social? Saint-Denis, S. 39-53.
Collovald, Annie (2001): Des désordres sociaux à la violence urbaine. In: Actes de la recherche en sciences sociales, Nr. 136-137, S. 104-113.
Deltombe, Thomas (2005): L'Islam imaginaire. La construction médiatique de l'islamophobie en France, 1975-2005. Paris.
Hernot, Yann (2006): Signe des temps, vingt ans après. In: Management et Sciences Sociales, Nr. 2. Paris, S. 195-209.
Lapeyronnie, Didier (2006): Révolte primitive dans les banlieues françaises. Essai sur les émeutes de novembre 2005. In: Déviance et société, Nr. 4, Vol. 30, S. 431-448.
Lindenberg, Daniel (2002): Le rappel à l'ordre. Enquête sur les nouveaux réactionnaires, Paris.
Macé, Éric (2006a): L'imaginaire médiatique. Paris, Amsterdam.
Macé, Éric (2006b): La société et son double. Ethnographie de notre imaginaire. Paris.
Marlière, Éric (2005): Jeunes en cité. Diversité des trajectoires ou destin commun? Paris.
Marlière, Éric (2006): Le sentiment d'injustice chez les jeunes d'une cité H.L.M. In: Société et jeunesses en difficulté, Nr. 2, S. 1-22, http://sejed.revues.org.
Marlière, Éric (2007): Chroniques socio-historiques des pratiques déviantes d'une jeunesse populaire dans un quartier de « banlieue rouge ». In: Socio-logos. Revue de l'Association Française de Sociologie, Nr. 2, S. 1-25, http://socio-logos.revues.org.
Mauger, Gérard (2006): L'émeute de novembre 2005. Une révolte protopolitique. Broissieux.
Mucchielli, Laurent (2002): Violences et insécurité. Fantasmes et réalités dans le débat français, 2. Ausgabe. Paris.
Mucchielli, Laurent (2003): Le rap de la jeunesse des quartiers relégués. Un univers de représentations structuré par des sentiments d'injustice et de victimation collective. In: Boucher, Manuel/Vulbeau, Alain (Hg.): Émergences culturelles et jeunesse populaire. Turbulences ou médiations? Paris, S. 325-355.
Mucchielli, Laurent (2005): Le scandale des « tournantes ». Dérives médiatiques, contre-enquête sociologique. Paris.
Neveu, Erik (2004): Sociologie du journalisme. Paris.
Rey, Henri (1996): La peur des banlieues. Paris.
Rigouste, Mathieu (2004): Le langage des médias sur « les cités ». In: Hommes et Migrations, Nr. 1252, S. 74-81.

Rigouste, Mathieu (2007): La fabrique du bon immigré. Promouvoir pour bannir de la société post-colonial. In: Rigoni, Isabelle (Hg.): Qui a peur de la télévision en couleur? La diversité culturelle dans les médias. Paris, S. 109-129.

Sedel, Julie (2007a): La banlieue comme enjeu de lutte symbolique. Contribution à l'analyse des relations entre médias et groupes sociaux. Thèse de sociologie de troisième cycle, EHESS. Paris.

Sedel, Julie (2007b): Journalistes et politiques autour des « cités à problèmes ». In: Rigoni, Isabelle (Hg.): Qui a peur de la télévision en couleur? La diversité culturelle dans les médias. Paris, S. 173-193.

Wolton, Dominique (1993): Eloge du grand public. Une théorie critique de la télévision. Paris.

Wolton, Dominique (2007): Sauver la communication. Paris.

Migrantenjugendliche in deutschsprachigen Medien

Rainer Leenen/Harald Grosch

Unser Beitrag beleuchtet die mediale Thematisierung von Jugendlichen mit Migrationshintergrund. Aus Gründen der sprachlichen Vereinfachung verwenden wir für diese Gruppe im Folgenden synonym die Begriffe „Migrantenjugendliche" und „jugendliche Migrant(inn)en". Im Einzelnen stellen wir folgende Materialien vor: erstens ein Diskussionspapier mit Hypothesen zur medialen Thematisierung von Migrantenjugendlichen[1], zweitens ausgewählte Filmbeispiele zu dieser Thematisierungslinie bzw. zu einzelnen daraus resultierenden Themenschwerpunkten, drittens eine Zusammenstellung der wichtigsten Untersuchungen zum Thema und ihrer Hauptergebnisse und schließlich eine ausführliche Literaturliste und ausgewählte (im Internet zugängliche) Materialien zum Thema „Migrant(inn)en in den Medien".[2]

1 Einige Hypothesen zur medialen Thematisierung

Der Beitrag versucht, Zusammenhänge und Muster sowie typische Darstellungsweisen zu erfassen, in denen Migrantenjugendliche in Deutschland heutzutage zum Medienthema werden. Wir benutzen in diesem Zusammenhang den Begriff der *Thematisierung* und meinen damit, *dass, als was, in welchem Zusammenhang und in welcher Art und Weise* Jugendliche aus Migrantenfamilien zum Gegenstand der Medien werden. Der Begriff der Thematisierung stammt aus dem Umfeld der Politischen Soziologie, der Mediensoziologie und der ökonomischen Theorie der Politik und verweist bereits auf einige Grundsatzüberlegungen, mit denen wir unsere Hypothesen einleiten wollen. Diese Grundsatz-

1 Beigefügt haben wir den im Workshop entwickelten Überblick zur Themenlinie „Migrant(inn)en aus gesamtgesellschaftlicher Gewinn- und Verlustperspektive".

2 Im Workshop „Segregation als Medienthema" im Rahmen der Fachtagung „Jugendliche im Abseits" erfolgte die Bearbeitung des Themas in drei Schritten: erstens Präsentation (Impulsvortrag) und Diskussion grundsätzlicher Hypothesen zur medialen Thematisierung von Migrantenjugendlichen, zweitens Herausarbeitung und Visualisierung (auf zwei Pinnwänden) von drei zentralen Thematisierungslinien im Gruppengespräch und drittens Differenzierung (Themenschwerpunkte und Metaphern) und Illustration der Thematisierungslinie „Migrant(inn)en aus gesamtgesellschaftlicher Gewinn- und Verlustperspektive" anhand von Filmausschnitten.

überlegungen betreffen die Funktionslogik, in die Medien im ökonomischen und politischen System eingebunden sind.

Nach der ökonomischen Theorie der Politik thematisieren die Medien *erstens* aus ökonomischem Eigeninteresse, weil sie an hohen Auflagen oder an Einschaltquoten interessiert sein müssen. Sie thematisieren aber auch *zweitens* als Akteure im politischen Kommunikationsprozess, d.h. als Teil des Systems der politischen Öffentlichkeit. Diese „politische Öffentlichkeit" könnte man als einen medialen Raum der Auseinandersetzung um die „öffentlichen Streitfragen" (Weiß 1989, S. 476) kennzeichnen, der insofern als „Vorhof zur Macht" fungiert, weil Anlässe zu politischen Entscheidungen im Wesentlichen von hier ausgehen. Diese politische Öffentlichkeit ist also systembedingt „umkämpftes Gebiet" (s. dazu ausführlich Gerhards/Neidhardt 1991), in dem alle politischen Akteure – die Regierung ebenso wie die Opposition, die Vertreter von Parteien, Verbänden und Kirchen ebenso wie soziale Bewegungen und Protestgruppen – sich zu Wort melden und sich selbst sowie ihre Interessen darzustellen versuchen.

Diese doppelte Funktionslogik, das Eigeninteresse der Medien und ihre Rolle im System der politischen Öffentlichkeit prägen ihre Art der Thematisierung von sozialen Gruppen, Ereignissen und Entwicklungen ganz entscheidend. Die Funktionslogik erzeugt gleichsam eine Art magnetisches Kräftefeld, das die Grundlinien und Grundmuster des medialen Diskurses bestimmt. Wir wollen versuchen zu zeigen, wie sich das auf die Thematisierung jugendlicher Migrant(inn)en in den Medien auswirkt.

Vor dem *Hintergrund des medialen Eigeninteresses* werden alle sozialen Ereignisse und gesellschaftlichen Akteure unter dem Aspekt ihres Informations- und Aufmerksamkeitswertes relevant. Für die mediale Verarbeitung ist der Neuigkeits- und Überraschungswert von Informationen entscheidend, aber auch ihr Konfliktgehalt. Der Mediendiskurs hat ein strukturelles Interesse an Krisen- und Konfliktberichterstattung, an der Formulierung politischer Kontroversen, an der Dramatisierung von Ereignissen oder Schicksalen, sowie an Normverletzung und Grenzüberschreitung. Durch die zunehmende Kommerzialisierung der Medien hat sich der Stellenwert der Aufmerksamkeitsleistung gegenüber ihrer Informationsleistung ständig weiter erhöht. In diesen Zusammenhang gehören Strategien der Steigerung des Aufmerksamkeitswertes von Informationen durch Betonung von Unterhaltungselementen, durch Verstärkung der emotionalen Komponente (z.B. durch Konfrontations- und Polarisierungstechniken[3]) und durch Verletzung von Tabuzonen. Mit Blick auf Jugendliche aus Migrantenfamilien bedeutet das, dass normale Entwicklungsverläufe und langweiliger Alltag weniger berichtenswert sind als vielmehr exotische Besonderheiten und emotional aufwühlende

3 Die Politiksendungen der 70er Jahre heißen „Monitor", „Report" oder „Panorama", die Polit-Magazine der 90er Jahre „Explosiv", „Der heiße Stuhl", „Frontal" oder „ZAK".

Konstellationen. Migrantenjugendliche sind als Normalbürger kein interessanter Gegenstand, wohl aber als gefährliche Täter oder als arme Opfer sowie als Helden oder als Verlierer in konflikthaften Auseinandersetzungen. Aufgrund der ständigen Gefahr thematischer Ermüdung tendieren die Massenmedien zu immer weiteren Steigerungen des Erregungsniveaus durch immer schrillere Darstellungen. Eine Fundgrube dafür ist das deutsche Nachmittagsfernsehen mit seinen Talkshows. Hier werden dem Publikum im Studio überzeichnete, polarisierende Typen präsentiert, wie der frauenfeindliche Sprüche absondernde jugendliche Macho oder die junge arabische Frau, die sich dazu bekennt, freiwillig nicht allein aus dem Haus zu gehen und sich ihrem Mann gern unterzuordnen. Interessant ist, dass diese Typisierungen und Dramatisierungen eine Art Eigenlogik entwickeln und sich in dieser auf raschen Konsum angelegten Bilderwelt verbrauchen, also laufend auch wieder einen Bedarf nach neuen Geschichten und neuen Konfliktkonstellationen erzeugen.

Unter dem Aspekt der *Herstellung politischer Öffentlichkeit* thematisieren die Medien alle Ereignisse und Entwicklungen, die sich – wenn auch nur indirekt – als relevant im politischen Raum darstellen können. Das können, müssen aber nicht unbedingt unmittelbar auf politische Entscheidungen bezogene Themen sein, sondern können auch Rahmenthemen und weiter gespannte Deutungsmuster betreffen, die das Selbstverständnis der politischen Akteure berühren. Man spricht hier allgemein von politischen *issues*. Politische *issues* sind für den Diskurs im öffentlichen Raum zugeschnittene, d.h. notorisch simplifizierende Themen, die bestimmte Entwicklungen (das „Waldsterben“, die „Klimakatastrophe“) oder Ereignisse („Gewalttourismus“) für die politische Auseinandersetzung, also einen Kampf um die Deutungshoheit, zubereiten. Dabei kommen „politische Metaphern“ zum Einsatz, die nicht nur als Kommunikationskürzel dienen, sondern versuchen, den/die Zuhörer/in, Leser/in oder Betrachter/in für einen bestimmten Blickwinkel auf das Problem und für eine entsprechende Bewertung einzunehmen. Setzt sich eine politische Metapher und damit ein bestimmter Themenzuschnitt in der politischen Diskussion erst einmal durch, haben es alternative Problemformulierungen schwer, noch Gehör zu finden.

> „Einmal akzeptiert, wird eine metaphorische Auffassung zum begrifflichen Kristallisationspunkt, um den herum die Öffentlichkeit in der Folge passende Informationen organisiert und in dessen Licht sie diese Informationen interpretiert“ (Edelman 1980, S. 44).

Man muss in unserem Diskussionskontext festhalten, dass der Begriff des jugendlichen „Ausländers“ und selbstverständlich auch der des „Migrantenjugendlichen“ natürlich ebenso solche politische Metaphern darstellen wie der neumodische Begriff der „Parallelgesellschaft“ oder der des „sozialen Brennpunkts“.

Welche Deutungsmuster und Perspektiven unserer Weltsicht im System der politischen Öffentlichkeit eine Chance auf Verbreitung und auf Durchsetzung haben, wird unter anderem davon abhängen, wer in welcher Weise in unserem institutionalisierten politischen System repräsentiert ist und in der politischen Öffentlichkeit Einfluss nehmen kann. Da Menschen mit Migrationshintergrund nur als deutsche Staatsbürger/innen und in zurzeit noch vergleichsweise geringer Zahl als Sprecher/innen der Parteien und Verbände auftreten, ist es nicht weiter überraschend, dass über jugendliche Migrant(inn)en meist aus dem Blickwinkel von Nicht-Migrant(inn)en, also aus der Perspektive der Mehrheitsgesellschaft gesprochen wird. Genauer gesagt: über Migrant(inn)en wird meist noch nicht einmal aus dem Blickwinkel ‚einfacher' deutscher Bürger/innen gesprochen, sondern aus dem Blickwinkel von Parteien-, Verbände- oder Medienvertreter/innen, die Migrantenfamilien aus eigener Erfahrung und Anschauung häufig gar nicht kennen, sondern sich ihr Bild aus der von ihnen rezipierten medialen Welt zusammenreimen.

Unsere Hypothese lautet, dass sich aus dieser Konstellation (der fehlenden politischen Sprecher(innen)rolle von Migrant(inn)en in Deutschland und natürlich dem auch hier wieder wirkenden Eigeninteresse der Medien an hohen Aufmerksamkeitswerten) bestimmte Themenstränge bzw. Thematisierungslinien sowie spezifische Thematisierungsschwerpunkte ergeben.

Zentrale Thematisierungslinien sind beispielsweise:

a. die gesamtgesellschaftliche Gewinn- und Verlustperspektive,
b. die Gerechtigkeitsperspektive und
c. die personale Schicksalsperspektive.

Aus dem Blickwinkel der politischen Öffentlichkeit sind vor allem die Themenlinien a. und b. von besonderer Bedeutung, Themenlinie c. hat eher den Charakter eines Gegenöffentlichkeitsthemas von Künstler(inne)n und Intellektuellen. Themenlinie b. stellt Migrant(inn)en vor allem als Opfer von Diskriminierung, Ausgrenzung und Gewalt dar. Sie sind die prototypischen vernachlässigten Stiefkinder der Gesellschaft, die schlechtere Bildungs- und Arbeitsmarktchancen besitzen und in kriminelle Zusammenhänge abzugleiten drohen. Diese Opfer-Darstellung steht allerdings immer in Gefahr, in eine Täter-Darstellung umzuschlagen. Bei Themenlinie a. verbinden sich politische Akzentuierung und mediales Eigeninteresse zu bestimmten Themenschwerpunkten, die man anhand der folgenden Übersicht exemplifizieren kann:

Tabelle 1: Themenlinie a. Migrant(inn)en aus gesamtgesellschaftlicher Gewinn- und Verlustperspektive

Gewinn		***Verlust***
Integration gelungen *Typisierung*: Erfolgreicher türkischer Unternehmer, erfolgreiche Schauspielerin	↔	**Integration gescheitert** *Metapher:* „Parallelgesellschaft“ *Typisierung:* „Türkische Mutter ohne Deutschkenntnisse“
Sicherheitsgewinn	↔	**Sicherheitsrisiko** *Metaphern:* „Ausländerkriminalität“; „Multikriminelle Gesellschaft“ *Typisierung*: „Mehmet“
Kulturelle Fremdheit = attraktiv/witzig *Metapher*: „Multikulti“	↔	**Kulturelle Fremdheit = bedrohlich/nicht akzeptabl** *Metaphern:* „Ehrenmord“; „Zwangsheirat“; „Kopftuchstreit“; „Fundamentalismus“ *Typisierung*: „Islamisten“; „die Moschee“

2 Ausgewählte Filmbeispiele

Zur Illustration haben wir im Folgenden eine der Thematisierungslinien, nämlich das Thema „Migrant(inn)en aus gesamtgesellschaftlicher Gewinn- und Verlustperspektive“ ausgewählt. Zur Diskussion der Themenschwerpunkte in diesem Bereich eignen sich folgende Filmbeispiele:

2.1 Themenschwerpunkt ‚Integration'

2.1.1 Integration gelungen

„Zwischen Kebab und Karriere – Die jungen Türken von der Spree"
Reportage – Deutschland 1999 – 29 Min.
Regie/von: Yvonne von Kalinowsky/Norbert Kron
In der Oranienburger Straße betreibt Zetra seine dritte „In-Kneipe", in der sich die Berliner Szene trifft. Demnächst eröffnet der junge Türke ein „Hammam", ein türkisches Bad, in einer ehemaligen Kirche. Der selbstbewusste Geschäftsmann geht erfolgreich seinen Weg, fühlt sich jedoch den traditionellen Werten seiner Großfamilie verbunden, mit der er in der Hauptstadt wohnt. So wie er leben viele junge Türken, die in Berlin geboren sind: ein Doppelleben zwischen Tradition und Selbstbestimmung. Sie sind die so genannte dritte Generation, die Enkel der einstigen Gastarbeiter. Sie haben zwar in der Regel noch immer keinen deutschen Pass, aber: Berlin ist ihre Heimat, und wer sie berlinern hört, zweifelt nicht daran. Längst sind sie aus der Künstlerszene nicht mehr wegzudenken…

„Deutsche Welten 1: Die Türken – oder: Warum Faruk einen grünen Mercedes fährt"
Dokumentation – Deutschland 2000 – 45 Min.
Regie/von: Rita Knobel-Ulrich
Gesendet: ARD, 27.07.2000
Türken in Deutschland – das sind Malocher im Hamburger Hafen und im Ruhrpott, die kaum Deutsch sprechen, aber seit dreißig Jahren hier arbeiten und davon träumen, mit dem verdienten Geld eines Tages zu Hause in Istanbul ein kleines Geschäft zu eröffnen; Kopftuch tragende Frauen, die an sonnigen Tagen mit der Großfamilie im Park ein Picknick machen. Türken in Deutschland – das sind aber auch gebildete, eloquente Geschäftsleute, Schauspieler, Ärzte, Politiker, Türken der so genannten dritten Generation: Junge selbstbewusste Menschen, aber auch türkischstämmige Künstler und Musiker, die versuchen, in ihren Werken ihrem Lebensgefühl Ausdruck zu verleihen. Türken in Deutschland, das ist ein hochemotionales Thema, bei dem jeder meint, etwas über die Türken zu wissen. Zwar haben viele Deutsche türkische Kollegen, doch im privaten Bereich kommt es selten zu engen Kontakten…

„Wie Zucker im Tee"
Dokumentation – Deutschland 2001 – 80 Min.
Regie/von: Hatice Ayten
Gesendet: Arte, 05.07.2001
Die Kinder der so genannten türkischen Gastarbeiter haben sich emanzipiert. Mittlerweile partizipieren sie in allen Bereichen der deutschen Gesellschaft. Auf der Suche nach einer genauen Definition ihrer eigenen Person, hinterfragen die Protagonisten des Films die bisherigen Bezeichnungen wie Gastarbeiter, Ausländer, Mitbürger und Inländer. Für den Kabarettisten und Comic-Zeichner Muhsin Omurca sind Migranten in Deutschland wie Zucker im Tee. Der Tee müsse nun bereit sein, die Zuckerstücke in sich aufzunehmen…

„Mit Kopftuch und Computer – Jung, erfolgreich, muslimisch"
Reportage – Deutschland 2002 – 30 Min.
Regie/von: Günther B. Ginzel
Gesendet: 3SAT, 18.10.2002
Der Filmemacher Bernd Ginzel begleitet die muslimischen Frauen unter anderem in eine Frauenmoschee, auf einen islamischen Friedhof sowie zu einer Party und gewährt damit Einblicke in den Alltag, ihr Denken und Fühlen. Ginzel stellt Musliminnen vor, die nicht den gängigen Klischees entsprechen und für die Islam und Emanzipation keinen Gegensatz darstellen…

2.1.2 Integration gescheitert (Metapher: „Parallelgesellschaft")

„40m^2 Deutschland"
Spielfilm – Deutschland 1985 – 80 Min.
Regie: Tevfik Baser
Gesendet: ZDF, 03.03.1988
Dursun ist als ‚Gastarbeiter' mit seiner Frau Turna nach Deutschland gekommen. Der Anatolier ist schockiert von der unmoralischen deutschen Lebensweise. Um seine Frau zu schützen, sperrt er sie tagsüber in der kleinen Altbauwohnung ein. Wie sie es gelernt hat, gehorcht sie. Schon bald aber erdrückt sie diese Isolation, in der sie jedoch eine wichtige Erfahrung macht. Zum ersten Mal erlebt sie sich bewusst selbst…

„Dealer"
TV-Film – Deutschland 1997 – 68 Min.
Regie/von: Thomas Arslan
Gesendet: 3SAT, 10.10.2000
Can ist Mitte 20. Er stammt aus einer türkischen Immigranten-Familie und ist in Berlin aufgewachsen. Can ist verheiratet mit Jale, die im Warenlager eines Kaufhauses arbeitet. Sie haben eine Tochter und möchten gern eine selbstbestimmte Existenz aufbauen. Seit längerem bewegt sich Can in einem kleinkriminellen Umfeld. Nach und nach ist er in diese Szene hineingestolpert. Eine Kette aus fehlenden Möglichkeiten, Hoffnungslosigkeit, eigenen Fehlern, trügerischen Verlockungen von schnell verdientem Geld und einem besseren Leben hat ihn dort hingeführt, wo er jetzt ist. Er arbeitet als Kleindealer. Can ist jemand, der für die Drecksarbeit zuständig ist. Ein Laufbursche, der seine Kunden in einem eng abgesteckten Revier versorgt…

„Wir sind stolz, Kanaken zu sein – Türkische Rapper in Berlin-Kreuzberg"
Dokumentation – Deutschland 1998 – 45 Min.
Regie/von: Michael Richter
Gesendet: 3SAT, 11.10.2000

Boe B., „Killer" Hakan, Derezon und Nelly bilden die Türk-Rap-Gruppe KANAK. Sie sind zwischen 20 und 27 Jahre alt, Kinder von Ausländern und hier in Deutschland aufgewachsen. Hakan und Boe B. stammen aus türkischen Familien, Nelly ist Kosovo-Albanerin und Derezon hat einen portugiesischen Vater und eine deutsche Mutter. Sie träumen davon, mit ihrer Musik berühmt zu werden. In den Songs der Gruppe spiegelt sich das Leben auf der Straße wider: Drogen, Arbeitslosigkeit, Bandenkriege. Aus den Zeilen spricht auch die Sehnsucht nach dem großen Geld, nach der Berühmtheit und einem schnellen Leben…

„Heimkehr in die Fremde – von Kasachstan nach Deutschland"
Dokumentation – Deutschland 2005 – 85 Min.
Regie/von: Thomas Füting/Christian Virmond
Gesendet: WDR, 16.10.06

Die Dokumentation schlägt einen weiten Bogen vom Jahr 1992 in Kasachstan über die Ankunft in Deutschland bis ins Jahr 2005. Der Film erzählt vom einfachen, bäuerlichen Leben in dem kasachischen Dorf, von den Menschen und ihren Wünschen nach Deutschland zu übersiedeln und ihren romantischen Vorstellungen über dieses ferne Land. Dann, nach dreizehn Jahren, das Leben, in Heinsberg, einem Städtchen am Niederrhein, in dem die meisten der Übersiedler aus Michailowka heute leben. Hier werden ihre Träume mit der harten Wirklichkeit konfrontiert. Martha und Gustav sind genügsam, richten sich klaglos ein karges Leben ein, vereinsamen aber im zweiten Stock einer Mietshaussiedlung…

2.2 Themenschwerpunkt ‚Sicherheit'

2.2.1 Sicherheitsgewinn

„Heimat ist da, wo du lebst – Als die Griechen kamen"
Dokumentation – Deutschland 2006 – 45 Min.
Regie/von: Monika Siegfried-Hagenow
Gesendet: WDR, 27.11.06

„Fremdländer – Deutschländer: Als die Türken kamen"
Dokumentation – Deutschland 2006 – 45 Min.
Regie/von: Monika Siegfried-Hagenow
Gesendet: WDR, 20.11.06

„...und ab nach Deutschland – Als die Italiener kamen"
Dokumentation – Deutschland 2006 – 45 Min.
Regie/von: Monika Siegfried-Hagenow
Gesendet: WDR, 04.12.06

In diesen Dokumentarfilmen erinnern sich Männer und Frauen der ersten Gastarbeitergeneration an ihre Ankunft in Deutschland, an kuriose Missverständnisse und große Hoffnungen und an ein Leben voller Widersprüche zwischen zwei Ländern, zwei Kulturen…

2.2.2 Sicherheitsverlust (Metaphern „Ausländerkriminalität"; „Multikriminelle Gesellschaft")

„Kurz und schmerzlos"
Spielfilm – Deutschland 1998 – 94 Min.
Regie/von: Fatih Akin
Kauf-DVD
Ein Türke, ein Grieche und ein Serbe leben in Deutschland und halten wie Pech und Schwefel zusammen. Sie sind Beispiel eines Völkergemisches, wie es in Deutschland seit vielen Jahrzehnten vorkommt. Allerdings, keiner von ihnen ist der nette Ausländer von nebenan. Der Türke Gabriel ist gerade aus dem Gefängnis entlassen, der Grieche Costa verliert den Halt, als seine Freundin ihn verlässt, und Bobby, der Serbe, lässt sich auf illegale Geschäfte ein. Sie haben einen Schwur geleistet, dass sie wie Brüder sind und immer zusammen stehen werden. Diese Brüderschaft hat tödliche Konsequenzen…

„Eine Handvoll Gras"
Spielfilm – Deutschland 2000 – 90 Min.
Regie/von: Roland Suso
Gesendet: ARD, 09.07.2003
Der zehnjährige Kendal aus Kurdistan lebt seit kurzem in Hamburg. Da er in dem Alter noch nicht strafmündig ist, setzt ihn sein Onkel zum Dealen ein. Das Leben zwischen Jugendheim, Drogenszene und Straßenstrich ist die Hölle. Erst als Kendal den Taxifahrer Hellkamp kennen lernt, erfährt er so etwas wie Geborgenheit. Sein neuer Freund, ein ehemaliger Polizist, wird zu seinem Beschützer…

„Ghettokids"
TV-Film – Deutschland 2002 – 90 Min.
Regie/von: Christian Wagner
Gesendet: Arte, 18.10.2005
Zwei Ausländerkinder kommen in Bayern nicht zurecht. Weil beide Türkisch sprechen, zählten sie schon in Griechenland zur unterdrückten Minderheit. Jetzt sind der 17-jährige Maikis und sein kleiner Bruder Christos auch in München Außenseiter. Sie schwänzen die Schule und klauen. Nur Sozialarbeiter Xaver glaubt an die Jungs. Er überzeugt die Lehrerin Hanna, ihnen eine zweite Chance zu geben...

„Wut"
TV-Film – Deutschland 2006 – 90 Min.

Regie/von: Züli Aladag
Gesendet: ARD, 29.09.06

Als feinsinniger Teenager mit bildungsbürgerlichem Hintergrund ist Felix Laub für den jungen Berliner Türken Can und seine Gang ein willkommenes Opfer. Hilflos und ängstlich erträgt der Schüler und Hobby-Cellist Cans Schikanen, bis sein Vater Simon Laub bemerkt, was Felix durchmacht. Nagelneue Schuhe hatte Felix an den Anführer der Gang abtreten müssen; eine solche Frechheit will der angehende Universitätsprofessor Simon nicht so einfach durchgehen lassen...

2.3 Themenschwerpunkt ,Kulturelle Fremdheit'

2.3.1 attraktiv/witzig (Metapher „Multikulti")

„Lehrmeister der Lebenslust. Wie die Gastarbeiter unser Leben verändert haben"
Reportage – Deutschland 2004 – 30 Min.
Regie/von: Peter Kemnitzer
Gesendet: SWF, 19.05.06

Der Film „Lehrmeister der Lebenslust" zeigt den steinigen Weg von den ersten Anfängen, als die Italiener nur für ihre Landsleute Pasta kochten und von den Deutschen noch argwöhnisch beäugt wurden, bis hin zur heutigen Selbstverständlichkeit. Zu Wort kommen Zeitzeugen, die den Wandel erlebt haben: von den ersten italienischen Gastarbeitern über die Pioniere des Imports italienischer Waren bis hin zu Sterne-Koch Vincent Klink.

„Kebab Connection"
Spielfilm – Deutschland 2004 – 96 Min.
Regie/von: Anno Saul
Kauf-DVD

Ibo, kreativ-chaotischer Hamburger Türke und absoluter Bewunderer von Bruce Lee, wünscht sich nichts mehr im Leben, als den ersten deutschen Kung Fu-Film zu drehen. Mit einem Werbespot für die Dönerbude seines Onkels wird er über Nacht zum heimlichen Star seines Viertels und als neuer Steven Spielberg gefeiert. Die Schwangerschaft seiner Freundin Titzi bringt sein Leben dann aber gehörig durcheinander. Erst sieht Ibo bei seinem Vater Mehmet die rote Karte, weil die Mutter seines Kindes keine Türkin ist. Und weit davon entfernt, sich aufs Windeln wechseln oder Kinderwagen schieben vorzubereiten, fliegt er auch bei Titzi raus. Ibo bleiben nur noch seine Kumpel und die Werbespots. Und das Gefühl, dass er sein altes Leben wieder haben will – vor allem Titzi, aber auch den Vater und am liebsten die ganze Familie …

„Meine verrückte türkische Hochzeit"
TV-Film – Deutschland 2005 – 95 Min.
Regie/von: Stefan Holtz

Gesendet: 3SAT, 27.11.06

Man sieht sich, verliebt sich und alles könnte so einfach sein. Doch Götz, ein liebenswerter Chaot und Besitzer eines Kreuzberger Plattenladens, hat sein Herz an die bildhübsche Türkin Aylin verloren. Um sie zu erobern, muss er zunächst ihre Großfamilie für sich gewinnen. Ein schwieriges Unterfangen, denn die ist alles andere als begeistert von einem deutschen Mann für Aylin. Vor allem Papa Süleyman wehrt sich mit Händen und Füßen gegen diese Verbindung – er hat für seine Tochter längst den charismatischen türkischen Arzt Tarkan vorgesehen. Götz bleibt nur die Flucht nach vorn, um zu beweisen, dass es ihm ernst ist. Er bittet um die Hand von Aylin und will zum Entsetzen seiner Mutter Helena zum Islam konvertieren…

„Die Özdags" (7 Folgen)
Doku-Soap – Deutschland 2006 – je 30 Min.
Regie/von: Ute Diehl
Gesendet: Arte, Januar 2007
Folge 1: Liebe ist der größte Stress
Folge 2: Eins, zwei, drei Hühnerei
Folge 3: Wo ist Aydin?
Folge 4: Eine Wohnung mit Rheinblick
Folge 5: Schmusestunde mit Nebil Özdag
Folge 6: Börek, Köfte, Kaffeesatz
Folge 7: Mann ist Mann, Frau ist Frau

Türkisch für Anfänger (Staffel 1)
Doku-Soap – Deutschland 2006 – 269 Min.
Regie/von: Edzard Onneken, Oliver Schmitz
Gesendet: ARD, März 2006 & Kauf-DVD

Türkisch für Anfänger begleitet die Multikulti-Familie Schneider-Öztürk auf ihren Irrungen und Wirrungen im heutigen Berlin. Da ist die 16-jährige Lena, die mit ihrer Mutter, der Psychotherapeutin Doris, und ihrem jüngeren Bruder Nils zusammen lebt. Als sich Doris in den türkischen Kriminalkommissar Metin verliebt und mit ihm zusammen zieht, steht Lenas Leben Kopf: Sie muss ihr Zimmer mit der neuen Stiefschwester Yağmur, einer streng gläubigen Muslimin, teilen und sich mit ihrem 17-jährigen Stiefbruder Cem arrangieren, der sich der Tradition zu Folge für seine neue Schwester verantwortlich fühlt. Als die beiden auch noch beginnen füreinander Gefühle zu entwickeln, ist das Familienchaos perfekt...

Kaya Yanar: Best of „Was guckst Du!?"
Comedy – Deutschland 2004 – 200 Min.
Kauf-DVD

Neben Kaya sind natürlich auch seine Kumpels mit dabei: Der schnuckelige Inder Ranjid mit seiner rassigen Kuh Benytha treibt mit seinem Charme wirklich jeden zur Verzweiflung. Der türkische Patriarch Kelal Yildirim hat seine Mitmenschen wie immer fest im Griff. Bestaunst du den selbst ernannten Weiberheld Francesco, wie er garantiert KEINE Braut ins Bett kriegt. Und bei dem durchsetzungsfähigen Türsteher Hakan („Du kommst hier ned rein“) bleibt kein blaues Auge trocken…

„Autark“
Kabarett – Deutschland 2002 – 60 Min.
Von & mit: Django Asül
Gesendet: BR, 08.02.2002
Schwarz ist der Humor, schräg der Pfad der Gedanken, der pointiert gesellschaftliche Wirklichkeit aufspießt. Dabei schöpft der bekennende türkische Niederbayer aus dem geistig tiefgründigen Reservoir der bayerischen Polit-Seele, schlägt sich mit Golfern, dem Paradies, Kohl und BND herum, ist irgendwie stets auf der Suche nach Autarkie…

„Hardliner“
Kabarett – Deutschland 2005 – 44 Min.
Von & mit: Django Asül
Gesendet: 3SAT, 17.09.05
Erstmals in seinem Leben ist er über 30. Was hat er erreicht? Wurde er den Erwartungen der Welt gerecht? Fragen, die ihn derzeit stark beschäftigen. Gelassenheit ist gefragt. Und Dopamin. Je mehr, desto besser. Denn auch in Django tickt die biologische Uhr, die stets nach neuen Grenzen sucht. Zu oft hat er in seinem Leben Grenzen passiert, als dass ihn das aus der Ruhe bringen könnte. Doch leidet statt seiner gar Deutschland am Borderline-Syndrom? Ist die Agenda 2010 die Neuauflage des Vertrages von Versailles? Was hat Django Asül mit der Schweinebuchtinvasion zu tun? Wieso liegen seine Wurzeln in Syrien? Warum sitzt trotz Ramadan neben ihm eine Araberin im Flugzeug? Und überall fehlt es an der nötigen Härte. Weicheier in der Politik…

2.3.2 bedrohlich/nicht akzeptabel (Metaphern „Ehrenmord“, „Zwangsheirat“, „Kopftuch“, „Fundamentalismus“)

„Sie hat sich benommen wie eine Deutsche – Mord im Namen der Ehre“
Reportage – Deutschland 2005 – 44 Min.
Regie/von: Gert Monheim
Gesendet: Arte, 12.09.05
Gert Monheim hat nach möglichen Hintergründen für den Mord an Hatun gesucht. Er hat mit Kerem Sürücü, dem Vater der Familie, und einem Bruder Hatuns gesprochen, gegen den anfangs ebenfalls ermittelt wurde. Darüber hinaus zeigt der Film bisher unveröffentlichtes Videomaterial von Hatun und ihrem jüngsten Bruder, der gleich zu Beginn des Prozesses die Tat gestanden, seine beiden älteren Brüder aber entlastet hatte. Wurde der Mord vorher in der Familie besprochen und der jüngste, zur Tatzeit 18-jährige Sohn damit beauftragt, weil er die geringste Strafe zu erwarten hat? Das Berliner Landgericht verur-

teilte am 13. April 2006 den jüngsten Bruder zu neun Jahren und drei Monaten Jugendstrafe. Die beiden ältern Brüder wurden aus Mangel an Beweisen freigesprochen. Die Anklage hat Revision beim Bundesgerichtshof angekündigt.

„Ehrenmord – Verfolgte Tochter, verlorene Söhne"
Reportage – Deutschland 2006 – 43 Min.
Regie/von: Susanne Babila
Gesendet: SWF, 2006

Susanne Babila ist durch Deutschland und die Türkei gereist, sprach mit jungen Türkinnen, auch einer Frau, deren Brüder ihren Freund umbrachten, mit Männern, deren Frauen getötet wurden, und vor allem mit jungen Türken, die in Deutschland aufwuchsen und trotzdem dem Druck uralter Männlichkeitsriten ausgeliefert sind.

„Im Schatten der Blutrache"
Dokumentation – Deutschland 2007 – 86 Min.
Regie/von: Jana Matthes/Andrea Schramm
Gesendet: Arte, 25.06.2007

Der Dokumentarfilm begleitet vier Mitglieder einer kurdischen Familie in Deutschland. Anlass ist eine in der Familie vollzogene Blutrache. Mit der Trennung von ihrem gewalttätigen Mann löst eine Frau eine Familienfehde aus. Ihr Bruder tötet einen Verwandten ihres Mannes, um die Familienehre wiederherzustellen, und dessen Familie droht mit Rache. „Im Schatten der Blutrache" erzählt eine Geschichte von Ehre, Hass, Liebe und der Angst vor dem nächsten Mord.

„Seraps Ehre – Eine Türkin kämpft um ihre Liebe"
Dokumentation – Deutschland 1999 – 25 Min.
Regie/von: Nura Chrystal Baisch
Gesendet: 3SAT, 02.10.2000

Der Film zeichnet die Stationen dieser Liebesgeschichte nach, den abenteuerlichen Versuch einer jungen Frau, sich aus den Fesseln des Elternhauses zu befreien und ihr Leben selbst in die Hand zu nehmen.

„Der Tag, als ich meiner Hochzeit entkam"
Dokumentation – Deutschland 2005 – 45 Min.
Regie/von: Rita Knobel-Ulrich
Gesendet: NDR, 11.03.06

Die Dokumentation von Rita Knobel-Ulrich erzählt die Geschichte einer jungen Frau, die am Widerspruch von Tradition und Freiheit zu zerbrechen droht. Es ist eine exemplarische Geschichte, und in diesem besonderen Fall hat sie ein gutes Ende. Esmas ältere Schwester Hülya ist gekommen, um bei den Hochzeitsvorbereitungen zu helfen. Das hat sie ihren Tanten gesagt. In Wahrheit aber hat sie längst alles vorbereitet für eine dramatische Flucht. „Der Tag, als ich meiner Hochzeit entkam" ist ein Film, der ein Stück deutscher Gegenwart schildert: am Konflikt zwischen archaischer Tradition und selbstverständlicher Freiheit zerbrechen viele Emigrantenfamilien, und manche Deutschtürkinnen bezahlen ihren Wunsch nach Selbstbestimmung mit dem Leben.

„Kopftuch und Minirock. Junge Türkinnen zwischen Koran und Karriere"
Reportage – Deutschland 1998 – 30 Min.
Regie/von: Jana Matthes/Andrea Schramm
Gesendet: 3SAT, 03.10.2000
Wenn Gülcin in den Semesterferien im Krankenhaus jobbt, wird sie von manchen Patienten in Zeichensprache angeredet. Sie wird für die Putzfrau gehalten. Dabei spricht die 23-Jährige nicht nur akzentfrei deutsch, sondern studiert Medizin im vierten Semester. Der Meter Stoff um ihren Kopf, so sagt sie, mache den Unterschied: Frauen mit Kopftuch gelten als ungebildet – das Image der unterdrückten Türkin hafte immer noch an ihnen. Gülcins jüngere Schwester Gülsen trägt ebenfalls ein Kopftuch und macht gerade Abitur. Sie will Architektin werden. Gülsen geht am Gymnasium in eine Klasse mit Meyrem. Wer die beiden auf der Straße sieht, würde kaum glauben, dass sie beste Freundinnen sind. Meyrem trägt kurze Röcke, armfreie Shirts und – natürlich – kein Kopftuch. Trotzdem bezeichnet auch sie sich als Muslima – wenn sie es auch mit den Pflichten des Islam nicht so genau nimmt…

„Mahrem, öffne dich!"
Dokumentation – Deutschland 2003 – 45 Min.
Gesendet: PHOENIX, 2004
Junge Türkinnen entscheiden sich wieder vermehrt für die Verschleierung – als Ausdruck einer muslimisch definierten weiblichen Identität.

3 Untersuchungsergebnisse

Im Anschluss an Delgados Untersuchung über die Darstellung der „Gastarbeiter in der Presse" (Delgado 1972) gehen seit den 70er Jahren des vorigen Jahrhunderts zahlreiche Studien der Frage nach, wie Menschen mit Migrationshintergrund in der Medienberichterstattung in Deutschland vorkommen. Die Mehrzahl dieser Studien bezieht sich allerdings auf die Presseberichterstattung (siehe z.B.: Merten/Ruhrmann u.a. 1986; Ruhrmann/Kollmer. 1987; Bundeszentrale für politische Bildung 1987; Hömberg/Schlemmer 1995; Meißner/Ruhrmann 2000). Weber-Menges (2007a, S. 4-5) fasst die Ergebnisse dieser Untersuchungen folgendermaßen zusammen:

> „1. Über ‚Ausländer' wird zu wenig berichtet.
> 2. Über ‚Ausländer' wird häufig/zu häufig/häufiger als über Deutsche negativ berichtet.

a) Kennzeichen der Negativität: Migranten als Kriminelle (häufiger als Deutsche). Ausländer als Bedrohung.
b) ‚Ausländer' bürden den Deutschen Kosten auf, bedrohen unsere sozialen Sicherungssysteme. Ausländer als Personen, die Probleme haben und Probleme machen.
c) Überfremdung. Ein weiterer Aspekt ist schließlich Überfremdung. Ausländer werden häufig als Fremdkörper dargestellt, deren Anwesenheit aufgrund ihres Andersseins die deutsche Lebensart beeinträchtigt.
d) Außer bei ausgesprochener Goodwill-Berichterstattung gibt es kaum positive Berichte z.B. über Leistungen der Ausländer für das Gemeinwesen oder Beispiele gelungener Integration.
3. Ausländer erscheinen meist als behandelte Objekte, selten als handelnde Subjekte; sie werden zwar oft bewertet (und häufig negativ), werten aber selbst kaum.
4. Bestimmte Migrantengruppen (Asylsuchende, Türken, Russlanddeutsche) werden negativer dargestellt als andere (z.B. aus den früheren südeuropäischen Anwerbeländern).
5. Negativismus in verschiedenen Medien unterschiedlich stark (bes. stark z.B. Bild-Zeitung).
6. Oft diskriminierende und delegitimierende Sprache, die inhaltliche Negativtendenzen noch verschärft."

Ruhrmann/Sommer (2005) versuchen auf der Basis neuester Forschungen nachzuzeichnen, wie die Medien seit den 1980er Jahren einzelne Akteure und Themen darstellen und bewerten. Sie ziehen – ganz ähnlich wie Weber-Menges – das Resümee: Massenmedien spiegeln keineswegs eine auch nur annähernd ‚objektive' Realität der Situation von Migrant(inn)en in Deutschland wider.

„Vielmehr wählen die Medien jeweils nur bestimmte Ereignisse aus, akzentuieren sie und bewerten sie nach formalen und inhaltlichen Gesichtspunkten. Die vorgestellten empirischen Befunde von Inhaltsanalysen zeigen:
– Medien repräsentieren nicht nur Vorurteile gegenüber Migranten, sondern verstärken sie auch, insbesondere in Konfliktsituationen und in Krisenzeiten.
– Die deutsche Tagespresse präsentiert verzerrte Häufigkeitsschätzungen der Nationalitäten, wenn sie als besonders auffällig bzw. fremd empfunden werden.
– Das Thema Kriminalität hat sich in der Berichterstattung über Migranten in den letzten Jahrzehnten verdoppelt, obwohl sich die reale Kriminalität in dieser Form nicht entwickelt hat. Insbesondere das privat-kommerzielle Fernsehen dramatisiert und überhöht das Thema Kriminalität von Migranten.
– Bestimmte Bewertungen und stilistische Merkmale der Migrantenberichterstattung verstärken ein Negativimage der Ausländer in Deutschland.
– Über Jahrzehnte hinweg präsentieren die Medien die Migranten in einer passiven Rolle, was ihre politische Einflusslosigkeit unterstreicht.
– Der von den Medien erwähnte oder gezeigte Kontakt zwischen Aus- und Inländern kann Vorurteile und Diskriminierungen reduzieren" (Ruhrmann/Sommer 2005, S. 126).

Auch nach Müller (2005) wird über Migrant(inn)en nach wie vor negativ berichtet. Durch die ständige und immer wiederkehrende Verbindung von „Ausländern“ mit Kriminalität wird ein Medienbild erzeugt, bei dem Menschen mit Migrationshintergrund als Bedrohung empfunden werden. In der Negativberichterstattung wird allerdings auch differenziert: So etwa werden ausländische Arbeitnehmer etwas weniger negativ dargestellt als Asylwerber. Außerdem werden z.B. Menschen aus der Türkei oder vom Balkan deutlich negativer dargestellt als Personen aus anderen früheren Anwerbeländern. Dies scheint in Beziehung zu jeweils aktuellen politischen Bedrohungsszenarien zu stehen, die die Aufmerksamkeit auf bestimmte Zuwanderergruppen lenken. Dies gilt auch für das Negativthema der ökonomischen Belastung. Menschen mit Migrationshintergrund werden als Kostenfaktor, als eine Ursache steigender Sozialausgaben eines Landes gesehen. Sie werden damit für Staatsdefizite verantwortlich gemacht. Aber unabhängig von den Faktoren Kriminalität und ökonomische Belastung werden sie ob ihres Andersseins als Bedrohung und Beeinträchtigung für die „einheimische“ Bevölkerung medial repräsentiert.

Die Negativdarstellung in den Medien ist aber auch geschlechtsspezifisch konstruiert. So wird migrantische Männlichkeit in den Medien fast ausschließlich mit Gewalt, Kriminalität, Fanatismus und Terrorismus gekoppelt, während Migrantinnen vorwiegend in Verbindung mit Prostitution, Frauenhandel und Rückständigkeit vorkommen (Farrokhzad 2002). Stereotypisiert werden vor allem Osteuropäerinnen und Lateinamerikanerinnen: Sie werden von den Medien fast nur im Kontext von Frauenhandel und Sexarbeit erwähnt. Die mediale Konstruktion verläuft dabei über die Zuschreibung eines Objektstatus, als Ziele männlicher Gewalt werden sie dabei nicht nur als Opfer, sondern nicht selten selbst als Täterinnen dargestellt. Auf der anderen Seite ist – insbesondere seit dem Attentat in New York im September 2001 – eine starke Stereotypisierung der islamischen Frau zu konstatieren. Muslimische Frauen werden dabei mit den Symbolen Kopftuch und Schleier als rückständig und als Opfer der patriarchalen islamischen Kultur repräsentiert. In einer qualitativen Medienanalyse hat Farrokhzad (2002, S. 85ff) dabei vier Typen islamischer Frauendarstellungen extrahiert:

- die „exotische Orientalin“, die Sexualität repräsentiert und in der Berichterstattung seit dem New Yorker Attentat immer seltener zu finden ist;
- die „Kopftuch-Türkin“, die Symbol für die ungebildete und rückständige Muslimin ist;
- die „moderne Türkin“, die in den Medien so gut wie gar nicht vorkommt; sowie
- die „Fundamentalistin“, die ähnlich wie der Typus der „Kopftuch-Türkin“ vorwiegend in den Medien zu finden ist und ungebildet und rückständig, aber als religiös-politisch nicht ungefährlich dargestellt wird.

Symbole wie Kopftuch und Schleier werden medial als kollektive Zeichen für Unterdrückung und Rückständigkeit eingesetzt und bilden den negativen Pol zur „europäischen" emanzipierten Frau.

Die Ergebnisse der EU-weiten Studie zu „Rassismus und kulturelle Vielfalt in den Medien" (ter Wal 2002) zeigen, dass Menschen mit Migrationshintergrund in allen EU-Ländern in den Medien vorwiegend negativ repräsentiert und mit Gewalt und Kriminalität in Verbindung gebracht werden. Welche ethnischen Gruppen davon betroffen sind, kann von Land zu Land variieren. Positive Bilder sind dem gegenüber stark unterrepräsentiert. Die Berichterstattung entspricht damit in keiner Weise der Lebenssituation und Selbstwahrnehmung von Migrant(inn)en. Neben der Einseitigkeit kritisiert der EUMC-Bericht auch Politik und Politiker einzelner Länder, die das Thema Migration in Wahlkampfkampagnen zu instrumentalisieren suchen, was in der Folge auch von den Medien wiederum bereitwillig aufgegriffen wird.

Weber-Menges (2007a) stellt in ihrem Vortrag vorläufige Ergebnisse einer umfangreichen Studie zur Medienintegration von Migrant(inn)en vor, in der Migrant(inn)en (einschließlich deren Kinder) aus der Türkei und Italien sowie Spätaussiedler/innen aus Russland nach der Wahrnehmung ihrer Darstellung in deutschen Medien gefragt wurden.

Sie fasst das Ergebnis folgendermaßen zusammen:

> „Die Einschätzung der deutschen Medien fällt recht negativ aus. Am skeptischsten äußern sich türkische Migranten, etwas positiver urteilen die Russlanddeutschen, die Italiener liegen in der Mitte. Türken und Italiener bemängeln das Fehlen von Themen, die für Migranten von Interesse sind sowie die klischeehafte Darstellung von Migranten – hiervon fühlen sich insbes. die Italiener betroffen. Alle drei Gruppen beklagen die überwiegend negative Berichterstattung von Migration und Migranten, z. B. die Darstellung der Migranten als Kriminelle – dies kritisieren insbes. die Türken. Und bei der Frage, ob deutsche Medien ein gutes Klima zwischen Migranten und Deutschen fördern, schneiden deutsche Medien genauso schlecht ab wie die ethnischen Medien; türkische Migranten äußern sich hierbei am kritischsten – sowohl über die deutschen als auch über die türkischen Medien. In einem Punkt nehmen insbes. Russlanddeutsche, aber abgeschwächt auch Italiener, weniger die Türken, integrative Inhalte wahr: Deutsche Medien helfen den Migranten, sich in Deutschland zurecht zu finden" (Weber-Menges 2007a, S .7-8.).

Abbildung 1: Einschätzung der deutschen Medien durch Migrant(inn)en (Weber-Menges 2007b: Folie 14)

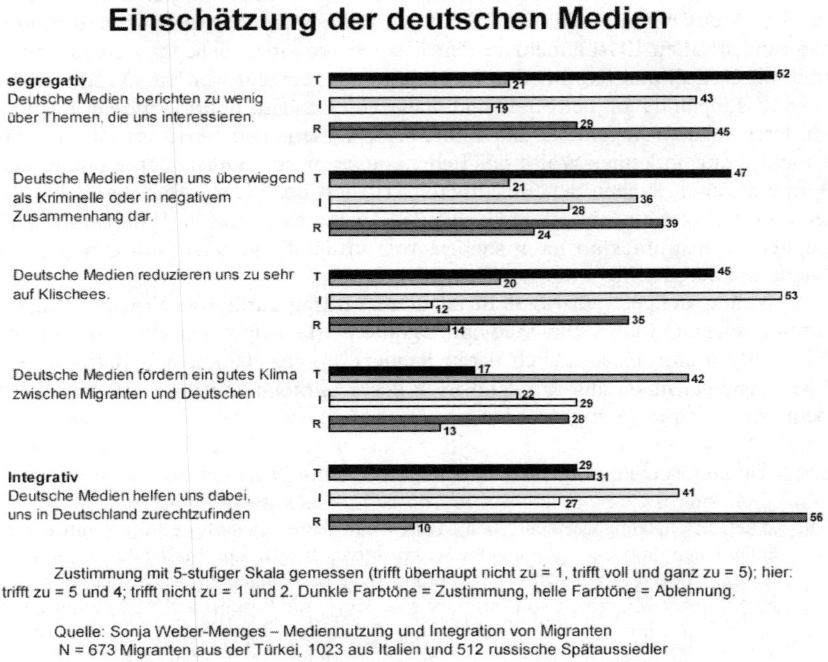

Ruhrmann/Sommer/Uhlemann (2006) haben eine der seltenen quantitativen Untersuchungen zur Darstellung von Migrant(inn)en in den Fernsehnachrichten durchgeführt. Ausgewertet wurden die Hauptnachrichten der vier quotenstärksten deutschen Sender ARD, ZDF, RTL und SAT1 im Jahr 2003. Insgesamt 285 Beiträge befassten sich mit Migrant(inn)en. Besonders häufig wurde dabei über Migrant(inn)en aus Marokko, der Türkei sowie aus Osteuropa berichtet.

Abbildung 2: Nationalitäten der Migrant(inn)en, über die in den TV-Hauptnachrichten berichtet wurde (Ruhrmann/Sommer/Uhlemann 2006)

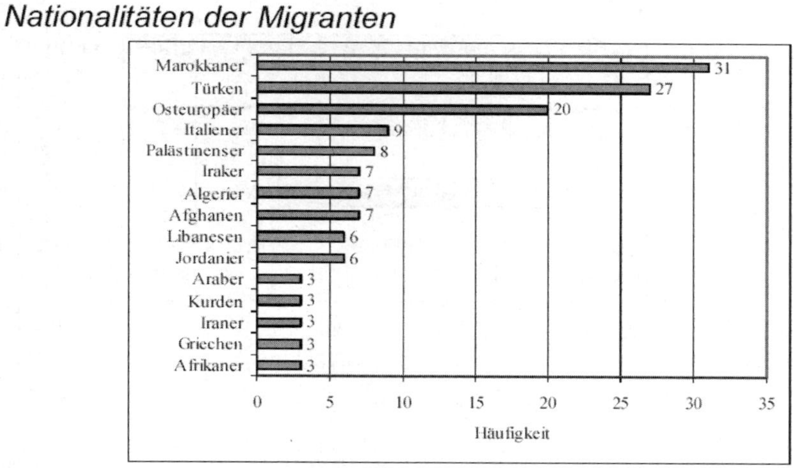

Die Autoren stellen fest, dass sich seit dem 11.September 2001 eine deutliche Verschiebung in der Migrantenberichterstattung (von der Politik und der allgemeinen Kriminalität) zum Terror ergeben hat. Zugleich betonen auch sie, dass Migrantinnen und Migranten jetzt auch vermehrt als Handelnde auftreten.

Wie Fernsehen und Film im fiktionalen Bereich die hier lebenden Migrant(inn)en darstellen, ist bisher wenig analysiert worden – zu nennen sind hier z.B.

- für den Bereich des Fernsehens: Güven 1996; Bulut 1999; Bulut 2000; Keding/Struppert 2006; Ortner 2007;
- für den Bereich Kinofilm: Karpf/Kiesel/Visarius 1995; Schäffler 2005 und Wiedemann 2006.

Abbildung 3: Themenstruktur der Migrantenberichterstattung (Ruhrmann/Sommer/Uhlemann 2006)

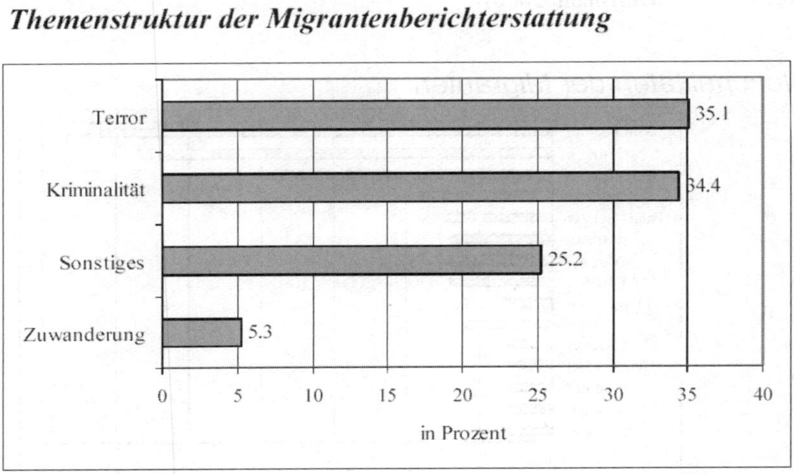

Gründe hierfür liegen sicherlich in der Komplexität derartiger Untersuchungen, angefangen von der aufwändigen Archivierung bis hin zur komplexen Auswertung des audiovisuellen Materials.

Die vorliegenden Analysen zur Darstellung von Migrant(inn)en im Fernsehen bestätigen zentrale Ergebnisse der o.g. Studien zur Presseberichterstattung. Klenke/Schmücker kommen in einem Projekt zur „Darstellung von ethnischen Minderheiten in ausgesuchten Unterhaltungsformaten und deren Wahrnehmung durch Jugendliche" zu dem Ergebnis,

> „(…) dass in Daily Soaps, Daily Talkshows und Gerichtshows innerhalb der Bundesrepublik Deutschland ein einseitiges und negatives Bild von Migranten gezeigt wird. Ähnlich wie in der Nachrichtenberichterstattung wird in den Formaten kaum auf kulturelle Hintergründe der Akteure eingegangen. Stattdessen werden Klischees bedient, die auch schon innerhalb der Printmedien, sowie der TV-Nachrichten gezeichnet wurden und sich innerhalb der deutschen Bevölkerung mittlerweile verbreitet haben. Anstelle eines integrierten gemeinschaftlichen Lebens miteinander zeichnen die Formate ein Bild, das den Migranten nach wie vor einen Platz am Rande der Gesellschaft zuspricht. So werden Menschen mit Migrationshintergrund eher als sozial schwach und kriminell bzw. bedrohlich dargestellt. Dabei werden vor allem die Nationalitäten erwähnt, denen bereits innerhalb der bundesdeutschen Bevölkerung ein Negativimage anhaftet" (Klenke/Schmücker 2006, S. 39).

Hilal Sezgin ist auf der Suche nach Migrant(inn)en durch die vorabendliche Serienlandschaft des deutschen Fernsehens ‚gezappt' und beschreibt anschaulich die Ergebnisse in seinem Artikel „Normal ist das nicht" in der Wochenzeitschrift „Die Zeit" vom 01.11.07:

> „Auf RTL bleiben die Deutschen bei Unter uns komplett unter sich, genauso wie bei Gute Zeiten, schlechte Zeiten. Im Kinderkanal wird das Internat Schloss Einstein fast ausschließlich von deutschen Jungs und Mädels besucht, und sonderbarerweise laufen selbst in dem Berlin, in das Sat.1 nach dem Vorbild einer kolumbianischen Telenovela verliebt ist, keine Multikultis herum. Wo ‚Zusammenleben' nicht explizites Thema eines eigenproduzierten Spielfilms ist, kommen Migrationshintergründler offenbar überhaupt nicht vor.
>
> Eine rühmliche Ausnahme macht die Lindenstraße. Natürlich haben auch hier die Herzensergüsse eines Gung oder Marys Asylprobleme stets weniger Sendeminuten gefüllt als die Haushaltslogistik der Mutter Beimer; natürlich war das südländische Temperament Nikos Sarikakis' von Anfang an so überzeichnet wie später die Aids-Erkrankung seiner Schwägerin Bariya. Doch überzeichnet waren auch der sanfte Lederjacken-Machismo Andy Zenkers oder die Xanthippiaden der Else Kling. Die Lindenstraße sammelt nun einmal die Typen und Extreme, und sie beherbergt in ihrem großen Herzen insbesondere die Scheiternden und die Sozialfälle – bei denen sie aber nicht unterscheidet zwischen Menschen mit deutschem oder sonstigem Pass. Inländer und Ausländer sind einander hier absolut ebenbürtig in ihrer Nähe zu Alkoholismus und Hartz IV, zu Scheidung, Gewalttätigkeit oder Selbstmordgefahr. Am ganz anderen Ende des Serienspektrums macht die ARD Ernst mit der »Integration«, wenn Ende des Jahres die halb deutsche, halb kongolesische Schauspielerin Dominique Siassia die Hauptrolle in Sturm der Liebe übernimmt.
>
> Doch die ansonsten übliche Unterschlagung der Minderheit ist leider kein Phänomen der kommerziellen Fernsehsender allein. Das ostfriesische ZDF-Dörfchen, in dem Doktor Martin Sprechstunde hält, ist von den Migrationsbewegungen der Neuzeit ausgespart geblieben, auch der Wald ums Forsthaus Falkenau ist allein in deutscher Hand. Während Adlige im Vorabendprogramm in überstatistischer Hülle und Fülle ihren Auftritt haben, findet sich von den Nachkommen der einstigen Gastarbeiter keine Spur. Wird in der Integrationswoche des ZDF also endlich eine türkischstämmige medizinisch-technische Assistentin Doktor Martin zu Hilfe eilen? Oder ein Flüchtling aus dem Kosovo im Forsthaus einziehen?" (Sezgin 2007, S. 57).

Sein Fazit lautet: Wenn überhaupt, kommen Migrant(inn)en im deutschen Fernsehen nur als Problemfälle oder Witzfiguren vor.

Hilal Sezgin weist noch auf einen weiteren interessanten Aspekt bei der Darstellung von Migrant(inn)en im Fernsehen (und Film) hin:

> „Beispielsweise werden im Marienhof und bei der Küstenwache die wenigen Türkenrollen vorzugsweise mit Italienern besetzt, manchmal auch umgekehrt. Hauptsache, mediterran heißt offenbar die Parole der Castingleute.

Hauptsache, muslimisch lautete sie dagegen im Fall von Türkisch für Anfänger, wo die in Teheran geborene Pegah Ferydoni eine türkische Stiefschwester mimt. Und als auf ProSieben verrückt türkisch geheiratet wurde, wurde die Braut von Mandala Tayde gespielt, die ihren Namen deutsch-indischen Eltern verdankt. Weshalb sie auf der Türkenhochzeit physiognomisch ungefähr so echt wirkte wie all jene Deutschen, die sich im Cornwall der Rosamunde-Pilcher-Verfilmungen tummeln. Oder wie der Franzose Pierre Brice, der mit Hilfe eines großen Tiegels roter Schminke zu Winnetou wurde.

Darüber mögen echte Apachen lachen können. Aber wäre es nicht schön, wenn die Tochter des Anatoliers auch tatsächlich mal von der Tochter eines Anatoliers dargestellt würde? Hier kommt ein kleiner Widerspruch zum Vorschein, den eine Untersuchung des WDR im vergangenen Jahr sehr hübsch herausgearbeitet hat: Einerseits wollen Migrationshintergründler auch mal Vertreter der eigenen ‚Community' im Fernsehen sehen. Insbesondere Teenager brauchen Rollenvorbilder, die für Italienischstämmige dann wirklich italienisch, nicht türkisch (und umgekehrt) sein sollten. Viel wichtiger ist aber eine andere Art von Normalität. Es ist für keinen jungen Menschen mit Migrationshintergrund ermutigend zu wissen, dass er immer nur Drogendealer spielen darf, sollte er später mal zum Fernsehen gehen" (Sezgin 2007, S. 57).

Literatur

Bayer, J./Engl, A./Liebheit, M. (2004): Strategien der Annäherung. Darstellungen des Fremden im deutschen Fernsehen. Bad Honnef.

Bonfadelli, H./Moser, H. (Hg.) (2007): Medien und Migration. Europa im multikulturellen Raum? Wiesbaden.

Brosius, H.-B./Esser, F. (1995): Fernsehen als Brandstifter? Unerwünschte Nebenwirkungen der Berichterstattung über fremdenfeindliche Gewalt. In: Falter, J. W./Jaschke, H.-G./Winkler, J. R. (Hg.): Rechtsextremismus. Ergebnisse und Perspektiven der Forschung. Opladen, S. 204-218.

Bulut, C. (1999): Karfunkel – Die Konstruktion des Fremden im Kinderfernsehen. Coppengrave. URL: http://www.mediaculture-online.de/fileadmin/bibilothek/bulut_karfunkel/bulut_karfunkel.pdf.

Bulut, C. (2000): Von der Gastarbeiterin zur Schutzpolizistin. Das konstruierte Bild der fremden Frau im deutschen Film und Fernsehen. In: Schatz, H./Holtz-Bacha, C./Nieland, J.-U. (Hg.): Migranten und Medien. Neue Herausforderungen an die Integrationsfunktion von Presse und Rundfunk. Wiesbaden, S. 253-264. URL: http://www.mediaculture-online.de/fileadmin/bibilothek/bulut_gastarbeiterin/ bulut_gastarbeiterin.pdf.

Bundeszentrale für politische Bildung (Hg.) (1987): Ausländer und Massenmedien. Bestandsaufnahme und Perspektiven. Vorträge und Materialien einer internationalen Fachtagung vom 2. bis 4. Dezember 1986. Bonn.

Butterwegge, C./Hentges, G./Sarigöz, F. (Hg.) (1999): Medien und multikulturelle Gesellschaft. Opladen.
Butterwegge, C./Hentges, G. (Hg.) (2006): Massenmedien, Migration und Integration. 2., korrigierte und aktualisierte Auflage. Wiesbaden.
Butterwegge, C. (2007): Benehmt euch. Ihr seid hier nicht zu Hause. In: Die Zeit, Nr. 45/2007, S. 57. URL: http://www.zeit.de/2007/45/Migranten-in-Medien.
Delgado, M. J. (1972): Die Gastarbeiter in der Presse. Opladen.
Dorer, J./Marschik, M. (2006): Medien und Migration. Repräsentation und Rezeption des „Fremden" im europäischen Kontext. In: medienImpulse, Heft 55/März 2006, S. 24-28. URL: http://www.mediamanual.at/mediamanual/themen/pdf/identitaet/55_Dorer_Marschik_Medien_und_Migration.pdf.
Esser, F./Scheufele, B./Brosius, H.-B. (2002): Fremdenfeindlichkeit als Medienthema und Medienwirkung. Deutschland im internationalen Scheinwerferlicht. Wiesbaden.
Farrokhzad, S. (2002): Medien im Einwanderungsdiskurs. Überlegungen zur Konstruktion der „fremden Frau". In: beiträge zur feministischen theorie und praxis, 25. Jg., Heft 61, S. 75–93.
Fick, P. (2006): Die Darstellung ethnischer Minderheiten in Lokalmedien. Gegenwärtige Zustände – Veränderungen im letzten Jahrzehnt: 1996-2006 (Lehrforschungsprojekt Uni Siegen SS 2006). URL: http://www.fb1.uni-sieen.de/soziologie/mitarbeiter/geissler/lfp_migranten_in_lokalzeitungen.pdf.
Geißler, R./Müller, D./Pöttker, H./Weber-Menges, S. (2004): Massenmedien und die Integration ethnischer Minderheiten in Deutschland. Problemaufriss – Forschungsstand – Bibliographie. Bielefeld.
Geißler, R./Pöttker, H. (Hg.) (2006): Integration durch Massenmedien/Mass media? Integration. Medien und Migration im internationalen Vergleich/Media and migration: a comparative perspective. Bielefeld.
Güven, D. (1996): Das (Heirats-)Versprechen auf der (Polizei-)Wache. Stereotypen über Türken in deutschen TV-Serien. Köln.
Hömberg, W./Schlemmer, S. (1995): Fremde als Objekt. Asylberichterstattung in deutschen Tageszeitungen. In: Media Perspektiven 1/1995, S. 11-20.
Jung, M./Wengeler, M./Böke, K. (Hg.) (1997): Die Sprache des Migrationsdiskurses. Das Reden über „Ausländer" in Medien, Politik und Alltag. Opladen.
Karpf, E./Kiesel, D./Visarius, K. (1995): „Getürkte Bilder". Zur Inszenierung von Fremden im Film. (Arnoldshainer FilmGespräche). Marburg.
Keding, K./Struppert, A. (2006): Ethno-Comedy im deutschen Fernsehen. Inhaltsanalyse und Rezipientenbefragung zu „Was guckst du?!" Berlin.
Klenke, B./Schmücker, R. (2006): Die Darstellung von ethnischen Minderheiten in ausgesuchten Unterhaltungsformaten und deren Wahrnehmung durch Jugendliche (Lehrforschungsprojekt Uni Siegen SS 2006). URL: http://www.fb1.uni-sieen.de/soziologie/mitarbeiter/geissler/lehrforschungsprojekt_22.05.2007.doc.
Kretzschmar, S. (2002): Fremde Kulturen im europäischen Fernsehen. Zur Thematik der fremden Kulturen in den Fernsehprogrammen von Deutschland, Frankreich und Großbritannien. Wiesbaden.

Krüger, U. M./Simon, E. (2005): Das Bild der Migranten im WDR Fernsehen. Ergebnisse einer empirischen Programmanalyse. In: Media Perspektiven 3/2005, S. 105-114. URL: http://www.media-perspektiven.de/uploads/tx_mppublications/03-2005_Krueger_Simon.pdf.

Kühne-Scholand, H. (1987): Die Darstellung der Ausländer im deutschen Fernsehen. Ergebnisse einer inhaltsanalytischen Untersuchung. In: Bundeszentrale für politische Bildung (Hg.): Ausländer und Massenmedien. Bestandsaufnahme und Perspektiven. Vorträge und Materialien einer internationalen Fachtagung vom 2. bis 4. Dezember 1986. Bonn, S. 79-84.

Kuske, S. (1994): Von Tausendundeiner Nacht zu Tausendundeiner Angst: der Islam in den Medien. In: Jahr, C./Mai, U./Roller, K. (Hg.): Feindbilder in der deutschen Geschichte. Berlin, S. 251-280.

Meißner, B./Ruhrmann, G. (2000): Das Ausländerbild in den Thüringer Tageszeitungen. Eine quantitative und qualitative Inhaltsanalyse. Jena.

Merten, K./Ruhrmann, G. u.a. (1986): Das Bild der Ausländer in der deutschen Presse. Ergebnisse einer systematischen Inhaltsanalyse. Frankfurt/Main.

Ministerium für Arbeit, Soziales, Gesundheit, Familie und Frauen Rheinland-Pfalz (Hg.) (2007): Medienrezeption von In- und Ausländern. Eine vergleichende Studie zur Wirkung von TV-Nachrichten über Ausländer (Autoren: Georg Ruhrmann, Denise Sommer, Kathrin Klietsch/Peggy Niezel). Mainz. URL: http://www.auslaender.rlp.de/auslaender/binarywriterservlet?imgUid_dec2049a-9b10-4511-53a1-6e5c3899d11e&uBasVariant=99999999-9999-9999-9999-999999999999.

Müller, D. (2005): Die Darstellung ethnischer Minderheiten in deutschen Massenmedien. In: Geißler, R./Pöttker, H. (Hg.): Massenmedien und die Integration ethnischer Minderheiten in Deutschland. Bielefeld, S. 83–126.

NAVEND – Zentrum für kurdische Studien e. V. (Hg.) (2004): Kurden und Medien. Ein Beitrag zur gleichberechtigten Akzeptanz und Wahrnehmung von Kurden in den Medien. Bonn.

Neumann, U. (2002): Die Darstellung von Migrantinnen und Migranten und ihren Themen in den audiovisuellen Medien. In: merz. medien + erziehung. 46. Jahrgang, Heft 5/02. S. 282-285. URL: http://www.mediaculture-online.de/fileadmin/bibliothek/neumann_migranten/neumann_migranten.pdf.

Ortner, C. (2007): Tatort: Migration. Das Thema Einwanderung in der Krimireihe Tatort. In: Hans-Bredow-Institut (Hg.): Medien/Kommunikationswissenschaft. 2007/1. Baden-Baden, S. 5-23. URL: http://www.mediaculture-online.de/fileadmin/bibliothek/ortner_tatort/ortner_tatort.pdf.

Pinn, I. (1997): Muslimische Migranten und Migrantinnen in deutschen Medien. In: Cleve, G./Ruth, I./Schulte-Holtey, E./Wichert, F. (Hg.): Wissenschaft, Macht, Politik. Interventionen in aktuelle gesellschaftliche Diskurse. Siegfried Jäger zum 60. Geburtstag. Münster, S. 215-234.

Röben, B./Wilß, C. (1996): Verwaschen und verschwommen. Fremde Frauenwelten in den Medien. Frankfurt/Main.

Ruhrmann, G./Kollmer, J. (1987): Ausländerberichterstattung in der Kommune. Inhaltsanalyse Bielefelder Tageszeitungen unter besonderer Berücksichtigung ausländerfeindlicher Alltagstheorien. Opladen.

Ruhrmann, G./Demren, S. (2000): Wie Medien über Migranten berichten. In: Schatz, H./Holtz-Bacha, C./Nieland, J.-U.(Hg.): Migranten und Medien. Neue Herausforderungen an die Integrationsfunktion von Presse und Rundfunk. Wiesbaden, S. 69-81. URL: http://www.mediaculture-online.de/fileadmin/bibliothek/ruhrmann_demren_migranten/ ruhrmann_demren_migranten.pdf.

Ruhrmann, G. (2003): Mediale Kommunikation über Migranten – Befunde und Perspektiven. In: Zwiener, U./Modalle, K.-M./Frindte, W. (Hg.): Extremismus – Gewalt – Terrorismus. Hintergründe und Handlungskonsequenzen. Jena, S. 76-87. URL: http://www.cej.uni-jena.de/data/unijena_/einrichtungen/cej/publications/extremismusGEWALT.pdf.

Ruhrmann, G./Sommer, D. (2005): Migranten in den Medien – von der Ignoranz zum Kontakt? In: Zeitschrift für Ausländerrecht und Ausländerpolitik (ZAR) 25, 3/4. S. 123-127. URL: http://www.mediaculture-online.de/fileadmin/bibliothek/ruhrmann_sommer_migranten/ruhrmann_sommer_migranten.pdf.

Ruhrmann, G./Sommer, D./Uhlemann, H. (2006): TV-Nachrichtenberichterstattung über Migranten – von der Politik zum Terror. In: Geißler, R./Pöttker, H. (Hg.): Integration durch Massenmedien: Medien und Migration im internationalen Vergleich. Bielefeld, S. 45–75.

Schäffler, D. (2005): Das Kino der doppelten Kulturen – Migration als filmisches Thema im deutsch-türkischen Film anhand ausgewählter Beispiele. (e-book). München.

Schatz, H./Holtz-Bacha, C./Nieland, J.-U. (Hg.) (2000): Migranten und Medien. Neue Herausforderungen an die Integrationsfunktion von Presse und Rundfunk. Wiesbaden.

Schiffer, S. (2005): Der Islam der Medien. Ein Beitrag der Medienpädagogik zur Rassismusforschung. In: merz. medien + erziehung. 49. Jahrgang, Heft 2/05. S. 43-48. URL: http://www.mediaculture-online.de/fileadmin/bibliothek/schiffer_islam/schiffer_islam.pdf.

Schorb, B./Echtermeyer, K./Lauber, A./Eggert, S. (2003): Was guckst du, was denkst du? Der Einfluss des Fernsehens auf das Ausländerbild von Kindern im Alter von 9 bis 14 Jahren. Schriftenreihe der Unabhängigen Landesanstalt für Rundfunk und neue Medien (ULR), Bd. 22. Kiel.

Sezgin, H. (2007): Normal ist das nicht. In: Die Zeit, Nr. 45/2007, S. 57. URL: http://www.zeit.de/2007/45/Migranten-TV.

ter Wal, J. (Hg.) (2002): Racism and cultural diversity in the mass media. An overview of research and examples of good practice in the EU Member States, 1995-2000. Wien (European Research Centre on Migration and Ethnic Relations (ERCOMER)).

Thiele, M. (2005): Flucht, Asyl und Einwanderung im Fernsehen. Konstanz.

Tsypylma, D. (2004): Russkij Berlin. Migranten und Medien in Berlin und London. Münster.

Walter, M./Schlinker, U./Fischer, C. (2007): Fernsehnutzung von Migranten. In: media perspektiven 9/2007, S. 436-451. URL: http://www.media-perspektiven.de/uploads/tx_mppublications/09-2007_Walter.pdf.

Wang, S. E. (2007): Die Darstellung von Ausländern in den Medien. Welches Bild Nachrichtenmagazine vermitteln. Vdm Verlag Dr. Müller.

Weber-Menges, S. (2005): Die Wirkungen der Präsentation ethnischer Minderheiten in deutschen Medien. In: Geißler, R./Pöttker, H. (Hg.): Massenmedien und die Integration ethnischer Minderheiten in Deutschland. Bielefeld, S. 127-184.

Weber-Menges, S. (2007a): Die Rolle der Massenmedien bei der Integration von Migranten. Vortrag in der Ringvorlesung vom 20.06.2007 Uni Siegen (Skript). URL: http://www.fb1.uni-siegen.de/mitarbeiter/geissler/ringvorlesung_migranten_und_medien_skript.pdf.

Weber-Menges, S. (2007b): Die Rolle der Massenmedien bei der Integration von Migranten. Vortrag in der Ringvorlesung vom 20.06.2007 Uni Siegen (Folien). URL: http://www.fb1.uni-siegen.de/mitarbeiter/geissler/ringvorlesung_migranten_und_medien.pdf.

Weiß, H.-J./Feike, M./Freese, W./Funk, P./Trebbe, J. (1995): Gewalt von Rechts – (k)ein Fernsehthema? Zur Fernsehberichterstattung über Rechtsextremismus, Ausländer und Asyl in Deutschland. Opladen.

Wiedemann, D. (2006): Migration im Film oder: Ratlos gegen die Wand? In: Hugger, K.-U./Hoffmann, D. (Hg.): Medienbildung in der Migrationsgesellschaft. Beiträge zur medienpädagogischen Theorie und Praxis. Schriften der Medienpädagogik 39. Bielefeld (Gesellschaft für Medienpädagogik und Kommunikationskultur in der Bundesrepublik).

Materialien im Internet:

Ates, Seref/Becker, Jörg/Çalagan, Nesrin (2002): Bibliographie deutsch-türkische Medienkultur. Teil II. URL: http://www.komtech.org/dokumente/141/141.pdf.

DFG-Projekt „Mediale Integration ethnischer Minderheiten" – Bibliografie „Migration, Integration und Medien – Deutschland". URL: http://www.integration-und-medien.de/bibliographien/deutschland.php.

Die Darstellung von Migration und Integration in den ZDF-Programmen: Status quo und Perspektiven (2007). URL: http://www.unternehmen.zdf.de/uploads/media/Migration_und_Integration_im_ZDF-Programm.pdf.

Ergebnisse der ARD/ZDF-Studie „Migranten und Medien 2007" (Handout). URL: http://www.unternehmen.zdf.de/fileadmin/files/Download_Dokumente/DD_Das_ZDF/Veranstaltungsdokumente/Migranten_und_Medien_2007_-_Handout_neu.pdf.

Jörg Becker (2000): Bibliographie deutsch-türkische Medienkultur. Teil I. URL: http://www.komtech.org/dokumente/5/5.pdf.

Medienpolitische Thesen der Türkischen Gemeinde in Deutschland (2007). URL: http://www.tgd.de/download/2007.06.04%20Medienpolitische%20Thesen.pdf.

Migranten und Medien 2007 von E. Simon. In: media perspektiven 9/2007, S. 426-435. URL: http://www.media-perspektiven.de/uploads/tx_mppublications/09-2007_Simon.pdf.

Projektgruppe integraTV, Universität Erfurt (2007): Die Veränderung stereotyper Wahrnehmung durch Ethno-Soaps. Eine Untersuchung am Beispiel der Serie „Türkisch für Anfänger" (Zusammenfassung). URL: http://www.integratv.de/wp-content/uploads/2007/07/abstract_integratv_deu.pdf.

Racism and cultural diversity in the mass media. An overview of research and examples of good practice in the EU Member States, 1995-2000. URL: http://fra.europa.eu/fra/index.php?fuseaction=content.dsp_cat_content&catid=3fb38ade22bb&contentid=3fb3f9cfb3592.

Zwischen den Kulturen – Fernsehen, Einstellungen und Integration junger Erwachsener mit türkischer Herkunft in Nordrhein-Westfalen. Ergebnisse der Medienforschung (August/September 2006). URL: http://www.migration-boell.de/downloads/diversity/WDR_11_06_zwischen_kulturen(1).pdf.

Die Rolle der Politik

30 Jahre *Politique de la Ville* und kein Erfolg in Sicht?

Dietmar Loch

Die französischen Vorstädte sind schon seit langem zum realen Ort und zum Symbol von Armut, Arbeitslosigkeit, diversen Formen der Ausgrenzung bzw. Segregation, ethnischer Diskriminierung, Kriminalität und einer ambivalenten Mischung von staatlicher Sozial- und Repressionspolitik gegenüber einem Teil der in ihnen lebenden Bevölkerung geworden. Seit den 80er und vor allem seit Beginn der 90er Jahre kommt es in diesen *Banlieues* anlässlich von Zusammenstößen zwischen Jugendlichen mit Migrationshintergrund und der Polizei immer wieder zu kurzen, örtlich begrenzten gewaltförmigen Unruhen. Dabei haben die *Émeutes* von 2005 im Vergleich zu den vorhergehenden Unruhen aufgrund ihrer dreiwöchigen Dauer und ihrer räumlichen Ausdehnung auf ganz Frankreich eine neue Dimension angenommen.

Diese Form konzentrierter städtischer Gewalt verweist im Wesentlichen auf drei gesellschaftliche Problembereiche: auf die Thematik der sozialen Ausgrenzung und gesellschaftlichen Kohäsion, auf die Migrationsproblematik und auf die Stadt als sozialen und politischen Raum zunehmender Segregation. Davon sind in den französischen Vorstädten in erheblichem Maß Jugendliche betroffen: ein Großteil von ihnen ist sozial marginalisiert, besitzt einen Migrationshintergrund und identifiziert sich stark mit seinem Sozialraum.

Im Handlungsgefüge zwischen den staatlichen Akteuren, den Bürgern der marginalisierten Quartiere und ihren eventuellen Repräsentanten (v.a. Vereinen) hat sich eine Stadtpolitik etabliert, die sich gerade auch auf diese Jugendlichen richtet und inzwischen auf 30 Jahre Erfahrung zurückblicken kann. Im Folgenden sollen auf diesem Hintergrund zuerst knapp die sozialen Probleme der Jugendlichen in den Vorstädten aufgezeigt werden (1). Anschließend geht es schwerpunktmäßig um die politische Steuerung dieser Probleme bzw. gesellschaftlichen Prozesse. Dabei sollen der Ansatz (2), die Entwicklung (3) und die Resultate (4) dieser *Politique de la Ville* analysiert werden, bevor abschließend auf ihre Zukunftsperspektiven eingegangen wird (5).

1 Gesellschaftliche Situation: Marginalisierte Quartiere à la française

Die mit dem Konzept der *Exclusion* (soziale Ausgrenzung, Paugam 1996) verknüpften Probleme lassen sich am besten am sozialen Profil der knapp 5 Millionen zählenden Bevölkerung zeigen, die in den 751 von der Stadtpolitik als *Zones urbaines sensibles (ZUS)* ausgewiesenen „städtischen Problemgebieten" lebt und 8% der französischen Gesamtbevölkerung stellt. Sie zeichnet sich vor allem durch folgende Merkmale aus:[1] 61% der Bewohner leben in Sozialwohnungen; 40% von ihnen sind jünger als 25 Jahre; der Anteil der Personen mit nichtfranzösischem Pass liegt bei 17%, derjenige mit Migrationshintergrund allerdings bedeutend höher;[2] das Haushaltseinkommen ist niedrig (56% der Bevölkerung hat ein Einkommen unterhalb der steuerlichen Mindestgrenze); 33% der Bevölkerung besitzt keinen Schulabschluss; die Arbeitslosigkeit liegt mit etwas über 20% mehr als doppelt so hoch wie im Landesdurchschnitt, bei den Jugendlichen zwischen 16 und 25 Jahren befindet sie sich zwischen 30% und 40% und überschreitet bisweilen 50%; die Klein- und mittlere Kriminalität (Vandalismus, Diebstahl, Schlägereien, Drogenhandel) rangiert in diesen Vierteln über dem nationalen Durchschnitt und schließlich ist die dort lebende Bevölkerung diversen Formen von Diskriminierung ausgesetzt, die sich an Merkmalen wie dem Wohnort, der ethnischen Herkunft, der Hautfarbe oder der religiösen Zugehörigkeit festmacht.

Somit stehen die Jugendlichen mit Migrationshintergrund (vgl. den Beitrag von Lapeyronnie in diesem Band und Loch 2005, S. 55-56) im Mittelpunkt, insbesondere diejenigen maghrebinischer Herkunft, da sie in vielen dieser Problemgebiete die Mehrheit unter den Jugendlichen stellen, sich in einem postkolonialen Einwanderungskontext befinden und eine bevorzugte Zielscheibe der Diskriminierungen sind. Diese Jugendlichen haben migrationssoziologisch betrachtet eine „Integration in die Krise" erfahren (Dubet 1989, S. 44f). So gibt es sozialstrukturell und vereinfacht gesehen einerseits eine von sozialem Aufstieg begleitete berufliche Integration und andererseits Marginalität. Damit geht eine sozialräumliche Aufspreizung einher: einem Teil dieser jungen Erwachsenen gelingt es, die *Banlieue* zu verlassen, der andere Teil bleibt jahrelang oder für immer in ihr. In kultureller Hinsicht gelten diese Jugendlichen als weitgehend

1 Die folgenden Daten beziehen sich mehrheitlich auf die INSEE-Volkszählung von 1999. Zur Gesamtheit der Indikatoren und neuesten Daten der *ZUS* vgl. vor allem die seit 2004 jährlich vorliegenden Berichte des *Observatoire national des Zones urbaines sensibles* (www.ville.gouv.fr); siehe auch die synthetischen Darstellungen von Le Goaziou/Mucchielli (2006, S. 24-27) und Neumann (2006, S. 3-6).

2 Er ist aufgrund des *Jus soli* (die meisten Jugendlichen mit Migrationshintergrund sind Franzosen) und der in Frankreich nicht existierenden statistischen Erfassung der ethnischen Herkunft der Bürger mit französischer Staatsangehörigkeit nur schwer zu bestimmen.

assimiliert (Tribalat 1995). Schließlich herrscht unter ihnen eine gewisse nationale Identifikation mit Frankreich vor und sie beteiligen sich in entsprechender Weise (von der Wahl über den Protest bis hin zur Abwanderung aus dem politischen System) an den verschiedenen Formen politischer Partizipation (Brouard/Tiberj 2005, S. 45-64). So haben diese Jugendlichen einerseits hohe Erwartungen an den französischen Staat, andererseits erfahren sie aber die diversen Ausgrenzungen (Dubet/Lapeyronnie 1992, S. 139-169). Dies führt zu einem Gefühl relativer Deprivation und zu den Jugendunruhen (Loch 2008).

Will man diese sozialen Probleme und die Stadtpolitik verstehen, darf man die *Banlieue* nicht isoliert sehen. Denn im Gefälle der residentiellen Segregation bildet sie die unterste Stufe einer dreigeteilten Stadt (Donzelot 2004). Danach leben in den gentrifizierten Zentren dieser Stadt idealtypisch gesehen die wohlhabenden, transnationalen Leistungseliten, in den *Banlieues* die verarmenden *Classes populaires* (Unterschichten) und im städtischen Umland verstreut die Mittelschichten. In der untersten Stufe, den Vorstädten, haben die Jugendlichen zwar ihre Sozialräume, aber sie bewegen sich im urbanen Raum innerhalb eines Spannungsfeldes zwischen ihrer Gemeinschaft, dem Quartier, und der städtischen Gesellschaft hin und her.

Nun soll nicht der Eindruck erweckt werden, als ob in diesen Vierteln alles negativ ist, sie sich fundamental vom Rest des französischen Territoriums unterscheiden und ihre Bevölkerung keinerlei Handlungs- und Entwicklungsmöglichkeiten besitzt. Für eine überwiegend negative Darstellung und die Verstärkung der Stigmatisierung dieser Gebiete sorgen bereits die stereotypen Sicherheitsdiskurse der politischen Klasse und der Medien (Champagne 1991, Eckhardt 2007, S. 34f.). So wird der Alltag der *Banlieue* natürlich auch durch eine junge, dynamische Bevölkerung, kulturelle Diversität, viele Eigeninitiativen und eigene Organisationsformen geprägt (Le Poutre 1997, Tarrius 1997, Kokoreff 2004, Loch 2005). Allerdings stehen im Folgenden die sozialen Probleme und ihre Regulierung im Mittelpunkt, da sich, wie eine neuere Untersuchung (Fitoussi/Laurent/Maurice 2004) zeigt, die diversen Formen der Segregation in den französischen Städten in den letzten zwei Jahrzehnten verfestigt haben. Über die Formen der Selbstorganisation sollen die Eigeninitiativen berücksichtigt werden.

2 Die Stadtpolitik zwischen gesellschaftlicher Nachfrage und politischem Angebot

Diese gesellschaftlichen Probleme verlangen nach politischer Steuerung. So greift die Stadtpolitik über die Implementierung politischer Programme seit 30 Jahren regulierend in die Vorstädte ein. Im Handlungsgefüge zwischen Staat,

Markt, gesellschaftlichen Gruppen und deren Interessenvertretung müssen dabei mehrere Analyseebenen berücksichtigt werden.

So können die Jugendunruhen als verdichteter Ausdruck der beschriebenen gesellschaftlichen Probleme verstanden werden. Angesichts der diversen Formen der sozialen Ausgrenzung bzw. Segregation städtischer Minderheiten steht die Frage der Kohäsion bzw. der Integration der modernen Gesellschaft im Mittelpunkt (Loch 2005, S. 35-78). Auf diesem Hintergrund verdeutlichen die Jugendunruhen die Kluft zwischen der gesellschaftlichen Nachfrage in den *Banlieues* und dem politischem Angebot bzw. dem staatlichem Handeln. Dabei zeigt diese gewalttätige Form des Protestes nicht nur den weiterhin dringenden Handlungsbedarf im Bereich der sozialen Probleme (Wohnen, Schule, Ausbildung, Sicherheit, etc.), sondern auch, dass keine Repräsentation, keine Vermittlung und keine „positive" Auseinandersetzung mit Konflikten mehr besteht, so wie sie bis in die 70er Jahre noch die nationale Industriegesellschaft mit ihren „roten Vorstädten" und ihren Klassenkonflikten kannte (Dubet/Lapeyronnie 1992).

Auf diese Situation hat die Stadtpolitik als öffentliche Politik (*Policy*) seit Ende der 70er Jahre immer wieder mit Programmen zur sozial(räumlich)en Integration, zur politischen Partizipation und mit Maßnahmen gegen die Diskriminierung der in den sozialen Brennpunkten lebenden Bevölkerung reagiert. Dabei ist diese Stadtpolitik dem französisch-republikanischen Integrationsmodell entsprechend gleichzeitig eine Sozialpolitik *und* eine Politik zur Integration von ethnischen Minderheiten. Als Politik individueller Gleichstellung wendet sie sich in *ausgewählten* marginalisierten Quartieren gegen die soziale Ausgrenzung *aller* dort lebenden *Individuen* und berücksichtigt damit nicht, zumindest nicht explizit (vgl. Kap. 4.4.), die ethnische Herkunft der Zielgruppen.

Dieser republikanische, auf das Individuum bezogene Anspruch spiegelt sich auch in der „Jugendpolitik" wider, die es als eine solche partikulare Politik eigentlich nicht gibt. Denn das republikanische Prinzip vermeidet die Schaffung spezifischer Kriterien. Die Institutionen sind ihrem Anspruch nach eben für *alle* Bürger gleich gültig, ob jung oder alt, ob französischer oder nichtfranzösischer Herkunft. So existiert „Jugendpolitik" nur als Summe der auf die Jugendlichen gerichteten Programme im Bereich von Freizeit bzw. innerer Sicherheit, Schule und beruflicher Eingliederung. Diese Programme sind Bestandteil des allgemeinen Maßnahmenkatalogs der Stadtpolitik (Estèbe 2001, Loncle 2003).

Ein zentrales Problem der Policy-Forschung liegt nun darin, die Prozesse der Aktion und Reaktion zwischen gesellschaftlicher Nachfrage und politischem Angebot nicht eindeutig definieren zu können (Jones 1977). Wichtiger ist es daher zu betonen, dass die Stadtpolitik in ihren ritualisierten Policy-Zyklen permanenter Problemverarbeitung auch den Anspruch erhebt, den intermediären Bereich zwischen Staat, Markt und Gesellschaft zu stärken, damit angesichts der erwähnten Kluft zwischen Angebot und Nachfrage soziale Bindungen und politische Beteiligung entstehen. Daher versucht sie, die Bevölkerung mit Blick auf den Markt (Dritter Sektor[3]) und hinsichtlich ihrer Interessenvermittlung (Formen direktdemokratischer Beteiligung, Förderung von Vereinen) in die sozialen sowie politischen Prozesse einzubeziehen.

3 Die Entwicklung der Stadtpolitik

In diesem Zusammenhang lassen sich mehrere Etappen bzw. Policy-Zyklen der Stadtpolitik unterscheiden (Anderson/Vieillard-Baron 2003, Body-Gendrot 2007), in welche implizit auch die verschiedenen Maßnahmen einer Jugendpolitik eingeflochten sind. So sind in der ersten Phase (1977-1984) die Grundzüge der Stadtpolitik entstanden. Mit dem Programm *Habitat et Vie sociale/HVS* (Wohnen und soziales Leben) reagierte der französische Staat Ende der 70er Jahre zunächst nur auf die in die Kritik geratene Bauweise der *Grands ensembles* (Vorstadtsiedlungen). Erst die Ereignisse in den Vorstädten von Lyon (Les Minguettes), wo es Anfang der 80er Jahre zu sogenannten „Rodeos" kam, d.h. zu Autoverfolgungsjagden zwischen Jugendlichen und der Polizei, führten gewissermaßen zur Entdeckung der sozialen Probleme, des „Jugendproblems" und der „zweiten Generation" vor allem der nordafrikanischen Einwanderer. In Eile wurden an Hand von Expertenberichten die ersten grundlegenden Maßnahmen im Bereich des Wohnens, der beruflichen Eingliederung, der Freizeitgestaltung, der Kriminalitätsvorbeugung und der Schule entlassen (vgl. Kap. 4). Sie sollten die soziale Situation der Bevölkerung und vor allem der Jugendlichen verbessern.

In einer zweiten Phase (1984-1987) wurde die Stadtpolitik intensiviert. Im Zuge der neuen Dezentralisierungsgesetze von 1983 und 1984 kam es zu einer Festigung der Verträge zwischen dem Staat und den lokalen Gebietskörperschaften, d.h. den Regionen und den Kommunen, in denen die Stadtpolitik implementiert wird. Zudem geht es seither darum, über die erwähnten Stadtverträge die Solidarität und den sozialen Zusammenhalt innerhalb der Großstädte zu fördern. Zwar wurden somit föderale Prinzipien eingeführt, doch verwaltet Paris weiterhin zentral das Budget der Stadtpolitik. Erwähnenswert ist schließlich auch die Aktion *Banlieue 89*. Sie zielte auf eine bessere Beteiligung der Bewohner solcher Quartiere an der Mitgestaltung der Architektur ihrer Wohnviertel.

In einer dritten Phase (1988-1992) orientierte sich die Stadtpolitik vom Stadtviertel hin zur Agglomeration, um die „städtische Frage" anzugehen. Dies begann mit der Gründung des *Conseil national des Villes*/CNV und der *Déléga-*

3 Der Dritte Sektor beinhaltet allgemein in einem dritten gesellschaftlichen Bereich Organisationen, die nicht eindeutig den Sektoren Staat und Markt zuzuordnen sind.

tion interministerielle à la Ville/DIV, zweier koordinierender Instanzen auf ministerieller Ebene. Bis heute besitzen sie transversale, interministerielle Strukturen, versehen die Stadtpolitik mit neuen sozialpolitischen Programmen und sollen zur landesweiten Reflexion anregen. Anschließend führten die Unruhen von Vaulx-en-Velin, einer Vorstadt von Lyon (Loch 2005), zur Gründung eines Stadtministeriums. Zusätzlich verdeutlichten zwei Gesetze den egalitär-ausgleichenden Ansatz der Stadtpolitik bei gleichzeitiger republikanischer Anerkennung der Politik sozialräumlich positiver Diskriminierung. So beinhaltet das Gesetz zur Finanzsolidarität von 1991, dass die reichen Kommunen eines städtischen Großraums für die armen Kommunen, auf deren Hoheitsgebiet die ausgewiesenen Problemviertel liegen, eine finanzielle Ausgleichszahlung leisten müssen. Die zweite, im selben Jahr erlassene *Loi d'orientation pour la Ville/LOV* (Orientierungsgesetz zur Stadt) – in der Umgangssprache „Anti-Ghetto-Gesetz" genannt – will eine Politik „sozialer Durchmischung" (*Mixité sociale*) herbeiführen. Die Sozialwohnungen sollen gleichmäßig über den städtischen Großraum verteilt werden, um eine weitere Konzentration von Armut in den bereits benachteiligten Kommunen zu verhindern. So ist jede Kommune einer Agglomeration mit mehr als 200.000 Einwohnern verpflichtet, mindestens 20% Sozialwohnungen zur Verfügung zu stellen.

In der vierten Phase (1993-1996) brachte die Stadtpolitik nicht viele Neuerungen. Erwähnenswert ist, dass 1966 unter Premierminister Alain Juppé die ersten 36 sogenannten *Zones franches urbaines/ZFU* (städtische Freizonen) geschaffen wurden, in denen im Kontext von Deregulierung und Lohnkostensenkung alle neuangesiedelten und ansässigen Betriebe fünf Jahre lang keine Steuer- und Sozialabgaben zu entrichten haben. Dagegen kann die fünfte Phase (1997-2001) als eine Phase des Übergangs von der Präventions- zur Sicherheitspolitik bezeichnet werden. Die *Banlieue* wird nicht mehr so sehr als Ort von Armut und Ausgrenzung, sondern mit dem Aufkommen des *Sentiment d'insécurité* (Kriminalitätsfurcht) vielmehr als Ort der sozialen Risiken und der Bedrohung für die Stadtgesellschaft wahrgenommen und behandelt.

Seit der sechsten Phase (2002-2006) zeichnet sich der Anspruch einer Politik des sozialen Zusammenhalts und der Chancengleichheit ab. So weist der 2004 erlassene „Plan zur sozialen Kohäsion" des Stadtministers Jean-Louis Borloo neben den Bereichen Beschäftigung und Wohnungsbau auch denjenigen der Chancengleichheit für Migrantennachkommen auf. Nach den landesweiten Jugendunruhen vom Dezember 2005 wird dann unter Premierminister Dominique de Villepin ein Aktionsplan erlassen. Er führt zum einen zu einer Verschärfung der Repressionspolitik durch die Erhöhung von Polizeipräsenz in den Stadtvierteln und zur vorübergehenden Verhängung des Ausnahmezustandes, welche Erinnerungen an den Algerienkrieg wachruft. Zum anderen werden die zuvor gekürzten Mittel zur stadtteilnahen Arbeit der Vereine (*Associations*) wieder freigegeben und neue Maßnahmen zur Bildungsförderung in den Problemgebieten sowie zur Förderung von betriebsnaher Ausbildung und Arbeit erlassen. Zudem wird noch intensiver über Maßnahmen positiver Diskriminierung zugunsten von Jugendlichen mit Migrationshintergrund nachgedacht (z.B. Anonymisierung von Bewerbungsverfahren).

Schließlich ist nach dem Amtsantritt von Staatspräsident Nicolas Sarkozy (Mai 2007) und nach den Ausschreitungen in dem Pariser Vorort Villiers-le-Bel (November 2007) von der neu eingesetzten Staatssekretärin für Stadtentwicklung Fadela Amara ein Plan namens „Hoffnung für die Vorstädte" (*Espoir Banlieue*) entwickelt worden. Seit Juni 2008 in Kraft, strebt er, ähnlich wie vorhergehende Programme, Verbesserungen in den Bereichen der Bildung, des Zugangs zum Arbeitsmarkt, der Verkehrsanbindung der Vorstädte an die städtischen Zentren, der Sicherheit und der Koordinierung der Stadtpolitik an. Doch sind nur wenige Maßnahmen wirklich neu, ihre konkrete Umsetzung bleibt relativ unklar und auch dieser Plan ist nur mit geringen finanziellen Mitteln ausgestattet.[4]

All diese Politiken richten sich nun seit der Entstehung der Stadtpolitik auch an die in den *ZUS* lebenden Jugendlichen mit und ohne Migrationshintergrund. Zielgruppenspezifische Angebote zugunsten der Jugendlichen gibt es aus den erwähnten Gründen nur relativ wenige. Zu den wichtigsten zählen dabei mit Blick auf die Sozialisationsinstanzen der Jugendlichen (Schule, Gleichaltrigengruppe/Freizeit/Stadtviertel, berufliche Eingliederung, öffentliche Sicherheit/Kontrollinstanzen) seit Beginn der 80er Jahre folgende: im schulischen Bereich die *Zones d'Education prioritaires/ZEP* (Bevorzugte Erziehungszonen), im Bereich der beruflichen Eingliederung die *Missions locales* (Vermittlungsstellen für Arbeit und Qualifizierungsmaßnahmen) und im Bereich der Freizeitgestaltung bzw. der inneren Sicherheit ursprünglich die *Opérations de Prévention d'Été/OPE* (Freizeitmaßnahmen während der Sommerferien) sowie die Kriminalpräventionsräte auf der Ebene des Departements und der Kommune.[5] Haben diese Maßnahmen ihre Ansprüche erfüllt?

4 Die Programme der Stadtpolitik zwischen Anspruch und Wirklichkeit

Die Programme der Stadtpolitik sind seit ihrer Entstehung in zwei strukturelle Veränderungen eingebettet, welche die Effektivität der Integrationspolitik vor

4 Zur detaillierten Beschreibung des Planes vgl. www.ville.gouv.fr und auch www.migration-info.de, Newsletter 2/2008, S. 3.

5 CDPD (Conseils départementaux de Prévention de la Délinquance), CCPD (Conseils communaux de Prévention de la Délinquance).

Ort erhöhen sollen. So soll die Stadtpolitik erstens im Rahmen der französischen Dezentralisierungspolitik als Politik subnationaler Regulierung besser auf die lokalen Gegebenheiten abgestimmt werden. Doch trotz der Erfolge in diesem Bereich besitzen die kommunalen Gebietskörperschaften in Frankreich noch immer eine relativ geringe politische Autonomie und die Initiativfunktion des Staates bei der Entwicklung neuer Programme rezentralisiert faktisch immer wieder diese Politik. Zweitens ist die Stadtpolitik als Querschnittspolitik konzipiert, damit sich die einzelnen Politikfelder gegenseitig vernetzen. Doch dominieren bis heute in den Quartieren zum Schutz der professionellen Identität korporatistische Reflexe der jeweiligen Akteure (Lehrer, Sozialarbeiter, Polizisten, etc.) und auf nationaler Ebene ressortgebundene Konkurrenzen zwischen den verschiedenen Ministerien (Loch 2005, S. 320, Body-Gendrot 2007, S. 74).

In diesem Kontext subnationaler, vernetzter Politik werden die Programme der Stadtpolitik implementiert. Das Ziel besteht darin, über die einzelnen Politikbereiche und insgesamt die soziale Integration und die politische Partizipation der Bevölkerung zu fördern (Donzelot/Estèbe 1994), indem auch die intermediären Instanzen (Vereine, Vermittlungsstellen, etc.) gestärkt werden sollen. In diese Integrationspolitik sind Maßnahmen bzw. Überlegungen einer Minderheiten- bzw. Antidiskriminierungspolitik gegenüber Bürgern nichtfranzösischer Herkunft eingeflochten. Was ist nun konkret erreicht worden?

4.1 Sozialräumliche Integration: das Dilemma der Wohnungspolitik

Die residentielle Segregation steht gewissermaßen am Anfang der Segregationsprozesse, von denen auch die Jugendlichen betroffen sind. Daher besitzt die Wohnungspolitik eine Schlüsselrolle. In diesem Zusammenhang verdeutlicht die *Loi relative à la solidarité et au renouvellement urbain/SRU* (Gesetz über Solidarität und Stadterneuerung) von 2000, welche die Prinzipien des Orientierungsgesetzes zur Stadt (*LOV*) von 1991 wieder aufnimmt, den Anspruch der Politik „sozialer Durchmischung". Das Ziel dieser Politik liegt darin, eine soziale und funktionelle Differenzierung des städtischen Raumes und den Abbau übermäßiger Konzentration von sozialen Problemzonen in bestimmten Städten und Quartieren zu erreichen, um einer „Ghettobildung" entgegenzuwirken. Somit geht es um die erwähnte gleichmäßige Verteilung der Sozialwohnungen bzw. des Sozialwohnungsbaus auf die Kommunen.

Das Konzept dieser Politik der *Mixité sociale* ist allerdings umstritten (Lagrange/Oberti 2006, S. 209ff.). So scheint es zwar einerseits angesichts der Konzentration von Armut in bestimmten Stadtgebieten auf den ersten Blick keine Alternative zu einer Politik der Dekonzentration von Armut bzw. der sozialen

Durchmischung zu geben, wäre es doch geradezu zynisch, die ausgegrenzte Bevölkerung – sofern nicht politisch intendiert – gewissermaßen sich selbst zu überlassen. So wird diese Politik in Frankreich auch parteienübergreifend befürwortet. Andererseits kann sich Wohnungspolitik aber auch darauf konzentrieren, die Lebensqualität innerhalb solcher ausgewiesener Territorien zu verbessern und die individuelle Mobilität, das Verlassen des „Ghettos", u.a. über individuelle Wohnbeihilfe zu unterstützen, ohne dabei unbedingt mehr soziale Durchmischung anzustreben.

Das Problem liegt nun darin, dass die Stadtpolitik ihr Ziel der Dekonzentration von Armut nicht erreicht hat. Die Politik der Diversifizierung von Wohnraum und sozialen Gruppen hat eben zumeist nicht zur Auflösung, sondern eher zur Festigung der marginalisierten Quartiere geführt. Wenn Armutsviertel dekonzentriert werden, bilden sie sich zumeist woanders im städtischen Raum neu. Armut wird nur verstreut bzw. organisiert sich dann selbst über den privaten Wohnungsmarkt. So gibt es, wie eine Untersuchung im kanadischen Toronto zeigt, kaum einen Unterschied zwischen einem in einer Mittelschichts- oder einer Unterschichtsgegend liegenden abgeschlossenen Armenviertel hinsichtlich der Zukunftsaussichten seiner Bewohner, d.h. vor allem in Bezug auf das Einkommen und das Risiko von Arbeitslosigkeit (Oreopoulos 2003). Gleichzeitig verdeutlicht eine andere, inzwischen zum stadtsoziologischen Klassiker avancierte Untersuchung in den französischen *Grands ensembles*, dass „räumliche Nähe" von sozial unterschiedlichen und damit „gemischt" zusammenlebenden Gruppen nicht unbedingt soziale Nähe, sondern eher „soziale Distanz" mit sich bringt (Chamboredon/Lemaire 1970).

Umgekehrt kann aber auch eine Politik der ausschließlichen Förderung benachteiligter Territorien verknüpft mit der individuellen Förderung der Begabtesten unter ihnen negative Folgen haben. Denn sie führt zu einer „Absaugung der Besten". Diese Politik wird zwar so in Frankreich nicht betrieben. Doch entspricht die Quotenregelung des renommierten Pariser Instituts für Politikwissenschaft, das jedes Jahr eine bestimmte Anzahl von leistungsstarken Schülern aus den Vorstädten aufnimmt, dem Prinzip der französischen Meritokratie, welches in diesem Fall wenig dazu beiträgt, die Würde und Anerkennung der Zurückbleibenden zu unterstützen.

Eine erfolgversprechende Politik müsste beide Ansätze kombinieren: das Prinzip der sozialen Diversität und Maßnahmen zugunsten der individuellen Mobilität. Damit gäbe es weder eine „territorialisierte Willensauflösung" aufgrund von Ghettobildung noch eine „Flucht nach oben" (Lagrange/Oberti 2006, S. 212). Dies würde für die Wohnungspolitik bedeuten, mehr Mittel für die ausgewählten benachteiligten Gebiete bereitzustellen und gleichzeitig deren Stigmatisierung zu verhindern. Unter dieser Stigmatisierung leiden gerade auch die

Jugendlichen. In den Armutsvierteln der *Banlieue* aufgewachsen, sind sie infolge der residentiellen Segregation ihrer Eltern von schulischer Segregation betroffen.

4.2 Soziale Integration: Schul-, Arbeitsmarkt- und Sicherheitspolitik

4.2.1 Das Scheitern der Zones d'Education Prioritaires/ZEP

Der Ort der Schule hängt vom Wohnort ab, da es in der Regel bei der Schulwahl eine Wohnortbindung gibt. Das Wohnumfeld wirkt sich neben anderen Faktoren wie dem sozialen Status und dem Bildungsniveau der Eltern oder der allgemeinen wie besonderen Sprachkompetenz der Eltern und Kinder auf die schulischen Leistungen aus. Was die *Zones urbaines sensibles* betrifft, gibt es in ihnen hohe Quoten an „Schulversagen", an vorzeitigem Verlassen der Schule und an niedrigen Schulabschlüssen; fast 40% der Jugendlichen über 15 Jahre, die nicht mehr der Schulpflicht unterliegen, haben überhaupt keinen Abschluss. Dieses Abschlussniveau führt z.B. dazu, dass sich viele Schüler zu den niedrig angesehen Berufsfachschulen hin orientieren bzw. orientiert werden. In den französischen Großstädten hat sich dabei ein Gefälle zwischen den in den Vorstädten und ihren Rändern liegenden schlecht angesehenen und den renommierten weiterführenden Schulen der Zentren gebildet und die sogenannte „Schulflucht" zum Zentrum hin verstärkt.

Die Politik der seit Anfang der 80er Jahre existierenden *Zones d'Education Prioritaires/ZEP* soll dieser Situation Rechnung tragen. So besteht der Anspruch dieser „bevorzugten Erziehungszonen" darin, die Anstrengungen der Gemeinschaft zugunsten der Schulen in den benachteiligten Quartieren zu erhöhen. Dies geschieht zumeist über die Zuweisung finanzieller Sondermittel und über verstärkte pädagogische Aufmerksamkeit (mehr Lehrer, schulinterne Hausaufgabenhilfe, Vernetzung der Schule mit dem Stadtviertel, etc.). Die Resultate dieser Schulpolitik sozialräumlich positiver Diskriminierung sind allerdings enttäuschend; die *ZEP* gelten gewissermaßen als gescheitert. So zeigt z.B. die Untersuchung von Bénabou/Kramarz/Prost (2005), dass die schulische Segregation nicht vermindert wurde und der Schulerfolg in diesen Zonen nicht messbar höher geworden ist. Zudem ist es weder gelungen, verbesserte Arbeitsbedingungen zu schaffen, z.B. bei der Schüler-Lehrer-Relation, noch qualifizierte Lehrer langfristig für eine Arbeit in diesen Zonen zu gewinnen. Dies wiegt umso schwerer, als dass der wichtigste Beitrag zum schulischen Erfolg der Jugendlichen gerade von der Mobilisierung der schulischen Akteure abhängt (van Zanten 2001).

4.2.2 Die Grenzen der Arbeitsmarktpolitik

Die Schulprobleme setzen sich anschließend in Form der Eingliederung der niedrig qualifizierten Bewohner, allen voran der Jugendlichen, in den Arbeitsmarkt fort. Die im europäischen Vergleich relativ hohe Jugendarbeitslosigkeit in Frankreich erklärt sich u.a. daraus, dass eine Kluft zwischen diesen niedrig qualifizierten Jugendlichen und den Anforderungen des Arbeitsmarktes besteht. Ein Grundproblem liegt dabei in der mangelnden Anpassung des beruflichen Bildungssystems an diese Qualifikationsanforderungen. So gibt es in Frankreich kein „duales System" wie in Deutschland, auch wenn sich inzwischen in diesem Bereich einiges verändert hat.[6] Zum Abbau der Jugendarbeitslosigkeit in den Vorstädten sind nun mehrere Maßnahmen erlassen worden.

Auf der institutionellen Ebene wurden bereits in den 80er Jahren die erwähnten *Missions locales* errichtet (Schwartz 1981). Diese Vermittlungsstellen für Arbeit und Qualifizierungsmaßnahmen versuchen, 15- bis 25-jährige Jugendliche mit zumeist niedrigem Schulabschluss in individueller Begleitung mit möglichen Arbeitgebern und Ausbildern in Verbindung zu bringen. Doch sind die Erfolge dieser staatlich-kommunalen Einrichtungen begrenzt, da eine zusätzliche Ausbildung der Jugendlichen oft nur ihre Arbeitslosigkeit kaschiert bzw. die Warteschleife verlängert und die Verträge mit Arbeitgebern eher zu befristeten Jobs als zu langfristigen Arbeitsverhältnissen führen. Ähnlich verhält es sich mit Programmen der Beschäftigungsförderung zum Abbau der Jugendarbeitslosigkeit wie den 1997 eingeführten *Emplois-jeunes* (Arbeitsstellen für Jugendliche), welche zwar besonders im öffentlichen Dienst (Schule, Polizei, Sozialarbeit, etc.) befristete Arbeitsplätze geschaffen haben, aber dadurch eben nicht mehr als eine vorübergehende Arbeitsbeschaffungsmaßnahme waren.

Stärker zum Markt hin orientiert sind die erwähnten *Zones franches urbaines*. Sie sind errichtet worden, da die ökonomischen Akteure in den benachteiligten Stadtvierteln abwesend sind. Das Ziel dieser städtischen Freizonen liegt darin, die wirtschaftliche Aktivität in den entsprechenden Quartieren anzuregen, indem, wie erwähnt, die sich dort niederlassenden Unternehmen von allen Sozialabgaben befreit werden. Doch ist die Einrichtung dieser steuerfreien Zonen umstritten. Denn es wird befürchtet, dass Betriebe die ihnen auferlegten Einstel-

6 Im Gegensatz zur Tradition der ausschließlich staatlichen Zuständigkeit für die Berufsbildung in Frankreich, die mit dem Anspruch der Wertneutralität staatlichen Handelns gegenüber den Verwertungsinteressen der Privatwirtschaft begründet ist, fördert der französische Staat seit den 70er Jahren, nicht zuletzt aufgrund der hohen Jugendarbeitslosigkeit, sogenannte alternierende Ausbildungswege, welche eine Ausbildung im Betrieb ermöglichen und damit auch die Anpassung an die Erfordernisse des Arbeitsmarktes fördern. Dennoch gibt es bislang kein einheitliches französisches Modell beruflicher Ausbildung, das mit dem Gewicht des dualen Systems in Deutschland vergleichbar wäre, vgl. dazu Zettelmeier 1999, S. 156-158.

lungskriterien umgehen oder auch nur so lange den Standort halten, wie die Steuervorteile gelten. Kritisiert wird auch, dass dabei ein Nullsummenspiel entstehe. Denn Arbeitsplätze würden nicht neu geschaffen, sondern aus anderen schwierigen Zonen abgezogen und nur innerhalb der Stadt oder der Region umverteilt. Damit ändere sich nichts an der arbeitsmarktpolitischen Situation in der Region (Neumann 2006, S. 11f.). So dürften insgesamt betrachtet nur extrem hohe Kosten für einen niedrigen und dazu fragwürdigen Erfolg entstanden sein.

Schließlich soll zwischen Staat und Markt der Dritte Sektor[7] gestärkt werden. Dazu zählen neben den *Missions locales* Einrichtungen wie die *Régies de Quartier* (öffentliche Unternehmen auf Quartiersebene), die *Entreprises d'Insertion* (Beschäftigungsgesellschaften) und die *Associations intermédiaires* (Beschäftigungsvereine). Diese intermediären Organisationen streben danach, im Kontext des Stadtviertels und in Zusammenarbeit mit den Bewohnern Beschäftigungsmöglichkeiten zu schaffen, um vor allem die Randständigsten wieder in den Arbeitsmarkt zu integrieren, wenn auch hier zumeist nur temporär. Interessant sind dabei vor allem die fließenden Übergänge zu Formen der Selbstorganisation unter den Jugendlichen, die sich zwischen ihrem Territorium, dem Markt und den Institutionen hin und her bewegen. Diese Formen reichen von der (illegalen) Parallelökonomie bis hin zur Gründung von Kleinunternehmen. Solche wirtschaftlichen Eigeninitiativen werden aber vom Staat kaum gefördert. Es bleibt für die republikanische Tradition kennzeichnend, dass der Bürger im unmittelbaren Verhältnis zum Staat stehen soll und daher die Bildung von Gruppen und Selbstorganisation Probleme aufwirft.

Dies zeigt sich auch im sozialen und kulturellen Bereich. Zwar werden die Jugendlichen aufgefordert, Eigeninitiativen zu ergreifen und Vereine zu gründen, damit soziale Bindungen entstehen und der Staat über Ansprechpartner verfügt. So existieren auch interethnisch zusammengesetzte Vereine der maghrebinisch majorisierten Vorstadtjugend, die schulischen Stützunterricht leisten, soziale Netze aufbauen, im Dritten Sektor tätig sind und mit den Institutionen kooperieren. Doch sobald sie als Milieukenner beanspruchen, die Arbeit im Quartier besser als die Vertreter der verschiedenen Institutionen leisten zu können, werden sie von den Stadtverwaltungen kontrolliert und es kommt zu Konflikten (Loch 2005, S. 234ff.). In solchen Konstellationen wächst die Wut unter den Jugendlichen, wenn dann noch die Subventionen für diese *Associations* gestrichen werden und auf Kosten der Sozial- und Präventionspolitik die Repressionspolitik in den Vordergrund rückt.

---

7 Nicht gewinnorientierte Organisationen zwischen Staat und Markt übernehmen in marginalisierten Stadtvierteln zunehmend die Grundversorgung bedürftiger Bevölkerungsgruppen, vgl. dazu Rifkin 1995.

4.2.3 Von der Präventions- zur repressiven Sicherheitspolitik

Der Kontakt mit der Polizei und der Justiz ist für einen Teil der in deviantes Verhalten abgleitenden Jugendlichen oft die letzte Möglichkeit ihrer Auseinandersetzung mit der Gesellschaft (Jobard 2006). In tödlich endenden Konflikten mit der Polizei, vor allem bei Identitätskontrollen und motorisierten Verfolgungsjagden, haben die meisten Jugendunruhen ihren Ausgang genommen. So hat die Stadtpolitik von Anfang an auf die in den Vorstädten herrschende Delinquenz reagiert.

Die bereits erwähnten ersten Maßnahmen sind zum einen die *Opérations de Prévention d'Été/OPE*. Diese Anfang der 80er Jahre eilig erlassenen Freizeitmaßnahmen während der Sommerferien dienten dazu, die Kriminalitätsraten in den Quartieren durch die Finanzierung von Ferienaufenthalten zu senken. Damit sind die Jugendlichen aber lediglich kurzfristig befriedet worden. Zum anderen sind zur gleichen Zeit die departementalen und kommunalen Kriminalpräventionsräte (Bonnemaison 1982) und anschließend diverse Nachfolgeorganisationen gegründet worden. Ihr Ziel war ursprünglich die Entwicklung einer kommunal abgestimmten Sicherheitspolitik, die Elemente der Prävention aufweisen sollte, z.B. das Einsetzen von ständig ansprechbaren Kontaktbeamten in den Quartieren (*Îlotiers*).

Doch sind diese Einrichtungen zunehmend der Dynamik einer national koordinierten Repressionspolitik gewichen. Zwar lassen sich gemessen am Anspruch der politischen Maßnahmen der Sicherheitspolitik über die Jahre hinweg abwechselnde Phasen von Prävention und Repression finden, doch hat eine Präventionspolitik nie wirklich existiert (Body-Gendrot 2007, S. 50f., 60ff.). Von 1997 bis 2001 setzte schließlich die offene Wende von der Politik der Prävention hin zur repressiven Sicherheitspolitik ein, bei der die *Brigades anticriminalité/BAC* eine zentrale Rolle spielen. Ihre Aufgabe besteht in der Verfolgung von Straftaten. Sie werden ganz gezielt als Abschreckung eingesetzt und sollen den „strafenden Staat" repräsentieren. Diese Repressionspolitik gipfelte nach den Unruhen von 2005 in der vorübergehenden Verhängung des Ausnahmezustandes.

So sind Marwan/Mucchielli (2006, S. 99) auf dem Hintergrund ihrer langjährigen Forschungen in den *Banlieues* zur Hypothese gelangt, dass sich das Vorgehen der Polizei in den *Zones urbaines sensibles* nicht zur Lösung der Probleme in diesen Vierteln entwickelt habe, sondern ein Faktor der Einkapselung dieser Probleme geworden sei. Der Ablauf der Unruhen von 2005 und deren Folgen seien dafür symptomatisch. Damit scheint auch die Realität „vor Ort" weit von den in den Programmen der Stadtpolitik geforderten sicherheitspolitischen Zielen entfernt zu sein. Sebastian Roché, ein anderer ausgewiesener Kenner der Kriminalitätsproblematik und der Sicherheitspolitik in den Vorstädten, fasst letztere folgendermaßen zusammen (2006, S. 212):

„Die Politik hat die Vorstädte vergessen. Das Polizeimodell steht damit in Übereinstimmung: die meisten Mittel werden für Festnahmen eingesetzt. Das Ziel besteht nicht mehr darin, Polizei in den Vorstädten zu sein, zu beruhigen und zu beschützen, sondern in den Vorstädten festzunehmen. […] Dies ist ein kurzsichtiger Blick, der die Place Beauvau [das französische Innenministerium, D.L.] seit Jahren leitet und eine Kraft antreibt, die sich nur tastend vorwärts bewegt: es gibt keinen globalen Ansatz der Polizei hinsichtlich ihrer Beziehungen mit der Bevölkerung, keine ausreichende Reflexion über ihre Aufgabe, den öffentlichen Frieden zu wahren, und die bürgernahe Polizei wird aus ideologischen und nicht aus pragmatischen Gründen aufgegeben. Eine Polizei ist schwach, wenn ihre Macht nur auf Gewalt basiert. Wenn die Polizei aber dauerhaft und wirksam gegen die delinquenten Gruppen vorgehen will, setzt dies voraus, dass sie sich der Bevölkerung annähert. Die Qualität des Dienstes an der Bevölkerung muss in den anvisierten Aufgaben und Zielen, über die Rechenschaft abgelegt werden muss, einen größeren Platz einnehmen. Das ist die große Herausforderung für die französische Polizei."

4.3 Politische Integration: direktdemokratische und assoziative Beteiligung

Die Ausgrenzung der in den sozial benachteiligten Stadtvierteln lebenden Bevölkerung hat auch ihre politische Dimension. Wie Untersuchungen zur Segregation in den US-amerikanischen Städten zeigen, tritt eine völlige Segregation erst dann ein, wenn die Bewohner marginalisierter Quartiere auch keinen politischen Bezug mehr zum Gemeinwesen haben (Kronauer 1995). Dies ist in Frankreich zwar so nicht der Fall, doch ist in den marginalisierten Quartieren die Wahlbeteiligung als Ausdruck der repräsentativen Demokratie seit Jahren besonders niedrig. Angesichts dieser zu beobachtenden Kluft zwischen Bürger und (lokalem) Staat sind in diesen Vierteln Instanzen und Verfahren direktdemokratischer Beteiligung geschaffen worden. Darunter fallen die *Conseils de Quartiers* (Stadtteilforen) und auch andere Einrichtungen. Allerdings ist die Beteiligung der Bürger an diesen Foren schwach, vor allem unter den Migrant(inn)en und den Jugendlichen (Loch 2005, S. 282 ff.). Es dominiert vielmehr der Rückzug.

Daher stehen wiederum die Vereine (*Associations*) als intermediäre Instanzen und als Form unkonventioneller, selbstorganisierter Beteiligung im Mittelpunkt. Seit Jahren wird, wie erwähnt, deren Bildung von der Stadtpolitik und den lokalen Eliten gefordert. Doch werden immer wieder, wie vor den Unruhen von 2005, die entsprechenden Subventionen gekürzt, und der Staat unterstützt die Vereine nicht kontinuierlich und konsequent (Lagrange/Oberti 2006, S. 210, Anm. 3). So bleibt das Vereinswesen relativ fragil und schwach ausgeprägt. Dennoch leisten diese *Associations* gelegentlich nicht nur selbstorganisierte Sozialarbeit, sondern stellen auch politische Forderungen auf, beteiligen sich an Kommunalwahlen mit eigenen Listen und tragen damit die Anerkennungskonflikte mit den Institutionen (Schule, Jugendzentren, *Mission locale*, etc.) aus dem Quartier in die politische Sphäre. Dabei kommt der französisch-republikanisch geprägten politischen Kultur eine große Bedeutung zu. So stoßen die Anerkennungsforderungen oft auf die Schwierigkeit der lokalen politischen Systeme, mit kultureller sowie religiöser Differenz umzugehen (Loch 2005, S. 286-302).[8]

4.4 Positive Diskriminierung à la française

Der Umgang mit kultureller Differenz beinhaltet auch das Problem der Politik einer Antidiskriminierung. Wie eingangs erwähnt, ist vor allem die in den *ZUS* lebende Bevölkerung den diversen Formen sozialräumlicher, ethnischer und religiöser Diskriminierung ausgesetzt. Davon sind wiederum besonders die Jugendlichen und jungen Erwachsenen nord- und auch schwarzafrikanischer Herkunft betroffen. Wie geht die Stadtpolitik gegen diese Diskriminierungen vor? Wie werden ethnische Minderheiten im französisch-republikanischen Kontext berücksichtigt?

In der Tradition des republikanischen Integrationsmodells versteht sich die Stadtpolitik als Sozialpolitik zugunsten sozial benachteiligter, in ausgewiesenen Territorien lebender Individuen. Somit kann sie zwar als Politik sozialräumlich positiver Diskriminierung verstanden werden. Eine nach ethnischen Kriterien definierte Politik der Förderung von Einwanderergruppen oder gar eine dezidierte Antidiskriminierungspolitik zugunsten ethnischer Minderheiten liegt aber nicht vor.[9]

---

8 Im Zusammenhang mit den Aktivitäten der Vereine stehen die diversen Phasen der kollektiven Mobilisierung und der Elitenbildung aus den Milieus der jungen Erwachsenen mit nordafrikanischem und anderem Migrationshintergrund. Dabei reichen die Phasen der kollektiven Mobilisierung von der bürgerrechtlichen *Beurs*-Bewegung der 80er Jahre über die religiöse Mobilisierung eines neo-kommunitären Islam in den 90er Jahren und die sich anschließende Entpolitisierung dieses Islam bei gleichzeitigem Aufkommen von neo-fundamentalistischen und „jihadistischen" Gruppen bei einer extremen Minderheit bis hin zur jüngsten Mobilisierung laizistischer Gruppen gegen postkoloniale Politikansätze in Frankreich (vgl. dazu International Crisis Group 2006 und Loch 1997, 2008).

9 Zwar gibt es in Frankreich seit einigen Jahren eine Debatte darüber und auch Maßnahmen in diese Richtung, so z.B. die Einrichtung der Antidiskriminierungsstelle *HALDE (Haute Autorité de Lutte contre les Discriminations et pour l'Egalité)*, oder die Überlegung, der Diskriminierung am Arbeitsmarkt durch anonymisierte Bewerbungsverfahren entgegenzuwirken. Auch die Ernennungen von Personen mit Migrationshintergrund wie z.B. der aus den Vorstädten kommenden Staatssekretärin für Stadtentwicklung Fadela Amara oder der Justizministerin Rachida Dati in Positionen politischer Verantwortung zählen in diesen Bereich. Doch handelt es sich hier vor allem um öffentliche Diskurse und Maßnahmen auf nationaler Ebene. Sie unterscheiden sich von den weniger sichtbaren institutionellen Praktiken kommunaler Minderheitenpolitik.

Entgegen diesem republikanischen Anspruch ist es aber de facto so, dass ein Großteil der in den *ZUS* lebenden Bürger Einwanderer und deren Nachkommen sind und somit die „farbenblinden" staatlichen Förderangebote, z.B. zur beruflichen Eingliederung, in bestimmten Quartieren mehrheitlich von den Jugendlichen mit Migrationshintergrund in Anspruch genommen werden. Zudem gibt es in diesem Zusammenhang zwar keine explizite, aber im Rahmen der Stadtpolitik eine implizite Berücksichtigung ethnischer Kriterien. Diese steht im Spannungsfeld zwischen einerseits dem in der *nationalen* politischen Debatte dominierenden *republikanisch-ideologischen* Diskurs individueller Gleichstellung, der auch für die Institutionen der Stadtpolitik normgebend ist, und andererseits einem *pragmatischem* Vorgehen der Akteure auf *kommunaler* Ebene, welches aus der Faktizität der Lebenslagen heraus spezifische Gruppenlagen und Diskriminierungserfahrungen in den Quartieren berücksichtigt (Lapeyronnie 1993, S. 12ff, Loch 2005, S. 274ff.).

Doytcheva (2007, S. 213ff.) hat dieses Paradox der „positiven Diskriminierung à la française" eindrücklich und systematisch für die drei folgenden Bereiche analysiert. Danach hat erstens die Institutionalisierung des stadtpolitischen Handelns sozialräumlich positiver Diskriminierung von städtischen Minderheiten sukzessive zu einer Überlappung der Semantik der *Exclusion* (soziale Ausgrenzung) mit derjenigen der *Immigration* (Einwanderung) geführt und somit „territoriale" und „ethnische" Kategorien amalgamiert. Zweitens ist gewissermaßen umgekehrt die in Ansätzen bestehende kommunale Integrationspolitik gegenüber ethnischen Minderheiten[10] an die Stadtpolitik gekoppelt worden. Hier spielt der *FAS(ILD)* bzw. die *ACSE*[11] als einzige Institution, die sich im „farbenblinden" Institutionengefüge der Stadtpolitik *explizit* an die Einwanderer bzw. deren Nachkommen wendet, mit ihren sozialpolitischen und gegen die Diskriminierungen gerichteten Maßnahmen eine zentrale Rolle. Und drittens ist entgegen des in Frankreich ideologisch konstruierten Gespenstes eines angeblich ethnisch-religiösen „Kommunitarismus" der pragmatische Umgang der Institutionen mit den multiethnisch geprägten Vereinen der Einwanderer und ihrer Nachkommen kommunalpolitische Realität. Abschließend muss in diesem Zusammenhang

---

10 Lapeyronnie (1993, S. 322-341) zeigt im britisch-französischen Vergleich auf, dass die auf das Individuum zielende und „farbenblinde" Sozialpolitik (*Politique de droit commun*) in Frankreich das maßgebliche Muster innerhalb von vier verschiedenen Möglichkeiten kommunaler Minderheitenpolitik darstellt. Dieses Grundmuster wird gelegentlich mit minderheitenspezifischen Maßnahmen flankiert (z.B. Einstellung von Jugendlichen „aus dem Milieu" der Einwanderung in kommunale Institutionen, Veranstaltung einer „interkulturellen Woche", etc.).

11 Der FAS (Fonds d'Action sociale pour les Travailleurs immigrés et leurs Familles) wurde 1958 inmitten des Algerienkrieges gegründet, 2001 in FASILD (Fonds d'Action et de Soutien pour l'Intégration et la Lutte contre les Discriminations) und 2006 in ACSE (Agence nationale pour la Cohésion sociale et l'Égalité des Chances) umbenannt.

betont werden, dass der normativ republikanische Zugang auch mehrheitlich von der assimilierten Migrantenjugend geteilt wird. Eine Politik positiver Diskriminierung nach ethnischen Kriterien wird von ihren Meinungsführern nicht gefordert, aber implizit werden ethnische Kriterien in Symbolik, Diskursen, Forderungen bzw. Verhandlungen mit den Institutionen eingebracht.

5 Die Perspektiven der Stadtpolitik

Die Stadtpolitik kann als gescheitert betrachtet werden, wenn man feststellt, dass – wie die immer wieder ausbrechenden Unruhen zeigen – die Kluft zwischen ihren Zielen und der Lebenssituation der Jugendlichen erhalten bleibt; die Segregationsprozesse sind weder gestoppt, geschweige denn umgekehrt worden. Vielmehr haben sich, wie eingangs erwähnt, die diversen Formen der Segregation in den französischen Städten in den letzten zwei Jahrzehnten verfestigt (Fitoussi/Laurent/Maurice 2004). In diesem Kontext hebt eine neuere Untersuchung von Maurin (2005, S. 5-9) hervor, dass sich die diversen Formen der Segregation zu einem veritablen System des „sozialen Separatismus" entwickelt haben, welches die *gesamte* Stadtgesellschaft durchzieht und in dem der Wohnort eine zentrale Rolle spielt. Demnach gebe es nicht, wie die politischen Diskurse und die Stadtpolitik suggerieren, einen „sozialen Bruch" zwischen einer städtischen Minderheit und dem Rest der Gesellschaft, sondern eine Hierarchie der Segregation, innerhalb welcher jede soziale Gruppe vor der ihr untergeordneten Gruppe flieht, sich auf die eigene homogene Gesellschaftsschicht zurückzieht und sich in den entsprechenden Wohnvierteln „unter sich" abschottet. Die arbeitslosen Migrant(inn)en bilden dabei nur das letzte Glied.

Angesichts dieser Entwicklung hat faktisch ein Prozess gesellschaftlicher Entsolidarisierung von den *Banlieues* eingesetzt (Eckhardt 2007). Damit einher geht ein Wandel von der wohlfahrtsstaatlichen Sozialpolitik zu einer intervenierenden, repressiven Sicherheits- und Kontrollpolitik, welche die zunehmenden Armutsprozesse kriminalisiert (vgl. auch Wacquant 2001). Dies zeigt sich gegenüber den Jugendlichen u.a. an den ständigen Identitätskontrollen, an den Festnahmen oder dem neuen, 2007 in Kraft getretenen Gesetz zur automatischen Verhängung von Mindeststrafen für jugendliche Wiederholungstäter. Trotz der gesellschaftlichen Entsolidarisierung gibt es weiterhin einen nationalen, wenn auch nur ideologisch versicherten und administrativ verwalteten Konsens über die Stadtpolitik als Solidarpolitik. Er zeigt sich immer dann, wenn besondere Anlässe wie Unruhen oder Regierungswechsel in rituellen Reflexen zu neu aufgelegten, im Wesentlichen aber unveränderten Programmen führen.

Kritikern dieser negativen Bilanz der Stadtpolitik wird das Argument der erreichten Schadensbegrenzung entgegengehalten. So betonte Jean-Marie Delarue, ehemaliger Beauftragter der *DIV (Délégation interministérielle à la Ville*) und Verfasser eines Berichts über die „Verbannung“ in den Vorstädten (Delarue 1991), dass niemand in der Lage sei, über die verhinderten Gewaltakte Buch zu führen (zit. nach Body-Gendrot 2007, S. 72). Gewiss, es müssen die zahlreichen Beispiele in den einzelnen Politikbereichen gesehen werden. Sie reichen von kleinen Erfolgen bei der sozialen Eingliederung über gelegentlich auftretende aktive Bürgerschaft in den Quartieren bis hin zu Dynamiken, bei denen die Eigeninitiativen der Stadtteilbewohner in kritischer, selbstbewusster Zusammenarbeit mit den Institutionen zu konstruktiven Dynamiken fusionieren.[12] Doch wie sieht angesichts der insgesamt negativen Bilanz die zukünftige Handlungsperspektive aus?

5.1 Soziale Integration: vom Territorium zum Individuum

In Anlehnung an die Untersuchung von Maurin können hinsichtlich der sozialen Integration der städtischen Minderheiten mehrere Überlegungen aufgegriffen werden. *Erstens* darf nicht vergessen werden, dass die Segregation bzw. die „Gettoisierung“ von oben ausgeht. Denn die gesellschaftlichen Eliten sichern sich die besten und teuersten städtischen Wohngegenden, die Mittel- und Unterschichten müssen gewissermaßen das nehmen, was übrigbleibt. So sind nicht die marginalisierten Viertel, sondern die Viertel der Reichen das Problem. Zwar reden alle von „sozialer Durchmischung“, doch wird sie von keiner Schicht praktiziert, am wenigsten von den Bewohnern der Viertel mit den höchsten Haushaltseinkommen, in denen auch die soziale Homogenität am größten ist (Maurin 2004, S. 13f.). So sollte sich die Stadtpolitik nicht nur auf die Armenviertel konzentrieren, sondern noch mehr die gesamtstädtische Politik ins Visier nehmen.

Zweitens sollten, so schlägt Maurin (2004, S. 83ff.) weiter vor, weniger Gruppen bzw. Territorien, sondern in den diversen Politikbereichen mehr die Individuen gefördert werden. Denn in den meisten Bereichen der Stadtpolitik hätten die auf die Territorien zielenden Politiken wie die Förderung des Zugangs zu Sozialwohnungen, die *ZEP* oder die städtischen Freizonen versagt. Mit einer solchen Perspektive ist generell das Ziel des individuellen sozialen Aufstiegs und des Verlassens der benachteiligten Quartiere verbunden. Dieses Ziel scheint umso wichtiger zu sein, als auch Donzelot (2006) zu dem Ergebnis kommt, dass die von den Bürgermeistern unterstützten öffentlichen Politiken mehr dafür getan

12 Vgl. dazu das Beispiel der *Cité des Poètes*, eines im Département *Seine-Saint-Denis* (Agglomeration von Paris) gelegenen Stadtviertels (Dollé/Tabib 1998).

haben, die Wohnorte zu verbessern als das Leben der Bürger zu verändern; sie hätten diese zu stark an ihre Quartiere gebunden, anstatt ihnen zu helfen, sie zu verlassen. Natürlich kann – so muss hinzugefügt werden – auch weiterhin nur unter entsprechenden sozialen Bedingungen ein solcher individueller Aufstieg gelingen.

In diesem Kontext sollte die Stadt- und Sozialpolitik *drittens* stärker am Beginn der auf das Individuum wirkenden Segregationsprozesse ansetzen, und nicht wie bisher nur deren sichtbarste Folgen bekämpfen oder die Armenviertel lediglich im städtischen Raum verteilen. Nach Maurin (2004, S. 85f.) hieße das, gezielt die Schullaufbahn, die Ausbildung und die Haushaltsgründung der benachteiligsten Kinder bzw. Jugendlichen zu fördern und damit die entsprechenden Ressourcen in den *Banlieues* zu stärken, anstatt die finanziellen Mittel breit und z.T. ineffektiv über die Territorien zu streuen: „Denn wenn man die Individuen erreicht, verändert man auch das Territorium, und nicht umgekehrt". Ob dies in der Folge zur Entstehung einer besseren Nachbarschaft, zum Abbau der sozialen Abstiegsängste und zu einer geringeren Abschottung in den diversen städtischen Wohnvierteln führen würde, bleibt spekulativ. Doch könnte über solche Aufstiegsoptionen zumindest einerseits die soziale Durchlässigkeit der Gesellschaft „nach oben" gestärkt werden.

Andererseits würden dadurch aber auch die am meisten benachteiligten Territorien aufgewertet. Denn natürlich geht es auch weiterhin darum, für eine bessere Lebensqualität in den marginalisierten Quartieren zu sorgen. In einem Land wie Frankreich, in dem es eine starke Polarisierung gibt zwischen einerseits renommierten Eliteschulen und andererseits wenig angesehenen schulischen und universitären Ausbildungsgängen, würde dazu z.B. die Maßnahme zählen, die guten Schüler der bevorzugten Erziehungszonen (*ZEP*) nicht in die Eliteschulen der Stadtzentren oder gar ins renommierte Institut für Politikwissenschaft nach Paris zu exportieren, sondern umgekehrt und nach dem amerikanischem Vorbild der *Magnet Schools* spezialisierte Exzellenzschulen in den benachteiligten Quartieren zu gründen. Diese könnten auch für die Kinder der Mittelschichten attraktiv sein (Body-Gendrot 2007, S. 75). Trotz alledem bleibt realistischerweise festzuhalten, dass in der fragmentierten Gesellschaft entgegen der gleichsam romantischen Vorstellung einer egalitären „sozialen Durchmischung", wie sie die Stadtpolitik zumindest normativ hegt, die Mittelschichten kaum in die marginalisierten Quartiere zurückkehren werden (Lagrange/Oberti 2006, S. 212).

Bei alledem trägt die Stadtpolitik schließlich *viertens* den Eigenressourcen der Jugendlichen und der Bewohner in den marginalisierten Quartieren nicht ausreichend Rechnung. So sieht es der Staat nicht gerne, wenn unter den Jugendlichen mithilfe territorialer und ethnischer Netze eigenständige Initiativen oder gar Kleinunternehmen entstehen, obwohl gerade diese Ressourcen zu einer Verbesserung ihrer Lebenssituation beitragen können und in Zusammenarbeit mit den Institutionen bzw. den Einrichtungen des Dritten Sektors im Bereich der Kleinökonomie dynamisch wirken. Gewiss, diese Aktivitäten entwickeln sich anfangs oft in der Grauzone zwischen Illegalität und Legalität. Doch wenn sie zu sehr an den Rand gedrängt werden, führt dies zu entsprechendem Rückzug und nichtintendierten Folgen. So zeigt Tarrius (1997) am Beispiel der französischen Stadt Perpignan eindrücklich auf, dass es oft die Institutionen der Stadtpolitik sind, die solche Initiativen, sich selbstständig zu machen, blockieren. Dies bewirkt, dass sich die Systeme der Parallelökonomie noch mehr von denjenigen der Stadtpolitik entfernen und damit noch weniger kontrollierbar sind.

5.2 Politische Integration: Teilhabe und Anerkennungskonflikte

Für den Bereich der politischen Integration wird angesichts der hohen Wahlenthaltung deutlich, dass sich viele Bewohner der marginalisierten Quartiere vorübergehend für die *Exit-Option* (Hirschman 1974) aus dem parteipolitischen Angebot der *repräsentativen Demokratie* entschieden haben. Dass die *Banlieue* aber auch eine politische Stimme (*Voice*) bekommen kann, wenn es um wichtige Themen geht, haben die Präsidentschaftswahlen von 2007 gezeigt. Denn es kam zu einer unerwartet hohen Wahlbeteiligung, gerade auch unter den Jugendlichen mit Migrationshintergrund. Dem ging allerdings eine intensive Mobilisierung dieser Jugendlichen durch die Vereine zugunsten der Einschreibung in die Wahllisten voraus. Dabei lag die Wahlmotivation vor allem in der Ablehnung der repressiven Sicherheitspolitik des Präsidentschaftskandidaten und vor seiner Wahl zum Staatspräsidenten amtierenden Innenministers Nicolas Sarkozy. Politische Integration in die Parteiendemokratie heißt für die zweite und dritte Generation zudem eine stärkere Repräsentation ihrer Eliten, der *„Beurgeoisie"* (Wihtol de Wenden/Leveau 2001), auf den Wahllisten und in den Führungsetagen der französischen Parteien, sowie auch in den Parlamenten, den Rathäusern, den Ministerien und der Staatsverwaltung, da es hier noch große Defizite gibt (Body-Gendrot 2007, S. 77).

Politische Partizipation und Integration vollzieht sich aber gerade in den marginalisierten Quartieren auch über *direkte und unkonventionelle Beteiligungsformen*, und zwar bevor diese Eliten im Zuge ihres sozialen Aufstiegs die *Banlieue* verlassen. Hier üben vor allem die Vereine als intermediäre Instanzen die Funktion aus, die früher in den „roten Vorstädten" die Gewerkschaften und die Parteien innehatten. Sie sind sowohl Mediatoren als auch Akteure der Konfliktaustragung. Dabei stehen in den marginalisierten Quartieren nicht mehr die Klassenkonflikte, sondern kulturell geprägte Anerkennungskonflikte im Mittelpunkt. In diesem Kontext wäre zu fragen, ob plötzlich ausbrechende Jugendunruhen, die als Umkippen des frustrierten Rückzugs der Jugendlichen in spontanen gewaltförmigen Protest interpretiert werden können, in der Folge vielleicht zu geregelten, „positiven“ Konflikten führen, die diese Jugendlichen mit den Institutionen im Kampf um ihre Anerkennung austragen? Können sie gar eine sozialisatorische Funktion ausüben, d.h. unter den Jugendlichen infolge einer gelungenen Konfliktaustragung ein Gefühl der Zugehörigkeit zur städtischen Gesellschaft entstehen lassen (Dubiel 1999, Loch 2008)?

Eine geregelte Austragung von Konflikten erfordert allerdings, dass die Probleme zuvor offen angesprochen und die Interessen gebündelt und artikuliert werden. Doch hier stößt man auf die Probleme des französischen Integrationsmodells: eine diffuse Angst vor „kommunitärer“ Gruppenbildung bei gleichzeitiger postkolonialer Kontrolle der Eliten mit vor allem nordafrikanischem Migrationshintergrund (International Crisis Group 2006). So gilt es weiterhin, soziale Konflikthaftigkeiten und kulturelle Differenzen nicht zu verdrängen, sondern sie nach Kriterien sozialer Gerechtigkeit und von kulturellem Pluralismus aufzugreifen. Gleichzeitig muss die Stadtpolitik langfristige Strategien entwickeln, sich wirklich evaluieren lassen und bei alledem die kreativen Potentiale der *Banlieue*-Bewohner(innen) stärker integrieren. Denn eine bloße Erneuerung finanziell schwach ausgestatteter Programme, die von der politischen Klasse hektisch und medienwirksam nach Unruhen präsentiert werden, kann zukünftige Gewaltausbrüche in den Vorstädten nicht verhindern.

Literatur

Anderson, A./Vieillard-Baron, H. (2003): La Politique de la ville: histoire et organisation. Paris.

Bénabou, R./Kramarz, F./Prost, C. (2005): Zones d'éducation prioritaire: quels moyens pour quels résultats? In: Economie et Statistique, No. 380, S. 3-31.

Body-Gendrot, S. (2007): La politique de la ville: une utopie ou une nécessité? In: Body-Gendrot, S./Wihtol de Wenden, C.: Sortir des banlieues. Pour en finir avec la tyrannie des territoires. Paris, S. 48-78.

Bonnemaison, G. (1982): Face à la délinquance: prévention, répression, solidarité. Rapport au Premier ministre. 1982.

Brouard, S./Tiberj, V. (2005): Français comme les autres? Enquête sur les citoyens d'origine maghrébine, africaine et turque. Paris.

Chamboredon, J.-C./Lemaire, M. (1970): Proximité spatiale et distance sociale. Les grands ensembles et leur peuplement. In: Revue française de sociologie, XI, no. 1, S. 3-33.

Champagne, P. (1991): La construction médiatique des „malaises sociaux“. In: Actes de la Recherche en sciences sociales, décembre, S. 64-75.

Delarue, J.M. (1991): Banlieue en difficulté: la relégation. Paris.
Dollé, N./Tabib, H. (1998): La Cité des poètes. Comment créer une dynamique de quartier face à la violence? Paris.
Donzelot, J. (2004): La ville à trois vitesses: relégation, périurbanisation, gentrification. In: Esprit, mars-avril, S. 14-39.
Donzelot, J. (2006): Quand la ville se défait: quelle politique face à la crise des banlieues? Paris.
Donzelot, J./Estèbe, P. (1994): L'Etat animateur. Essai sur la politique de la ville. Paris.
Doytcheva, M. (2007): Une discrimination positive à la française? Ethnicité et territoire dans les politiques de la ville. Paris.
Dubet, F. (1989): Immigrations: qu'en savons-nous? Un bilan des connaissances. Paris.
Dubet, F./Lapeyronnie, D. (1992): Les quartiers d'exil. Paris.
Dubiel, H. (1999): Integration durch Konflikt? In: Friedrichs, J./Jagodzinski, W. (Hg.): Soziale Integration. Opladen, S. 132-143.
Eckhardt, F. (2007): Frankreichs Schwierigkeiten mit den Banlieue. In: Aus Politik und Zeitgeschichte, B 38, S. 32-39.
Estèbe, P. (2001): La politique de la ville et la jeunesse. In: Agora, H. 25, S. 31-38.
Fitoussi, J.-P./Laurent, E./Maurice, J. (2004): Ségrégation urbaine et intégration sociale. Conseil d'analyse économique. Paris.
Hirschman, A. (1974): Abwanderung und Widerspruch: Reaktionen auf Leistungsabfall bei Unternehmen, Organisationen und Staaten. Tübingen (orig.: Exit, voice and loyalty: responses to decline in firms, organizations, and states, Cambridge/Mass., 1970).
International Crisis Group (2006): France and its Muslims: Riots, Jihadism and Depoliticisation, Europe Report Nr. 172, März, www.crisisgroup.org
Jobard, F. (2006): Sociologie politique de la „racaille". In: Lagrange, H./Oberti, M. (Hg.): Emeutes urbaines et protestations. Une singularité française. Paris, S. 59-80.
Jones, C. (1977): An introduction to the study of public policy. North Scituate, Mass.
Kokoreff, M. (2004): La Force des quartiers. De la délinquance à l'engagement politique. Paris.
Kronauer, M. (1995): Die Entbehrlichen der Arbeitsgesellschaft. In: Frankfurter Rundschau, Dokumentation, 28. November, S. 10.
Lagrange, H./Oberti, M. (2006): Conclusion. In: Lagrange, H./Oberti, M. (Hg.): Emeutes urbaines et protestations. Une singularité française. Paris, S. 205-213.
Lapeyronnie, D. (1993): L'individu et les minorités. La France et la Grande-Bretagne face à leurs immigrés, Paris.
Lapeyronnie, D./Loch, D. (2007): Integration und Chancengleichheit. In: Deutsch-französisches Jugendwerk, www.dfjw.org/fr/ofaj/publications_pdf/OFAJ_Glossar_Internet.pdf, S. XIII-XXIV.
Le Goaziou, V./Mucchielli, L. (Hg.) (2006): Quand les banlieues brûlent. Retour sur les émeutes de novembre 2005. Paris.
Lepoutre, D. (1997): Cœur de banlieue. Codes, rites et langages. Paris.
Loch, D. (1997): Bürgerschaft in der Banlieue? Jugendliche maghrebinischer Herkunft in Frankreich. In: Häußermann, H./Oswald, I. (Hg.): Zuwanderung und Stadtentwicklung, Leviathan, Sonderband 17. Opladen, S. 446-468.

Loch, D. (1999): Vorstädte und Einwanderung. In: Christadler, M./Uterwedde, H. (Hg.): Länderbericht Frankreich. Bundeszentrale für politische Bildung. Bonn, S. 118-138.

Loch, D. (2005): Jugendliche maghrebinischer Herkunft zwischen Stadtpolitik und Lebenswelt. Eine Fallstudie in der französischen Vorstadt Vaulx-en-Velin. Wiesbaden.

Loch, D. (2008): Pourquoi n'y a-t-il pas d'émeutes urbaines en Allemagne? Les jeunes issus de l'immigration en France et en Allemagne entre (absence de) protestations et politique de la ville. In: Keller, C./Schultheis, F. (Hg.): Jugendunruhen und städtische Gewalt. Deutsch-französische Perspektiven. Schweizer Zeitschrift für Soziologie, Schwerpunktheft 2008, i.E.

Loncle, P. (2003): L'action publique malgré les jeunes: les politiques de jeunesse en France de 1870 à 2000. Paris.

Marwan, M./Mucchielli, L. (2006): La police dans les «quartiers sensibles»: un profond malaise. In: Le Goaziou, V./Mucchielli, L. (Hg.): Quand les banlieues brûlent. Retour sur les émeutes de novembre 2005. Paris, S. 98-119.

Maurin, E. (2004): Le Ghetto français. Enquête sur le séparatisme social. Paris.

Neumann, W. (2006): Gesellschaftliche Integration gescheitert? Stadtpolitik in Frankreich vor Herausforderungen in einer neuen Dimension. Aktuelle Frankreich-Analysen, Nr. 21, Deutsch-Französisches Institut. Ludwigsburg.

Oreopoulos, P. (2003): The Long-run Consequences of Living in a Poor Neighborhood. In: Quarterly Journal of Economics, Vol. 118, Nr. 4.

Ottersbach, M. (2004): Jugendliche in marginalisierten Quartieren. Ein deutsch-französischer Vergleich. Wiesbaden.

Paugam, S. (1996): L'exclusion. L'état des savoirs. Paris.

Rifkin, J. (1995): Das Ende der Arbeit und ihre Zukunft. Frankfurt/New York.

Roché, S. (2006): Le frisson de l'émeute. Violences urbaines et banlieues. Paris.

Schwartz, B. (1981): L'insertion professionnelle et sociale des jeunes: rapport au Premier ministre. Paris.

Tarrius, A. (1997): Fin de siècle incertaine à Perpignan: drogues, pauvreté, communautés d'étrangers, jeunes sans emplois, et renouveau des civilités dans une ville moyenne française. Perpignan.

Tribalat, M. (1995): Faire France. Une enquête sur les immigrés et leurs enfants. Paris.

Van Zanten, A. (2001): L'école de la périphérie. Scolarité et ségrégation en banlieue. Paris.

Wacquant, L. (2001): Logiken urbaner Polarisierung: Der Blick „von unten". In: Berliner Journal für Soziologie, Heft 4, S. 479-489.

Wihtol de Wenden, C./Leveau, R. (2001): La beurgeoisie. Les trois âges de la vie associative issue de l'immigration. Paris.

Zettelmeier, W. (1999): Bildungssystem im Wandel. In: Christadler, M./Uterwedde, H. (Hg.): Länderbericht Frankreich. Bundeszentrale für politische Bildung. Bonn, S. 139-163.

Politische Programme gegen Soziale Ausgrenzung Jugendlicher in Deutschland

Susanne Lang

In der Bundesrepublik Deutschland sind erste Ansätze einer sozialen Stadtpolitik seit Ende der 1980er Jahren in einem Stadtstaat wie Hamburg oder in hoch verstädterten Bundesländern wie Nordrhein Westfalen anzutreffen. Unter der rotgrünen Regierung wurde Ende der 1990er Jahre ein bundesweites Förderprogramm „Stadtteile mit besonderem Entwicklungsbedarf – die Soziale Stadt" zur Stärkung sozial marginalisierter Quartiere aufgestellt. Das Förderprogramm zur sozialen Stadtentwicklung bezieht sich im föderalen System der Bundesrepublik vor allem auf die Länder- und die kommunale Ebene. Die Mittel, die im Rahmen des Stadtentwicklungsprogramms „Die Soziale Stadt" den Kommunen zur Verfügung gestellt werden, dienen in erster Linie zur Realisierung von Projekten, deren Laufzeit zwischen einem und bis zu drei Jahr(en) beträgt. Um die Mittel einwerben zu können, müssen die Kommunen bestimmte städtische Quartiere beziehungsweise so genannte Sozialräume identifizieren. Ein Entwicklungsplan für diese Gebiete dient als Grundlage für die Bewilligung der bereitgestellten Gelder. Die Projekte, welche mittels des Programms „Die Soziale Stadt" realisiert werden sollen, müssen dabei von den Kommunen co-finanziert werden.

Das Städtebauförderungsprogramm „Die Soziale Stadt" fördert in seinem Kern Investitionen städtebaulicher Maßnahmen zur Innovation und nachhaltigen Stadtteilentwicklung, insbesondere: Verbesserung der Wohnverhältnisse, Initiierung neuer wirtschaftlicher Tätigkeiten/Schaffung und Sicherung der Beschäftigung auf lokaler Ebene, Verbesserung der sozialen Infrastruktur, Verbesserung der Aus- und Fortbildungsmöglichkeiten, Maßnahmen für eine sichere Stadt, Umweltentlastung, öffentlicher Personennahverkehr, Wohnumfeldverbesserung und Freizeit, Kultur sowie Quartiermanagement.

Neben der städtebaulichen Aufwertung der am Programm „Die Soziale Stadt" partizipierenden Quartiere, sollen alle für eine soziale Entwicklung relevanten Akteure aus den Stadtteilen gewonnen werden, um ressortübergreifend Planungen für die soziale und wirtschaftliche Entwicklung unter Bürgerbeteiligung realisieren zu können. Ein besonderes Merkmal der neuen Stadtentwicklungspolitik ist es, die politische Partizipation über einen modernen Governance-

Ansatz[1] anzuregen. Somit integriert die deutsche Stadtentwicklungspolitik Überlegungen der internationalen soziologischen und politikwissenschaftlichen Diskussion zur Gewährleistung eines komplexen Blicks auf lokale Gegebenheiten. Die Diskussion trägt der Tatsache Rechnung, dass die Zahl der die Lebensbedingungen vor Ort mitgestaltenden Akteure und Netzwerke zunimmt und dass diese nicht mehr hierarchisch, gleichsam top-down steuerbar sind und es deshalb neuer Steuerungsformen bedarf.

1 Allianz von Stadtpolitik und Sozialer Arbeit

Die Probleme der Städte fordern in zunehmendem Maße auch die Soziale Arbeit heraus. Die Sozialraumdebatte in der Kinder- und Jugendhilfe ist weitgehend mit der Thematik der sozialen Stadtentwicklung verknüpft. Die vom Bundesministerium für Familie, Senioren, Frauen und Jugend im Jahr 1999 initiierte Programmplattform „Entwicklung und Chancen junger Menschen in sozialen Brennpunkten", kurz „E&C" (BMFSFJ 1999) genannt, wurde als ressortübergreifendes, sozialräumlich orientiertes und Jugendhilfe bezogenes Begleitprogramm zum eher städtebaulich ausgerichteten Programm „Die Soziale Stadt" entwickelt,

> „um Kindern und Jugendlichen aus benachteiligten Sozialräumen günstigere Bedingungen für ihre Entwicklungen und bessere Voraussetzungen für ihre Zukunft zu eröffnen" (Stiftung SPI 2006, S. 4).

Durch das „E&C"-Programm sollen unter anderem neue Maßnahmen entwickelt und erprobt werden, die soziale, berufliche und gesellschaftliche Integration junger Menschen in sozial marginalisierten Stadtteilen zu fördern. Im Zentrum des Programms stehen benachteiligte Kinder und Jugendliche in so genannten sozialen Brennpunkten und strukturschwachen ländlichen Regionen. Ziel ist es, die Maßnahmen des Kinder- und Jugendplanes des Bundes zusammenzufassen und die Arbeit im Rahmen der Kinder- und Jugendhilfe in den sogenannten Sozialräumen zu qualifizieren und weiterzuentwickeln. Im Rahmen der Programmplattform „E&C" gibt es folgende inhaltliche Programmschwerpunkte: Wettbewerb „Fit für Leben und Arbeit – Neue Praxismodelle zur beruflichen und sozialen Integration von Jugendlichen", Freiwilliges Soziales Trainingsjahr, Vernetzung im Stadtteil und Stadtteilmanagement, Ressourcenorientierung, ge-

---

1 Der Begriff Governance betont die Einbindung zivilgesellschaftlicher Akteure in Netzwerke und Prozesse der Vorbereitung und Implementierung von Politiken. Er ist hier auf die Beteiligung von Jugendlichen und anderen Bewohner(inne)n marginalisierter Quartiere bezogen.

zielte Einbeziehung von sozial benachteiligten Jugendlichen in Sport, Kultur und Politik, Anlaufstellen und Interessenvertretungen für junge Migrantinnen und Migranten, Förderung von ehrenamtlichem Engagement in strukturschwachen ländlichen Gebieten, lokale Aktionspläne für Toleranz und Demokratie, Kompetenzagenturen sowie Lokales Kapital für soziale Zwecke (vgl. ebd. S. 11ff.).

Die Sozialraumorientierung wird in den beiden Programmen „Die Soziale Stadt“ und „E&C“ als ein Handlungskonzept begriffen, das weit über die Kinder- und Jugendhilfe hinausgeht. Die Arbeitsmarkt- und Sozialpolitik, Maßnahmen zur Wohnumfeldverbesserung, Verkehrs- und Umweltpolitik werden in einen sozialräumlichen Zusammenhang gebracht. Die Grundphilosophie der Programme besteht darin, das übliche Ressortdenken zu überschreiten und ressortübergreifend Mittel zu bündeln, die in sehr unterschiedlicher Weise zur Verbesserung von Sozialräumen beitragen sollen. Insgesamt verstärken diese Bundesprogramme, die in der Jugendhilfe schon seit längerem angelaufene Projektorientierung mit dem Ziel, Ressourcen ergebnisorientiert wirkungsvoll und zeitlich begrenzt einsetzen zu können. Es werden neue Formen des Quartiermanagements erprobt, Strategien des Empowerment mit milieu- und quartiersorientierten Interventionsprogrammen verknüpft. Dabei werden auf folgende Prinzipien der Sozialraumorientierung gesetzt: Dezentralität, Ressourcenverantwortung, Infrastrukturentwicklung, Beteiligung, Selbststeuerung, Überwindung der Einzelfallorientierung und Kooperation verschiedener Akteure und Institutionen.

Quartiermanagement wird in der sozialen Stadtentwicklung als ein Instrument lokaler Politik zur Erhöhung der Partizipation eingesetzt. In Bezug auf den Erfahrungshintergrund der Umsetzung des Hamburger Armutsbekämpfungsprogramms soll Quartiermanagement auf der Ebene des Quartiers Rahmenbedingungen für nachhaltige Entwicklungsprozesse schaffen. Als Planungsprofession knüpft Quartiermanagement an die Tradition der behutsamen Stadterneuerung der 1980er Jahre an. In der Gemeinwesenarbeit wird mit Quartiermanagement die Umorientierung von der rein betreuenden und fürsorglichen gebietsbezogenen Sozialarbeit zur Organisation der Interessen vor Ort und zur Bündelung von Ressourcen auf kommunaler Ebene verstanden. Insgesamt wird Quartiermanagement als geeignetes Instrument gesehen, mit dem selbsttragende Strukturen in benachteiligten Stadtteilen aufgebaut werden können (vgl. Franke 2003, S. 176ff.).

Die Einbindung der Kinder- und Jugendhilfe in ein Stadtteil- oder Quartiermanagement bezieht sich auf die Stärkung der lokalen Ökonomie, die Förderung von Beschäftigung und Qualifizierung, die Aufwertung des öffentlichen Raums, die Verbesserung des Wohnumfeldes, die Stärkung der sozialen und kulturellen Infrastruktur, die Förderung und Unterstützung der Beteiligung von Bewohnerinnen und Bewohnern sowie die Förderung der Unterstützung von Kooperationen. Um diese Ziele zu erreichen, kann die Kinder- und Jugendhilfe auf das Instrument der Kinder- und Jugendhilfeplanung (§ 80 SGB VIII[2]) zurückgreifen. Die ressortübergreifende Koordination und Kooperation wird darüber hinaus nach § 81 SGB VIII von den Trägern der öffentlichen Jugendhilfe gefordert. Hiermit ist die Zusammenarbeit mit anderen Stellen und öffentlichen Einrichtungen gemeint, deren Tätigkeit sich auf die Lebenssituation junger Menschen und Familien auswirkt (Schulen, berufliche Aus- und Weiterbildung, öffentlicher Gesundheitsdienst, Bundesanstalt für Arbeit, Polizei- und Ordnungsbehörden usw.).

Die ressortübergreifende Kooperation der Kinder- und Jugendhilfe im Kontext der Jugendhilfeplanung und eine hierauf bezogene Weiterentwicklung der Angebote und Dienste der Kinder- und Jugendhilfe einer Region wird auch dadurch gestärkt, dass aktuell das Konzept einer sozialraumorientierten Jugendhilfeplanung und ein hierauf bezogenes Programm- und Leistungsprofil der Kinder- und Jugendhilfe eine große fachliche Aufmerksamkeit verbuchen kann. Inzwischen wird der Konzeption einer sozialräumlich orientierten Kinder- und Jugendhilfe ein Status als „konzeptionelles Leitparadigma in der Kinder- und Jugendhilfe" zugesprochen (vgl. Institut für Soziale Arbeit 2001, S. 10) unter anderem auch deshalb, da insbesondere das SGB VIII eine sozialräumlich ausgerichtete Analyse und Planung verlangt (vgl. § 1 Abs. 3 Ziffer. 4, § 27 Abs. 2 und § 80 Abs. 2 SGB VIII).

2 Diskursverwirrungen – Die Rede von Sozialräumen und Sozialraumorientierung

Wird die Sozialraumorientierung in den offiziellen Stadtentwicklungsprogrammen als gemeinsamer Handlungsrahmen der sozialen Stadtplanung und der Kinder- und Jugendhilfe beschrieben, so werden andernorts Zweifel an der Tragfähigkeit und Wissenschaftlichkeit des Begriffs laut. Zum einen wird die Orientierung auf den Sozialraum als Ausgangs- und Kumulationspunkt sozialer Notlagen kritisiert. Im Zuge des Umbaus des Sozialstaates habe die Verwaltungsreform (Stichwort: Neue Steuerung) in der Kinder- und Jugendhilfe seit Mitte der 1990er Jahre die Reduzierung kostenintensiver stationärer Fallzahlen zugunsten eines Ausbaus ambulanter Erziehungshilfen vorangetrieben. Die Strukturveränderungen zielten u.a. darauf ab, die Zuständigkeit für alle Leistungen im Rahmen der Kinder- und Jugendhilfe auf die kommunale Ebene zu verlegen. Die administrative Verantwortung sollte dort verankert werden, wo soziale Probleme auftauchen; Ressourcen sollten in Form sogenannter Sozialraumbudget

2 Das Achte Sozialgesetzbuch (SGB VIII) wird auch als Kinder- und Jugendhilfegesetz (KJHG) bezeichnet.

in die betroffenen Stadtteile fließen, um vor Ort ihre Wirkung entfalten zu können. Die Krise des Sozialstaates solle sich in den Sozialräumen aus eigener Kraft regulieren, sei die Logik, die hinter den Konzepten der Sozialraumbudgets stehe (Wolff 2001, S. 2).

Zum anderen gerät ein spezifisches Sozialraumverständnis in die Kritik, welches den Sozialraum als Planungsgröße in der Perspektive der Verwaltung oder der Stadtplanung begreift. Der Planungsraum eines Stadtplaners sei ein Raum, der territorial gefasst werde. Orientiere sich die Kinder- und Jugendhilfe an solch einem Sozialraumverständnis, dann werde die sozialräumliche Orientierung in beispielsweise der Kinder- und Jugendarbeit zu einem sozialgeographischen Muster verkürzt. Der Begriff des Sozialraums werde dabei bezogen auf den sozialgeographischen Raum eines Stadtteils, einer Region. Der in der Kinder- und Jugendhilfe und von der Jugendhilfeplanung stark belegte Begriff des Sozialraums als planerische Dimension schränke für die Praxis der Kinder- und Jugendarbeit die Wahrnehmung spezifischer Gruppen von Kindern und Jugendlichen ein, deren Lebenswelten möglicherweise nur wenig mit dem jeweiligen Sozialraum zu tun haben. Mit dem Begriff Sozialraum seien oft Daten aus der Einwohnerstatistik gemeint und weit weniger qualitative Aspekte in Bezug auf die konkreten Orte und Räume sowie die Handlungsformen von Kindern und Jugendlichen. Die Einengung der Sozialraumdebatte auf den sozialgeographischen Raum sei insbesondere für die Kinder- und Jugendarbeit und ihre Zielgruppe problematisch (vgl. Reutlinger 2005, S. 88).

Die Sozialraumorientierung als Subjektbegriff zu fassen und ihr nicht als sozialtechnologische Strategie zum Siegeszug zu verhelfen, dafür plädiert Ulrich Deinet (2005), wenn er die sozialen Räume von Jugendlichen als Aneignungsräume konzipiert. Deinet sieht das sozialräumliche Konzept der Kinder- und Jugendarbeit als eine inhaltliche Orientierung, die die subjektiven Lebenswelten von Kindern und Jugendlichen in ihr Blickfeld nimmt und damit auch in einem politischen Sinne Fragen nach Aneignungsmöglichkeiten im öffentlichen Raum stellt. Aber auch die Perspektive der Jugendraumdiskussion (Böhnisch/Münchmeier 1993, Deinet 1999) offenbart eine Orientierung an einem territorial zu definierenden Sozialraum von Kindern und Jugendlichen. Der Sozialraum wird in dieser Perspektive als vorfindlicher Raum konzipiert, der im Sinne der Aneignungstheorie (Leontjew 1977) von den Jugendlichen sukzessive erschlossen wird. Aus sozialgeographischer Perspektive vernachlässigt die der Aneignungstheorie verpflichtete Jugendraumdiskussion die Konstitutionsleistungen von Kindern und Jugendlichen. Das sozialgeographische Konzept der „alltäglichen Regionalisierungen“ (Werlen 1997) begreift den Sozialraum von den Konstitutionsleistungen bzw. den Handlungen eines dynamischen Subjekts. Hier ist es das handelnde Subjekt, das den Sozialraum mittels Bedeutungszuweisungen konstituiert (vgl. Reutlinger 2005, S. 104).

Es zeigt sich, dass sich in der Praxis der sozialen Stadtentwicklung mit dem Begriff der Sozialraumorientierung ein Paradigma durchgesetzt hat, dass sich einerseits auf die materiellen und sozialen Bedingungen eines Stadtteils bezieht und andererseits soziokulturelle Praxen von Kindern und Jugendlichen beschreiben helfen soll. Um diesen Diskursverwirrungen in der Sozialraumdiskussion auf den Grund zu gehen, soll zunächst auf die geschichtliche Wurzel der Sozialraumorientierung eingegangen werden.

3 Die Geschichte der Sozialraumorientierung und aktuelle Herausforderungen

Die theoretischen Ursprünge der Sozialraumanalyse liegen in der Sozialökologie der 1920er Jahre und sind geprägt von der Chicagoer Schule (Park 1925). Die Chicagoer Schule erforschte die Entstehung spezifischer städtischer Gebiete, die sich insbesondere im Zusammenhang mit innerstädtischen Migrationsbewegungen entwickelt haben. Das Forschungsinteresse von Park, Burgess und McKenzie bezog sich auf mögliche Zusammenhänge zwischen der räumlichen Entwicklung, der Entstehung individueller Lebensbedingungen und der individuellen Sozialisation. Die sozialökologische Theorie hat dabei herausgearbeitet, dass soziale Ungleichheit von räumlichen Faktoren beeinflusst wird.

Im Rahmen empirischer Untersuchungen konnten Park u.a. nachweisen, dass die räumliche Verteilung in der Stadt nicht zufällig von statten geht, sondern in hohem Maße ökonomischen Gesetzmäßigkeiten folgt. Die sozialräumliche Verteilung der Wohnbevölkerung folgt dabei der Konkurrenz um die besten Wohnorte. Da diese Konkurrenz auch durch geographische, kulturelle, politische und administrative Faktoren beeinflusst wird, entstehen komplexe Ökosysteme. Vor diesem Hintergrund muss nach Ansicht der sozialökologischen Theorie der ökologische Kontext als gegenseitige Beeinflussung von Raum und sozialer Organisation begriffen werden, um überhaupt das soziale Verhalten von Menschen verstehen zu können. Demzufolge gibt es nach der sozialökologischen Theorie keinen Raum an sich, sondern jeder Raum hat eine bestimmte Bedeutung für die Subjekte.

Die Bedeutung von Sozialräumen für die Entwicklung von Kindern und Jugendlichen wurde von Urie Bronfenbrenner (Bronfenbrenner 1976) herausgestellt. Seine systemtheoretisch orientierte sozialökologische Sozialisationstheorie kommt zu dem Schluss, dass die jeweilige soziale Beschaffenheit von Räumen die spezifischen sozialen Problemlagen von jungen Menschen prägt, da bei ihnen die aktive Auseinandersetzung mit der Umwelt immer raumbezogen geschieht. Bronfenbrenner entwickelte ein Modell in einander verwobener Strukturen von einzelnen Lebensbereichen, welche die Lebensbedingungen von Kindern und Jugendlichen befördern oder erschweren können. Das Modell unterscheidet innerhalb der Lebenswelt eines Menschen zwischen Mikro-Systemen, zu denen die unmittelbaren Sozialisationsinstanzen wie Familie und Schule gehören, dem Meso-System, das die Lebensbereiche zwischen den Systemen erfasst und dem Exo-System, der die genannten Systeme umgebenden gesellschaftlichen Institutionen. Das Makrosystem repräsentiert schließlich die herrschenden gesellschaftlichen Normen und Weltanschauungen. Nach Bronfenbrenner muss das jeweilige Zusammenspiel der einzelnen Schichten, bzw. müssen die Wechselwirkungen zwischen der unmittelbaren Umgebung von jungen Menschen, der Sozialstruktur und des jeweiligen ideologischen Systems betrachtet werden, wenn Aussagen über Sozialräume gemacht werden sollen. Besonders wichtig ist dabei, die Wechselwirkungen zwischen den einzelnen Lebensbereichen zu berücksichtigen.

Festzuhalten bleibt hier, dass schon die Begründer der sozialökologischen Theorie und Forschung einen Raumbegriff verwendet haben, der nicht auf eine territoriale Festschreibung von Sozialräumen abzielte. Betrachtet man die Geschichte der Sozialraumorientierung in der Sozialen Arbeit und der Jugendhilfe, so zeigt sich, dass die Sozialraumorientierung in diesem Feld eine Weiterentwicklung tradierter Konzepte der Gemeinwesenarbeit ist:

> „Ursprünglich in den dreißiger Jahren zur Aktivierung ländlicher Regionen in den USA entwickelt und über die Niederlande in den späten sechziger und siebziger Jahren nach Deutschland gekommen, enthielt die Gemeinwesenarbeit bereits wichtige Ansatzpunkte und Handlungskonzepte, die sich auch in der heutigen sozialraumorientierten sozialen Arbeit wiederfinden. Hierzu gehören etwa Prinzipien und Zugangsweisen stadtteilorientierter Handlungsstrategien, die Betonung des Aktivierungs- anstelle des Betreuungsgedankens sowie das Anknüpfen an vorgefundenen sozialräumlich verankerten Netzwerkstrukturen und Selbsthilfefähigkeiten der AdressatInnen. Auch die erklärte Absicht, über politische Mobilisierungsstrategien zu einer Verbesserung der materiellen Situation der Bevölkerung in einem gegebenen Wohnquartier beizutragen und die infrastrukturelle Ausstattung zu verbessern, also die Einzelfallfixierung Sozialer Arbeit zu überwinden, gehört zu den in den neueren Konzepten wieder aufgegriffenen Ansatzpunkten traditioneller Gemeinwesenarbeit“ (Institut für Soziale Arbeit 2001, S. 16).

Das Konzept der „Stadtteilbezogenen Sozialen Arbeit“ knüpft an die Tradition der Gemeinwesenarbeit an und entwickelt diese weiter. Die Stadtteilbezogene Soziale Arbeit ist allerdings keine Methode im klassischen Sinn, es geht ihr dabei eher um die Verbesserung der materiellen Lebensbedingungen der jeweiligen Wohnbevölkerung mittels Beteiligungsverfahren bei einer gleichzeitig unterstützenden Lebenswelt- und Bedürfnisorientierung der Sozialen Dienste (vgl. Hinte 1992, S. 121).

Mit der Bezugnahme auf den Lebensweltansatz (Thiersch 1992) wird versucht, das Konzept der Stadtteilbezogenen Sozialen Arbeit mit ihrem sozialgeographischen Fokus um eine auf das Individuum bezogene Sicht zu erweitern. Die Lebensweltorientierung der Sozialen Arbeit nähert sich dem Sozialraumparadigma von Seiten der Subjekte an. Probleme der Sozialen Arbeit müssten von den heutigen, konkreten Bewältigungsaufgaben gesehen werden, so

> „wie sich Menschen in ihrer Lebenswelt den Ressourcen und den Problemen dieser Lebenswelt stellen. Lebensweltorientierung also meint die radikale Bestimmung der Aufgaben und Dienstleistungsangebote der Sozialen Arbeit von den AdressatInnen, von ihren Erfahrungen, von ihrem Verständnis, von den Stärken und Belastungen der Lebenswelt her“ (Thiersch 1999, S. 18).

Eine fachliche Relevanz und Wirksamkeit hat die Lebensweltorientierung als Handlungskonzept dadurch erfahren,

> „dass es zur Grundorientierung des 8. Jugendberichtes der Bundesregierung (BMJFFG 1990) geworden ist und dort im Zusammenhang mit den Strukturmaximen der Jugendhilfe – Prävention, Regionalisierung, Alltagsnähe, Integration, Partizipation, Vernetzung und Einmischung – den Status einer wesentlichen Leitorientierung für konzeptionelle Begründungen und Weiterentwicklungen der Praxis der Kinder- und Jugendhilfe erhalten hat“ (Institut für Soziale Arbeit 2001, S. 13).

Durch die Zuhilfenahme des Lebensweltansatzes kann allerdings die sozialgeographische Logik der Stadtteilbezogenen Sozialen Arbeit nicht überwunden werden. Lebenswelt ist eine psychosoziale Kategorie, mit welcher die Lebensbezüge der Menschen ins Zentrum gerückt werden. Vor dem Hintergrund der Individualisierung von Lebenslagen sind diese auch räumlich offen zu fassen. Die je individuelle Lebenswelt differenziert sich räumlich in unterschiedliche Regionen aus. Die jeweilige Wohnregion kann dabei lediglich einen zeitlich und sozial geringen Anteil an der Lebenswelt eines Menschen einnehmen.

Solange der Begriff der Sozialraumorientierung auf die infrastrukturellen Bedingungen eines Stadtteils bzw. einer Region bezogen verwendet wird, bleiben die Menschen als Objekte in den räumlichen Zuschnitten der Administration gedanklich gefangen. Kinder und Jugendliche haben im Vergleich zu den Raumkonstruktionen der Verwaltung und Stadtplanung jedoch ganz andere Raumbezüge: „Sie orientieren sich an Milieus, an ihren Freunden, an einer weit entfernt liegenden Disco, die ihnen mehr ein Gefühl der Zugehörigkeit geben kann, als ein neu errichteter Abenteuerspielplatz um die Ecke“ (Wolff 2001, S. 5).

Die Herausforderung besteht also darin, den Begriff der Sozialraumorientierung genauer und profilierter auf den Alltag der Menschen zu beziehen. Die neueren Ansätze der Sozialgeographie (Werlen 1997, Reutlinger 2003) könnten hier neue Perspektiven aufzeigen. Mit einem Verständnis von Sozialraum als einer dynamischen Kategorie für das Geographie-Machen von Menschen, kann der Tatsache Rechnung getragen werden, dass die einzelnen durch selbsttätiges und sinnstiftendes Handeln selbst Räume schaffen und diese lediglich als „innere Landkarten“ Bedeutung erlangen.

4 Bewertung der jugendhilfepolitischen Programme sozialer Stadtentwicklung

Die sozialen Stadtentwicklungsprogramme „Die Soziale Stadt“ und „E&C“ geben vor, dass soziale Problemlagen an den Orten, in denen diese sichtbar werden, behoben werden können. Damit werden Folgeprobleme von Arbeitslosigkeit und Armut als territoriale Zielaufgaben für die Sozialen Dienste, insbesondere für die Kinder- und Jugendhilfe definiert. Soziale Spaltungsprozesse, die sich u.a. auch räumlich auswirken, können jedoch nicht allein mit sozialpädagogischen Mitteln und Methoden reguliert werden.

Der Anteil der Jugendhilfe steht im Rahmen der sozialen Stadtentwicklungsprogramme stark unter einem präventiven Aspekt. Typisch für die Präventionslogik sind folgende Faktoren: Der öffentliche Raum wird ausschließlich unter den negativen Vorzeichen eines unkontrollierten Raums gesehen, in dem „Verschmutzung“ und „Verwahrlosung“ unter Kontrolle gebracht werden müssen. Hilfe kann hier in der Präventionslogik nur bedeuten, Kinder und Jugendliche aus dem öffentlichen Raum durch gezielte Angebote heraus zu holen und sie entsprechend zu schützen.

Werden der Sozialen Arbeit lediglich Handlungsspielräume im Sinne der Krisenintervention eingeräumt, dann reduzieren sich ihre Aufgaben auf ein Management sozialer Missstände. Das jugendhilfepolitische Programm „E&C“ fördert in erste Linie die soziale Projektarbeit im Rahmen von Klein- und Mikroprojekten, deren Tragfähigkeit bezüglich einer fachlichen Konzeptentwicklung sehr in Frage stehen.

Nicht an allen Stadtorten der am Programm „Die Soziale Stadt“ partizipierenden Kommunen können die Zielvorgaben wie Kooperation und Vernetzung sowohl auf der administrativen wie auf Stadtteilebene realisiert werden. Oft scheitern Prozesse der Kooperation an der Dominanz der Stadtplanungsämter. Vorschläge, die von den Akteuren der Kinder- und Jugendhilfe eingebracht werden, haben dann keine Chance, an entscheidender Stelle überhaupt Gehör zu finden. An der Dominanz der Stadtplanung bei der Vergabe von Mitteln der Städtebauförderung und der Festlegung der Entwicklungslinien bezüglich der Stadtteile ändert die Förderpraxis über die Teilprogramme von „E&C“ wenig.

Durch eine Strategie der Förderung von einzelnen neuen, teils überdimensionierten Jugendhilfeprojekten auf Seiten der Stadtplanungsämter ohne Abstimmung mit bestehenden Strukturen jugendhilfebezogener Maßnahmen, wird eine aufeinander bezogene ressortübergreifende Kooperation von Jugendhilfe und Stadtplanung verunmöglicht. Mehr noch, eine bestehende Konkurrenz zwischen verschiedenen Trägern der Kinder- und Jugendhilfe in einem Stadtteil wird sogar erhöht.

Untersuchungen bezüglich des Grades der Realisierung von Governance-Elementen bezüglich zentraler Teilprogramme von „E&C" (z.B. Lokales Kapital für soziale Zwecke) zeigen, dass nur in einem Drittel der Kommunen die Programmumsetzung tendenziell nach Governance-Prinzipien gesteuert sind (vgl. Burchhardt 2006, S .45).

Im Bereich der sozialraumbezogenen Jugendhilfeplanung zeigt sich weiterhin eine Entwicklung, die Sozialraumdebatte mit der neuen Steuerung zu vermischen. Unter dem Stichwort vom „Fall zum Feld" (Hinte 1997) werden Zusammenhänge zwischen Fallaufkommen und Bedingungen des sozialen Umfeldes in den Blick genommen, ein wichtiges Element der Sozialraumbudgetierung. Dazu kommt die Neuorganisation von Jugendämtern und Trägern im Rahmen der neuen Steuerung, die Auflösung zentraler Einheiten, etwa der zentralen Allgemeinen Sozialen Dienste (ASD) zugunsten sozialraumorientierter dezentraler Einheiten. So sind bspw. bei der Sozialraumbudgetierung vor allem die Hilfen für Erziehung ein zentrales Handlungsfeld. Ausgangspunkt sind aktuelle Probleme in der Angebotspraxis der erzieherischen Hilfen: zu wenig Flexibilität, fehlende Integration und geringer Sozialraumbezug sowie geringe Fallzahlen bei allochthonen Kindern und Jugendlichen. In der Analyse wird bemängelt, dass Angebote häufig spezialistisch voneinander abgegrenzt und in eigenen Einrichtungsformen angeboten werden. Es wird auch als Problemanzeige darauf hingewiesen, dass viele hilfesuchende Bürger/innen und ihre Kinder durch den Verweis auf Hilfen in weit entfernt liegenden Stadtteilen oder gar in anderen Städten aus ihren Lebenszusammenhängen gerissen werden. Für Familien mit Migrationshintergrund ist insbesondere der Zugang zu dieser Form der sozialstaatlichen Unterstützung erschwert.

Auch wenn einige ‚Leuchtturmbeispiele' mit Erfolgen glänzen – das Netzwerk Hilfen für Erziehung in Essen-Katernberg konnte trotz enormer Einsparungen schnellere und direktere Hilfsangebote realisieren, insbesondere bei Jugendlichen mit Migrationshintergrund – sind große Widerstände auszumachen: die Defizitorientierung der Hilfen für Erziehung und ihre Verkürzung auf die Präventionsfunktion. Die Territorialisierung sozialer Fragen (Lang u.a. 2003) und die Verräumlichung von vermeintlich konflikthafter Repräsentanz von vielfältigen Lebensentwürfen (Lang 2004) im kommunalen Diskurs bedarf einer kritischen Auseinandersetzung mit dem Sozialraumparadigma. Es sollte konsequent die Lebensweltorientierung der Kinder- und Jugendhilfe auf das Feld der Bekämpfung sozialer Segregation angewandt werden, weil mit ihr der Blick auf die subjektiven Ressourcen von Kindern und Jugendlichen gerichtet ist, die nach wie vor den primären Ausgangspunkt für Gestaltung und Entwicklung im Rahmen von moderner Gemeinwesenarbeit (Herriger 1997) darstellen. Schließlich müssen die Grenzen der sozialpädagogischen Einflussnahme auf soziale Segmentierungsprozesse aufgezeigt werden. Ohne eine übergeordnete Bildungsoffensive können Phänomene wie eine massenhafte Jugendarbeitslosigkeit nicht kleinräumig bearbeitet werden.

5 Ein Praxisbeispiel gelingender Vernetzung und Partizipation im Stadtteil

In den Programmgebieten der sozialen Stadtentwicklung, in denen es den bestehenden Kinder- und Jugendhilfestrukturen gelingt, direkt an den Lebensverhältnissen der Menschen anzusetzen, können die neuen Governance-Strategien fruchten. Bei dem im Folgenden dargestellten Praxisbeispiel[3] handelt es sich um die Arbeit eines Bürgervereins, der schon auf langjährige Erfahrung mit Beteiligungsmodellen zurückgreifen kann. Dem Moabiter Ratschlag e.V. ist es gelungen, trotz der Zunahme von Konkurrenzen zwischen Trägern der Sozialen Arbeit im Quartier, seine Position auszubauen und erfolgreich an Teilprogrammen der „E&C"-Plattform zu partizipieren.

Mittels des mobilisierenden Beteiligungsverfahrens „planning for real" gelang es dem Moabiter Ratschlag e.V. in einer ressortübergreifenden Zusammenarbeit zwischen der Verwaltung, dem Sanierungsträger und der Bevölkerung, insbesondere mit Kindern und Jugendlichen eine an den Bedürfnissen der Bewohner(innen) orientierte soziale Stadterneuerungspolitik in Berlin-Moabit erfolgreich voranzutreiben. Realisiert wurden im Rahmen der Beteiligung u.a. ein Mädchenkulturtreff für Mädchen mit arabischem Migrationshintergrund als zielgruppendifferenziertes Angebot für die betreffenden Mädchen, die die bestehenden Angebote der Jugendeinrichtungen im Kiez bisher nicht nutzten sowie das Projekt Kiez-Detektive, in dem Kinder zusammen mit Verwaltungskräften des Stadtplanungsamtes Kinderstadtteilpläne erstellten.

---

3 Das Praxisbeispiel wurde im Rahmen einer Expert(inn)enbefragung des Projektes „Netzwerke im Stadtteil – wissenschaftliche Begleitung von E&C", Deutsches Jugendinstitut erhoben. Die Autorin war als wissenschaftliche Referentin im Projekt „Netzwerke im Stadtteil" (2001-2003) an der regionalen Außenstelle des Deutschen Jugendinstituts e.V. in Leipzig tätig.

Der Moabiter Ratschlag e.V. ging im Jahr 1990 aus einem Zusammenschluss aller Bürgerinitiativen in Berlin Moabit hervor. Die Bündelung aller Bürgerinteressen in einem Organ wurde notwendig, als ein privater Sanierungsträger vom Senat beauftragt wurde, in Berlin Moabit soziale Sanierungsmaßnahmen unter Beteiligung der Bevölkerung durchzuführen. Hintergrund der Vereinsgründung war auch, dass der damalige Stadtrat beschlossen hatte, dass die Bewohner(innen) selbst die Beteiligung im Rahmen der Stadtsanierung organisieren können sollten. Für die Gewährung der Rechtsfähigkeit wurde der Verein schließlich gegründet.

Ziel war es, auf den entwickelten basisdemokratischen Strukturen, die durch die Praxis der Bürgerinitiativen gegeben waren, aufzubauen und diese weiter zu vertiefen sowie das vorhandene Expertenwissen bei der Bevölkerung zu aktivieren. Im Bereich der Kinder- und Jugendhilfe bezog sich anfänglich die Beteiligung an der Planung auf die Verbesserung der Spielplätze im Kiez.

Allgemeiner betrachtet, bezogen sich die Themen der Beteiligungsarbeit des Moabiter Ratschlages auf die Bereiche Verkehr, Verkehrsplanung und Vorrang des Öffentlichen Personennahverkehrs und auf soziale Belange bei der Stadtsanierung (gegen Verdrängungsprozesse bei Sanierungsvorhaben, Mietpreisentwicklung). Um die Bewohner/innen auf dem Laufenden zu halten, wurde vom Moabiter Ratschlag e.V. eine Stadtteilzeitung „Der Blickwinkel" herausgegeben.

Mitte der 1990er Jahre wurde nach einer Ressourcenanalyse der Kinder- und Jugendhilfebereich des Moabiter Ratschlags e.V. ausgebaut. Dies wurde möglich, da sich das Bezirksamt um ein stärkeres ressortübergreifendes Engagement in Bezug auf das Quartier kümmerte und den Kinder- und Jugendhilfebereich stärker auf den „Sozialraum" Moabit ausrichtete.

Ende der 1990er Jahre begann der Verein Moabiter Ratschlag e.V., mit dem mobilisierenden Planungsverfahren „planning for real" im Beusselkiez im Bezirk Tiergarten zu arbeiten. Das Verfahren wurde in enger Verbindung mit dem Betroffenenrat im Beusselkiez durchgeführt. Der Betroffenenrat existiert seit Anfang der neunziger Jahre. Er hat sich mit dem Ziel gegründet, den Bewohner(inne)n Möglichkeiten zu schaffen, sich an den Planungen zur Umgestaltung des Sanierungsgebietes zu beteiligen. Der Moabiter Ratschlag e.V. und der Betroffenenrat beauftragten das Technologie-Netzwerk Berlin e.V. damit, die Begleitung und Beratung in der Anwendung und Auswertung des mobilisierenden Beteiligungsverfahrens „planning for real" im Beusselkiez durchzuführen.

Bei dem Ansatz „planning for real" handelt es sich um einen Beteiligungsansatz, der basisdemokratisch, am Alltag der Bewohner/innen und am Gemeinwesen orientiert ist. Zielsetzung des Ansatzes ist es, eine Stärkung der sozialen Netzwerke der Nachbar(inne)n im Kiez, der Initiativen, der Einrichtungen und der Verwaltung zu befördern.

Der Erfolg, den der Moabiter Ratschlag mit seinen Beteiligungsprojekten erreichen konnte, liegt in erster Linie an der konsequenten basisorientierten Zusammenarbeit zwischen den verschiedenen Akteuren – von den einzelnen Bewohner/innen bis zur Ebene der Verwaltung. Durch die Reflexion des Beteiligungsverfahrens konnten Probleme beim Zugang zu den Zielgruppen deutlich werden. Anonyme Kompetenzfragebögen wurden nicht beantwortet. Mit dem direkten Ansprechen der Bewohner/innen auf der Straße wurden auch bisher noch nicht erreichte Bevölkerungsgruppen, insbesondere Migrant/innen, in den Beteiligungsprozess einbezogen.

Durch die konsequente Arbeit mit den Bewohner/innen, insbesondere mit Kindern und Jugendlichen, konnte auch der direkte Bedarf von Mädchen mit arabischem Migrationshintergrund ausgemacht und ein zielgruppenspezifisches Angebot entwickelt werden, das sehr gut angenommen wird. Beteiligung hat für die Mitarbeiter/innen des Moabiter Ratschlag e.V. aufsuchenden Charakter und impliziert das vernetzte Vorgehen zusammen mit den anderen Einrichtungen und Institutionen. Die Beteiligung von Kindern und Jugendlichen wird darüber hinaus als gemeinwesenorientiert und dem Bereich kultureller und politischer Bildung zugeordnet betrachtet.

Literatur

Böhnisch, L./Münchmeier, R. (1993): Pädagogik des Jugendraums. Zur Begründung und Praxis einer sozialräumlichen Jugendpädagogik. Weinheim, München.

Bronfenbrenner, U. (1976): Ökologische Sozialisationsforschung, Stuttgart.

Bundesministerium für Familie, Senioren, Frauen und Jugend (BMFSFJ) (1999): Entwicklung und Chancen junger Menschen in sozialen Brennpunkten, Bonn.

Bundesministerium für Jugend, Familie, Frauen und Gesundheit (BMJFFG) (1990): Achter Jugendbericht. Bericht über Bestrebungen und Leistungen der Jugendhilfe, Bonn.

Burchhardt, S. (2006): Wirksamkeit lokaler Netzwerke und ihre Ausprägungen kommunalpolitischer Steuerung – Das Bundesmodellprogramm „Entwicklung und Chancen junger Menschen in sozialen Brennpunkten“ (E&C), in: Dokumentation der Bilanzkonferenz der BMFSFJ-Programmplattform E&C: „Die Soziale Stadt für Kinder und Jugendliche“ in Leipzig.

Deinet, U. (1999): Sozialräumliche Jugendarbeit. Eine praxisbezogene Anleitung zur Konzeptentwicklung in der Offenen Kinder- und Jugendarbeit, Opladen 1999.

Deinet, U. (2005): Sozialräume von Kindern und Jugendlichen als subjektive Aneignungsräume verstehen! In: Projekt „Netzwerke im Stadtteil“ (Hrsg.): Grenzen des Sozialraums. Kritik eines Konzepts. Perspektiven für die Soziale Arbeit. Wiesbaden, S. 165-181.

Franke, Th. ´(2003): Quartiermanagement – Schlüsselinstrument integrierter Stadtteilentwicklung, in: Deutsches Institut für Urbanistik (2003): Strategien für die Soziale Stadt. Berlin, S. 170-191.

Herriger, N. (1997): Empowerment in der Sozialen Arbeit – Eine Einführung, Stuttgart, Berlin, Köln.

Hinte, W. (1992): Von der Stadtteilarbeit zum Stadtteilmanagement, in: Blätter der Wohlfahrtspflege 1992, S. 119-122.

Hinte, W. (1997): Beteiligung und Vernetzung – ein kritischer Blick auf aktuelle Modebegriffe. In: Theorie und Praxis der Sozialen Arbeit, 12/1997, S. 8-15.

Institut für soziale Arbeit e.V. (2001) (im Auftrag der Regiestelle E&C der Stiftung SPI): Expertise. Sozialraumorientierte Planung. Begründungen, Konzepte, Beispiele, Münster.

Lang, S. (2004): Lebenswelten von Migrantenjugendlichen in marginalisierten Stadtteilen. Die Konfrontation von Selbst- und Fremdbildern als Herausforderung für die interkulturelle Pädagogik. In: Jugend Museum/Schöneberg Museum (Hrsg.): Dokumentation der Fachtagung: inter.kultur.pädagogik Konzepte und Erfahrungen, Berlin, S. 13-27.

Lang, S./Mack, W./Reutlinger, C./Wächter, F. (2003): Sozialraumorientierte Vernetzung. Ergebnisse der Interviews mit Schlüsselpersonen in den Modellgebieten von E&C. Zweiter Teilbericht. Deutsches Jugendinstitut, Eigendruck, München/Leipzig.

Leontjew, A. N. (1977): Tätigkeit, Bewusstsein, Persönlichkeit. Köln.

Park, R.E./Burgess, E.W.: McKenzie, R.D. (1925): The City, Chicago.

Reutlinger, Ch. (2003): Jugend, Stadt und Raum. Sozialgeographische Grundlagen einer Sozialpädagogik des Jugendalters. Opladen.

Reutlinger, Ch. (2005): Gespaltene Stadt und die Gefahr der Verdinglichung des Sozialraums, in: Projekt „Netzwerke im Stadtteil" (Hrsg.): Grenzen des Sozialraums. Kritik eines Konzepts. Perspektiven für die Soziale Arbeit. Wiesbaden, S. 87-106.

Stiftung SPI (2006): Regiestelle E&C. 6. Zwischenbericht. Berlin.

Thiersch, H. (1999): Integrierte und flexible Hilfe, in: J. Koch, St. Lenz (Hrsg.): Auf dem Weg zu einer integrierten und sozialräumlichen Kinder- und Jugendhilfe, Regensburg 1999, S. 15-32.

Thiersch, H. (1992): Lebensweltorientierte Soziale Arbeit. Weinheim.

Werlen, B. (1997): Sozialgeographie alltäglicher Regionalisierungen. Band 2. Globalisierung, Region und Regionalisierung, Stuttgart.

Wolff, M. (2001): Sozialraumorientierung – ein neues Schlagwort der Jugendhilfe, in: Friedrich-Ebert-Stiftung (Hrsg.): Dokumentation der Fachtagung: Sozialraumorientierung, Sozialraumplanung und Sozialraumbudgets in der Jugendhilfe, Leipzig.

Chancen der Sozialen Arbeit

Jugendprotest im Spiegel von Sichtbarkeit und Unsichtbarkeit – Herausforderungen für die Jugendarbeit

Christian Reutlinger

> „In den (...) 60er Jahren waren die *sichtbarsten* und am leichtesten identifizierbaren Jugendgruppen in dramatische Vorgänge verwickelt, die ‚moralische Entrüstung' auslösten und – ersatzweise – zum Schauplatz für den ‚Kampf der Gesellschaft mit sich selbst' wurden" (John Clarke: Jugendkultur als Widerstand. Milieus, Rituale, Provokation. Frankfurt a. M. 1979, S. 127).

Hinter den meist linksgerichteten Studenten- und Bürgerrechtsbewegungen der späten 1960er und Anfang der 1970er Jahre (bekannt als „68er Bewegung") lag eine von den Jugendlichen ausgehende Auflehnung gegen überkommene gesellschaftliche Strukturen. Durch ihre Forderungen, ihr Outfit, aber besonders durch ihre massive Präsenz im öffentlichen Raum wurden junge Menschen sichtbar. Für die Jugendarbeit ging daraus die Einsicht hervor, dass im Jugendalter die Suche nach etwas Eigenständigem ebenso entscheidend ist, wie die Abgrenzung von der Generation der Erwachsenen. Dies war möglich, da auf die sichtbaren Ausdrucksformen verständnisvoll reagiert wurde, indem man die strukturellen Gründe der Sichtbarkeit erkennen wollte. Das Spiel mit der Sichtbarkeit vermochte dadurch einen integrativen Prozess auszulösen.

Der Strukturwandel der kapitalistischen Arbeitsgesellschaft und die damit zusammenhängende radikale Veränderung von Erwerbsarbeit (strukturelle Freisetzung und Herauslösung von Menschen, Bedrohung und Gefahr der Überflüssigkeit, Entgrenzung von Jugend etc.) führt zur Grenzverschiebung zwischen Sichtbarkeit und Unsichtbarkeit im Jugendalter – so die dem vorliegenden Beitrag hinterlegte These. Heute gibt es eine Tendenz zur Sichtbarmachung, allen voran durch die Boulevardpresse, welche nur selektiv Themen aus dem Jugendalter aufgreift, wie das breite Echo auf die so genannten „Französischen Jugendunruhen" im Herbst 2005 beispielhaft zeigt (vgl. kritisch Götz 2005; Imbusch u.a. 2006). Bei dieser Sichtbarmachung wird jedoch in der Regel nicht dem jugendlichen Bedürfnis des „Sich-sichtbar-Machens" im Sinne der Suche nach etwas Eigenständigem entsprochen. Vielmehr steht dahinter die skandalisierende Zuschreibung bestimmter gesellschaftlicher Gruppen (Migrantinnen), Lebensalter (Jugend) oder benachteiligter städtischer Gebiete (Banlieues, soziale Brennpunkte, Ghettos). In der Regel wird gar nicht hinterfragt, was die Jugendlichen mit ihren Formen des „Sich-sichtbar-Machens“ ausdrücken wollen, welcher gesellschaftliche Missstand bzw. welche strukturellen Probleme hinter ihren Handlungen liegen. Dadurch besteht die Gefahr, dass die Aneignungstätigkeit, im spielerischen Suchen der Grenzen der Sichtbarkeit, ihrer integrativen Komponente entledigt wird. In den Vordergrund treten Skandalisierungen, welche zu negativen Zuschreibungen einzelner Gruppen und damit zu deren Einschränkung von Handlungsspielräumen, aber auch zu Stigmatisierungsprozessen und damit zu einer Verschlechterung gesellschaftlicher Teilhabechancen führen (vgl. die kritischen Beiträge in Bukow/Ottersbach 1999; Loch 2001). Judith Kühr und Agnès Villechaise-Dupont machen in diesem Zusammenhang darauf aufmerksam, dass

> „Stigmatisierung, die die Quartiere und ihre Bewohner von außen erfahren, klar als Faktoren erkannt werden, die Marginalisierungsprozesse verstärken und der Mobilisierung der Ressourcen in den Quartieren schadet“ (Kühr/Villechaise-Dupont 2007, S. 126).

Diese Prozesse können wiederum Auslöser urbaner Krawalle („violence urbaine“) sein (ebd.). Die jugendkulturellen Formen des „Sich-sichtbar-Machens“ in den öffentlichen Räumen sind dadurch in ihrer Tendenz ohne gesellschaftliche Resonanz. Das Austesten von Grenzen hat seinen spielerischen Charakter verloren und ist ernst geworden. Der „Kampf um Eigenständigkeit“ hat sich in ein Schattenboxen verwandelt und seine Integrationskraft verloren.

Damit scheint den Jugendlichen heute – im Gegensatz zur 68er Bewegung, die durch den friedlichen Protest für größere Toleranz gegen die konservative Gesellschaft sichtbar wurde – als letztes Mittel sich sichtbar machen zu können, nur die Möglichkeit zu bleiben, die Spirale der angewandten Gewalt und Zerstörung immer weiter zu drehen. Über eine Eskalation der Gewalt scheint es weiterhin möglich zu sein, sich von der Gesellschaft abzuheben und Aufmerksamkeit zu erregen. *Urbane Gewalt* könnte damit *als letzte Bastion der Sichtbarkeit* aufgeschlossen werden.

Dieser erste Zugang macht deutlich, dass sich durch den gesellschaftlichen Wandel die Grenzen von Sichtbarkeit und Unsichtbarkeit verschoben haben. In den Mittelpunkt rückt damit die Frage, in welchem Verhältnis Sichtbarkeit und Unsichtbarkeit unter den aktuellen urbanen Bedingungen, die als „gespaltene Stadt“ beschrieben werden können, stehen. Diese Frage wird im zweiten Teil des vorliegenden Beitrags aufgenommen. Mit welchen Konzepten von Sichtbarkeit arbeitet die Jugendarbeit und welche Herausforderungen ergeben sich daraus für die Aktualität? Unter den heutigen gesellschaftlichen und urbanen Bedingungen wäre für Jugendarbeit folgender Anspruch zu formulieren: will Jugendarbeit erneut die sozialräumlichen Probleme von Jugendlichen verstehen und einen aktiven Beitrag zur Unterstützung der Heranwachsenden leisten, muss sie das komplexe Spiel von Sichtbarkeit und Unsichtbarkeit verstehen lernen und die bisherigen Mechanismen der Sichtbarkeit kritisch hinterfragen. Der Fokus wäre dabei erst einmal weg von der sichtbaren Jugend hin zur *unsichtbaren Jugend* zu richten, da mit den bisherigen sozialräumlichen Theorien die Bewältigungsformen des Mithaltens und (der Bedrohung) des „Überflüssigseins" nicht gesehen werden. Die bisherige Logik reflektiert die Bedeutung des Unsichtbaren, nicht erfassten Ausschnittes in den Bewältigungswelten junger Menschen zu wenig. Daraus folgt ein Perspektivwechsel, welcher dahin führt, die *unsichtbaren Bewältigungsformen als Leistung* anzuerkennen (vgl. bspw. Krafeld 2000; Reutlinger 2003).

Eine darauf bezogene Sozialpädagogik des Jugendraumes hätte dafür zu sorgen, dass die verschiedenen Bereiche (Sichtbarkeit und Unsichtbarkeit) im Gleichgewicht erlebbar bleiben, was in einem Ausblick an Schluss des vorliegenden Beitrags konkretisiert wird. Zunächst sollen jedoch die Mechanismen von Eigenständigkeit, Aneignung und Sichtbarkeit im öffentlichen Raum aufgezeigt, sowie die bisherige Logik der Jugendarbeit, welche die sichtbare Jugend fokussiert, dargestellt werden.

1 Eigenständigkeit, Aneignung und Sichtbarkeit in der entfremdeten Stadt

> „Die strukturanalytischen Theorien der Reproduktion stellen die herrschende Ideologie als undurchdringbar dar. Alles fügt sich also säuberlich zusammen. Ideologie existiert immer schon vor authentischer Kritik und nimmt sie vorweg. Es gibt keine Brüche in der Billardkugel-Glätte des Prozesses. Alle spezifischen Widersprüche und Konflikte werden in den universellen Reproduktionsfunktionen der Ideologie weggebügelt. Diese Studie zeigt aber im Gegenteil – und, wie ich meine, optimistischer – dass es tiefe Trennungen und verzweifelte Spannungen in der sozialen und kulturellen Reproduktion gibt. Die sozialen Akteure sind nicht passive Träger der Ideologie, sondern aktive Appropriateure, die existierende Strukturen nur im Kampf, in der Kontestation und in der partiellen Durchdringung dieser Strukturen reproduzieren" (Paul Willis: Spaß am Widerstand. Gegenkultur in der Arbeiterschule. Frankfurt a.M. 1977, S. 253f.)

Die Entwicklung der urbanen und gesellschaftlichen Bedingungen in den 1960er und frühen 1970er Jahren, welche idealtypisch als *entfremdete Stadt* bezeichnet werden können, waren durch eine zunehmende Spezialisierung und Funktionstrennung von Außenräumen gekennzeichnet. Es entstanden

> „neue Wohnsiedlungen: große und kleine Mehrfamilienhäusergruppen, Agglomerationen von Eigenheimen, Hochhaussiedlungen am Stadtrand und Trabantenstädte" (Zeiher/Zeiher 1994, S. 19ff.).

Nach der hinter dieser Logik stehenden Rationalisierung im Rahmen des Industriekapitalismus wurden nach und nach sämtliche Bereiche des menschlichen Lebens von den Regeln des Kapitals durchdrungen. Die Lebensorte von Kindern und Jugendlichen waren in der entfremdeten Stadt von „Anregungsarmut", räumlicher „Monofunktionalität" und „Beschränkungen" gekennzeichnet. Die räumliche Welt wurde als durchkapitalisiert, gleichförmig und unangreifbar beschrieben; für Heranwachsende gab es nichts zu verändern oder anzugreifen, da alles schon vorgefertigt war (Zeiher 1994, S. 355ff.).

Vor diesem gesellschaftlichen Hintergrund leitete die sozialräumliche Jugendarbeit aus der Entfremdungsthese das damalige sozialräumliche Jugendproblem ab: Dem in dieser Diskussion gebräuchliche Handlungsbegriff der Aneignung folgend (vgl. Deinet 1990, 2005; Rolff/Zimmermann 1990) brauchen Kinder und Jugendliche für ein gelingendes Aufwachsen die Auseinandersetzung mit der (physisch-materiellen und sozialen) Welt. Das Aneignungskonzept lässt sich auf das theoretische Gedankengebäude der so genannten kulturhistorischen Schule der sowjetischen Psychologie zurückführen (Leontjew 1967; Holzkamp 1973) und reiht sich damit in eine marxistische Gesellschaftstheorie ein.

Nach den Überlegungen von Karl Marx bildet das Grundproblem die industrielle Produktion, welche er noch mit kapitalistischer gleichsetzen konnte, Alexejew Nikolajew Leontjew in der Sowjetunion jedoch nicht mehr. Hier wurde das Aneignungskonzept benötigt, um die Entfremdung des Menschen durch die Industriearbeit bzw. der Welt durch deren Produkte „aufzuheben", indem die entfremdete Umwelt nachträglich wieder angeeignet wurde. Dazu bedurfte es (vor allem für die Jugend) besonderer (Schon-)Räume, in denen die Entwicklung vom nicht-entfremdeten Menschen hin zum aneignenden vollzogen werden konnte.

Was in einer kommunistischen Gesellschaft als allgemeines Interesse gelten sollte, musste in der industriekapitalistischen Gesellschaft erst von „Gegenkräften" – im aufgezeigten Fall von linksgerichteten Jugendbewegungen – eingeklagt werden: Dem Kapitalismus ist eigen, dass er die Seite seiner (sozialen) Reproduktion (d.h. das dialektische „Gegenstück des Systems") beständig verbraucht, durchdringt und „kolonialisiert" (Habermas). Daher musste die Forderung nach Aneignungsräumen in der westlichen Welt immer in einem kämpferischen resp. gegengesellschaftlichen Licht erscheinen. Die sozial notwendigen Freiräume mussten erst dem System „abgetrotzt" werden. Die Grundproblematik ist jedoch die gleiche, weshalb sich die westlichen Vertreter des Aneignungskonzeptes auf das Theoriegebäude Leontjews beziehen konnten: Im Zusammenhang mit der

Durchkapitalisierung entfremden sich nicht nur die vom Menschen durch Arbeit geschaffenen Gegenstände (Marx), sondern auch die räumlichen und sozialen Welten, die Lebensorte der Kinder und Jugendlichen. In dieser Unangreifbarkeit lag das sozialräumliche Problem. Aneignungshandlungen waren blockiert, konforme Aneignungsformen als eigenständige Tätigkeit weitgehend verhindert. Kinder und Jugendliche müssen jedoch handlungsfähig bleiben und sich ihre Umwelt aneignen. Weil der „Raum sie dazu zwingt", wurden Heranwachsende regelrecht zur Eigentätigkeit gedrängt und damit auffällig.

Die Jugendlichen in der entfremdeten Stadt schufen oder erkämpften sich in der Gruppe der Gleichaltrigen einen jugendkulturellen Raum (symbolisch an der Straßenecke oder konkret zum Beispiel im Rahmen der Hausbesetzerbewegung). Sie belegten die physisch-materielle Welt im Aneignungsprozess mit eigenen, jugendkulturellen Bedeutungen. Über ihre Aneignungsformen wurden Jugendliche im öffentlichen Raum sichtbar. Oder anders gesagt, sie konnten sich sichtbar machen, wie dies Überlegungen aus dem Bereich der so genannten *Subkultur- oder Jugendkultur-Diskussion* (siehe dazu insb. Clarke u.a. 1979 und Willis 1979) aufzuzeigen vermögen: Subkulturen

> „sind geeignet, den Jugendlichen Raum zu verschaffen: kulturellen Raum in der Nachbarschaft und in den Institutionen, wirklich freie Zeit und Erholung, tatsächlichen Raum auf der Straße, an der Straßenecke. Sie sind behilflich bei der Markierung und Aneignung von Territorien in der gegebenen Umwelt. (...) Sie übernehmen und adaptieren materielle Objekte – Waren und Gegenstände des persönlichen Besitzes – und reorganisieren sie zu bestimmten Stilformen, die die Kollektivität ihres Seins als Gruppe ausdrücken. (...) Manchmal wird die Welt sprachlich durch Namen oder ein Argot markiert, das nur innerhalb der Gruppenperspektive Sinn ergibt und die Grenzen der Gruppe absteckt" (Clarke u.a. 1979, S. 94).

Diese sichtbaren eigenständigen Räume lagen vielfach außerhalb der Normorientierung.

Im Rahmen der 68er Bewegung wurden die Jugendlichen nach und nach als eine eigenständige Bevölkerungsgruppe angesehen, indem ihre Auflehnung beachtet und die Jugend zu einer Generation „für sich" wurde (vgl. Murdock/McCron 1979, S. 23). Die heranwachsende Generation emanzipierte sich gleichsam von der vorhergehenden, trat mit ihr in einen Konflikt. Die Werte der Mittelschicht (Familie, Erziehung, Medien, Ehe, Sexualität, Arbeitsteilung) wurden mit diesen Angriffen in Frage gestellt. Der eigenständige Gegenentwurf kritisierte genau den industriellen Kapitalismus und die Durchkapitalisierung sämtlicher Bereiche des menschlichen Lebens, unter welchen die Jugendlichen litten. Die Jugendlichen versuchten aus dem „kleinbürgerlichen Spießermilieu", der Welt ihrer Eltern, auszubrechen. Der Protest kam der „Abkehr von Zielen,

Strukturen und Institutionen der ‚ordentlichen Gesellschaft'" gleich (Clarke u.a. 1979, S. 121). Die Formen des „Sich-sichtbar-Machens" kamen einem Angriff auf das „glatte" und gut funktionierende System gleich. Die konkurrierenden Lebenskonzepte von Erwachsenen und Jugendlichen konnten in der entfremdeten Stadt koexistieren und wurden über die Sichtbarkeit manifest. Insbesondere die Studien der Arbeiterjugendlichen von Paul Willis brachte die dahinter liegenden Gedanken auf den Punkt: „Spaß am Widerstand" (Willis 1979), durch den Aneignungs- und Auflehnungskampf und durch das Aushandeln von eigenen und nicht-kapitalisierten Bereichen, wurden Jugendliche sichtbar. Die Jugendlichen konnten im Spiel mit der Grenze von Sichtbarkeit austesten, was „geht" und was nicht. Man erschrak über „die Erosion" der „gewohnten Lebensweisen" und sah „überall Gespenster" (Clarke u.a. 1979, S. 117). Es bestand die Gefahr, dass Heranwachsende „draußen" blieben, indem sie einen eigenen gegengesellschaftlichen Entwurf schufen. Die Angst wuchs, dass mit der Jugend „einiges falsch laufen könnte", dass sie durch ihre eigenen Entwürfe gar nicht mehr ins System integrierbar wären (ebd., S. 66).

Gesellschaftliche Reaktionen auf das jugendliche Sich-sichtbar-Machen

Die Jugendlichen setzten mit dem Sichtbarmachen der eigenen jugendkulturellen Räume einen dialektischen Prozess in Gang, indem sie zu den vorherrschenden Werten eigene Wertvorstellungen entgegen setzten. Auf das Agieren der Jugendlichen wurde von gesellschaftlicher Seite her (resp. der Erwachsenenwelt) reagiert und es kam zu einem neuen gesellschaftlichen Zustand, in welchem die Jugendlichen integriert wurden. In der entfremdeten Stadt interessierte man sich für die Probleme der Kinder und Jugendlichen – deshalb hatte ihr „abweichendes Verhalten" ein integratives Moment.

Aus den Jugendlichen der 68er-Bewegung sind heute gute Bürger geworden, die integriert in Wirtschaft und Politik agieren, d.h. strukturell genau dort sind, wogegen sie in ihrer Jugend angekämpft haben. Andere sind „ausgestiegen" und versuchen ihr Glück außerhalb, wieder andere sind „Berufsjugendliche" geworden und versuchen sich noch heute, mit den damaligen „antikapitalistischen" Mitteln sichtbar zu machen. Die Leistung der 68er-Bewegung liegt nach Clarke u.a. darin, dass sie die „Fragen überhaupt auf die politische Tagesordnung" gebracht oder sichtbar gemacht haben (Clarke u.a. 1979, S. 126).

Phänomenologisch ließ sich das Problem der Entfremdung an den randständischen Gruppen ausmachen (vgl. Becker/Eigenbrodt/May 1983). Es handelte sich jedoch um an den Rand gedrängte und nicht integrierte Bereiche, die alle Jugendlichen in sich hatten. Alle Jugendlichen eignen sich ihre Umwelt an und deshalb brauchen alle Heranwachsenden entsprechende Aneignungswelten.

Der sozialräumlichen Jugendarbeit gelang es, die dahinter liegenden Mechanismen aufzuzeigen und entsprechend mit der Schaffung von aneigenbaren Welten – vom Sandkasten, über Abenteuerspielplatz zum Jugendhaus – zu reagieren (vgl. insb. Böhnisch/Münchmeier 1989). Die soziale Funktion des eigensinnigen Raumes entsprach dem zur Verfügung gestellten Territorium, dem physisch-materiellen Raum. Letzten Endes handelte es sich demnach bei den Aneignungsräumen in den meisten Fällen um abgrenzbare physisch-materielle Raumsegmente, doch ging dies insofern auf, als dass die Humanressourcen der Heranwachsenden gesellschaftlich gebraucht und über die Arbeit früher oder später integriert wurden. Dies scheint sich heute – bedingt durch den radikalen gesellschaftlichen Wandel – verändert zu haben, wie in der Folge aufzuzeigen ist.

2 Gespaltene Stadt: Mithaltedruck, Bewältigung und Unsichtbarkeit

> „Die französische Banlieue brannte. Fast drei Wochen. Besonders hell brannte sie auf den ersten Seiten der Presse und im Fernsehen, wo sie nie vorkommt, wenn sie nicht brennt. ‚Banlieue' heißt Vorstadt, wörtlich übersetzt, (...) ‚Ort der Verbannten'. (...): Die Menschen, die in den Banlieues leben, gehören nicht zur Stadt, sei es auch nur an deren Rand, sondern sie sind ausgestoßen. Ferngehalten vom Zentrum werden sie nicht mehr durch Stadtmauern und bewachte Tore, sondern durch das Geld, das sie nicht haben. (...) Die fordistische Arbeitsorganisation ist zu Ende. Das ist kein französisches Problem, das ist das Problem aller entwickelten kapitalistischen Länder. (...) Wer nicht mehr hoffen kann, durch Arbeit seinen kleinen Anteil am gesellschaftlichen Reichtum zu bekommen oder als Angehöriger einer Klasse einen Anteil an der Macht, der kann sich von der Moral wenig erwarten außer Hindernissen beim Überleben. Er wird zum Dschungelkämpfer" (Karl Heinz Götze: „Vorstadtglück, lichterloh. Pariser Revolten". In: Freitag, 47, 25. November 2005).

Als Kontrastpunkt zur „entfremdeten Stadt" kann die heutige urbane Realität in den Industrieländern als *gespaltene Stadt* bezeichnet werden. Die hier aufgeführten Charakteristika waren selbstverständlich in ihren Tendenzen schon zu anderen urbanen Zeiten vorhanden, jedoch treten sie unter den aktuellen Bedingungen graduell stärker hervor. Der in Zusammenhang mit der globalen wirtschaftlichen Verflechtung fortschreitende Prozess der Durchkapitalisierung immer neuer Sphären des menschlichen Lebens hat letztlich die Spaltung der Städte zur Folge. Um sich als Stadt auf dem internationalen Markt behaupten zu können und den internationalen Kampf als Konkurrentin anderer Kommunen, Städte und Regionen für sich zu entscheiden, müssen alle Energien und Ressourcen einer Stadt auf die so genannte „unternehmerische Stadt", d.h. den Teil, der sich vermarkten lässt, gerichtet werden (Dangschat 1999). Im Rahmen der daraus resultierenden Standortpolitik soll eine Umwelt bereitgestellt werden, die für Unternehmungsgründungen und -ausdehnungen förderlich ist (Sassen 1996). Bei der Schaffung von hochwertigen Zonen für Geschäfte vor allem des dritten Wirtschaftssektors (zum Beispiel Banken, Versicherungen, Firmen im IT-Bereich) kommt es zur massiven Ausdehnung dieser Gebiete und durch eine „Architektur und Raumplanung der Verdrängung" (Rodenstein 1992) zur Ausgrenzung von sozialen Randgruppen aus den Zentren und attraktiven Punkten der Stadt. Die konsequente soziale und räumliche Ausgrenzung von sozialen Problemen bzw. von Menschen mit sozialen Problemlagen, von „Abgehängten", „Unerwünschten" oder Verlierern des so genannten „digitalen Kapitalismus" (Böhnisch/Schröer 2000) – in Absetzung zum „industriellen Kapitalismus" – ist für die Umsetzung der unternehmerischen Ziele notwendig und hilfreich, da sie das Leben innerhalb der „unternehmerischen Stadt", in den Zentren der Wirtschaft, stören.

Der heutige Arbeitsmarkt ist von einer zunehmenden Tertialisierung geprägt: Arbeitsplätze in der industriellen Produktion gehen verloren, Arbeitsplätze mit Dienstleistungstätigkeiten nehmen zu. Der digitale Kapitalismus ist immer weniger stark auf Massenarbeit angewiesen, was zur Folge hat, dass Massen von Menschen überflüssig und in anomischen Bewältigungssituationen freigesetzt werden. Im digitalen Kapitalismus wird der Druck, mithalten zu können, nicht in die Überflüssigkeit abzurutschen bzw. abgehängt zu werden und damit gesellschaftlich herauszufallen, für fast alle Jugendlichen erheblich größer.

> „Immer mehr Jugendliche erleben heute, daß der Arbeitsmarkt sie nicht will, obwohl es doch der Wirtschaft sehr gut geht. Und fast alle Jugendlichen durchleben tiefgreifende Ängste und Unsicherheiten, ob es ihnen wohl gelingen werde, beruflich Fuß zu fassen. Was bislang – abgesehen von Krisenzeiten – als selbstverständlich galt, daß nämlich junge Menschen als nachwachsende Arbeitskräfte gebraucht werden und darüber gesellschaftliche Anerkennung, sozialen Status und Erwachsenenstatus erwerben, das ist heute zum größten Zukunftsproblem junger Menschen geworden" (Krafeld 2000, S. 19).

Den Mithaltedruck müssen die Heranwachsenden neben den normalen Entwicklungsproblemen bewältigen (vgl. dazu bspw. die empirischen Studien von Kreher 2007; Oehme 2007).

In der urbanen Realität der gespaltenen Stadt lassen sich verschiedene Tendenzen im Umgang mit der Sichtbarkeit und Unsichtbarkeit im Jugendalter beschreiben. Dabei gibt es grundsätzliche Gemeinsamkeiten: Der Druck, mithalten zu müssen, ist massiv gestiegen und die sich aus den sozialen Veränderungen für die Heranwachsenden ergebenden Probleme (Gefahr des Herausfallens, Abrutschen und Überflüssigseins) können meistens nur in der gesellschaftlichen Unsichtbarkeit bewältigt werden. Alle Jugendlichen schreiben unter den aktuellen Voraussetzungen des Aufwachsens Bewältigungskarten, die nicht einer rationalen Handlungslogik folgen. Dahinter liegt die Hauptidee des Ansatzes der *unsichtbaren Bewältigungskarten*: Indem Jugendliche diesen Mithaltedruck biographisch bewältigen, gestalten sie ihre sozialen Handlungsräume. Bei diesen sozialen Räumen handelt es sich um gesellschaftlich ausgeklinkte Rückzugsräume. Manchmal sind diese physisch-materiell und territorial verortbar, verstärkt aber virtuell, nicht sicht- und greifbar. Junge Menschen wollen trotz ihrer Erfahrung des Nicht-Mithalten-Könnens akzeptiert sein. Sie brauchen trotz des zunehmenden Verlustes von sinngebenden gesellschaftlichen Richtungsweisern (z.B. einer Erwerbsbiographie) Orientierung. Die Jugendlichen brauchen außerdem das Gefühl, das sie und ihr Leben etwas wert sind. Sie müssen trotz der vermeintlichen Unmöglichkeit, etwas bewirken zu können, handlungsfähig bleiben und ihr Leben bewältigen und über die Gestaltung eigene Räume konstituieren (vgl. Reutlinger 2003). Daher ist heute bei der Analyse der sozialräumlichen Probleme von Heranwachsenden im Lebensort Stadt von den unsichtbaren Bewältigungskarten resp. von der *unsichtbaren Jugend* auszugehen.

Das Problem der Sichtbarkeit und Unsichtbarkeit ist durch diese neuen sozialen Bruchlinien und die Ausgrenzungsmechanismen des digitalen Kapitalismus viel komplexer geworden, als dies in der entfremdeten Stadt der Fall war. In der Folge sollen einige der parallel stattfindenden Mechanismen aufgezeigt werden, welche die bisherige Logik der Jugendarbeit als Seismograph für sichtbare Jugendliche und Ermöglicherin integrierender aneigenbarer Räume grundlegend hinterfragt.

Tendenz zur Radikalisierung im Spiel mit der klassischen Form des Sich-sichtbar-Machens im öffentlichen Raum

Die erste Tendenz lässt sich als „sichtbare Jugend der heutigen Zeit" beschreiben. In der entfremdeten Stadt war es nichtkonform, sich die Haare grün zu färben und hochzustellen, wie am Beispiel der Jugendkultur der Punks deutlich wird. Einem Jugendlichen gelang es, wie oben gezeigt, über diese leuchtendfarbige Provokation zu schockieren, die gesellschaftlichen Werte in Frage zu stellen. Heute werden die hinter solchen Formen des „Sich-sichtbar-Machens" stehenden Lebenszusammenhänge immer weniger wahrgenommen, wie dies eingangs beschrieben wurde. Zwar können heute Jugendliche noch immer kriminelles und nichtkonformes Verhalten demonstrieren, doch werden sie dabei schnell mal weggesperrt. Auf ihr Spiel mit der Sichtbarkeit wird ordnungspolitisch reagiert. Die „Reaktion auf die sichtbar werdenden Störungen" wird durch die „‚zerschlagend' oder ‚vertreibend' tätigen Spezialeinheiten der Polizei" im Laufe der vergangenen 100 Jahre immer ordnungspolitischer, wie dies Titus Simon rekonstruiert hat (Simon 2000, S. 77f.).

Durch diese ordnungspolitische Vorgehensweise (z.B. durch die vermehrte Tätigkeit von Wachmännern, Polizei und Ordnungshütern zum „Schutze" der unternehmerischen Stadt im Standortwettbewerb) werden Jugendliche vermehrt in die Unsichtbarkeit „abgedrängt". Damit scheint es beim sozialräumlichen Problem in der gespaltenen Stadt weniger um den klassischen Konformitätsbruch zu gehen. Vielmehr scheinen unter den aktuellen urbanen Bedingungen die wenigen Beispiele von sichtbarer Jugend dazu zu führen, dass diese stigmatisiert werden und gesellschaftlich nicht sozialintegrativ reagiert, sondern nach Ordnungspolitik gerufen wird. Dies zeigen beispielsweise die ordnungspolitischen Drohgebärden des damaligen Innenministers Nicolas Sarkozys am französischen Beispiel.

Die letzte Bastion der Sichtbarkeit scheint die verstärkte Spirale der urbanen Gewalt zu sein, was auch das Beispiel der sichtbaren Rechtsradikalen oder der scheinbaren Zunahme an Jugenddelinquenz zeigt, welches in letzter Zeit in verschiedensten Formen in ganz Europa öffentlich diskutiert wird. Mit den „Krawallen von Paris" konnten sich die Jugendlichen medial verstärktes „Gehör verschaffen" indem sie „politische Aufmerksamkeit" erreichten (Frey 2007, S. 155) – jedoch müssen die jeweiligen Formen des Jugendprotestes hinsichtlich sozialräumlicher und historischer Ausprägung sowie strukturell-sozialpolitischer Bedingungen kontextualisiert werden, wie dies beispielsweise Markus Ottersbach in seinem Vergleich der Lebensverhältnisse Jugendlicher in deutschen und französischen marginalisierten Quartieren aufgezeigt hat (Ottersbach 2004).

Diese Formen des Sich-Sichtbar-Machens beunruhigen die gesamte Gesellschaft, die Eltern, Lehrer, Politiker und auch die Sozialwissenschaften (vgl. exemplarisch Eisner 1997; Melzer 2006; Schäfer-Vogel 2007). Damit könnte man zuspitzen, dass heute nur die Skinheads oder radikalen (links- oder rechtsorientierten) Jugendgruppen das provozieren können, was in den 1970er Jahren die bewegten Jugendlichen konnten: Eine gesellschaftliche Reaktion auf Sichtbarkeit – wenn auch keine verständnisvolle, so doch überhaupt eine.

Nicht gesehen wird in der Diskussion, dass sich die Möglichkeit in der Gesellschaft sichtbar zu werden, verändert hat: War es früher eine von den Jugendlichen ausgehende Auflehnung gegen die gesellschaftlichen Strukturen, die zur Sichtbarkeit führte, ist es heute eher die gesellschaftliche „Sichtbarmachung" durch die Erwachsenenwelt, allen voran den Medien. In der Regel wird nicht gefragt, was der Jugendliche mit der Territorialisierungsform zeigen will, vielmehr geht es ums Geld und um Einschaltquoten.

Damit hat sich die *sichtbare Jugend* massiv verändert: Während zu früheren Zeiten die Jugend und ihre jugendkulturellen Formen des „Andersseins" als Bedrohung für die Gesellschaft gesehen wurde und das „Sich-sichtbar-Machen" schockierte, ist heute in einer pluralisierten und multikulturellen Gesellschaft, überspitzt gesagt, alles erlaubt. Im Gegensatz dazu erregen heute nur noch diejenigen Jugendlichen Aufsehen, deren Abweichen von einer vermeintlichen Normalität als Bedrohung gesehen wird, die am wertkonservativsten und intolerantesten sind.

Für diese sichtbare Jugend können die überkommenen sozialräumlichen Konzepte nach wie vor eine Erklärung liefern. Dass sich die Jugendprobleme der meisten Jugendlichen heute in der Unsichtbarkeit befinden, wird damit ausgespart. Die Unmöglichkeit, mit der Gesellschaft und den gesellschaftlichen Strukturen in Spannung zu treten (sozusagen als dialektischer Schritt), wird gar nicht gesehen. Dieses Unvermögen, diese *Unmöglichkeit zum Widerstand* müssen die Jugendlichen in der Unsichtbarkeit lösen. Die „Zeit des Widerstandes", wie sie Paul Willis 1979 oder John Clarke u.a. 1979 beschrieben, scheint vorbei zu sein.

Wenn die sozialräumliche Forschung im Jugendalter nicht vollends zur Rechtsradikalen- oder zur Jugendgewaltforschung werden will, muss von der Unsichtbarkeit der Jugendprobleme ausgegangen werden. Die sichtbare Jugend scheint immer weniger repräsentativ für die Probleme der Jugendgeneration, die es durch die Pluralisierungstendenzen auch immer weniger zu geben scheint, was die regelrechte Pulverisierung von Jugendkulturen unterstreicht (vgl. Frechhoff 2006).

Tendenz zur immer transparenter werdenden Jugend

Die zweite Tendenz fokussiert Jugendliche als so genannte Lifestyletypen und Gewinner von Modernisierungsprozessen. Dabei müssen sich diese Jugendlichen nicht erst durch den Angriff der gesellschaftlichen Strukturen sichtbar machen. Um handlungsfähig zu sein, können sie sich über den Konsum, mit einer individuell gewählten Palette von Produkten, die ihrem ‚Image' entsprechen, ihre Biographie ‚erkaufen' und die gesellschaftliche Partizipation mit ihren Eltern (und anderen Erwachsenen) kommunikativ aushandeln. Noch nie hatten diese Jugendlichen in dieser Hinsicht so viele Möglichkeiten wie heute. Es scheint, als ob sie ihre individuelle Biographie weitgehend selber konstruieren könnten. Gleichzeitig wird in dieser euphorischen Diskussion in der Regel unterschlagen, dass sie durch den Individualisierungsschub freigesetzt werden. Vermehrt finden sie sich in einer Situation, in welcher sie Orientierung selber finden, ihre Lebensprobleme selbst bewältigen müssen. Da im digitalen Kapitalismus der Job immer weniger Sicherheit bietet – jeder kann potentiell herausfallen, der Druck zum Mithalten steigt ständig und der Selbstwert muss außerhalb der Erwerbsarbeit gesucht werden. In das Bild des politisch rational geführten Lebens (vgl. Beck/Beck-Gernsheim 1994) passt keine Unsicherheit, orientierungslose Suche oder Angst: Man muss immer alles im Griff gehabt, richtig entschieden haben und mit Entschlossenheit selbstsicher strebsam gewesen sein. Die Reinterpretation des Lebens zur rationalen Biographie ist die Form der Lebensbewältigung, zu der die hier beschriebenen Jugendlichen gezwungen sind und die ihnen aufgrund ihrer Ressourcen auch zur Verfügung steht; denn dazu ist nur eine „gelungene" Biographie geeignet.

Gleichzeitig scheint der Konsum eines bestimmten, auf einen ‚Lebensstil' zugeschnittenen Warensegments dieses Sicherheitsdefizit ausfüllen zu können: Das Motto „wer konsumiert, ist integriert" scheint sich durchzusetzen. Mit dem im Shoppingcenter erkauften ‚style' wird gleichzeitig auf der Suche nach Öffentlichkeit und in der Selbstdarstellung versucht, „jemand zu sein". Durch ständiges Exponieren seiner selbst besteht beim Schreiben der Bewältigungskarten – die man selbstverständlich im Sinne einer ‚Politik der Lebensführung' (in Anlehnung an Anthony Giddens) als Lebensführungskarten bezeichnet werden müssten (vgl. Giddens 1996) – die allgemeine Tendenz zur Transparenz der Privatsphäre oder zur Veröffentlichung des Privatlebens.

Als Beispiel dafür kann der „Reality-Menschenversuch" „Big Brother" stehen, welches vor wenigen Jahren ganz Europa faszinierte und allerorts kopiert wurde. Meist junge Durchschnittstypen begaben sich freiwillig in einen Container und durch eine ständig laufende Kamera wurde vorgegeben, dass sämtliche Bereiche sichtbar seien. Vor laufender Kamera wurde massiert, geküsst und kopuliert, es wurde geflucht und gestritten, geschrieen, geweint und gelacht. Kritisch betrachtet handelte es sich vielmehr um eine zur Schau gestellte Intimität, um Nacktheit und Transparenz. Der Fernseher bietet, das zeigt dieses Beispiel, die Möglichkeit, „jemand" auf der globalisierten Bühne zu sein. Die Zuschauer „draußen" vor dem Fernseher sehen die Intimitäten, sind Voyeure der Selbstdarstellung. Für die Darsteller in diesem Glashaus bestand die Möglichkeit, eine für jedermann einsichtige Konstruktion ihrer Biographie zu werden.

Während der Wochen ziemlich langweiliger intimisierter Privatheit gab es allerdings wenige Gespräche, die etwas Persönliches über die Teilnehmer verrieten. Die These täuscht, dass es sich bei Big Brother um die totale Sichtbarkeit des Lebens junger Menschen handelte. Viel eher kann diese Entwicklung als Indiz der Auflösung klar definierter Grenzen zwischen Privatheit und Öffentlichkeit gelten. Das Beispiel macht klar, dass die Tendenz zur Intimisierung der Öffentlichkeit, die Richard Sennett in der „Tyrannei der Intimität" (1983) beschreibt, die fortschreitende Auflösung von Öffentlichkeit und Privatheit bedeutet. Alles ist damit öffentlich und transparent, und es gibt keine Privatheit, keine Möglichkeit des traditionellen Rückzugs mehr und kein Spiel mit der Sichtbarkeit. Damit wird jedoch nicht alles sichtbar, sondern nur das, was im ökonomisierten und medialisierten Diskurs sichtbar gemacht werden kann und soll.

Tendenz zur Unsichtbarkeit in abgehängten Rückzugs- und Bewältigungswelten

Die dritte Tendenz greift das Bild der so genannten überflüssigen Jugend der abgehängten Stadt, der Verlierer des digitalisierten Kapitalismus auf. Diese Jugend ist scheinbar von Beginn an abgehängt und verliert an Chancen, an der Gesellschaft zu partizipieren. Hier geht es immer weniger um Ausbeutung oder Entfremdung, sondern um das Problem ihrer Überflüssigkeit.

> „Es ist schlimm, wenn Menschen ausgebeutet werden. Aber es ist noch schlimmer, wenn es kein Interesse mehr gibt, sie auszubeuten, sie also überflüssig sind“ (Rifkin in Krafeld 2000, S. 21).

Neben den Entwicklungsproblemen, neben dem ständig steigenden Druck, mithalten zu können, besteht eine weitere Bewältigungsaufgabe: Die biographische Bewältigung des Überflüssigseins. Für die überflüssigen Jugendlichen und ihre Bewältigungsprobleme interessieren sich im digitalisierten Kapitalismus immer weniger Menschen. Sie „müssen irgendwie damit zurechtkommen, dass sie [...] keine Arbeit haben – und mit allem, was damit zusammenhängt“ (Krafeld 2000, S. 7). Die dahinter steckende Leistung wird nicht wahrgenommen.

Die „abgehängte Jugend“ ist in der Regel kein offizielles Thema. Dadurch verschlechtern sich ihre Chancen ständig und es besteht die Gefahr, dass sie weiter ausgegrenzt werden. Der Mithaltedruck und das Überflüssigsein werden in unsichtbaren Territorien bewältigt. Versuchen sich diese Jugendlichen sichtbar zu machen, werden sie in unsichtbare Territorien abgedrängt, dies zeigt das Beispiel der Skandalisierung im Rahmen der so genannten Französischen Jugendunruhen mehr als deutlich (siehe Eingangszitat dieses Abschnittes). Ihre Bewältigungsformen werden stigmatisiert und mit einem negativen Label versehen. Sie werden (weiter) ausgegrenzt, weggedrängt und verlieren an Partizipationschancen. Sie sind „nicht zu gebrauchen“, „überflüssig“ und gesellschaftlich gesehen „wertlos“. Auf sich allein gestellt und ohne den nötigen Rückhalt schreiben sie Bewältigungskarten, die vollständig in der Unsichtbarkeit liegen.

3 Ausblick: Einige Überlegungen zu einem Recht auf Selbstbestimmung der Sichtbarkeit

Die aufgezeigten Tendenzen zum aktuellen Zusammenspiel von Sichtbarkeit und Unsichtbarkeit in der gespaltenen Stadt machen deutlich, dass die klassische Forderung der sozialräumlichen Jugendpädagogik nach dem Recht auf aneigenbare Räume überholt ist. Sie kann nicht mehr länger als Ausgangspunkt der sozialräumlichen Jugendarbeit im digitalen Kapitalismus gelten. Vielmehr muss es heute in der Jugendarbeit um das Recht auf Selbstbestimmung der Sichtbarkeit und die daraus folgenden Rechte wie das Recht auf Sichtbarkeit, das Recht auf Unsichtbarkeit und das Recht auf das Austesten der Balance zwischen Sichtbarkeit und Unsichtbarkeit gehen. Diese Rechte sollen in der Folge im Sinne eines Ausblicks zusammengefasst werden.

Recht auf Sichtbarkeit

Der sozialräumlichen Jugendarbeit darf es in erster Linie nicht darum gehen, die unsichtbaren Bewältigungskarten im Sinne einer „Kolonialisierung der Lebenswelt" (Habermas 1988, S. 293) bzw. einer *Kolonialisierung der unsichtbaren Rückzugswelten* sichtbar zu machen. Vielmehr muss es darum gehen, neue Formen der sozialen Integration in den Lebensbereichen (d.h. bei bestimmten Personen, Einrichtungen und in bestimmten Kontexten) zu suchen, sowie durch politische Bestrebungen die strukturelle Ebene zu modifizieren, um eine positive Veränderung der Lebenslage von Heranwachsenden zu ermöglichen. Die Sichtbarmachung der Bewältigungskarten muss dazu dienen, die Jugendlichen in Beziehung zu Menschen mit ähnlichen Problemen zu setzten, Solidaritäten zu schaffen, ermöglichende Kontexte zu schaffen (Reutlinger 2008). Zu diesem Zweck darf nur das sichtbar gemacht werden, was die Jugendlichen selber sichtbar machen würden, aber durch ihre Situation (Ressourcen, Lebenslage) nicht können und dazu eine vermittelnde Person brauchen. Anerkennt die sozialräumliche Forschung und die Jugendarbeit die Bewältigungsleistung der Jugendlichen und führt ein vermehrtes Verständnis dazu, dass erneut und in einem breiten Spektrum gesellschaftliche Partizipationschancen geschaffen werden, so werden die Jugendlichen eher bereit, sich sichtbar zu machen. Der erste Grundsatz einer sozialräumlichen Jugendpädagogik in der gespaltenen Stadt lautet deshalb: *Kinder und Jugendliche haben das Recht, selber über ihre Sichtbarkeit und über die Sichtbarmachung ihrer Bewältigungskarten zu entscheiden.*

Recht auf Unsichtbarkeit

Überall da, wo die Sichtbarmachung negative Konsequenzen (verstärkte Kontrolle, Verstärkung der räumlichen und sozialen Ausgrenzung, Kriminalisierung und Stigmatisierung etc.) für die Jugendlichen hat, sind die Jugendlichen durch die Beibehaltung der Unsichtbarkeit zu schützen. Unsichtbarkeiten sind im Rahmen der ständig zunehmenden Visibilisierung, der Zunahme von Transparenz und dem Aufbrechen von Privatheit und Öffentlichkeit für alle Menschen wichtig. Unsichtbare Rückzugswelten bilden den nötigen Gegensatz zu sichtbaren Bereichen, da in diesen und durch sie wichtige Bewältigungshandlungen ausgeführt werden und als Substitut der überkommenen Gegensätze von öffentlich vs. privat gesehen werden können. Der zweite Grundsatz einer sozialräumlichen Jugendpädagogik in der gespaltenen Stadt lautet deshalb: *Kinder und Jugendliche haben das Recht auf unsichtbare Rückzugswelten, denn sie bilden den nötigen Gegenpunkt zu sichtbaren Bereichen. Sie haben das Recht, selber darüber zu entscheiden, wie viel von den Bewältigungskarten sichtbar gemacht werden soll und wie viel unsichtbar bleibt.*

Recht auf Balance zwischen Sichtbarkeit und Unsichtbarkeit

Das Jugendalter ist, bedingt durch den Loslösungsprozess von den Eltern und die Entwicklung der eigenen Persönlichkeit, eine Phase der Auseinandersetzung mit und der Ablehnung von Regeln und Normen. Die Jugendlichen müssen Grenzen ausprobieren, sie müssen eigene jugendspezifische Formen zwischen „Protest und Anpassung" (Roth/Rucht 2000) finden und brauchen dazu das Spiel von Sichtbarkeit und Unsichtbarkeit. Die sozialräumliche Jugendpädagogik muss dafür sorgen, dass ein Austesten dieser Balance nicht dazu führt, dass Jugendliche in Konflikt mit der Gesellschaft und den gesellschaftlichen Einrichtungen resp. den Kontrollinstanzen geraten, was zu einem Verlust dieses Rechtes führen kann (indem sie z.B. aufgrund ihres Wohnortes „abgestempelt" oder durch ordnungspolitische Maßnahmen in ihren Handlungsmöglichkeiten eingegrenzt werden etc.). Sie haben das Recht, in die Sichtbarkeit zu gehen und, wenn sie es wünschen, auch wieder unsichtbar zu werden. Dies dürfen sie auch mehrmals austesten, ohne dass es negative Konsequenzen haben soll. Der dritte Grundsatz einer sozialräumlichen Jugendpädagogik in der gespaltenen Stadt lautet deshalb: *Kinder und Jugendliche haben das Recht, mit der Grenze zwischen Sichtbarkeit und Unsichtbarkeit zu spielen und diese auszutesten, ohne dass sie damit negative und sozial desintegrative Konsequenzen erleiden müssen.*

Die Diskussion der Rechte, die sich aus der Sichtbarkeit ergeben, macht nur Sinn, wenn sie über die Jugend und Jugendarbeit im Strukturwandel der Arbeitsgesellschaft diskutiert werden (vgl. Oehme 2007; Schröer/Böhnisch 2005): *Die Sozialpädagogik des Jugendraumes in der gespaltenen Stadt* muss deshalb dafür sorgen, dass die nötige Infrastruktur vorhanden ist, damit Jugendliche in den Bewältigungskarten Orientierung, Zugehörigkeit, Anerkennung und Selbstwert finden können. Es geht darum, dafür zu sorgen, dass Jugendliche gesellschaftlich Platz ergreifen und – nicht physisch-materiell limitierte – Räume erobern können, die nicht mit lebensphasentypischen Ideen von Raum übereinstimmen, sondern darüber hinausgehen. Das Agieren muss über den durch Bewältigungskarten konstituierten sozialen Handlungsraum hinaus ermöglicht werden. Das

Ergebnis der Neuorientierung sozialräumlicher Jugendarbeit darf sich nicht darauf beschränken, die aktuellen Bewältigungskarten, die hier und jetzt in den Containern geschrieben werden, anzuerkennen und die Rechte der Sichtbarkeit zu berücksichtigen. Die Sozialpädagogik des Jugendraumes in der gespaltenen Stadt muss die Jugend in und mit ihren eigenen Bewältigungskarten, die sie bei den Bewältigungsleistungen im digitalen Kapitalismus (als ihre eigene Sozialgeographie) schreiben, anerkennen. Diese sind selbstverständlicher Teil der Gesellschaft. Die Kinder- und Jugendpädagogik hat dafür zu sorgen, dass die „Sozialgeographien der Jugend“ (Reutlinger 2007) auf unterschiedlichen Ebenen zu den gesellschaftlichen Partizipations- und Teilnahmeformen in Verbindung gebracht werden und auch Partizipationsformen in der Unsichtbarkeit ermöglicht werden. Dazu muss die sozialpolitische Diskussion darüber angeregt werden, in welchem Verhältnis die Bewältigungskarten zu den Partizipationsformen der Gesellschaft stehen und wie diese besser und zeitgerechter eingebracht werden können. Es müssen vermehrt Ermöglichungsstrukturen geschaffen und ausgebaut werden (vgl. Reutlinger 2008). Diese sind jedoch nicht nur örtlich und sozialräumlich auf den physisch-materiellen Raum beschränkt, sondern ihrer bedarf es in allen möglichen Formen und Ebenen wie zum Beispiel als virtuelle, institutionelle und digitale Ermöglichungsstrukturen, mit den diversen Sprachcodes etc. Dazu müssen die bisherigen Konzepte und Ideen von Sozialräumlichkeit und sozialem Raum durchbrochen werden und die Bewältigungskarten der Kinder und Jugendlichen als eigenständige Form der Bewältigungsleistung anerkannt, in Verbindung zu allen Bereichen – von virtuellen bis zu privaten – gebracht und die nötigen Übergänge angeboten werden. In diesem Sinne sollte zukünftiges Nachdenken über Bildungsformen und Bildungsprozesse für Jugend von den Bewältigungskarten der Jugendlichen und weniger von den systemischen Zusammenhängen ausgehen (vgl. Deinet/Reutlinger 2004).

Literatur

Beck, U./Beck-Gernsheim, E. (1994): Individualisierung in modernen Gesellschaften – Perspektiven und Kontroversen einer subjektorientierten Soziologie. In: Dies. (Hg.): Riskante Freiheiten. Individualisierung in modernen Gesellschaften. Frankfurt a. M., S. 9-42.

Becker, H./Eigenbrodt, J./May, M. (1983): Der Kampf um Raum – Von den Schwierigkeiten Jugendlicher, sich eigene Sozialräume zu schaffen. In: Neue Praxis 13, Heft 2, S. 125-137.

Böhnisch, L./Münchmeier, R. (1990) (Hg.): Pädagogik des Jugendraums: zur Begründung und Praxis einer sozialräumlichen Jugendpädagogik. Weinheim/München.

Böhnisch, L./Schröer, W. (2001): Pädagogik und Arbeitsgesellschaft. Weinheim/München.

Bukow, W.-D./Ottersbach, M. (1999) (Hg.): Der Fundamentalismusverdacht. Plädoyer für eine Neuorientierung der Forschung im Umgang mit allochthonen Jugendlichen. Opladen.

Clarke, J. (1979): Die Skinheads und die magische Rückgewinnung der Gemeinschaft. In: Clark, J. u.a.: Jugendkultur als Widerstand. Frankfurt a. M., S. 171-175.

Clarke, J. u.a. (1979): Subkultur, Kulturen und Klasse. In: Clark, J. u.a.: Jugendkultur als Widerstand. Frankfurt a. M., S. 39-132.

Dangschat, J. S. (1999) (Hg.): Modernisierte Stadt – Gespaltene Gesellschaft. Ursachen von Armut und sozialer Ausgrenzung. Opladen.

Deinet, U. (1990): Raumaneignung in der sozialwissenschaftlichen Theorie. In: Böhnisch, L./Münchmeier, R. (Hg.): Pädagogik des Jugendraums. Weinheim/München, S. 57ff.

Deinet, U. (2005): Jugendeinrichtungen als Aneignungsräume. In: Ders. (Hg.): Sozialräumliche Jugendarbeit. Grundlagen, Methoden und Praxiskonzepte. Wiesbaden. S. 115-132.

Deinet, U./Reutlinger, Ch. (2004) (Hg.): „Aneignung" als Bildungskonzept der Sozialpädagogik. Beiträge zur Pädagogik des Kindes- und Jugendalters in Zeiten entgrenzter Lernorte. Opladen.

Ferchhoff, W. (2006): Jugendkulturen. In: Scherr, A. (Hg.): Soziologische Basics. Eine Einführung für Pädagogen und Pädagoginnen. Wiesbaden. S. 91-96.

Frey, O. (2007): Sozialintegrative Stadtpolitik in Frankreich als Antwort auf städtische Jugendgewalt. In: Reutlinger, Christian/Mack, Wolfgang/Wächter, Franziska/Lang, Susanne (Hg.): Jugend und Jugendpolitik in benachteiligten Städten in Europa. Wiesbaden. S. 138-158.

Giddens, A. (1996): Leben in einer posttraditionalen Gesellschaft. In: Beck, U./Giddens, A./Lash, S. (1996): Reflexive Modernisierung. Frankfurt a. M., S. 113-194.

Habermas, J. (1988): Theorie des kommunikativen Handelns, Band 2. Frankfurt a. M.

Holzkamp, K./ Schurig, V. (1973): Zur Einführung in Alexejew Nikolajew Leontjews „Probleme der Entwicklung des Psychischen". In: Leontjew, A. N.: „Probleme der Entwicklung des Psychischen". Frankfurt a. M.; S. XIff.

Imbusch, Peter/Becker, Johannes M./Schmitt, Lars/Wagner, Ulrich/Stellmacher, Jost (2006): Die Proteste in Frankreich 2005. Marburg.

Krafeld, F. J. (2000): Die überflüssige Jugend der Arbeitsgesellschaft. Eine Herausforderung an die Pädagogik. Opladen.

Kreher, Thomas (2007): „Heutzutage muss man kämpfen". Bewältigungsformen junger Männer angesichts entgrenzter Übergänge in Arbeit. Weinheim und München.

Kühr, J./Villechaise-Dupont, A. (2007): Sozialraum und Mobilisierung der Bewohner. Überlegungen zur partizipativen Stadtpolitik in Frankreich. In: Reutlinger, Christian/Mack, Wolfgang/Wächter, Franziska/Lang, Susanne (Hg.): Jugend und Jugendpolitik in benachteiligten Städten in Europa. Wiesbaden. S. 125-137.

Leontjew, A. N. (1973): Probleme der Entwicklung des Psychischen. Berlin.

Loch, Dietmar (2000): Jugendprotest in französischen Vorstädten. Von der Gewalt zur Integration durch Anerkennungskonflikte? In: Roth R./Rucht D. (Hg.): Jugendkulturen, Politik und Protest. Opladen. S. 263-282.

Melzer, W. (2000): Gewaltemergenz – Reflexionen und Untersuchungsergebnisse zur Gewalt in der Schule. In: Psychosozial, 23, Jg., Nr. 79, Heft 1, S. 7-16.

Murdock, G./McCron, R. (1979): Klassenbewusstsein und Generationenbewusstsein. In: Clarke, J. u.a.: Jugendkultur als Widerstand. Frankfurt a.M., S. 15-38.

Oehme, A. (2007): Übergänge in Arbeit. Kompetenzentwicklung, Aneignung und Bewältigung in der entgrenzten Arbeitsgesellschaft. Hohengehren.

Ottersbach, M. (2004): Jugendliche in marginalisierten Quartieren. Ein deutsch-französischer Vergleich, Wiesbaden.

Reutlinger, Ch. (2003): Jugend, Stadt und Raum. Sozialgeographische Grundlagen einer Sozialpädagogik des Jugendalters. Opladen.

Reutlinger; Ch. (2007): Unsichtbare Jugendliche in spanischen Städten. In: Reutlinger, Christian/Mack, Wolfgang/Wächter, Franziska/Lang, Susanne (Hg.): Jugend und Jugendpolitik in benachteiligten Städten in Europa. Wiesbaden. S. 64-67.

Reutlinger, Ch. (2008): Raum und Soziale Entwicklung. Kritische Reflexion und neue Perspektiven für den sozialpädagogischen Diskurs. Weinheim und München.

Rodenstein, M. (1992): Städtebaukonzepte. Bilder für den baulich-sozialen Wandel der Stadt. In: Häußermann u.a. (Hg.): Stadt und Raum. Soziologische Analysen. Pfaffenweiler, S. 31-67.

Rolff, H. G./Zimmermann, P. (1990): Kindheit im Wandel. Eine Einführung in die Sozialisation im Kindesalter. Weinheim/Basel.

Roth, R./Rucht, D. (2000): Weder Rebellion noch Anpassung: Jugendproteste in der Bundesrepublik 1950 – 1994. In: Roth, R./Rucht, D. (Hg.): Jugendkulturen, Politik und Protest. Vom Widerstand zum Kommerz? Opladen, S. 283-304.

Schäfer-Vogel, G. (2007): Gewalttätige Jugendkulturen – Symptom der Erosion kommunikativer Strukturen. Berlin.

Schröer, W./Böhnisch, L. (2005). Die Entgrenzung der Jugend und die sozialbiografische Bedeutung des Junge-Erwachsenen-Alters. In Tully, C. (Hg.): Lernen in flexibilisierten Welten. Wie sich das Lernen der Jugend verändert. Weinheim und München: Juventa, S. 41-57.

Sennett, R. (1983): Verfall und Ende des öffentlichen Lebens. Die Tyrannei der Intimität. Teil 1: Das Problem der Öffentlichkeit. Frankfurt a. M.

Simon, T. (2000): Straßenkulturen im Wandel. In: Roth, R./Rucht, D. (Hg.): Jugendkulturen, Politik und Protest. Vom Widerstand zum Kommerz? Opladen, S. 63-80.

Willis, P. (1979): Spaß am Widerstand. Gegenkultur in der Arbeiterschule. Frankfurt a. M.

Zeiher, H. (1994): Kindheitsräume. Zwischen Eigenständigkeit und Abhängigkeit. In: Beck, U./Beck-Gernsheim, E. (Hg.): Riskante Freiheiten. Frankfurt a. M., S. 353-375.

Zeiher H./Zeiher, H. (1994): Orte und Zeiten der Kinder. Soziales Leben im Alltag von Großstadtkindern. Weinheim/München.

Autor(inn)enverzeichnis

Armagnague, Maïtena, Doktorandin in Soziologie an der Universität Bordeaux 2; Veröffentlichungen: Recompositions des populations turques en France et en Allemagne In: Regard sur l'Est. Dossier No. 46: Les Turcs d'Europe, Juli 2007, URL: http://www.regard-est.com/home/breve_contenu.php?id=746; L'expérience des jeunes d'origine turque en France et en Allemagne. In: Regard sur l'Est. Dossier No. 46: Les Turcs d'Europe, Juli 2007, URL: http://www.regard-est.com/home/breve_contenu.php?id=747.
Kontakt: Maitena.Armagnague@voila.fr

Bischofs, Thomas, Diplom-Sozialarbeiter, stellv. Geschäftsführer der Ökobau gGmbH und der Umweltzentrum Köln-West gGmbH, Geschäftsführer der G.A.S. Arbeit-Sozial gGmbH (Zusammenschluss von Trägern aus dem Diakonischen Bereich in Köln).
Kontakt: Th.Bischofs@oekobau-koeln.de

Blandow, Rolf, Diplom-Sozialarbeiter, Geschäftsführer des Vereins Veedel e.V., Köln. Veröffentlichung: Quartiersmanagement in Köln-Ostheim. In: Strategien zur Armutsprävention in der Kommune. Dokumentation der Fachtagungen des Deutschen Roten Kreuzes. Berlin 2002, S. 57ff.
Kontakt: Veedelev.blandow@gmx.de

Deimann, Andreas, Diplom-Sozialpädagoge (FH) und Doktorand an der Universität zu Köln. Veröffentlichungen: Eine Möglichkeit sozialer Integration im deutschen Asyl – Ergebnisse der empirischen Begleitforschung zum Modellprojekt Sprach- und Kulturmittlerinnen und Sprach- und Kulturmittler der EQUAL-Entwicklungspartnerschaft TransKom. In: Albrecht, Niels-Jens/Borde, Theda (Hg.) Netzwerke und didaktische Konzepte. Frankfurt am Main 2007, S. 68-123; (zus. mit M. Ottersbach): Chancen und Barrieren ungleicher beruflicher Arrangements. In: Bukow, W.-D./Nikodem, C./ Schulze, E./Yildiz, E. (Hg.): Was heißt hier Parallelgesellschaft? Zum Umgang mit Differenzen. Wiesbaden 2007, S. 229-246.
Kontakt: Andreas.Deimann@gmx.de

Funk, Heide, Dr. rer. Soc., Professorin für Soziologie in der Sozialen Arbeit an der Hochschule Mittweida/Rosswein. Veröffentlichungen: Böhnisch, L. /Funk, H.: Soziale Arbeit und Geschlecht. München und Weinheim 2002; Ehlert, G./Funk, H.: Strukturelle Aspekte der Profession im Geschlechterverhältnis. In: Bütow, B./Chassé, K. A./Hirt, R. (Hg.): Soziale Arbeit nach dem Sozialpädagogischen Jahrhundert. Opladen und Farmington Hills 2008.
Kontakt: Funk@htwm.de

Grosch, Harald, Diplom-Pädagoge, wiss. Mitarbeiter im Forschungsschwerpunkt „Interkulturelle Kompetenz" an der Fachhochschule Köln (www.interkulturelle-kompetenz.de). Veröffentlichungen: (zus. mit W. R. Leenen und A. Groß): Bausteine zur interkulturellen Qualifizierung der Polizei. Münster/New York/München/Berlin 2005; (zus. mit A. Groß und W. R. Leenen): Methoden interkulturellen Lehrens und Lernens. Saarbrücken 2000.
Kontakt: Harald.Grosch@fh-koeln.de

Lang, Susanne, Dr., Professorin für Jugendarbeit, Jugendbildung und Medienpädagogik an der Fakultät für Sozialwesen der Hochschule Mannheim. Arbeitsschwerpunkte: Jugend, Geschlecht und Raum; Interkulturelle Biographie- und Bildungsforschung; Social Cultural Studies und Medienpädagogik.
Kontakt: S.Lang@hs-mannheim.de

Lapeyronnie, Didier, Dr., Professor für Soziologie an der Universität Paris IV, Mitglied des Centre d'Analyse et d'Intervention Sociologiques (CADIS); Veröffentlichungen: (zus. m. F. Dubet) Im Aus der Vorstädte: der Zerfall der demokratischen Gesellschaft, Stuttgart 1994; Jugendkrawalle und Ethnizität. In: Heitmeyer, W./Dollase, R./Backes, O.: Die Krise der Städte: Analysen zu den Folgen desintegrativer Stadtentwicklung für das ethnisch-kulturelle Zusammenleben. Frankfurt a.M. 1998, S. 297-316.
Kontakt: Didier_Lapeyronnie@yahoo.com

Leenen, Wolf Rainer, Dr. rer.pol., Professor für Sozialpolitik, Leiter des Forschungsschwerpunkts „Interkulturelle Kompetenz" und der Kompetenzplattform „Migration, interkulturelle Bildung und Organisationsentwicklung" an der Fachhochschule Köln. Veröffentlichungen: (zus. mit Grosch, H./Groß, A.): Bausteine zur interkulturellen Qualifizierung der Polizei. Münster/New York/München/ Berlin 2005; (zus. mit Scheitza, A./ Wiedemeyer, M.): Diversität nutzen. Münster/New York/München/Berlin 2006.
Kontakt: Rainer.Leenen@fh-koeln.de

Loch, Dietmar, Dr., Maître de conférences (Hochschullehrer) für Soziologie an der Universität Pierre Mendès France/Grenoble II. Veröffentlichungen: Jugendliche maghrebinischer Herkunft zwischen Stadtpolitik und Lebenswelt. Eine Fallstudie in der französischen Vorstadt Vaulx-en-Velin. Wiesbaden 2005; Pourquoi n'y a-t-il pas d'émeutes urbaines en Allemagne? Les jeunes issus de l'immigration en France et en Allemagne entre (absence de) protestations et politique de la ville. In: C. Keller/F. Schultheis (Hg.): Jugendunruhen und städtische Gewalt. Deutsch-französische Perspektiven, Schweizer Zeitschrift für Soziologie, Schwerpunktheft 2008.
Kontakt: Dietmar.Loch@upmf-grenoble.fr

Marlière, Eric, Dr., assoziierter Forscher des Centre de recherches sociologiques sur le droit et les institutions pénales (CESDIP) in Guyancourt; Veröffentlichungen: Jeunes en cité. Diversité des trajectoires ou destin commun?, Paris 2005; La France nous a lâchés! Le sentiment d'injustice chez les jeunes des cités, Paris 2008.
Kontakt: E.Marliere@orange.fr

Mazouz, Sarah, Doktorandin am Institut de Recherche Interdisciplinaire sur les Enjeux Sociaux (IRIS) der École des Hautes Études en Sciences Sociales (EHESS) in Paris; Veröffentlichungen: (zus. mit Didier Fassin): Qu'est-ce que devenir français? La naturalisation comme rite d'institution républicain. In: Revue française de sociologie, Jg. 48, H. 4, 2007, S. 723-750; Une célébration paradoxale. Les cérémonies de remise des décrets de naturalisation. In: Genèses. Sciences sociales et histoire, H. 70, 2008/1, S. 88-105.
Kontakt: Sarah.Mazouz@ens.fr

Ottersbach, Markus, Dr. habil., Professor für Soziologie an der Fachhochschule Köln; Veröffentlichungen: Jugendliche in marginalisierten Quartieren. Ein deutsch-französischer Vergleich. Wiesbaden 2004; Migration in Deutschland und Frankreich – Herausforderungen für Politik und Soziale Arbeit. In: Migration und Soziale Arbeit, Heft 2, 2008, S. 107-114.
Kontakt: Markus.Ottersbach@fh-koeln.de

Preissing, Sonja; Diplom-Pädagogin, zurzeit tätig als Wissenschaftliche Hilfskraft für die Fachgruppe Erziehungs- und Sozialwissenschaften an der Humanwissenschaftlichen Fakultät der Universität zu Köln; Arbeitsschwerpunkte: Stadtforschung, Städtische Segregation, Situation Jugendlicher in marginalisierten Stadtvierteln.
Kontakt: SPreissing@yahoo.de

Reutlinger, Christian, Prof. Dr. habil., Dozent/Schwerpunkt Forschung am Institut für Soziale Arbeit der FHS Hochschule für Angewandte Wissenschaften St. Gallen/Rorschach; Arbeitsschwerpunkte: Sozialgeografie der Kinder und Jugendlichen, Europäische Jugendforschung, Social Development und Raum, Transnationale Soziale Arbeit, Sozialpädagogische Sozialraumforschung und Sozialraumarbeit.
Kontakt: Christian.Reutlinger@fhsg.ch

Schiff, Claire, Dr., Maître de conférences in Soziologie an der Universität Bordeaux 2, Forscherin am Laboratoire d'Analyse des Problèmes Sociaux et de l'Action collective (LAPSAC). Veröffentlichung: Blédards et banlieusards. Figures juvéniles de la condition immigrée. Paris 2008.
Kontakt: Schiffcl@club-internet.fr

Zitzmann, Thomas, Diplom-Pädagoge, Leiter einer Flüchtlingsberatungsstelle, Doktorand an der Humanwissenschaftlichen Fakultät der Universität zu Köln. Veröffentlichung: Alltagstheorien von Mitarbeiter(inne)n in der Jugendhilfe und in Migrationsdiensten. In: Auernheimer, G. (Hg.): Interkulturelle Kompetenz und pädagogische Professionalität, Opladen 2002, S. 128-152.
Kontakt: Thomas_Zitzmann@gmx.net